Trading de Opções Para leigos

Trading de opções é um pouco diferente do trading de ações, mas ambos requerem pesquisa e estudo. Se você investe em trading de opções, é importante conhecer os tipos de ordem, ler as mudanças no mercado com gráficos, reconhecer como as mudanças nas ações afetam os índices e as opções e saber como os índices são criados.

TIPOS DE ORDEM DE TRADING

Vários tipos de ordem estão disponíveis ao operar ações; alguns garantem a execução, outros, o preço. Esta pequena lista descreve os tipos populares de ordens de trading e a terminologia que você precisa saber.

- **Ordem a mercado:** Ela garante a execução da ordem no mercado atual, dada sua prioridade na fila de trading (também conhecida como book de ofertas) e a profundidade do mercado.

- **Ordem limitada:** Garante o preço, não a execução. Ao colocar um limite na ordem, ela será tratada como uma ordem a mercado se:

  - Ao comprar, seu limite está no preço de venda do mercado atual ou acima e há contratos suficientes para atender a sua ordem (por exemplo, limitar a compra em US$2,50 quando o preço de venda é US$2,50 ou inferior).

  - Ao vender, seu limite está no preço de compra do mercado atual ou abaixo, e há contratos suficientes para atender a sua ordem (por exemplo, limitar a venda em US$2,50 quando o preço de compra é US$2,50 ou superior).

- **Ordem stop:** Também referida como ordem stop loss, é sua ferramenta de gestão de risco para operar com disciplina. Um stop é usado para acionar uma ordem a mercado, caso o preço da opção mude ou vá para certo nível: o stop. Ele representa um preço menos favorável que o mercado atual e costuma ser usado para minimizar as perdas de uma posição existente.

- **Ordem stop limit:** Uma ordem stop limit é parecida com uma ordem stop normal, mas aciona uma ordem limite, não uma ordem a mercado. Embora pareça interessante, você está vendendo muito em termos de movimento específico do mercado que precisa ocorrer. Isso pode impedi-lo de sair de uma ordem necessária, sujeitando-o a um risco adicional. Se o stop é atingido, o mercado está indo contra você.

- **Duração:** Os dois períodos de tempo básicos nos quais sua ordem é colocada:

  - A sessão de trading atual ou a sessão seguinte, caso o mercado esteja fechado.

  - Até você cancelar a ordem ou o corretor retirar a ordem (possivelmente em sessenta dias; verifique com seu corretor).

Trading de Opções Para leigos

- **Cancelar ou mudar:** Se você quer cancelar uma ordem ativa, envie uma ordem de cancelamento. Assim que as instruções são concluídas, você recebe um relatório notificando-o de que a ordem foi cancelada com sucesso. É possível que a ordem já tenha sido executada, e, nesse caso, você recebe um relatório indicando que é tarde demais para cancelá-la, com os detalhes da execução. Nem é preciso dizer que você não pode cancelar uma ordem a mercado. Mudar uma ordem é um pouco diferente de cancelá-la, porque é possível mudá-la das seguintes maneiras:

  - Cancele a ordem original, aguarde o relatório confirmando o cancelamento, então entre com uma nova ordem.

  - Envie um cancelamento/mudança ou substitua a ordem, o que substitui a ordem existente por qualificadores revistos, a menos que a ordem original já tenha sido executada. Se isso acontecer, a ordem de substituição será cancelada.

GRÁFICOS USADOS PARA CONTROLAR INVESTIMENTOS

Os dados dos preços são usados em gráficos para visualizar a atividade de trading do mercado em certo período. A lista a seguir mostra os detalhes sobre alguns gráficos que você pode encontrar ao controlar seus investimentos:

- **Gráfico de linhas:** Esse gráfico usa preço versus tempo. Alguns pontos de dados do preço isolados de cada período são conectados usando uma linha. Em geral, o gráfico usa o valor de fechamento. Os gráficos de linhas fornecem ótimas informações "gerais" do movimento do preço e tendências filtrando o ruído dos dados no intervalo do período. Uma vantagem dos gráficos de linhas é que movimentos menores são filtrados. A desvantagem é que eles não dão informações sobre a força do trading durante o dia ou se ocorreram gaps entre os períodos.

- **Gráfico de barras OHLC (abertura, máxima, mínima, fechamento):** Esse gráfico usa preço versus tempo. O intervalo de trading do período (mínima a máxima) é exibido como uma linha vertical com os preços da abertura mostrados como uma guia horizontal à esquerda da barra do intervalo, e os preços de fechamento, como uma guia horizontal à direita. É usado um total de quatro pontos de preço para criar cada barra. Os gráficos OHLC fornecem informações sobre a força do período de negociação e os gaps de preço. Usando um gráfico diariamente como um ponto de referência, uma barra vertical relativamente longa informa que o intervalo de preço foi bem grande para o dia.

- **Gráfico candlestick, ou de velas:** Esse gráfico usa preço versus tempo, parecido com um gráfico OHLC, com um intervalo de preços entre a abertura e o fechamento do período destacado por uma barra grossa. Os padrões únicos desse gráfico podem melhorar a análise diária. Os gráficos de candle têm interpretações de padrões distintas quanto à batalha entre maximalistas e minimalistas que são mais bem aplicadas a um gráfico diário. Eles também incorporam dados dos períodos intermediários para mostrar intervalos de preços e gaps.

Trading de Opções

para
leigos

Trading de Opções

Para leigos

Tradução da 3ª Edição

Joe Duarte

ALTA BOOKS
EDITORA
Rio de Janeiro, 2021

Trading de Opções Para Leigos® – Tradução da 3ª Edição

Copyright © 2021 da Starlin Alta Editora e Consultoria Eireli.
ISBN: 978-65-5520-541-1

Translated from original Trading Options For Dummies®, 3rd Edition. Copyright © 2017 by John Wiley & Sons, Inc., ISBN 978-1-119-36370-5. This translation is published and sold by permission of Wiley, the owner of all rights to publish and sell the same.
PORTUGUESE language edition published by Starlin Alta Editora e Consultoria Eireli, Copyright © 2021 by Starlin Alta Editora e Consultoria Eireli.

Todos os direitos estão reservados e protegidos por Lei. Nenhuma parte deste livro, sem autorização prévia por escrito da editora, poderá ser reproduzida ou transmitida. A violação dos Direitos Autorais é crime estabelecido na Lei nº 9.610/98 e com punição de acordo com o artigo 184 do Código Penal.

A editora não se responsabiliza pelo conteúdo da obra, formulada exclusivamente pelo(s) autor(es).

Marcas Registradas: Todos os termos mencionados e reconhecidos como Marca Registrada e/ou Comercial são de responsabilidade de seus proprietários. A editora informa não estar associada a nenhum produto e/ou fornecedor apresentado no livro.

Impresso no Brasil — 1ª Edição, 2021 — Edição revisada conforme o Acordo Ortográfico da Língua Portuguesa de 2009.

Erratas e arquivos de apoio: No site da editora relatamos, com a devida correção, qualquer erro encontrado em nossos livros, bem como disponibilizamos arquivos de apoio se aplicáveis à obra em questão.

Acesse o site **www.altabooks.com.br** e procure pelo título do livro desejado para ter acesso às erratas, aos arquivos de apoio e/ou a outros conteúdos aplicáveis à obra.

Suporte Técnico: A obra é comercializada na forma em que está, sem direito a suporte técnico ou orientação pessoal/exclusiva ao leitor.

A editora não se responsabiliza pela manutenção, atualização e idioma dos sites referidos pelos autores nesta obra.

Dados Internacionais de Catalogação na Publicação (CIP) de acordo com ISBD

D812t	Duarte, Joe
	Trading de Opções Para Leigos – Tradução da 3ª Edição / Joe Duarte ; traduzido por Eveline Vieira Machado. - Rio de Janeiro : Alta Books, 2021. 416 p. : il. ; 16cm x 23cm.
	Tradução de: Trading Options For Dummies Inclui índice. ISBN: 978-65-5520-541-1
	1. Economia. 2. Marcado financeiro. 3. Trading. 4. Investimento. I. Machado, Eveline Vieira. II. Título.
2021-3695	CDD 301 CDU 572

Elaborado por Vagner Rodolfo da Silva - CRB-8/9410

ALTA BOOKS EDITORA
Rua Viúva Cláudio, 291 — Bairro Industrial do Jacaré
CEP: 20.970-031 — Rio de Janeiro (RJ)
Tels.: (21) 3278-8069 / 3278-8419
www.altabooks.com.br — altabooks@altabooks.com.br

Produção Editorial
Editora Alta Books

Gerência Comercial
Daniele Fonseca

Editor de Aquisição
José Rugeri
acquisition@altabooks.com.br

Produtores Editoriais
Illysabelle Trajano
Maria de Lourdes Borges
Thales Silva

Marketing Editorial
Livia Carvalho
Thiago Brito
marketing@altabooks.com.br

Equipe de Design
Larissa Lima
Marcelli Ferreira
Paulo Gomes

Diretor Editorial
Anderson Vieira

Coordenação Financeira
Solange Souza

Coordenação de Eventos
Viviane Paiva

Produtor da Obra
Thiê Alves

Equipe Ass. Editorial
Beatriz de Assis
Brenda Rodrigues
Caroline David
Gabriela Paiva
Henrique Waldez
Mariana Portugal
Raquel Porto

Equipe Comercial
Adriana Baricelli
Daiana Costa
Fillipe Amorim
Kaique Luiz
Victor Hugo Morais

Atuaram na edição desta obra:

Tradução
Eveline Vieira Machado

Copidesque
Carolina Palha

Revisão Técnica
Douglas Nogueira
Agente de investimentos

Revisão Gramatical
Alessandro Thomé
Rafael Fontes

Diagramação
Joyce Matos

Ouvidoria: ouvidoria@altabooks.com.br

Editora afiliada à:

ABDR – ASSOCIAÇÃO BRASILEIRA DE DIREITOS REPROGRÁFICOS

ASSOCIADO CBL – Câmara Brasileira do Livro

Sobre o Autor

Dr. Joe Duarte vem analisando, negociando e escrevendo sobre mercados financeiros desde 1990. Ele foi analista de biotecnologia e assistência médica em *Strategic Technology Investing*, *Breakthrough Tech Profits* da InvestingDaily.com e nas muito recomendadas newsletters de *Personal Finance*. É coautor de *Trading Options For Dummies*, 2ª Edição. Especialista original da CNBC, foi citado no *Barron's,* no *Wall Street Journal*, no Marketwatch.com e em muitas outras publicações importantes. Seus outros livros incluem *Market Timing For Dummies* e *Trading Futures For Dummies*, *The Everything Investing in Your 20s & 30s Book* (todos sem publicação no Brasil) e cinco outros. Dr. Duarte é ex-gestor financeiro e investidor profissional que negocia por conta própria. Seu site é: www.joeduarteinthemoneyoptions.com (conteúdo em inglês).

Agradecimentos do Autor

Este livro é dedicado aos operadores de opções e leitores de qualquer lugar. Obrigado.

Eu não poderia estar mais mortificado e satisfeito ao entregar a terceira edição de *Trading de Opções Para Leigos*. Os nomes dos autores ficam na capa, mas qualquer autor que se preze sabe que ele não termina o projeto sozinho. Portanto, aqui estão meus agradecimentos especiais.

Primeiro, gostaria de agradecer à minha família, que sempre aguentou as loucas horas durante a escrita de meus livros. Depois, gostaria de dar um grande cumprimento a toda a equipe da Wiley, sobretudo a Tracy Boggier e a Corbin Collins. Como sempre, um enorme obrigado a Grace Freedson, a melhor agente do mundo.

Por fim, um obrigado especial e em dose dupla a Jim Fink, fundador e estrategista-chefe de investimentos da *Jim Fink's Options for Income* (`www.investingdaily.com/options-for-income`) e da *Velocity Trader* (`www.investingdaily.com/velocity-trader` — conteúdos em inglês), cujas edições técnicas deram novo foco a este trabalho.

E por último, mas não menos importante, agradeço a Bob Frick e a Jim Pearce pela ajuda para transformar um material nebuloso neste livro aqui.

Sumário Resumido

Introdução 1

Parte 1: Introdução 7
  CAPÍTULO 1: Trading de Opções e o Investidor Individual 9
  CAPÍTULO 2: Apresentando as Opções 21
  CAPÍTULO 3: Locais de Negociação: Onde Acontece a Ação 35
  CAPÍTULO 4: Riscos e Retornos da Opção 53

Parte 2: Avaliando Mercados, Setores e Estratégias 69
  CAPÍTULO 5: Analisando as Mudanças de Humor no Mercado 71
  CAPÍTULO 6: Análise de Setores: Técnica e Fundamentalista 93
  CAPÍTULO 7: Praticando Antes de Se Mover 123
  CAPÍTULO 8: Montando um Plano of Trading Matador 143

Parte 3: O que Todo Trader Precisa Saber sobre Opções 161
  CAPÍTULO 9: Conhecendo os Diferentes Estilos de Opção 163
  CAPÍTULO 10: Protegendo Sua Carteira com Opções 185
  CAPÍTULO 11: Aumentando o Lucro em Potencial e Diminuindo o Risco 207
  CAPÍTULO 12: Estratégias Combinadas: Spreads e Outras Maluquices 231
  CAPÍTULO 13: ETFs, Opções e Outros Truques Úteis 247

Parte 4: Estratégias Avançadas para Traders de Opções 273
  CAPÍTULO 14: Ganhando Dinheiro sem Se Preocupar
               com a Direção do Mercado 275
  CAPÍTULO 15: Volatilidade Mostrando Oportunidades de Trading 295
  CAPÍTULO 16: Lucrando nos Mercados Laterais 327

Parte 5: A Parte dos Dez 359
  CAPÍTULO 17: Dez Principais Estratégias da Opção 361
  CAPÍTULO 18: Dez Coisas a Fazer ou Não no Trading de Opções . 379

Índice 389

Sumário

INTRODUÇÃO 1
    Sobre Este Livro.. 1
    Penso que... 2
    Ícones Usados Neste Livro 4
    Além Deste Livro 4
    De Lá para Cá, Daqui para Lá 4

PARTE 1: INTRODUÇÃO 7

CAPÍTULO 1: Trading de Opções e o Investidor Individual 9
    Checkups Financeiro e Estratégico 10
    Entendendo as Opções 11
        Conhecendo o básico das opções 12
        Experimentando estratégias diferentes antes
        de implementá-las em tempo real 14
        Colocando as opções no seu lugar 16
    Diferenciando os Estilos de Opção 16
        Usando opções para limitar seu risco......... 17
        Opções no investimento de setor 17
    Opções em Mercados Desafiadores 18
        Reduzindo sua inclinação direcional e ganhando
        dinheiro em mercados estagnados 18
        Controlando as emoções........................... 19

CAPÍTULO 2: Apresentando as Opções 21
    Entendendo os Contratos de Opção................. 21
        Sintonizando com o básico das opções 22
        Comparando opções e outros títulos 24
    Avaliando as Opções.. 25
        Conhecendo seus direitos e suas obrigações
        como trader de opções............................. 26
        Termos usuais e importantes..................... 26
    Entendendo a Mecânica das Opções 27
        Identificando as opções............................. 28
        Girando com o ciclo de vencimento 29
        O vencimento das opções é uma decisão de tempo 30
        Detalhando seus direitos........................... 30
    Criando Contratos de Opção do Nada 31
        Abrindo e fechando posições.................... 31
        Vendendo uma opção que você não tem .. 32
    Algumas Dicas a Lembrar 33

CAPÍTULO 3: **Locais de Negociação: Onde Acontece a Ação** .. 35
    Bolsas de Opções dos EUA 36
    Navegando nos Mercados 36
        Execução da negociação 36
        Participantes do mercado de opções 37
        Transações únicas das opções 38
        Regras de trading a saber 39
    Pesando Custos e Benefícios da Opção 42
        Identificando os custos únicos das opções 43
        Avaliando os benefícios das opções 44
    Entendendo os Principais Fatores de Preço da Opção 47
        Apresentando as gregas de uma opção 48
        Conectando o movimento passado ao futuro 49

CAPÍTULO 4: **Riscos e Retornos da Opção** 53
    Entendendo os Riscos de Negociar 54
        Arriscando dinheiro com ações 55
        Calculando os riscos da opção 57
    Obtendo Seus Retornos 58
        Aproveitando as ações 59
        Atingindo um equilíbrio com opções 59
    Analisando Risco e Retorno 61
        Analisando negociações da ação com gráficos de risco 62
        Analisando negociações da opção com gráficos de risco 63
        Combinando posições da opção 66
        Considerando o pior cenário 68

PARTE 2: AVALIANDO MERCADOS, SETORES E ESTRATÉGIAS 69

CAPÍTULO 5: **Analisando as Mudanças de Humor no Mercado** 71
    Considerações ao Selecionar Macrofatores 72
    Avaliando a Tendência do Mercado 73
        Julgando a força de um movimento 73
        (Psico)analisando o mercado 79
    Observando as Atividades de Call e Put 81
        Entendendo a razão PCR 82
        Usando o indicador de volume de put 84
    Volatilidade para Medir o Medo 86
        Medindo a volatilidade 86
        Reconhecendo o impacto de mudar a volatilidade 87
        Soletrando o medo como Wall Street: V-I-X 87
    Ferramentas de Fôlego e Sentimento 88
        As áreas neutras dos indicadores 89
        Identificando os extremos do indicador 90

CAPÍTULO 6: Análise de Setores: Técnica e Fundamentalista ... 93

Usando Técnica nos Gráficos ... 94
    Fundamentos do gráfico ... 94
    Ajustando o horizonte temporal para ter a melhor visão ... 96
    Visualizando a oferta e a demanda ... 96
Identificando Setores Relativamente Fortes ... 99
    Razões relativas ... 99
    Indicador da taxa de variação ... 102
Ferramentas de Volatilidade do Setor ... 104
    Exibindo volatilidade com indicadores ... 105
    Analisando a volatilidade com bandas de Bollinger ... 109
Projetando Preços para Negociar ... 111
    Suporte e resistência ... 111
    Tendências ... 114
    Canais ... 115
    Retrações de preço e extensões ... 118
    Projeções e probabilidades ... 120

CAPÍTULO 7: Praticando Antes de Se Mover ... 123

Monitorando as Mudanças das Letras Gregas da Opção ... 124
    Acompanhando as medidas do prêmio ... 124
    Mudando a volatilidade e os preços da opção ... 126
Simulando uma Estratégia de Trading ... 128
    Simulando no papel: Prós e contras ... 128
    Implementando simuladores eletrônicos ... 129
Usando Sistemas de Trading ... 130
    Sabendo o que será obtido ... 130
    Fazendo um backtest ... 131
    Adicionando a gestão de risco ao backtest ... 135
Do Conhecimento ao Domínio ... 137
    Definindo o ritmo certo ... 137
    Dominando com a longevidade ... 139

CAPÍTULO 8: Montando um Plano de Trading Matador ... 143

Desenvolvendo um Plano Confiável ... 144
Gerenciando os Custos ... 145
Otimizando a Execução da Ordem ... 147
    Entendendo as ordens da opção ... 148
    Entrando em uma nova posição ... 152
    Executando uma negociação de qualidade ... 155
    Saindo de uma posição existente ... 157

PARTE 3: O QUE TODO TRADER PRECISA SABER SOBRE OPÇÕES 161

CAPÍTULO 9: Conhecendo os Diferentes Estilos de Opção ... 163
- Limitando as Opções de Índice................................163
  - Fundamentos dos índices..................................164
  - Capitalizando no índice com opções.......................167
- Cuidado com o Estilo de Risco................................169
  - Opções no estilo americano...............................170
  - Opções no estilo europeu.................................170
- Exercendo Suas Opções, Estilo Americano.......................173
  - Conhecendo os pormenores.................................173
  - O que você vê é o que terá...............................174
  - Exercer ou não exercer, eis a questão....................174
- Exercendo Suas Opções no Modo Europeu.........................175
  - Acompanhando a liquidação do índice (SET)................175
  - Lucrando com o exercício.................................176
- Cumprindo as Obrigações da Opção..............................177
  - Opções de ação no estilo americano.......................177
  - Vencendo as opções.......................................179
  - Opções no estilo europeu.................................182
- Esmiuçando: Opções de Índice no Estilo Americano..............182
  - Exercendo direitos.......................................183
  - Cumprindo obrigações.....................................183

CAPÍTULO 10: Protegendo Sua Carteira com Opções 185
- Protegendo uma Ação Comprada..................................186
  - Combinando puts com ação comprada........................186
  - Pesando custo da proteção versus tempo...................191
- Limitando o Risco da Ação Vendida com Calls...................193
  - Protegendo uma posição de ação vendida...................194
  - Reduzindo mais o risco da ação vendida...................194
- Protegendo as Apostas com Opções..............................195
  - Protegendo uma carteira... em parte......................196
  - Protegendo uma carteira... totalmente....................200
- Evitando o Risco da Opção Ajustada............................202
  - Justificando os ajustes da opção.........................202
  - Ajustando a partir de ajustes............................204

CAPÍTULO 11: **Aumentando o Lucro em Potencial e Diminuindo o Risco**..................207
- Alavancando Ativos para Reduzir o Risco......................208
  - Determinando o dinheiro total em jogo....................208
  - Contando com o timing do mercado 213
- Combinando Opções para Reduzir o Risco 216
  - Diminuindo o risco com uma negociação de débito 217
  - Diminuindo o risco com uma negociação de crédito.........224

CAPÍTULO 12: **Estratégias Combinadas: Spreads e Outras Maluquices**..............231
- Combinando Opções com Ações......................232
  - Criando posições "cobertas"....................232
  - Cobrindo a posição de call coberta....................233
  - Reduzindo os custos da ação protegida..................236
- Variando os Vertical Spreads 238
  - Mudando o perfil de risco do vertical spread 239
  - Ganhando tempo com calendars 240
  - Definindo diagonal spreads 243

CAPÍTULO 13: **ETFs, Opções e Outros Truques Úteis**..............247
- Explorando o ETF......................248
  - Comparando ETFs com índices 248
  - Diferenciando opções de ETF e índice 251
- Reduzindo a Volatilidade da Carteira com ETFs..................254
  - Revisando a volatilidade......................255
  - Investindo com ETFs......................259
- Tendendo a Carteira com ETFs de Setor......................267
  - Adicionando ETFs de setor para tender sua carteira 267
  - Escolhendo a estratégia certa......................271

PARTE 4: ESTRATÉGIAS AVANÇADAS PARA TRADERS DE OPÇÕES 273

CAPÍTULO 14: **Ganhando Dinheiro sem Se Preocupar com a Direção do Mercado**......................275
- Limitando o Risco Direcional......................276
  - Aproveitando um grande movimento....................276
  - Reduzindo o risco e o retorno do straddle 282
- Visão Neutra versus Posição Neutra 285
  - Identificando as posições neutras 286
  - Calculando delta para posições combinadas 286
- Negociando com Delta......................287
  - Monitorando duas letras gregas principais 288
  - Criando um straddle neutro no delta 289
- Entendendo os Ajustes da Negociação......................292
  - Decidindo quando ajustar uma negociação 293
  - Decidindo como ajustar uma negociação 294

Sumário   xvii

CAPÍTULO 15: Volatilidade Mostrando Oportunidades de Trading 295
- Analisando os Níveis da VI 296
  - Tudo é relativo, mas não muito científico 296
  - Quando as opções são assimétricas 303
- Entendendo as Vendas de Volatilidade 307
  - Examinando os perfis de risco da venda de volatilidade 307
  - Identificando as melhores condições para as vendas de volatilidade 311
  - Decidindo sobre sua estratégia 312
- Usando Compras de Volatilidade 314
  - Definindo compras de volatilidade 314
  - Identificando as melhores condições para as compras de volatilidade 323

CAPÍTULO 16: Lucrando nos Mercados Laterais 327
- Posições Vencedoras nos Mercados Laterais 328
  - Gerenciando as posições existentes 328
  - Estratégias da opção para movimentos laterais 334
- Entendendo as Posições Borboleta 336
  - Definindo a borboleta 337
  - Investigando mais o risco borboleta 346
  - Criando uma borboleta de ferro 349
- Entendendo as Posições do Condor 353
  - Definindo um condor spread 353
  - Reconhecendo os riscos do condor 355

PARTE 5: A PARTE DOS DEZ 359

CAPÍTULO 17: Dez Principais Estratégias da Opção 361
- Married Put 362
- Collar 364
- Trader de Long Put 365
- Investidor de Call LEAPS 367
- Diagonal Spread 368
- Trava de Baixa com Call 370
- Straddle 371
- Ratio Call Backspread 373
- Ratio Put Backspread 374
- Borboleta Comprada Put 376

CAPÍTULO 18: Dez Coisas a Fazer ou Não no Trading de Opções............................379

    Foque a Gestão de Risco......................380
    Não Evite as Perdas 381
    Negocie com Disciplina 381
    Não Espere Excluir Suas Emoções............382
    Tenha um Plano..............................383
    Tenha Paciência..............................384
    Não Sofra com a Paralisa da Análise 385
    Assuma a Responsabilidade por Seus Resultados 385
    Não Pare de Aprender 386
    Ame Negociar................................387

ÍNDICE..389

Introdução

Bem-vindo a *Trading de Opções Para Leigos*, 3ª Edição!

Este livro é uma introdução às estratégias para gerenciar risco, gerar lucros e percorrer as várias condições do mercado ao operar opções. Embora diferente de outros livros sobre investimento, este aqui está equipado para gerenciar primeiro o risco, sabendo que os lucros virão em seguida. Com isso em mente, as abordagens descritas focam reduzir as perdas em potencial das posições das ações tradicionais e montar um repertório de estratégias de opção designado a aumentar suas chances de fazer boas negociações nos mercados em alta, baixa ou lateral. Para incorporar as etapas completas necessárias ao negociar, ele também mostra discussões sobre mercado e análise do setor, e o que buscar ao experimentar uma nova estratégia.

Um contrato de opção é um título único com direitos e obrigações. Quando usado corretamente, tal contrato consegue um equilíbrio entre risco de perda, quanto dinheiro entra no risco e retorno, fornecendo uma vantagem e permitindo reduzir o risco geral da negociação. Claro que há o outro lado da moeda, um risco elevado, que será gerenciado, sendo o principal motivo para reservar um tempo para ler todo este livro com atenção. É preciso entender os riscos e as características associadas a esses contratos.

LEMBRE-SE

Ao solicitar o trading de opções ao corretor, ele lhe enviará um guia de consulta, por exemplo, o *Characteristics and Risks of Standardized Options* [Características e Riscos das Opções Padronizadas, em tradução livre]. Essa publicação, escrita pela Options Clearing Corporation (OCC), deve ser distribuída aos clientes antes que eles possam negociar as opções. Juntos, o guia e este livro que você está lendo agora o ajudarão a entender seus riscos e a usar as opções com eficiência.

Sobre Este Livro

Como mencionado, este livro está na terceira edição. Isso é ótimo, porque significa que ele não só já foi testado e aprovado, como está atualizado; muitas peculiaridades e outras questões técnicas que surgiram nas edições anteriores foram abordadas, tornando-o um trabalho muito melhor. E não estou sendo arrogante. Claro, nada é perfeito, mas, como você descobrirá quando começar a negociar as opções, quanto mais pratica, melhor fica.

Há centenas de títulos de trading por aí, inclusive os que focam estratégias de opção. Este livro visa basicamente as abordagens para gerenciar risco, um tema consistente aqui. Definindo desse modo, você pode ler sobre tópicos diferentes mantendo o principal objetivo em mente. Vá em frente, procure as áreas que mais lhe interessam.

Este livro pode ser lido do início ao fim ou usado como consulta. Cada consulta fornecida identifica os riscos e os retornos associados à posição. Ele também identifica estratégias alternativas para considerar a gestão do risco, quando aplicáveis. Há milhões de modos de negociar nos mercados com sucesso, mas certos desafios são universais. Também são oferecidas aqui ferramentas e técnicas focadas em abordar esses desafios.

Para facilitar a leitura e a compreensão do mundo do trading de opções, usei algumas convenções para ajudá-lo.

- » **Itálico:** Forneço em itálico os termos recém-definidos, em todas as partes e capítulos.
- » **Acrônimos:** Tento escrever os acrônimos para você não precisar folhear para descobrir o que significa EMI (estratégia muito importante); também odeio ter que fazer isso.
- » **Sites:** Você encontrará referências para sites que podem ter mais informações ou facilitar uma tarefa (como no item anterior). E se você encontrar o endereço de um site dividido na linha seguinte, asseguro que não adicionei hifens extras, portanto, digite o endereço no navegador como ele aparece.

Penso que...

Veja o que penso sobre você:

- » **Você tem alguma experiência.** Somos todos leigos, mas não iniciantes. Se você escolheu este livro, é provável que tenha alguma familiaridade com o mercado de ações, riscos e retornos. Como investidor autodidata, busca meios de gerenciar tais situações. Contudo, se não está familiarizado com as opções ou tem pouca experiência, não se preocupe, os fundamentos e a mecânica das opções são tratados aqui e podem ser uma ótima maneira de melhorar sua base de conhecimento. Mesmo que tenha negociado esses instrumentos antes, pode considerar isso uma revisão, caso esteja procurando uma.

» **Você leu livros de investimento e lerá esta seção com atenção, em algum momento, para evitar as armadilhas e os equívocos conforme avança neste livro.** Penso que você sabe que este livro não terá todas as respostas para suas necessidades de trading, mas também sabe que ele foi escrito com cuidado e atenção, inclusive com revisões técnicas e uma edição atenta. Também sabe que, sendo a terceira edição, a equipe pegou o material anterior e o revisou rigorosamente para atualizar e melhorar o conteúdo quando necessário. Lembre-se também de que trading de opções não é um conceito simples. Embora eu tenha tornado esse conteúdo o mais fácil possível de entender, alguns leitores podem considerar difícil a compreensão inicial de alguns conceitos. Tudo bem. Quando comecei, achei confuso também. Eu me empenhei muito e trabalhei duro para tornar o material o mais acessível possível. Não estou tentando tornar nada difícil. Mas se você achar algo desafiador, vá para outra parte do livro e volte mais tarde. Poderá achar mais fácil na próxima vez.

» **Você faz investimentos de longo prazo.** Independentemente de você escolher ou não o trading de opções ativamente, penso que faz investimentos de longo prazo, como ações e fundos de investimento. Por isso, são incluídas estratégias essenciais para gerenciar risco associado a prazos mais longos. O pouco tempo necessário para implementá-las vale a pena.

» **Você já decidiu como alocar seu investimento e moeda de trading.** Embora eu diferencie ativos de investimento e de trading, não abordo como alocar o dinheiro, porque a situação financeira de cada pessoa é diferente. Penso que é algo que você já fez, porque os planos devem ter um equilíbrio entre os dois (longo e curto prazo) para aumentar os ativos.

» **Você tem computador e acesso à internet.** Nem consigo imaginar fazer trading ou investimento sem um computador e um acesso confiável à internet... portanto, penso que você tem ambos.

» **Você tem um corretor.** Penso que você contata um corretor para gerenciar melhor seu risco quando necessário e acho que também se sente um pouco à vontade na plataforma web do corretor. Pode servir como um recurso para algumas ideias tratadas neste livro.

Ícones Usados Neste Livro

Também adicionei ícones para destacar ideias principais e diferentes, dando a você o insight adquirido sobre trading. Uso os seguintes ícones:

PAPO DE ESPECIALISTA — Quando vir este ícone, encontrará ferramentas um pouco mais detalhadas e considerações sobre o tópico em mãos, mas as informações incluídas não são necessárias para sua compreensão.

DICA — Este ícone é usado para lhe dar um insight especializado sobre a explicação atual. Considere-o como um aparte que qualquer operador pode mencionar ao longo do caminho.

LEMBRE-SE — Alguns tópicos explicados ou considerados parte de sua base de conhecimento são identificados pelo ícone Lembre-se. Ele também marca coisas importantes das quais se lembrar. Se você hesitar um pouco ao ler o conteúdo essencial, verifique um deles para continuar progredindo sem problemas.

CUIDADO — Os conceitos que reiteram os modos de gerenciar os riscos em potencial aparecem com este ícone. Ele destaca coisas importantes sobre as quais ficar atento, caso queira evitar problemas.

Além Deste Livro

Além do material impresso que você lê agora, este produto vem com alguns presentes de fácil acesso na web. Verifique a Folha de Cola gratuita no site da editora Alta Books. Procure pelo título ou ISBN do livro.

De Lá para Cá, Daqui para Lá

Se você quiser melhorar o investimento de longo prazo ou os resultados de trading de prazo mais curto, encontrará neste livro estratégias para os dois. Usando as técnicas mostradas aqui e se vendo como gestor de risco, suas perdas devem diminuir, permitindo-o avançar para ter mais lucro.

Você pode decidir testar esta referência enquanto avalia seus investimentos por trimestre ou mantê-la à mão para fazer avaliações semanais do trading. Durante sua rotina de revisão regular, você também pode achar que as condições atuais do mercado, que já o deixaram à margem, agora são ideais para as estratégias analisadas aqui.

Está pronto? Existem muitas opções à sua frente. (Percebe?)

Se recentemente você ficou perplexo com a ação nos mercados, pode querer iniciar no Capítulo 5. Ele identifica as diferentes coisas que acontecem nos mercados de opções que podem esclarecer a atividade do mercado de ações.

Os iniciantes no trading de opções ou que sentem que podem se beneficiar com uma reciclagem devem considerar ler com atenção a Parte 1. Como os mercados estão sempre evoluindo, o Capítulo 3 o deixa por dentro das condições atuais.

Se você tem uma noção básica dos contratos de opção e quer acessar rápido maneiras únicas de capitalizar com um movimento de ações diferente, considere ir para a Parte 4. Ela inclui várias abordagens que você nem imagina com as ações.

O Capítulo 18 tem minhas considerações sobre o que é preciso para ser um operador de opções bem-sucedido. Como o trading de opções apresenta muitos dos mesmos desafios encontrados ao negociar qualquer título, você pode querer ler isso primeiro para ajudar a ter sucesso em seu trading atual.

Se você procura ideias de trading, também pode visitar meu site: `www.joeduarteinthemoneyoptions.com` (conteúdo em inglês).

1 Introdução

NESTA PARTE...

Avalie e analise as opções fazendo o mercado trabalhar a seu favor.

Introdução aos contratos de opções e aos valores.

Adapte-se aos mercados de opções e conheça as letras gregas.

Familiarize-se com os riscos da opção e os retornos.

> **NESTE CAPÍTULO**
>
> » Avaliando as opções
>
> » Analisando as opções em qualquer mercado
>
> » Fazendo os mercados trabalharem a seu favor

Capítulo **1**

Trading de Opções e o Investidor Individual

Seja qual for seu nível de experiência, estilo de negociação, tendência geral de se manter nas posições e perfil de risco, como investidor individual é possível adicionar opções nas ações individuais, índices e ETFs (fundos de investimento negociados na Bolsa de Valores) à sua reserva de investimento. Talvez o melhor motivo para adicionar opções às suas estratégias de trading ou investimento seja que elas permitem gerenciar seu risco e aumentar os ativos. E como há muitos modos de usar as opções, qualquer pessoa pode usá-las, contanto que tenha tempo para aprender os riscos e os retornos associados e se familiarize com as estratégias particulares adequadas às suas finalidades. Isso é feito treinando de novo seu cérebro para pensar de uma maneira um pouco diferente da norma, o que é chamado de reprogramação. Não, reprogramar seu cérebro não dói, mas o ajudará a ver os mercados de um jeito diferente e mais lucrativo.

O primeiro passo no processo de reprogramação é saber que existe uma diferença entre negociar e investir, especificamente em termos de intervalos de tempo. *Investir* é usar o poder do tempo e os benefícios da composição para acumular riqueza em longos períodos. A tradicional estratégia de *buy and hold* as ações é um exemplo perfeito, assim como ter imóveis para alugar por longos períodos de tempo para gerar renda. Essa paciência de longo prazo funciona bem para as ações e os fundos de investimento, mas nem sempre para as opções, devido ao limite de tempo na vida de uma opção, a menos que você negocie opções de longo prazo, o que é uma tática de trading viável explicada neste livro. Mas não confunda o trading de opções com um exercício casual e aleatório. Como descobrirá, esse trading é um exercício cuidadoso e muito preciso.

Trading, em oposição a investimento, por padrão é uma proposta de prazo menor e investimento fechado, em que você pode segurar uma posição por minutos, horas, dias ou semanas dependendo das particularidades da situação e do seu plano de trading. As opções podem ser usadas para negociar a curto prazo e para a proteção dos investimentos de prazo mais longo, sobretudo quando o valor das participações de prazo mais longo cai ou tem movimento lateral. Não importa o intervalo de tempo, ou seja, se você segura as posições em períodos curtos ou longos, sua meta é basicamente igual. Você quer ter mais dinheiro em algum ponto no futuro do que tem agora e aumentar sua riqueza usando as oportunidades oferecidas pelos mercados. Este capítulo é sobre iniciar o processo de reprogramação lhe dando uma visão geral sobre as opções e, assim, preparar o terreno para os capítulos mais detalhados a seguir.

Checkups Financeiro e Estratégico

Antes de iniciar qualquer tipo de programa de trading ou investimento, é bom saber três coisas:

- » Seu perfil de risco.
- » Sua situação financeira.
- » Suas possibilidades de disponibilidade de tempo.

Sempre que você adicionar uma nova estratégia de trading, precisará aprender. Portanto, quando começar a negociar opções, tenha paciência e se prepare para passar muito tempo aprendendo o ofício, ou perderá dinheiro, muitas vezes rapidamente.

Veja algumas etapas simples para começar bem. Mesmo que tenha experiência em outras formas de investimento ou com opções, ainda deve parar e considerar o seguinte:

- » **Verifique seu balanço financeiro.** Antes de começar a negociar qualquer instrumento financeiro, examine seu custo de vida, analise seu cartão de crédito, empréstimos, financiamentos, seguros de vida e saúde. Monte um demonstrativo do patrimônio líquido financeiro. Veja se é saudável antes de assumir riscos extraordinários.

» **Defina metas realistas.** Não negocie além de sua experiência e não arrisque muito dinheiro em uma negociação.

» **Conheça sua disposição para correr riscos.** Se você é cauteloso e acha que os fundos de investimento são arriscados, pode não ser um bom trader de opções. Mas não deve se considerar fora também. Há muitas estratégias de opções que poderiam ser adequadas, em especial assim que você entender as redes de segurança predefinidas que fazem algumas delas realmente diminuírem o risco. Basta ler o livro e encontrar aquelas que o deixam à vontade antes de se dedicar. Os capítulos na Parte 4 têm excelentes informações sobre esse tópico.

» **Seja um bom analista.** Se você gosta de rolar os dados sem se preparar, pode rapidamente ter problemas com as opções. Para maximizar suas chances de negociar as opções com sucesso, a grande prioridade é melhorar suas habilidades de análise técnica e fundamentalista. Você deve ser um bom analista do mercado inteiro, especialmente da tendência dominante, e conseguir analisar os títulos subjacentes que são a base de suas opções.

» **Não tenha medo de testar suas estratégias antes de implementá-las.** Fazer um trading simulado quanto às estratégias de opções antes de assumir riscos reais é uma excelente ideia que certamente fornece prática e evita algumas dores de cabeça. O Capítulo 7 é um guia do processo.

CUIDADO

» **Nunca negocie com o dinheiro que você não quer perder.** Mesmo que as opções sejam veículos de gerenciamento de risco, você ainda pode perder dinheiro negociando-as. E conforme progride em estratégias de opção mais sofisticadas e arriscadas, suas perdas podem ser significativas, caso suas transações não sejam planejadas de antemão. Ou seja: não negocie opções com a prestação do carro ou o dinheiro do aluguel.

Entendendo as Opções

Opções são instrumentos financeiros precificados com base no valor de outro ativo subjacente ou medida financeira. Neste livro, o foco está principalmente nas opções com valor baseado em ações e índices do mercado de ações, embora também exista uma seção muito útil sobre opções baseadas nos ETFs.

Há duas opções: *compras* (calls) e *vendas* (puts). Quando você as adiciona às suas ferramentas e estratégias atuais de investimento e trading, pode participar dos movimentos *altista* (mercados em alta) e *baixista* (mercados em baixa) em qualquer ativo-objeto selecionado. Embora nem todas as ações tenham opções associadas, é possível usar tais opções para limitar seu risco total da carteira, ou seja, proteger uma posição individual existente, como ação ou ETF, e gerar renda com estratégias específicas, conhecidas como spreads (travas) e writes (lançamentos).

DICA

No mercado de opções, é aceitável comprar o título no qual uma opção está baseada no *ativo-objeto*. Usarei esse termo no capítulo e no livro. Se você for negociar opções, terá de se acostumar com o jargão.

Para entender bem e usar as opções de ação e índice para limitar o risco ou como uma estratégia de trading independente, também deve compreender bem o ativo no qual elas se basearam. Isso pode requerer um nível mais completo de análise e detalhe além de sua abordagem atual. Por exemplo, como a volatilidade é um componente-chave dos preços da opção, você precisará ver a volatilidade do ativo com mais atenção como parte de sua análise para escolher a melhor opção possível para sua estratégia em particular.

Este livro o ajudará a focar as técnicas que comparam opções com seu ativo, também chamado de ação subjacente, ou outros. O Capítulo 9 detalha as várias abordagens que podem ser aplicadas nessa meta ao analisar as opções de ações e índice.

Gosto de pensar em todos os títulos, inclusive nas opções, como ferramentas de gestão de risco e negociá-los em termos de planejar uma estratégia geral. Assim, o foco primário é entender os riscos associados ao uso das ferramentas, inclusive o seguinte:

» Saber quais condições, nos mercados e no título individual, considerar ao analisar uma negociação.

» Usar o devido mecanismo de negociação ao criar uma posição.

» Reconhecer, entender e seguir as regras e os requisitos da negociação para o título.

» Entender quais variáveis individuais fazem uma posição ganhar e perder valor.

As próximas seções explicam os principais componentes do trading de opções para lhe dar uma boa plataforma para planejar as posições de retorno e cortar quaisquer perdas antes que sejam uma catástrofe.

Conhecendo o básico das opções

Uma opção de ação *listada* é um acordo contratual entre duas partes com termos padrão. Todos os contratos de opções listadas são regidos pelas mesmas regras. Ao criar uma nova posição, uma das duas coisas é acionada:

» Comprando uma opção, você compra um conjunto específico de direitos.

» Vendendo uma opção, você adquire um conjunto específico de obrigações.

Esses direitos e essas obrigações são padrão e têm a garantia da OCC* (Câmara de Compensação), portanto, não é preciso se preocupar com quem está no outro lado do contrato. O Capítulo 3 fornece mais informações e detalhes sobre a OCC e seu papel central no trading de opções.

Tempo é tudo para os traders de opção. Na verdade, o único problema nas opções, e o risco primário envolvido, é duplo: queda do valor temporal, que as ações não têm, e alavancagem, que faz os preços da opção mudarem em porcentagens maiores para cima e para baixo. O preço de uma opção de call (compra) aumenta quando sua ação subjacente sobe. Mas se o movimento da ação é muito tardio, porque acontece muito perto da data de vencimento, a compra pode vencer sem valor. Contudo, você pode comprar literalmente mais tempo para si mesmo; algumas opções têm períodos de vencimento de nove meses até dois anos e meio.

Quando você tem opções de call, seus direitos permitem:

> » Comprar uma quantidade específica da ação subjacente (exercício).
> » Comprar a ação em certa data (vencimento).
> » Comprar a quantidade específica de ação por certo preço (conhecido como *preço de exercício*).

Em outras palavras, o preço da opção de call aumenta quando o preço da ação sobe porque o preço dos direitos comprados com a opção é fixo, enquanto a ação em si aumenta de valor.

Por outro lado, uma opção de put (venda) ganha valor quando sua ação subjacente diminui de preço, enquanto o tempo é igual. O movimento no preço ainda deve ocorrer antes do contrato da opção vencer, ou sua opção vencerá sem valor. Seus direitos no contrato de put incluem vender uma quantidade específica de ações em certa data por certo preço. Se você tem direitos para vender uma ação por US$60, mas notícias ruins sobre a empresa empurram o preço da ação para baixo desse valor, esses direitos ficam mais valiosos.

Uma parte importante de sua habilidade como trader de opções é a capacidade de escolher opções com datas de vencimento que ofereçam tempo para ocorrerem movimentos antecipados. Isso pode parecer muito desafiador no momento, mas, conforme você aprender mais, fará muito sentido, porque o trading de opções bem-sucedido lhe dá tempo e escolhas para atender suas expectativas. Claro, existem algumas regras básicas de trading que ajudam, inclusive desenvolver o devido plano de negociação e técnicas de gerenciamento, como planejar sua saída em uma posição antes de negociar, para cortar as perdas. Planejar sua saída é uma parte simples, mas necessária, de qualquer negociação, e é um bom

---

*No Brasil essa garantia é responsabilidade da CBLC (Companhia Brasileira de Liquidação e Custódia)

hábito que economizará dinheiro e evitará dor de cabeça, caso uma posição lhe seja desfavorável.

Todas as ações com opções derivadas disponíveis para negociar têm várias datas de vencimento e preços de exercício. Há dois fatores de preço importantes a lembrar:

» As opções com mais tempo até a data de vencimento são mais caras.

» As opções com preços de exercício mais atraentes são mais caras.

Informações sobre opções e suas escolhas possíveis estão disponíveis na internet, sobretudo com seu corretor. Requer tempo e prática reprogramar seu cérebro para ver onde é possível escolher as melhores opções com base nas condições do mercado atuais e em sua visão do ativo subjacente. Mas à medida que você ler as diferentes seções neste livro, começará a se ajustar e terá uma boa noção de como fazer isso. Ainda mais importante é gerenciar suas emoções para como ter disciplina no trading. A melhor maneira de conseguir isso é desenvolvendo um plano de trading de máxima eficiência com regras fáceis de seguir que incluem planejar diferentes situações. Para saber mais, veja o Capítulo 8.

Experimentando estratégias diferentes antes de implementá-las em tempo real

As opções são diferentes das ações em termos do que representam (alavancagem, direitos e obrigações, em vez de participação parcial em uma empresa) e de como são criadas, sob demanda. Essas importantes distinções resultam na necessidade de um trading adicional e tomada de decisão além das considerações básicas de compra ou venda. Parte do aprendizado, conforme você passa do trading de ações diretas para o trading de opções, é desenvolver um raciocínio novo e complementar. Isso inclui não apenas avaliar o preço de uma ação ou um índice, mas também o preço do ativo subjacente junto a outros fatores, como oferta e procura pela opção e as condições gerais do mercado envolvidas nos preços das opções, tudo junto. Sua decisão final, conforme a transação se desenrola, pode ser exercer seus direitos no contrato ou simplesmente sair da posição no mercado. Por sorte, os preços do mercado o ajudarão nessas decisões, assim como algumas considerações nos Capítulos 9 e 18.

Se você não negociou opções no passado, sua melhor abordagem (como já mencionei) é experimentar algumas estratégias de trading simulado e ver como as coisas funcionam. Sua meta aqui é simples: pensar nas transações de opções com base não apenas na opção, mas no título subjacente.

Antes de investir dinheiro de verdade, você deve:

> » Sentir-se confortável com a atividade e as características das ações subjacentes ou índices nos quais você espera negociar as opções e entender sua relação com o mercado e as opções relacionadas.
>
> » Conseguir misturar e combinar boas estratégias em determinas situações do mercado, tendo em mente os princípios anteriores.

Essas complicações extras valem a pena? Para muitas pessoas, a resposta é sim, sobretudo ao considerar a redução de risco e o potencial de lucro combinados que o trading de opções oferece. E mesmo que a transição possa parecer difícil, as diferenças reais na mecânica das ações e das opções são bem simples e gerenciáveis. No fim do dia, a grande vantagem para as opções é a alavancagem que elas oferecem, proporcionando um mecanismo para controlar os direitos sobre a ação, em vez da ação em si. Acredite, você se acostumará a negociar opções em ações caras que têm grandes movimentações de dinheiro por uma fração do custo, em comparação com ter diretamente as ações.

Mas nem tudo é diversão. Um aspecto importante de reprogramar seu cérebro envolve prestar mais atenção em como a ação real do mercado afeta o valor das opções ao longo do tempo. Assim que você entender essa parte, o resto entrará no lugar com mais facilidade e seu trading simulado será mais satisfatório. Junto com o trading simulado, você também pode fazer a testagem do trading de opções. E não se preocupe com o tempo que o processo de reprogramação pode levar. Qualquer tempo gasto diminuindo seu risco de grandes perdas no futuro vale a pena.

DICA Programas disponíveis de trading de opções e análise técnica permitem fazer a testagem de suas estratégias. Algumas corretoras oferecem pacotes de análise sofisticados para seus traders ativos por preços baixos ou de graça. *Testagem* significa que você analisa como um conjunto de estratégias funcionou no passado.

DICA O trading simulado e a testagem da abordagem de trading baseada em opções pode levar um pouco mais de tempo que uma abordagem de ações. A vantagem é que pode economizar muito dinheiro. Considere o trading simulado uma parte de seu plano de trading. E mesmo que possa ter um ritmo lento e possivelmente atrasar seu início no trading em tempo real, esse tipo de abordagem diligente lhe permitirá abordar as diferentes nuances do trading de opções com antecedência, e você irá adquirir o hábito de ser um trader disciplinado.

Colocando as opções no seu lugar

Há hora e lugar para tudo, e as opções são mais bem usadas quando implementadas de modo ideal, ou seja, quando a razão entre risco e retorno oferece a melhor combinação do potencial de lucro e redução de risco.

Ao comprar um contrato de opção, há duas escolhas: você pode exercer seus direitos ou pode negociar os direitos com base nas condições atuais do mercado e seus objetivos de trading. Pode fazer isso com base no que acontece nos mercados ou em qualquer posição individual em determinado momento e executando a melhor estratégia para o que a situação exige. O mais importante é saber quais são suas escolhas antes de fazer a negociação porque você planejou cada situação.

Você pode usar as opções para reduzir seu risco protegendo determinada posição ou sua carteira inteira. O objetivo de uma proteção é que o valor da opção segue na direção oposta do ativo, mantendo o valor total da posição combinada o mais alto possível quando o ativo cai de valor. Se sua análise da situação o deixa tão baixista que você espera capitalizar com um mercado em queda, as opções ficam bem menos caras, e você tem um menor risco de perda do que vender as ações individuais a descoberto. O Capítulo 10 é sobre a proteção da carteira.

As opções também permitem alavancar suas posições. Como as opções custam menos que as ações, você pode participar de um mercado com menos, em comparação com ter ações reais. Por exemplo, um investimento de US$500 em uma estratégia de opção pode lhe dar um lucro em potencial de investimento de até US$5 mil em uma ação individual. É uma excelente maneira de reduzir o risco, pois você gasta menos capital, mas possivelmente consegue uma taxa de retorno parecida com o que receberia caso tivesse a ação subjacente real, dependendo do tamanho da sua posição. Você pode aplicar essa alavancagem até com mais astúcia, se especula e quer fixar um teto para seus lucros.

Diferenciando os Estilos de Opção

Em grande parte, este livro é sobre opções para as ações individuais. Mas as opções de índice são também uma parte importante do mercado, pelas quais você pode se interessar e usar em algum momento em sua negociação. O mais importante neste ponto é entender as diferenças maiores entre as opções nos índices e nas ações individuais. Veja alguns fatos gerais importantes:

» Você pode negociar ações, mas não pode negociar índices.

» As datas para exercer (seus direitos de opção) e a última data de trading para a opção são iguais para as ações individuais, o que significa que elas têm a mesma data. Essas duas datas importantes podem variar para os

> índices de ações, ou seja, você pode conseguir negociar a opção em um dia diferente da data de exercício.

» Existem duas opções: estilos americano e europeu. Cada um tem seu conjunto particular de características que afetarão sua capacidade de tomar decisões sobre o exercício. Sempre saiba qual opção de estilo você está usando e os fatores em particular associados antes de negociar. O Capítulo 9 é sobre os estilos de opção.

Usando opções para limitar seu risco

Obter detalhes dos perfis de risco da opção é importante e será útil, mas planejar e usar estratégias na negociação é ainda melhor. Você começa avaliando as muitas opções disponíveis para a proteção do ativo. Embora possa não considerar isso atraente, investir um tempo antes para descobrir quais opções funcionam melhor em diferentes situações não é apenas um bom passo em seu processo de aprendizagem, como também é prático. Ao usar opções para limitar seu risco:

» Você pode reduzir o risco de uma posição existente parcial ou totalmente e ajustar aos poucos o processo de proteção com base na mudança das condições do mercado. Veja o Capítulo 10.

» Pode reduzir um pouco o risco de uma nova posição usando uma combinação de opções ou opções de longo prazo separadas. Veja o Capítulo 12.

Você precisará de uma conta com margem para essas estratégias e poderá ter uma preenchendo e assinando o contrato de conta com margem que você consegue com seu corretor. São estratégias complexas obtidas conforme se ganha experiência. Algumas das estratégias mais complexas incluem

» Vertical spreads:
  - Calendar spreads.
  - Diagonal spreads.

As condições do mercado serão o fator de maior influência ao usar esses spreads. E este livro o ajudará a tomar essas decisões.

Opções no investimento de setor

Um dos melhores avanços recentes nos mercados financeiros foi a criação e a proliferação de ETFs. Com esses veículos, você pode fazer apostas setoriais sem ter que analisar de perto uma ação individual na tomada de decisão, ou pode pesquisar com algumas etapas básicas apenas. Os ETFs são ótimos veículos de trading porque:

> » **Você pode negociá-los como ações.** Isso significa que pode comprar e vender cotas deles a qualquer momento durante o dia, em vez de aguardar até o mercado fechar, como acontece nos fundos de investimento tradicionais não negociados na Bolsa.
>
> » **Os ETFs oferecem opções listadas.** Significa que você pode aplicar todas as estratégias de opção em setores do mercado de ações negociando opções no ETF subjacente. Em geral, isso permite fazer apostas de índice sem usar as opções de índice com vencimento, e o último dia de negociação pode precisar de algumas etapas extras.
>
> » **Existem ETFs baseados em índices de commodity.** Permitem participar dos mercados de commodity sem negociar futuros. Quando você adiciona outra dimensão das opções disponibilizadas, tem um ótimo conjunto de diferentes estratégias disponíveis.

Por todas essas razões, os ETFs são uma excelente categoria de veículo de trading. Você pode planejar carteiras inteiras diversificadas com ETFs e usar as opções para cobrir as posições individuais ou a carteira inteira. O Capítulo 13 tem todos os detalhes.

Opções em Mercados Desafiadores

Você pode participar de mercados em alta ou queda com ações e ETFs, supondo que se sente à vontade em ter esses títulos e vendê-los a descoberto. Mas o que fazer em um mercado com movimento lateral, a não ser ficar fora ou colecionar poucos dividendos? Você pode montar estratégias de opção para esse mercado lateral se tem ou não qualquer posição subjacente. O Capítulo 16 explica esse ótimo conjunto de estratégias com o objetivo básico de fornecer receita.

Reduzindo sua inclinação direcional e ganhando dinheiro em mercados estagnados

Inclinação direcional se refere à conexão de lucros com a direção dos preços. Para ganhar dinheiro quando você é altista, precisa que os preços subam. E para ganhar dinheiro quando é baixista, precisa que os preços caiam. Quando usa estratégias de combinação de opções, planeja negociações que o permitem ganhar dinheiro quando a ação subjacente sobe ou desce. Considere isto:

» Você pode preparar estratégias que o permitam lucrar caso o ativo suba ou desça, dependendo do seu esquema de negociação. Os Capítulos 14 e 15 explicam tudo sobre negociações.

» As opções permitem preparar estratégias que podem levar a ganhar dinheiro nos mercados laterais.

Controlando as emoções

Talvez a parte mais difícil do trading em qualquer mercado sejam as respostas emocionais que são disparadas pelos movimentos dos preços em coisas que você tem ou quer ter. Sejamos realistas, todos somos emotivos. É parte do ser humano. O problema é que o trading emocional costuma ser o caminho de grandes perdas. É por isso que temos regras e você prepara um plano de trading antecipado, para controlar a emoção que acompanha a negociação.

Um bom plano de trading tem estas características principais:

» **Acesso ao devido equipamento:** Tenha toda a tecnologia necessária (computadores, celulares e sistemas de backup) em um lugar silencioso para trabalhar.

» **Conhecimento do investimento em tempo:** Pense se você negociará no day trade ou se será um trader de opções em um período maior. Se não consegue dedicar mais ou menos três horas seguidas para monitorar uma posição, a negociação no day trade não é seu perfil.

» **Acesso a boas informações:** Faça uma boa lista de sites e um serviço confiável de serviço de cotação em tempo real.

» **Execução de negociações sem falhas:** Escolha um corretor online que tenha alguma medida e possa executar suas negociações na hora certa sem deixá-lo na geladeira.

» **Excelente formação:** Treine diariamente suas habilidades analíticas, técnicas e fundamentalistas. Você precisa ser um excelente analista e aprimorar suas habilidades de tomada de decisão.

Cada capítulo deste livro revela novas informações para facilitar a avaliação e a execução do jogo final, a negociação bem-sucedida das opções. O Capítulo 2 é sobre os diferentes tipos de opções.

> **NESTE CAPÍTULO**
> » Entendendo um contrato de opção
> » Descobrindo o valor de uma opção
> » Obtendo dados confiáveis de opção
> » Começando a negociar opções

Capítulo 2
Apresentando as Opções

Existem muitos tipos de opções, mas este livro se concentra nas opções listadas de ação e de índice, ambas operadas na Bolsa. Essas duas formas de opções podem ser usadas para gerenciar seu risco limitando as perdas e oferecem a oportunidade de ter lucro quando usadas com a estratégia correta.

Por incrível que pareça, para tirar o máximo do trading de opções, é essencial entender bem quais são as opções e conhecer os riscos e os retornos em potencial associados. É por isso que este capítulo detalha informações sobre os componentes individuais de uma opção e como reconhecê-los no mercado.

Entendendo os Contratos de Opção

Quando reprogramar, ou seja, ensinar seu cérebro a pensar um pouco diferente, conhecerá os princípios básicos dos contratos de opções e expandirá seu conhecimento prático da análise do mercado, da análise de títulos individuais e do plano de estratégia. Quando reunir tudo isso, conseguirá usar opções para gerenciar o risco e ter ganhos especulativos. As próximas seções são sobre os conceitos básicos que o deixarão à vontade a ponto de negociar ações e o farão ter uma boa compreensão dos riscos e dos retornos associados ao trading de opções.

Sintonizando com o básico das opções

Opção financeira é um acordo contratual entre duas partes. Embora alguns contratos de opção sejam de *balcão*, isto é, entre duas partes sem passar pela Bolsa, este livro é sobre os contratos padronizados conhecidos como *opções listadas* negociadas na Bolsa. Os contratos de opção estabelecem os direitos do proprietário e as obrigações do vendedor. Veja as principais definições e detalhes:

» **Opção de call (compra):** Uma opção de call dá ao proprietário (vendedor) o direito (obrigação) de comprar (vender) um número específico de cotas da ação subjacente por um preço específico em uma data predeterminada. Uma opção de call lhe dá a oportunidade de lucrar com ganhos de preço na ação subjacente em uma fração do custo de ter a ação.

» **Opção de put (venda):** As opções de put dão ao proprietário (vendedor) o direito (obrigação) de vender (comprar) um número específico de cotas da ação subjacente por um preço específico em uma data predeterminada. Se você tem opções de put em uma ação sua, e o preço da ação está em queda, a opção de put está ganhando valor, compensando as perdas na ação e lhe dando uma oportunidade de tomar decisões sobre a propriedade de sua ação sem entrar em pânico.

» **Direitos do proprietário em um contrato de opções:** Uma opção de call dá ao proprietário o direito de comprar um número específico de cotas da ação por um preço predeterminado. Uma opção de put dá ao proprietário o direito de vender um número específico de cotas da ação por um preço predeterminado.

» **Obrigações de um vendedor de opções:** Os vendedores das opções de call têm a obrigação de vender um número específico de cotas da ação subjacente por um preço predeterminado. Os vendedores das opções de put têm a obrigação de comprar uma quantidade específica de ação por um preço predeterminado.

LEMBRE-SE

Para maximizar seu uso das opções, para a gestão de risco e os lucros do trading, entenda bem os conceitos apresentados em cada seção antes de avançar. Foque a opção, considere como pode usá-la e avalie o risco e o retorno associados à opção e à estratégia. Se você tiver em mente esses valores quando estudar cada seção, os conceitos serão muito mais fáceis de usar conforme passar a fazer o trading em tempo real.

DICA

Reprogramar seu cérebro requer repetição. Se você acha que leu algo parecido em uma página diferente neste livro, não é por acaso. Provavelmente leu, sim.

Use as opções de ação para os seguintes objetivos:

» Para aproveitar os movimentos ascendentes por menos dinheiro.

» Para lucrar com os movimentos descendentes nas ações sem o risco de venda a descoberto.

» Para proteger uma posição de ação individual ou toda a carteira durante os períodos de preços em queda e desacelerações do mercado.

Sempre fique atento aos riscos do trading de opções. Veja dois conceitos importantes:

» **Os contratos de opção têm uma vida útil limitada.** Cada contrato tem uma data de vencimento. Isso significa que, se o movimento que você antecipa não ocorrer na data de vencimento, você perderá seu investimento inicial inteiro. É possível descobrir como isso acontece fazendo um trading simulado antes de fazer em tempo real. Você pode ler mais sobre o trading simulado no Capítulo 7. Ele permite experimentar diferentes opções e estratégias para qualquer ação subjacente que oferece opções, realizando as duas coisas. Uma é que você pode ver o que acontece em tempo real. Por sua vez, ver o que acontece permite descobrir como escolher a melhor opção, planejar a melhor estratégia e gerenciar a posição.

» **A estratégia errada pode levar à perda nas negociações.** Isso pode acontecer na forma de perdas maiores em qualquer posição individual, mas não necessariamente em sua carteira inteira, caso você gerencie o tamanho de sua posição. Mas, se você correr mais riscos que o necessário, sobretudo ao longo do tempo, e suas negociações não o favorecerem regularmente, poderá se expor a grandes perdas, que pode demorar um pouco para recuperar. Na verdade, as estratégias arriscadas o expõem à possibilidade de suas negociações com perda sobrecarregarem os vencedores. É o mesmo que aconteceria se você vendesse as ações a descoberto, o que acabaria com a finalidade do trading de opções. As opções e as estratégias específicas das opções permitem fazer o mesmo que vender ações a descoberto (lucrando com a diminuição dos preços do ativo subjacente) por uma fração do custo. Os Capítulos de 9 a 11 detalham como você pode lucrar com os mercados em queda por meio das opções.

Comparando opções e outros títulos

Opções são uma forma de *derivativo*, um tipo de título que *deriva* seu valor de um título subjacente. As opções de ação derivam seu valor da ação subjacente. Para entender melhor os valuations da opção, faz sentido saber mais sobre outros derivativos e ETFs (fundos de investimento negociados na Bolsa de Valores), que são quase derivativos:

» **Commodities e contratos futuros:** Como as opções, são acordos entre duas partes. O vendedor de uma opção é obrigado a comprar ou vender a ação se o comprador da opção exerce a opção. Isso porque as commodities e os contratos futuros definem o preço para uma quantidade predeterminada de um item físico a ser entregue em certo local em uma data predefinida. As opções de ação não têm data de entrega em termos de medidas, mas se uma opção vencer dentro do dinheiro (ITM), ela será exercida automaticamente, e cem ações por contrato serão entregues ao comprador ou ao vendedor pela intermediação do corretor, dependendo de a opção ser compra (call) ou venda (put). Por outro lado, as commodities e os contratos futuros são parecidos com as opções no sentido de que fixam o preço e a quantidade de um ativo, e têm datas de vencimento. Mas nos dois casos, você pode negociar seus direitos e suas obrigações se sair do contrato antes de vencer.

» **Índices:** Considere os *índices* como coleções de ativos cujo valor é reunido para medir o preço do grupo. Ações, commodities e futuros são componentes do índice. O Capítulo 9 detalha as opções de índice. Veja uma diferença importante: os índices não são títulos. Isso significa que você não pode comprar um índice diretamente. Pelo contrário, você compra títulos que controlam o valor do índice, como fundos de investimento ou ETFs que têm ações em certo índice; por exemplo, Índice (S&P) 500 da Standard & Poor.

» **ETFs:** São fundos de investimento negociados como ações na Bolsa. A maioria dos ETFs serve para controlar um índice ou um setor subjacente de um mercado em particular. Eles não são derivativos, mas podem ser considerados *quase* derivativos, porque nem sempre mantêm os mesmos títulos exatos do índice que eles controlam. Por exemplo, alguns ETFs *alavancados* usam títulos mais exóticos conhecidos como swaps para imitar a ação do índice subjacente enquanto adicionam alavancagem. Dois ETFs muito populares são S&P 500 SPDR (SPY) e Powershares QQQ Trust (QQQ), que controla o índice Nasdaq 100. Esses dois ETFs populares permitem negociar seus índices subjacentes, diretamente ou por meio de opções.

» **Ações e títulos de renda fixa:** A propriedade da ação lhe dá parte de uma empresa, ao passo que a propriedade do título de renda fixa o torna um credor. Cada dinâmica tem riscos próprios e retornos. A comparação dos três ativos (ações, títulos e opções) produz um cenário bem claro. Todas as três classes podem levar os investidores à perda total de seu investimento. Embora as ações lhe deem uma parte da empresa, e os títulos de renda fixa lhe ofereçam rendimento, as opções não fornecem nenhuma propriedade de ativos tangíveis. No final, as ações oferecem períodos de retenção indefinidos e os títulos têm uma data de maturidade. Já as opções têm uma vida útil limitada com base em sua data de vencimento.

PAPO DE ESPECIALISTA

Swap é um contrato de garantia cujos termos são acordados de modo privado pelos participantes. Eles podem ser considerados como opções negociadas fora da Bolsa e ser usados para apostar na direção de praticamente qualquer coisa acordada por ambas as partes. Por padrão, os swaps são títulos muito sofisticados não disponíveis para investidores individuais devido aos requisitos financeiros e aos acordos específicos exigidos na assinatura antes de serem negociados. Quando você tiver cotas de um ETF alavancado, verifique o prospecto com cuidado para saber se seu ETF é um veículo com swap. Não estou sugerindo que você não considere os ETFs alavancados se eles fazem sentido em sua carteira. Muitas vezes eu os utilizo em meu trading pessoal. É importante sempre saber em que você investe, sobretudo se é um investimento indireto, como um ETF.

Quando os swaps saem de controle ou funcionam mal, em geral devido a um planejamento ruim ou uma garantia insuficiente, em que a outra parte não consegue atender sua obrigação, os mercados e sua carteira podem ter problemas. Foi isso que aconteceu em 2008, quando muitos participantes poderosos apostaram (corretamente) que os titulares de hipotecas de risco não conseguiriam fazer os pagamentos mensais. Eles estavam certos, e o resto, como se diz, é história.

Avaliando as Opções

Parte de conhecer seus riscos e seus retornos resulta de entender como um investimento deriva seu valor e o que afeta o sobe e desde do preço. Para avaliar uma opção, você deve saber o seguinte:

» O tipo e o preço de exercício da opção (put ou call).
» O preço do título subjacente.
» As características do padrão de trading anterior do título subjacente: calmo ou volátil.
» O tempo restante até a opção vencer.

Conhecendo seus direitos e suas obrigações como trader de opções

Há dois tipos de opções: compras (calls) e vendas (puts). Tendo call, você tem o direito de adquirir certa ação por um preço predefinido em certa data. Ter put lhe dá o direito de vender certa ação por um preço específico em certa data. Os preços da opção de put sobem quando o preço do título subjacente cai. Os preços da opção de call sobem quando o preço do título subjacente sobe. Quando você tem opções, pode expressar seus direitos como bem entender. Portanto, entre o tempo de compra de uma opção e sua data de expiração, é possível:

» Vender a opção antes de expirar.

» Exercê-la manualmente antes de vencer.

» Deixá-la vencer sem nenhum valor (para uma perda) ou com valor (exercício automático a seu favor).

Como vendedor de opção, você é obrigado a concluir um conjunto específico de exigências. De fato, vender opções lhe dá menos escolhas, e as úteis são muito influenciadas pela ação nos mercados. Conforme a data de vencimento se aproxima, você pode:

» Comprar de novo a opção para ter lucro.

» Comprá-la de novo para ter perda.

» Deixar a opção vencer sem valor (para ter lucro).

Termos usuais e importantes

Vários termos principais que você precisa saber para tomar boas decisões no trading de opções:

» **Título subjacente:** A ação que você compra ou vende e que determina o valor da opção.

» **Preço de exercício (strike):** O preço que você pagaria por ação se decidisse exercer seus direitos como comprador da opção de call. Para os compradores da opção de put, é o preço recebido por praticar e vender a ação.

» **Data de vencimento:** A data em que a opção e seus direitos desaparecem.

» **Característica da Opção:** O número de ações e o nome do título subjacente que você pode comprar ou vender a alguém.

- » **Preço de mercado:** O preço mais atual de uma opção sendo pedido por compradores e oferecido pelos vendedores das opções.

- » **Multiplicador:** O número usado para determinar o valor da opção e quanto dinheiro você paga quando compra call ou put de alguém. A maioria das opções de ação oferece cem ações por contrato, portanto, o multiplicador do preço de mercado da opção por ação e das ações do preço de exercício é cem.

- » **Prêmio:** O valor total da opção comprada ou vendida. O prêmio é baseado no preço de mercado da opção e seu multiplicador.

LEMBRE-SE Os direitos da opção não duram para sempre, portanto, é importante controlar quanto tempo lhe resta em uma posição antes de ela vencer. Para descobrir quanto tempo você tem até a data de vencimento, identifique essa data e determine o número de dias ou meses até lá.

DICA Um bom modelo de precificação da opção informará fatos importantes sobre como o preço da opção muda em vários atributos, como volatilidade implícita, taxas de juros e dias até vencer. Você pode encontrar muitos modelos online, gratuitos. Meu favorito é www.cboe.com/tradtool/option-calculators.aspx (conteúdo em inglês).

Entendendo a Mecânica das Opções

As boas decisões são tão boas quanto as informações que você tem e as entende corretamente. Assim, se você negociar opções sem considerar ter a ação subjacente ou não, precisará dos melhores dados possíveis para avaliar seu valor e desenvolver suas estratégias. Igualmente importante é conhecer a estrutura básica de como funcionam os preços das opções e como opera o ciclo de vencimento. Esta seção serve para decifrar as informações necessárias para entender seus direitos e suas obrigações ao negociar as opções.

DICA Você pode conseguir informações do mercado de opções online, em geral de graça, se deseja lidar com delay, em geral com uma defasagem de 15 a 20 minutos. Um bom serviço de gráfico premium, ou a plataforma de trading online do seu corretor, costuma ter excelentes dados em tempo real ao seu alcance também. O Yahoo! Finance (www.finance.yahoo.com) é um bom site gratuito para todos os tipos de preços e informações financeiras. Você também pode encontrar excelentes informações sobre opções no Chicago Board Options Exchange (www.cboe.com — conteúdos em inglês).

Identificando as opções

Embora nem todas as ações tenham opções, as que têm apresentam vários preços de exercício e datas de vencimento. A lista de preços de exercício das opções de call e put para uma ação subjacente em cada mês de vencimento é conhecida também como *lista de opções*. Quando você examinar a lista de opções de uma ação, verá todas as compras e vendas disponíveis, junto dos dados específicos para cada listagem, inclusive o seguinte:

- **Posição aberta:** O número de contratos existentes para cada exercício da opção de call e put que há no momento cumulativamente entre um comprador e um vendedor com base no preço do mercado de ontem. As opções populares têm posições abertas mais altas e maior liquidez (mais fáceis de comprar e vender).

- **Cotações de mercado:** Podem ser retardadas ou em tempo real, dependendo da sua fonte de dados. A proposta no último preço negociado, a oferta e a procura por qualquer opção listada.

Os códigos da opção mudaram radicalmente desde a primeira edição deste livro. A antiga metodologia da nomenclatura "raiz" foi substituída por códigos que facilitam muito decifrar, nos EUA, no Brasil seguimos a metodologia:

- A ação subjacente ou o código do ETF.
- O mês de vencimento e o tipo da opção expresso em letras do alfabeto, de A a L (jan a dez) para Call e de M a X (jan a dez) para Put.
- O preço de exercício.

Os códigos das opções podem ser um pouco confusos no começo da sua carreira de trading, pois cada corretor tem um sistema um pouco diferente de exibir a informação nos EUA. Mas todos incluem os mesmos dados básicos, e depois de um tempo, você ficará muito à vontade com qualquer sistema usado. Veja um exemplo de código da opção baseado no site Yahoo! Finance (www.finance.yahoo.com) para uma opção de call 116 Vale S.A (Ibovespa: VALE) com data de vencimento em 16 de julho de 2021, com preço de exercício de 116,91.

> VALEG116

DICA — Quanto mais você estudar e negociar opções, mais fácil será decifrar os códigos.

Girando com o ciclo de vencimento

Existem três ciclos de vencimento, nos EUA como listado na Tabela 2-1. Todas as opções apresentam pelo menos quatro datas de vencimento durante o ano, com base em um dos ciclos. Algumas opções listadas, como as vinculadas a ETFs importantes de controle do índice, têm quatro meses de vencimento abertos simultaneamente. As opções de longo prazo (LEAPS ou títulos antecipados de longo prazo) costumam vencer apenas em janeiro e junho. No Brasil as opções de ações vencem todos os meses de janeiro a dezembro na terceira sexta-feira do mês.

LEMBRE-SE

As datas de vencimento são importantes porque, conforme o tempo passa e o vencimento se aproxima, as opções perdem valor temporal, e, assim, o valor da opção cai em um ritmo mais rápido à medida que a data de vencimento se aproxima. Para gerenciar as posições da melhor maneira e evitar perdas indesejadas, é essencial conhecer as datas de vencimento.

Todas as opções têm, pelo menos, quatro datas de vencimento mensais disponíveis o tempo todo. Cada opção apresenta ao menos o mês atual e as datas de vencimento do mês seguinte. Por exemplo, uma ação com opções que correm no ciclo sequencial de janeiro também tem uma data de vencimento no ciclo sequencial de fevereiro para o ciclo 2. Os ciclos da opção são bem detalhados em `www.cboe.com/trading-resources/cycles-month-codes` (conteúdo em inglês).

CUIDADO

Antes de negociar, verifique se você entende bem o que está negociando e quanto tempo a opção tem antes de vencer. Também preste atenção a se você tem o tipo de opção, call ou put, adequado ao seu objetivo de trading.

Os preços de exercício da opção costumam ficar disponíveis em aumentos de US$0,50, US$1, US$2,50 e podem chegar a US$100, dependendo do preço derivado da popularidade da opção e de quanto dinheiro qualquer opção tem ou não, e o preço da ação subjacente. Há exceções para essa tendência geral, especialmente notadas após o desdobramento de ações caras. Na maioria das vezes, não é assim.

TABELA 2-1 Vencimentos da Opção por Ciclo

Ciclo	Meses
I	Janeiro, abril, julho, outubro
II	Fevereiro, maio, agosto, novembro
III	Março, junho, setembro, dezembro

O vencimento das opções é uma decisão de tempo

Para maximizar suas chances de sucesso, treine para ter boas ideias sobre o que fará com qualquer posição de opção aberta bem antes de ela vencer. Se você mantém a posição até o vencimento e tem dinheiro, veja suas escolhas:

> » Aproveite seus direitos como detentor do contrato exercendo. Exercer requer contatar seu corretor e enviar instruções de exercício. O Capítulo 9 detalha isso.
>
> » Venda a opção antes do exercício automático e fique com os lucros.
>
> » Deixe a opção vencer sem valor, se a opção estiver fora do dinheiro.

CUIDADO

Nunca segure uma opção que você planeja vender quando houver trinta dias ou menos para vencer, porque o valor temporal cairá rápido e o preço da opção diminuirá.

Alguns detalhes importantes sobre datas de vencimento e como lidar com elas:

> » **Conheça seu último dia de negociação.** Não tem desculpa para não conhecer essa data importante. Se você não conhecê-la, poderá perder dinheiro. O melhor modo de abordar isso é fazer um registro do trading e examiná-lo conforme a negociação avança. E mais, saiba se o vencimento é da manhã ou da tarde. O último dia de negociação para a liquidação da manhã é o dia antes do vencimento. A liquidação de vencimento à tarde ocorre no mesmo dia do vencimento nos EUA. No Brasil é possível negociar a opção até a data do vencimento.
>
> » **Não seja tímido.** Se você tem dúvidas sobre o último dia de negociação e a data do exercício, ligue para seu corretor.
>
> » **Venda.** Quase sempre é melhor vender uma posição de opção dentro do dinheiro antes do exercício automático no vencimento.

Detalhando seus direitos

Quando você compra uma opção de call, está comprando o direito, mas não a obrigação, de comprar uma quantidade específica de ação por certo preço (de exercício) em algum momento (mais ou menos) antes da data de vencimento. Isso lhe permite exercer seu direito ou negociar a saída da posição.

Quando você compra uma opção de put, está comprando o direito, mas não a obrigação, de vender uma quantidade específica de ação por certo preço (de exercício) em algum momento (mais ou menos) até a data de vencimento da opção.

Durante esse período de tempo, pode exercer seus direitos como o detentor da opção ou decidir negociar a saída da posição.

É bem possível que nunca exerça, de fato, uma opção, pois a posição dela pode fazer parte de uma estratégia geral de trading elaborada por você. Esse é o lado bom das opções: você tem direitos que lhe dão o direito de escolher agir como faz mais sentido para você, com base em sua estratégia e condições do mercado. Contudo, se decidir exercer uma opção, veja algumas vantagens:

» **Exercer uma opção de call:** Quando você exerce uma opção de call, pode aproveitar os direitos de acionista da ação subjacente. Isso pode significar receber em dinheiro ou um dividendo, ou participar dos benefícios de outras ações societárias, como fusões, aquisições e spinoffs (empresas derivadas).

» **Exercer uma opção de put:** Exercer uma opção de put permite sair de uma posição da ação. Mas essa pode não ser sua melhor estratégia. Na verdade, quase sempre é melhor vender uma opção de put no mercado aberto e vender a ação no mercado aberto, em vez de exercer put para vender a ação e perder o valor temporal.

Criando Contratos de Opção do Nada

Há uma importante diferença entre o que é necessário para emitir novas cotas da ação e como os contratos das opções passam a existir. O número de cotas disponíveis para negociar em determinada ação é chamado de *float*. Se for preciso que mais ação seja emitida, os acionistas votam se é adequado ou não fazer isso, e a empresa passa por um processo de registro antes que novas cotas sejam oferecidas ao público.

É diferente nas opções, em que o possível número de contratos permitidos é ilimitado porque os contratos de opções são oferecidos sob demanda. O número real de contratos existentes para qualquer opção é conhecido como *posição aberta*.

Abrindo e fechando posições

Quando você entra com sua ordem para comprar uma opção, pode haver ou não um contrato existente com a contraparte que deseja assumir o outro lado da negociação. Mas você não saberá, porque sua demanda criará um contrato, se ainda não existir um na contraparte que deseja assumir o outro lado. O que importa é como você entra e sai das posições. Para adquirir uma opção de call, você entraria com a seguinte ordem:

Comprar para Abrir, 1 XYZ junho 21 35 Opção de Call do Exercício

Para sair da posição, entraria com a seguinte ordem:

> Vender para Fechar, 1 XYZ junho 21 35 Opção de Call do Exercício

O mesmo formato de ordem se aplica ao abrir uma posição em uma opção que você não tem. O importante é o uso correto da linguagem e a especificidade da opção que você vende. Use as seguintes instruções de abertura e fechamento para vender uma opção que você não tem:

> Vender para Abrir, 1 XYZ junho 27 42 Opção de Call do Exercício
>
> Comprar para Fechar, 1 XYZ junho 27 42 Opção de Call do Exercício

Quando você entra com suas ordens corretamente, isso permite que a Bolsa e a empresa de compensação tenham um controle preciso sobre o número de contratos abertos, também conhecido como *posição aberta*, e fiquem de olho no número de contratos negociados em qualquer dia específico. O número de posições abertas mostrado nas cotações do contrato de opções tem um atraso de um dia, ou seja, o número do dia é preciso até a ação do dia anterior.

DICA Se você cometer um erro ao entrar com uma ordem, contate seu corretor imediatamente. O erro deve ser corrigido rapidamente em sua conta e nas bolsas.

Vendendo uma opção que você não tem

Quando você vende uma opção de call como uma transação de abertura, é obrigado a vender uma ação no preço de exercício a qualquer momento, até a opção expirar. Durante esse período, se o detentor da opção de call decidir exercer seus direitos, você terá de cumprir sua obrigação. Quando isso acontece, você é *exercido* na opção, e seu corretor entrará em contato para informá-lo. Quando um contrato de opção de call é exercido a você, é preciso pesar duas possibilidades:

» Se você tem cotas da ação subjacente, deve vendê-las e fechar a posição da ação.

» Se não tem cotas da ação subjacente e não vende as cotas exercidas, você criou uma posição vendida em sua conta.

A parte fácil de vender uma opção que você não tem é colocar sua ordem. O mais importante é entender o risco no negócio. Se você tem ações quando vende uma opção de call, isso é conhecido como transação *coberta*, porque as ações *cobrem* a posição curta de call. Se não tem ações quando vende call, isso é chamado de *call descoberta*. O que torna essa estratégia mais perigosa é que ela tem o mesmo risco de uma posição vendida da ação, ou seja, *seu risco de perda é ilimitado*, dada a possibilidade de uma ação continuar a subir indefinidamente.

Quando você vende uma opção de put como uma transação de abertura, é obrigado a comprar uma quantidade específica de ação no preço de exercício predeterminado a qualquer momento, até a opção vencer. Você tem essa obrigação desde quando abriu a transação até a data de vencimento, e deve cumprir a obrigação se o detentor da opção de put decidir exercer seu direito. Ser exercido em uma put costuma acontecer quando a ação subjacente cai. Se for exercido, você comprará a ação por um preço maior que o valor de mercado atual. Sua transação de short put também pode ser coberta ou descoberta.

Se você está vendido em uma ação, então vende uma put coberta, tem a obrigação de comprar as ações, se exercido na put, portanto, o exercício compraria automaticamente para cobrir sua posição vendida da ação no preço de exercício de put, deixando-o sem nenhuma posição acionária. Se você vendeu uma put descoberta e é exercido, terá uma nova posição acionária comprada em sua conta no preço de exercício de put.

Vender puts é uma transação delicada, portanto, é necessário um pouco de tempo para entender. Veja o motivo:

» Quando você assume a obrigação associada a essa transação, não toma mais decisões ativas em relação às transações que envolvem a ação subjacente.

» Os riscos associados às transações de opção com posição vendida são muito diferentes, dependendo de você ter uma transação coberta ou descoberta.

Explico melhor a proporção de risco e recompensa das transações no Capítulo 4.

Algumas Dicas a Lembrar

Você não só quer começar com o pé direito quando começa a negociar opções, como também quer manter os pés firmes durante o processo. As dicas a seguir devem ajudar:

» **Consiga aprovação.** Quando você começa a negociar opções, precisa ter a aprovação de seu corretor... a Comissão de Valores Mobiliários (SEC) dos EUA exige isso. É preciso assegurar que a negociação dos títulos seja adequada para sua situação e seus objetivos financeiros. Faz parte do processo e significa que você geralmente é aprovado para as estratégias básicas de opções se não as negociou no passado. No Brasil só o investidor com perfil agressivo consegue negociar opções.

- **Seja disciplinado.** Quando você entra com uma negociação por um motivo específico, como uma apresentação de resultados, relatório econômico pendente ou certo valor para um indicador usado, deve sair da negociação quando as condições mudam ou seu motivo original para comprar o título não existe mais. Não deixe que uma ação ou posição da opção que você pretendia manter por três semanas faça parte de sua carteira de longo prazo. Ser disciplinado e seguir as regras é obrigatório para todos os traders.

- **Controle a data de vencimento.** Muitas listas de opções incluem a data de vencimento real de cada mês, junto dos dados de cotação da opção. A data de vencimento também pode ser verificada nas informações da posição da conta. Saber quando a opção vence é essencial para gerenciar a posição.

- **Pratique.** Lembre-se sempre de que pode fazer uma negociação simulada de um título novo para você. Embora as emoções sentidas ao negociar assim não sejam iguais às de ter dinheiro real em jogo, ajuda a se familiarizar com os novos tipos de títulos.

> **NESTE CAPÍTULO**
> » Encontrando seu caminho nos mercados de opção
> » Alavancando seu investimento enquanto gerencia o risco
> » Avaliando as opções com letras gregas
> » Olhando o passado para avaliar o futuro

Capítulo **3**

Locais de Negociação: Onde Acontece a Ação

Provavelmente sua carreira em trading começou com o mercado de ações. Como há muitas semelhanças entre ações e opções, comprar as duas é vantajoso para seu conhecimento básico ao entrar com determinação em um novo ambiente de negociação, portanto, fazemos isso onde é possível neste livro. E mais, o trading de opções é totalmente diferente, e é por isso que uma boa reprogramação de seu cérebro será útil neste estágio.

Cobrindo as opções do ponto de vista de um trader, este capítulo fornece informações sobre as diferentes bolsas de opção, os participantes específicos do mercado que impactam suas transações e as condições do mercado que afetam as negociações. Tudo isso tem certa influência no sucesso do seu trading. Mas o maior segredo para o sucesso é realmente entender os fatores que entram em cena ao avaliar as opções. Com isso em mente, neste capítulo apresento as variáveis formais de precificação da opção, conhecidas como *letras gregas* (uma medida da sensibilidade do valor das opções).

Bolsas de Opções dos EUA

Existem mais de dez bolsas de opções ativas nos EUA, o que é incrível para um título que começou a ser negociado apenas nos anos 1970. No Brasil o ambiente principal de negociação de opções é na plataforma da B3. A lista está sempre mudando devido às fusões e aquisições no setor. A lista a seguir é das principais bolsas, todas com alguma forma de execução eletrônica (conteúdos em inglês):

- **BATS Options:** www.bats.com/us.options
- **Nasdaq Options Market (NOM):** http://business.nasdaq.com/trade/US-Options/NOM.html
- **Chicago Board Options Exchange (CBOE):** www.cboe.com
- **International Securities Exchange (ISE):** www.ise.com
- **NYSE ARCA Options (NYSEARCA):** www.nyse.com/markets/arca-options
- **Philadelphia Stock Exchange (PHLX):** www.phlx.com

DICA

Você pode encontrar uma lista completa e atualizada no site Options Clearing Corporation (OCC — www.theocc.com), que é uma excelente fonte de informação. O menu suspenso do seu corretor pode ou não lhe dar escolha sobre onde deseja suas negociações roteadas para seu tíquete de ordem eletrônico. O roteamento automático, o método mais comum, também está disponível e normalmente roteará sua negociação para a bolsa com melhor preço.

Navegando nos Mercados

Esta seção cobre como navegar pelo mercado de opções, inclusive fazer negociações, entender os principais participantes no jogo das opções e reconhecer algumas características mais exclusivas do trading de opções.

Execução da negociação

Entrar com uma ordem no sistema de seu corretor pela internet aciona uma série rápida de eventos:

- A ordem é roteada para uma das seis bolsas (nos EUA) onde ela é executada, caso atenda à cotação de mercado atual, ou é refletida no mercado, caso melhore a precisão da cotação atual.

» Se sua ordem é roteada para uma bolsa com uma cotação de mercado menos favorável, essa bolsa pode melhorar seu preço ou enviá-la para a bolsa com a melhor cotação, porque tais bolsas são ligadas eletronicamente.

» Se e quando sua ordem for executada, um relatório voltará para seu corretor com os detalhes da negociação. Essas informações aparecerão quase imediatamente em sua conta quando recebidas pelo corretor.

» As ordens que aumentam a melhor cotação do mercado são postadas rapidamente na bolsa onde ela foi roteada. A ordem é refletida em todas as bolsas como a melhor oferta ao comprar ou a melhor proposta (preço de venda) ao vender. Ela fica lá até ser executada, ou até que um lance ou oferta melhor a substitua.

DICA Você pode configurar sua conta para receber alertas em seu smartphone quando a negociação é executada. No mercado brasileiro com exceção de algumas negociações de balcão, as ordens de opções são executadas pela plataforma eletrônica da B3.

Uma grande parte do processo da ordem é concluída eletronicamente, e você pode ter um relatório da execução em segundos, a menos que haja um problema, como um erro eletrônico ou um problema na liquidez da opção. Sempre verifique o volume de trading da sua ação subjacente e opções afins. Em geral, as ações com menos liquidez e as opções OTM (fora do dinheiro) têm menos volume de trading que as opções dentro do dinheiro e as ações com alto volume. E a execução da ordem poderá ser possivelmente mais lenta, embora seja um fenômeno raro.

DICA Se você tem atrasos regulares na execução da ordem, precisa considerar se sua conexão de internet contribui para o problema.

Participantes do mercado de opções

O mercado de opções tem participantes parecidos com os do mercado de ações:

» **Corretores:** Um corretor com licença especializada deve aprovar sua conta para o trading da opção. A firma precisa não só protegê-lo, como também se proteger, porque posições de opção com risco ilimitado, como opções de compra (calls) a descoberto, poderiam expor os dois a perdas ilimitadas. Tenha paciência com o processo de aprovação e use apenas as estratégias de trading que você entende bem quanto aos riscos associados a um cenário de pior caso. Se deseja negociar opções, precisa preencher um formulário adicional para cada conta de corretagem que quer incluir. Existem diferentes níveis de aprovação para o trading de opções que refletem uma quantidade maior de risco para as estratégias aprovadas. Em geral, você pode receber uma aprovação para estratégias básicas ao iniciar.

Os corretores devem seguir regras e regulações mínimas, mas também podem operar com as mais rígidas. Fale com seu corretor para entender os principais itens de trading, como margem e regras de manutenção, saldo mínimo para o trading da opção, hora limite para enviar instruções de exercício e questões afins.

» **Formadores de mercado e especialistas:** São responsáveis por fornecer um mercado para suas ordens, ou seja, devem assumir o outro lado da negociação no nível cotado. Nem sempre você concorda com as cotações deles, mas eles são essenciais para as bolsas, fornecendo liquidez e assumindo risco. Eles também mantêm os mercados organizados para que suas ordens sejam lidadas segundo a prioridade de preço e tempo, mesmo quando há um caos durante os frenesis da compra e os pânicos da venda.

Ao negociar opções, você deve se concentrar nos contratos que são negociados mais ativamente. Isso permite entrar e (muito mais importante) *sair* da posição mais facilmente. Você pode encontrar opções mais ativas para cada mercado no site da B3.

» **Options Clearing Corporation:** Quando entro em um contrato financeiro, quero saber o máximo possível sobre a pessoa no outro lado do acordo. Portanto, se você estiver um pouco preocupado com quem protege os direitos de sua opção, preste atenção. A Options Clearing Corporation (OCC — Câmara de Compensação dos EUA) é uma empresa de compensação que garante que os vendedores da opção cumprirão suas obrigações. Isso significa que quando você compra um contrato de opção em uma bolsa, não precisa procurar o vendedor quando chega a hora de sair da posição. Quando compra uma opção negociada em várias bolsas, ela tem os mesmos termos, não importando se você a comprou na CBOE, na ISE ou em qualquer outra bolsa. Todas essas bolsas compensam via OCC (`www.optionsclearing.com` — conteúdo em inglês).

» **CBLC:** A CBLC (Companhia Brasileira de Liquidação e Custódia) é o órgão nacional responsável por custodiar, liquidar e garantir operacionalmente todas as transações que são realizadas na Bolsa de Valores no Brasil.

Transações únicas das opções

Como os contratos de opção são criados quando necessários, há um modo único de entrar com ordens de opção. Você identifica se está criando uma nova posição ou fechando uma existente incluindo o seguinte na ordem:

» Comprar para Abrir.
» Vender para Abrir.
» Vender para Fechar.
» Comprar para Fechar.

E mais, exercer os direitos do contrato cria uma transação de compra ou venda na ação subjacente que passa pela OCC nos EUA ou CBLC no Brasil.

Processo do exercício

Você exerce seu contrato de opção enviando instruções de exercício para sua corretora durante o pregão da bolsa. Verifique na sua corretora para ter informações. Em geral, leva um dia para o exercício da opção e a transação da ação associada aparecerem em sua conta.

CUIDADO

Quando você exerce uma put (opção de venda) e não tem a ação subjacente em sua conta, cria uma posição short da ação. Entenda todos os riscos e retornos associados ao enviar instruções de exercício.

Processo de ser exercido

Quando você vende uma opção, está criando uma posição short em um contrato de opção de ações. Assim, corre o risco de ser exercido desde o momento em que cria a posição até o vencimento do contrato. O único modo de atenuar a obrigação é sair da posição entrando com uma ordem Comprar para Fechar da opção. Basicamente quando *exercido*, você deve cumprir as obrigações do fluxo transacional da opção:

» Posicionado em short put, a opção de venda é retirada da sua conta e ocorre uma transação de Compra da ação subjacente.

» Posicionado em short call, a opção de compra é retirada da sua conta e ocorre uma transação de Venda da ação subjacente.

DICA

Contate seu corretor para descobrir o método que a firma usa para exercer opções descobertas. Quase todas usam um processo aleatório de seleção.

Regras de trading a saber

Sempre que você começa a negociar em um novo mercado, é provável que fique nervoso até as primeiras negociações ocorrerem sem problemas. Sempre é bom quando tudo sai como o esperado, e isso realmente requer um trabalho antecipado de sua parte. A pequena lista de regras de trading a seguir ajuda você a ficar à vontade com as execuções iniciais, assim como com as considerações futuras:

» **Preço do contrato:** Em geral, as opções são negociadas em oscilações de US$0,01, US$0,05 e US$0,10.

» **Prêmio da transação:** O valor prêmio que você paga por uma opção é obtido multiplicando-se o preço cotado no mercado pelo multiplicador da opção. O valor do multiplicador costuma ser de 100 para as opções da ação. Assim, quando você compra uma opção cotada em US$2,80, na verdade, está pagando US$280 pela opção, mais comissões.

» **Condições do mercado:** Há diferentes condições do mercado que impactam os mercados de ações e opções, inclusive:

- **Interrupções da negociação para um título ou mercado inteiro:** Se você mantém opções para uma ação interrompida, as opções também são interrompidas. Você ainda pode exercer seus direitos de contrato quando isso ocorre antes de vencer. Em geral, uma interrupção da negociação não limitará seu direito de exercer.

- **Condições de negociação rápida para um título ou títulos:** Quando isso acontece, você espera ver cotações que mudam rápido e possivelmente tem atrasos significativos na execução da ordem ou no relatório. A menos que você saia de uma posição por motivos de risco, desaconselhamos usar as ordens à mercado para as opções em mercados rápidos.

- **Ordem Abertura:** Ela melhora a cotação atual do mercado e a atualiza. O formador de mercado não quer necessariamente levar o negócio ao nível cotado, mas outro trader sim. Você pode ter problemas com tais ordens porque o tamanho pode ser de apenas um contrato. Se você entra com uma ordem de dez contratos que corresponde ao preço da ordem a abertura, pode executar apenas um contrato. O resto da ordem poderá ou não ser executada.

» **Melhor execução:** *Qualidade da execução* é um termo geral usado para descrever a capacidade de um corretor em fornecer conclusões da negociação no mercado atual (ou melhor) para o título. Isso significa que, ao colocar uma ordem para comprar uma opção com uma cota pedida de US$2, sua ordem será executada rapidamente em US$2 ou mais. Os relatórios da qualidade da execução usam a NBBO (National Best Bid and Offer) para todas as bolsas que negociam o título. As bolsas de opção devem enviar um relatório diário ao corretor sempre que uma negociação é feita em um preço diferente da NBBO, referido como *trade-through*. Elas também devem fornecer um motivo da exceção para trade-through. Mesmo com o relatório, você pode achar que não está fazendo as melhores execuções possíveis nas negociações de sua opção.

Se você não está satisfeito com a execução recebida em uma ordem específica ou se tem uma ordem não comercializada e ainda aberta, contate seu corretor imediatamente. Ele pode verificar o status da ordem (ela pode estar executada, mas o relatório está atrasado) e os detalhes da condição do mercado que são mais difíceis de rastrear com o passar do tempo. Com frequência, o corretor realmente deseja que você faça sua melhor execução possível.

REGRAS DE QUALIDADE DA EXECUÇÃO SEC

Em 2001, a SEC (Comissão de Valores Mobiliários) dos EUA adotou regras que requerem que market centers, inclusive firmas de corretagem, façam relatórios sobre a qualidade da execução e o tratamento do fluxo das ordens de varejo nas operações de corretagem (meu e seu fluxo de ordens). A Rule 11ac1-5 e a Rule 11ac1-6 da SEC são duas regras básicas que definem os padrões de relatório para o público. As negociações da opção originalmente eram excluídas do relatório, mas as bolsas precisam informar qualquer negociação não executada no NBBO (National Best Bid or Offer).

A SEC 11ac1-5 fornece um relatório mensal sobre várias medidas de velocidade e execução para todas as ordens (coletivamente) cobertas pela norma, que inclui as coberturas, as ordens de varejo do mercado e as ordens com limite negociável recebidas durante as horas normais da negociação, e exclui especificamente as ordens com requisitos de tratamento especial. A SEC 11ac1-6 é um relatório trimestral que identifica para onde a firma de corretagem enviou seu fluxo de ordens coberto, junto com qualquer relação material que a firma tem com esse mercado (ou seja, qualquer pagamento recebido de uma bolsa para suas ordens).

O relatório da qualidade da execução foca dois elementos principais: a proximidade no NBBO com a qual a ordem foi executada e quanto tempo levou. A medida NBBO é calculada usando-se o *spread efetivo cotado* (E/Q%), que é igual a 1 ou 100% quando sua ordem é executada no ponto médio do spread NBBO. Um E/Q% de 98% indica uma negociação executada por um preço melhor que o NBBO (melhora dos preços), ao passo que um E/Q% de 105% indica uma negociação executada por um preço pior que o NBBO (*piora do preço*).

O tempo para a conclusão da ordem começa quando o market center recebe sua ordem (o departamento de negociação agindo como formador de mercado ou especialista se sua firma de corretagem conclui essa parte da transação). A medição do tempo termina quando a ordem é executada no marketplace, não quando você recebe o relatório de negociações via web ou corretor.

Os requisitos da SEC são específicos, mas há bastante imaginação para as firmas destacarem seus pontos fortes e amenizar os fracos. Você pode ter firmas usando relatórios de *melhores câmbios* como parte de suas campanhas de marketing. Como as informações de roteamento do fluxo de ordens fornecem dados resumidos, em vez de detalhes específicos da ordem, os resultados que você tem com a execução da sua ordem podem parecer muito diferentes do que você vê informado em 1-5, 1-6 ou na documentação do marketing.

CUIDADO — Como uma opção eventualmente vence, você deve entender bem o declínio do valor temporal e como ele acelera perto do vencimento. Você pode gerenciar esse risco temporal saindo de uma posição comprada pelo menos trinta dias antes de vencer. Dentro de trinta dias, o valor temporal da opção se deteriora a um ritmo acelerado.

Pesando Custos e Benefícios da Opção

Há benefícios em usar opções, mas eles têm um custo. Um risco é que as opções têm uma duração limitada e vencem. Se a opção estiver dentro do dinheiro na época de vencer, ela será exercida automaticamente, convertendo uma posição de baixo custo relativo em uma posição de ação com alto custo. Como consequência, você precisa monitorar suas posições da opção dentro do dinheiro perto do vencimento antecipando essa possível mudança no requisito de margem e fazer ajustes de negociação, se necessário, para evitar ou remediar rapidamente a conversão das opções em ação.

Um segundo risco é a alavancagem, uma faca de dois gumes. As opções não custam muito, ou seja, elas têm movimentos de preço com grande porcentagem em reação a movimentos de preço muito pequenos da ação subjacente. Isso pode resultar em grandes lucros quando a ação se move um pouco na direção desejada, mas também em uma perda de 100% se a ação vai um pouco na direção errada. Isso é muito visível ao negociar uma posição grande demais. É claro que a alavancagem é um risco que precisa ser abordado, e é claro que eu faço isso neste livro. Um modo simples de lidar com tal risco é manter pequeno o tamanho da sua posição.

Por último, um terceiro risco é que as opções têm um valor temporal, além de seu valor intrínseco (ou seja, o valor de exercício), que também é arriscado. Para os compradores da opção, é desfavorável porque aumenta o movimento de preço da ação necessário para alcançar o ponto de equilíbrio do trade. Para os vendedores da opção, é favorável porque permite um lucro gerado mesmo que a ação não vá na direção desejada.

Dois outros fatores de custo da opção devem ser considerados:

- Custos associados ao processo de trading.
- Custo do movimento futuro da ação.

Entendendo a estrutura básica do custo para uma opção (analisada nas próximas seções), é possível ver como as opções fazem uma alavancagem impressionante com um risco reduzido.

DICA Os preços da opção são baseados, em parte, nas probabilidades. Para as opções de ação, você deseja considerar a possibilidade de certa ação estar dentro do dinheiro no momento do vencimento, dado o tipo de movimento do preço da ação subjacente experimentado no passado.

Identificando os custos únicos das opções

Como as opções são um pouco diferentes de outros títulos, é importante reconhecer que elas têm certas características que as tornam mais caras que negociar os títulos comumente mantidos, como as ações. Os principais custos a considerar incluem:

» **Liquidez:** A facilidade com a qual você entra e sai de uma negociação sem impactar seu preço, varia segundo a opção. Os títulos com baixa liquidez são mais caros.

» **Tempo:** Quanto maior o tempo para o vencimento, maior o custo da opção.

» **Volatilidade:** As ações com maior movimento de preço no passado devem continuar, como um movimento no futuro. Quanto mais volátil a ação subjacente, mais cara a opção.

Esta seção cobre o impacto de cada um desses itens nos custos da negociação.

Pagando por menos liquidez

Embora muitos contratos de opção sejam negociados ativamente com posições em aberto elevadas, o grande número de contratos disponíveis para negociar significa que também haverá aqueles que têm um volume diário limitado e níveis baixos de posição em aberto. Isso resulta em um maior spread, o que se traduz em maiores custos para você.

Spread é a diferença entre a oferta de mercado e a procura. Quando a liquidez é baixa, o spread aumenta. *Slippage* é o termo de negociação associado à perda de dinheiro devido ao spread. O melhor modo de considerar esse custo é imaginando que, se você comprasse na melhor venda do book e mudasse imediatamente, vendendo a opção na melhor compra do book, teria uma perda, chamada slippage.

A liquidez economiza seu dinheiro. Prefira os contratos com posições em aberto mais altas e maiores volumes ao negociar as opções para diminuir o impacto dos custos de slippage. Esses contratos líquidos podem entrar e sair mais facilmente sem aumentar o spread e os custos.

Compensando o tempo

Todos os contratos de opção têm um valor temporal associado. Quanto mais tempo falta para o contrato vencer, mais custa a opção. O único problema é que, a cada dia a mais que você tem o contrato, mais diminui o tempo para vencer, assim como o valor da opção associado. *Teta* é a medida que fornece o valor estimado perdido diariamente. A seção "Entendendo os Principais Fatores de Preço da Opção", posteriormente neste capítulo, explica a medida teta.

> **DICA** Ao examinar pela primeira vez as listas de opção, compare as opções que têm o mesmo preço de exercício, mas diferentes meses de vencimento, para notar o custo do tempo.

Pagar pelo tempo significa que você precisa considerar opções que refletem razoavelmente o movimento em potencial do ativo-objeto. Dada a grande variedade de preços de exercício e meses de vencimento disponíveis, é uma possibilidade certa.

Gastando dinheiro com especulações arriscadas

Tempo é dinheiro. Algumas ações são mais voláteis e oscilam regularmente em alguns pontos percentuais mensalmente, enquanto outras, as mais estáveis, levam alguns meses para realizar esses movimentos. Em geral, o custo do tempo para uma opção aumenta se a ação se mostrou mais volátil no passado.

Avaliando os benefícios das opções

Conhecendo bem os direitos associados a certo tipo de opção, muitas vezes é possível estimar rapidamente o valor de uma opção a partir do preço de exercício dela e o preço de mercado da ação. Veja os três fatores principais para avaliar qualquer opção de ação:

- » O tipo de opção, call (compra) ou put (venda).
- » O preço de exercício da opção.
- » O preço da ação subjacente.

Entender esses recursos básicos de avaliação estrutural permite avaliar o risco limitado e o potencial de retorno ilimitado das opções. Embora costumemos reiterar o fato de que você pode perder seu investimento inteiro de opção, é preciso comparar isso com as perdas acumuladas ao ter a ação subjacente. Limitando bastante a quantidade de investimento no mercado de opções, você também limita bem o risco, ou seja, para avaliar a vantagem das opções, compare a perda de US$100 em um contrato de opções que vence com a perda potencial de milhares de dólares quando você tem 100 cotas de ações e recebe más notícias.

Valores da ação e prêmios da opção

É preciso considerar duas coisas ao avaliar uma opção:

- » O valor dos direitos da opção, dado o preço atual da ação.
- » O movimento da ação em potencial entre agora e o vencimento.

Os preços da opção se dividem em dois tipos de valor:

» **Valor intrínseco:** O valor dos direitos de contrato, caso o contrato seja exercido e a posição resultante seja vendida a mercado. Com uma opção de call, esse valor são lucros recebidos, caso você exercesse call e vendesse imediatamente a ação. Quando essas duas transações resultam em um ganho, esse ganho é o valor intrínseco da opção. Quando há perda, o valor intrínseco da opção é igual a zero. Esse valor intrínseco é calculado de modo diferente para calls e puts:

- Valor Intrínseco (Call) = Preço de Mercado da Ação – Preço de Exercício da Opção.
- Valor Intrínseco (Put) = Preço de Exercício da Opção – Preço de Mercado da Ação.

» **Valor extrínseco:** O valor restante, atribuível ao tempo, também é conhecido como *valor temporal*, porque adiciona um valor em potencial para a opção com base nos movimentos futuros da ação. O valor extrínseco é o que resta após você registrar o valor intrínseco. Para determinar o valor temporal de um contrato de opção, subtraia o valor intrínseco do preço da opção:

- Valor Extrínseco = Preço da Opção – Valor Intrínseco.

O valor intrínseco de uma opção não pode ser menor que zero. Sempre que o cálculo usado para determinar o valor intrínseco fica abaixo de zero, o valor intrínseco é igual a zero.

Moneyness da opção

As opções são consideradas como tendo certo *moneyness*, que descreve as informações relativas sobre o valor intrínseco de um contrato. O cálculo do valor intrínseco pode levar a três resultados diferentes em termos de moneyness:

» Dentro do dinheiro (ITM) quando o Valor Intrínseco > 0.

» No dinheiro (ATM) quando o Valor Intrínseco = 0.

» Fora do dinheiro (OTM) quando o Valor Intrínseco < 0.

Esses três termos são usados independentemente de uma opção ser call ou put. Sempre que uma opção é OTM, seu preço de mercado reflete apenas o valor temporal.

DICA

As opções OTM têm apenas o valor extrínseco. Isso também é referido como valor temporal.

Alavancagem com risco reduzido

O maior benefício de negociar opções individuais é o tipo de alavancagem acessado. Primeiro, considere a alavancagem com o mercado de ações; ao comprar a termo, você pega emprestado com seu corretor para comprar ação, o que lhe dá a oportunidade de ter mais cotas. Como provavelmente você sabe, usar a alavancagem assim é uma faca de dois gumes:

- Ao usar a alavancagem para comprar ação, você obtém retornos adicionais quando a ação se move a seu favor; *mas*
- Você também tem perdas adicionais quando a ação cai.

Só porque os corretores ajudam a financiar as transações de ações não significa que eles compartilham as perdas; elas são suas. Além disso, você ainda deve pagar as taxas de financiamento do corretor na forma de juros da margem, tendo lucro ou perda.

Ao acessar a alavancagem com uma opção, você ganha o controle de certas cotas da ação por meio de seus direitos a um custo que é muito, muito menor do que comprar (ou vender) essas cotas diretamente. Isso aumenta muito os ganhos e as perdas que resultam da posição.

LEMBRE-SE: Ao usar a margem disponível para alavancar uma posição da ação, seus ganhos e suas perdas aceleram. Os ganhos devem ultrapassar os custos do financiamento do termo de ações.

Exemplo de alavancagem com risco reduzido

O melhor modo de entender como alavancar com risco reduzido é com um exemplo. Usando o trading ABC de ações a US$43, suponha que você comprou 100 cotas nesse preço com 50% da posição a termo e a ação sobe para US$47 em um mês. O valor de uma opção de call de exercício US$40 é de US$4. Após subir para US$47, a call estará em, pelo menos, US$7, porque isso representa seu valor intrínseco.

- Direitos da Opção (Direitos de Compra) = US$40.
- Valor de Mercado (Preço de Venda) = US$47.
- Valor Intrínseco de Call: US$47 − 40 = US$7.

Calculando os retornos da ação usando 50% da compra a termo:

- Investimento Inicial: US$43 × 100 × 0,50 = US$2.150.
- Ganhos: (US$47 − 43) × 100 = US$400.

» Ganho como Porcentagem do Investimento Inicial: US$400 ÷ 2.150 = 18,6%.

Calculando os retornos da opção:

» Investimento Inicial: US$4 × 100 = US$400.
» Ganhos: (US$7 – 4) × 100 = US$300.
» Ganho como Porcentagem do Investimento Inicial: US$300 ÷ 400 = 75%.

A ação e a posição da opção fornecem a alavancagem. E se a ação caísse US$4, em vez de subir, e a opção perdesse todo seu valor? No lugar de ganhos, haveria perdas de 18,6% e 100%, respectivamente.

O poder real da posição da opção alavancada é sua natureza de perda limitada. Imagine um terceiro cenário: notícias muito ruins são divulgadas para a ação, e ela cai US$13.

Calculando as perdas da ação usando 50% da compra a termo:

» Investimento Inicial: US$43 × 100 × 0,50 = US$2.150
» Perdas: (US$43 – 30) × 100 = (US$1.300)
» Perda como Porcentagem do Investimento Inicial: (US$1.300) ÷ 2.150 = (60%)

Calculando as perdas da opção:

» Investimento Inicial: US$4 × 100 = US$400
» Perdas: (US$4 – 0) × 100 = (US$400)
» Perda como Porcentagem do Investimento Inicial: (US$400) ÷ 400 = (100%)

Embora a porcentagem da perda seja maior para a opção, ela tem um teto. As perdas podem continuar com a posição da ação e até gerar chamadas de margem que requerem que se depositem mais fundos para segurar a posição.

Entendendo os Principais Fatores de Preço da Opção

Os preços da opção são determinados pelo tipo de opção (call ou put), seu preço de exercício, o preço da ação subjacente e o tempo que resta até vencer. Os preços também são determinados pela volatilidade dessa ação subjacente. Acaba que essa última variável de precificação tem um papel importante na análise das opções e na escolha da estratégia.

Existem medidas de avaliação disponíveis que ajudam a determinar se um preço da opção cotado no mercado representa um valor razoável ou não. As medidas dão uma ideia de como o tempo decrescente ou as mudanças no preço ou na volatilidade da ação impactam o preço da opção. Essas medidas são disponibilizadas para cada opção individual e referidas como *Gregas* opções, porque a maioria dos nomes deriva de letras gregas.

Apresentando as gregas de uma opção

As letras gregas de uma opção são variáveis que se combinam para fornecer o valor das mudanças esperadas na opção, dadas as mudanças na ação subjacente. Elas derivam de um dos vários modelos de avaliação da opção e estão disponíveis em várias fontes, como uma calculadora de opções. A maioria dos sites da bolsa de opções e serviços de gráficos oferece essa ferramenta.

Usando uma calculadora de opções, você digita o preço da ação subjacente, o preço de exercício da opção, tempo para vencer e cotação da opção. A calculadora fornece cada um dos valores gregos listados. As informações obtidas com as letras gregas incluem:

- » **Delta:** Representa a mudança esperada no valor da opção para cada alteração de US$1 no preço da ação subjacente.
- » **Gama:** Representa a mudança esperada no delta para cada alteração de US$1 no preço da ação subjacente.
- » **Teta:** Representa o declínio diário esperado da opção devido ao tempo.
- » **Vega:** Representa a mudança esperada no valor da opção devido a mudanças nas expectativas de volatilidade da ação subjacente.
- » **Rô:** Estima as mudanças no valor da opção devido a alterações na taxa de juros sem risco (em geral títulos do tesouro). As mudanças de preço da opção atribuídas às taxas são muito menores, portanto, essa última medida recebe menos cobertura.

DICA Os modelos de avaliação da opção podem ser usados para determinar se certa opção é relativamente cara ou barata. Um modelo é mais bem aplicado quando você entende suas suposições e reconhece que as letras gregas fornecem valores esperados que não dão garantias no futuro.

Delta

Provavelmente delta seja o valor grego mais importante para você entender inicialmente porque conecta as mudanças no valor da ação subjacente diretamente às mudanças no valor da opção. Os valores delta variam de:

» Calls: 0 e 1 ou 0 e 100.

» Puts: 0 e –1 ou 0 e –100.

Gama

Gama fornece a mudança esperada em delta para cada mudança de US$1 no preço da ação subjacente. Entendendo e verificando o gama, há menos chance de que os valores delta se afastem de você.

> **DICA**
> O delta de uma opção ATM é de aproximadamente +/–0,50, não importando a volatilidade passada da ação. As avaliações da opção supõem que há 50% de chance de a ação subir e 50% de cair.

Pressupondo que ABC está negociando em US$20 e sobe para US$21, a Tabela 3-1 fornece dados da opção antes e depois do movimento para uma call e uma put de exercício 20.

TABELA 3-1 Valor da Opção para Call e Put de ABC

Tipo	Moneyness	Valor	Delta	Gama
Ação em US$20: Call	ATM	US$1,10	+0,50	0,1962
Ação em US$20: Put	ATM	US$1	–0,50	0,1931
Ação em US$21: Call	ITM	US$1,60	+0,70	0,1438
Ação em US$21: Put	OTM	US$0,50	–0,30	0,1467

Conectando o movimento passado ao futuro

O movimento passado na ação subjacente é usado para determinar a probabilidade de que certo preço mínimo ou máximo seja alcançado. Como sabemos, o movimento passado não fornece um mapa do que acontecerá durante o próximo mês, semana ou mesmo no dia. Mas isso não significa que você não pode ver o movimento passado para avaliar o potencial de certos níveis de preço serem atingidos. Esta seção examina duas medidas principais que relacionam o movimento passado em uma ação ao movimento esperado no futuro.

Volatilidade histórica

Volatilidade histórica (VH) é uma medida do movimento passado em uma ação, também referida como *volatilidade estatística* (VE). Para calcular a VH, você deve:

1. Calcular a mudança de preço diária em um intervalo definido de dias.

2. Calcular o valor médio da mudança de preço nesse período.

3. Determinar como cada mudança de preço diária se compara com o valor médio pegando o desvio-padrão das mudanças de preço no intervalo.

4. Dividir o valor na Etapa 3 por 0,0630 para obter um desvio-padrão anual aproximado.

Sinto muito, mas é quase impossível evitar o jargão estatístico ao explicar as avaliações da opção. Não se prenda à matemática; a VH é calculada assim para você fazer uma comparação de coisas iguais do movimento mais recente de uma ação versus seu movimento passado. A VH também permite comparar duas ações diferentes.

Desvio-padrão mede o quanto os dados se distanciam de seu valor médio. Ao aplicar essa medida nas ações, aquelas com uma VH maior devem fazer movimentos diários maiores que são menos previsíveis que aquelas com uma VH menor. As ações com VH menor têm mudanças diárias perto da mudança média diária.

O movimento passado da ação é usado como uma base para futuras expectativas. Os valores esperados não usam apenas essa informação. Todos os dias, notícias são divulgadas, e elas impactam as expectativas no futuro, e é onde entra a volatilidade implícita (VI).

Volatilidade implícita

Volatilidade implícita (VI) é um componente do preço de uma opção e está relacionada ao tempo que resta até vencer. Em certo dia, você pode identificar:

» O preço atual para certa ação.

» A natureza do movimento passado da ação.

» O tipo e o preço de exercício de certa opção.

» O número de dias até a opção vencer.

Claro, o que você não sabe é o que a ação fará entre agora e o vencimento. Não se deixe enganar, ninguém sabe isso. Porém, o que todos no mercado sabem, inclusive você, são as quatro coisas listadas antes.

A VI é baseada na VH, mas existem mais coisas aqui. A VI também incorpora pressões sobre os preços de oferta e procura para a opção individual. Ela faz parte do valor extrínseco e fornece informações sobre o que os participantes do mercado esperam ver acontecer na ação subjacente.

A maior diferença entre VH e VI é que existe uma fórmula específica para a VH, ou seja, ela usa dados anteriores da ação. A VI se baseia nesse cálculo, porém, é mais abstrata e reflete as novas informações sobre o mercado. Também existe um componente psicológico na VI. Um grande movimento de um dia em uma ação tem certo impacto em seu cálculo da VH de cem dias, mas o impacto da VI da opção provavelmente será muito mais evidente devido à incerteza que o evento de um dia tem.

LEMBRE-SE VI é a volatilidade decorrente do preço do mercado atual para a opção.

Modelando os valores da opção

Um modelo de preço da opção usa dados da ação e da opção para fornecer um valor teórico para a opção. Existem modelos parecidos, como o disponível no site da OIC* (www.optionscentral.com — conteúdo em inglês), e você pode acessá-los com uma calculadora de opções. Comparando o valor teórico de uma opção com seu preço de mercado, você entende se a opção é relativamente cara ou barata.

A diferença entre o valor do modelo da opção e o valor real reflete a diferença entre as volatilidades histórica e implícita. Um modelo de opção incorpora a VH, ao passo que o valor do mercado reflete a VI. Você consegue identificar um bom motivo para uma opção ser cara ou barata; a cara nem sempre é ruim, e a barata nem sempre é boa.

DICA Valores de VH diferentes estão disponíveis usando vários intervalos de tempo e normalmente incluem dez, vinte e cem dias. A VI é um valor específico da opção com base em seu preço atual. Os valores da VH e da VI estão disponíveis em várias fontes, inclusive em um software de análise da opção.

Existem dois modos de usar uma calculadora de opção:

» Usando a VH para obter o valor teórico da opção.
» Usando o preço de mercado atual da opção para obter a VI.

PAPO DE ESPECIALISTA O primeiro modelo de preço da opção foi desenvolvido por Fisher Black e Myron Scholes, resultando no Prêmio Nobel compartilhado de Economia.

---

*No Brasil, você pode acessar: www.bussoladoinvestidor.com.br

Uma calculadora de opção que usa a VH no campo de volatilidade fornecerá o seguinte ao se clicar em Calcular:

> - O valor teórico para call e put nesse preço de exercício.
> - As letras gregas teóricas para call e put.

Legal, né?! São informações boas, e você pode comparar o preço teórico com o preço real no mercado. Ao iniciar, mude as entradas para ver como elas impactam os preços da opção.

Agora você tem uma ideia dos devidos preços da opção, supondo que a ação se move como no passado. Nesses preços, é possível usar letras gregas para estimar as mudanças dos preços da opção com base nas mudanças no ativo ou nas mudanças nas taxas de juros.

Algo que realmente dará melhores informações em termos de letras gregas é calcular a VI usando esse recurso na calculadora OIC. Agora, quando você clicar em Calcular, obterá a VI para call ou put, o que pode ser usado para obter as letras gregas esperadas quando compra ou vende call e put.

LEMBRE-SE Os valores da opção teórica são baseados na VH versus os preços reais do mercado de opções, que se baseiam na VI. Esses valores são comparados para determinar de modo inteligente se as expectativas futuras refletem razoavelmente o que aconteceu no passado com a ação. Mesmo quando os preços reais excedem os preços do modelo, a opção ainda pode representar uma oportunidade de trading.

> **NESTE CAPÍTULO**
>
> » Reconhecendo o verdadeiro risco da ação e da opção
>
> » Maximizando os retornos da ação e da opção
>
> » Visualizando o risco X retorno da ação e da opção
>
> » Introduzindo posições em combinação

Capítulo **4**

Riscos e Retornos da Opção

O *risco* — a possibilidade de perder em qualquer empreitada — faz parte da vida, e a negociação de opções e ação tem sua parcela nisso, sobretudo em um mundo que está passando por uma transformação política e tecnológica radical após a eleição de um presidente muito imprevisível em 2016 nos EUA e a possibilidade de uma mudança após 8 anos de uma política com taxa de juros zero que se sucedeu após o colapso do mercado em 2008.

Por tradição, traders bem-sucedidos, profissionais e experientes em qualquer nível decidem quando sairão de uma posição, terão um stop loss ou conseguirão um objetivo de lucro antes de abrirem a negociação. Embora seja uma excelente ideia e prática, *como* a estratégia e o processo de montar um plano de trading sólido são realizados é ainda mais importante. Se você usa uma ordem automática avançada designada para tirá-lo de uma posição ou escolhe executar a saída manualmente, as ações podem ter um *gap de baixa* (ou seja, abrem as negociações muito abaixo do preço de fechamento do dia anterior) abaixo do seu nível de saída predeterminado e levá-lo a maiores perdas do que você planejou. Pior ainda, se você não planejou uma saída manual, o golpe em sua posição pode ser ainda maior. Especificamente, o aumento na negociação mecânica por meio de algoritmos preconcebidos, acionados por palavras-chave em notas da imprensa, e outras técnicas usadas por traders de alta frequência (HFTs) tornaram a negociação mais desafiadora.

O resultado é que o risco máximo de uma negociação de ação é seu investimento inicial inteiro. Se você usa margem, pode perder mais do que tinha no início. Isso significa que, para evitar perdas catastróficas, você deve reconhecer o fato de que poderia perder grandes somas e precisa estar ciente de como tal situação pode se desdobrar para reduzir as chances de que aconteça com você.

Este capítulo explora a relação entre riscos e retornos e analisa como gerenciá-los para que você possa negociar mais um dia. De fato, o uso de opções, por padrão, é uma excelente ferramenta de gerenciamento de risco com a qual vivemos e negociamos.

Entendendo os Riscos de Negociar

Risco e retorno estão relacionados, mas podem e costumam ser desequilibrados. Por exemplo, nem todos os perfis de risco X retorno são iguais, mesmo nas negociações que podem parecer, sem maior análise, semelhantes. O fato é que, dadas duas negociações diferentes, você pode ter muito mais risco em uma comparando com a outra, mesmo que ambas compartilhem um retorno parecido em potencial. O resultado final depende das características de risco do título negociado. Portanto, para entender seu risco, você deve saber o seguinte antes de negociar:

» A quantidade máxima de perda possível.
» A probabilidade de sustentar uma perda.

Qualquer profissional dirá que, se você quiser ser um trader, investirá muito tempo mapeando seus riscos em potencial. Assim, a avaliação do seu risco deve ocorrer antes de você se preocupar com o retorno em potencial. O mais importante: gerenciar seu risco planejando estratégias que diminuem ou limitam o risco e maximizam os lucros deve estar no topo da lista, acima de sonhar com o que você pode fazer com seus ganhos.

DICA

Há duas variedades básicas de risco: o potencial de perdas e a falta de ganhos. No último caso, os investimentos que não acompanham o custo de vida crescente (inflação) podem ser eliminados ou muito reduzidos.

Arriscando dinheiro com ações

Um trader muito conhecido certa vez escreveu que, antes de começar a negociar em qualquer dia, ele se olhava no espelho e se chamava de perdedor. Com certeza isso pode parecer cruel e deprimente, mas a verdade é que, sempre que você negocia ações, pode perder todo o seu investimento inicial, mesmo que use stops de venda para reduzir o risco.

Ação comprada

Há dois modos de estabelecer uma posição de ação comprada:

» Comprando a ação 100% em dinheiro.

» Comprando a ação a termo com 50% em dinheiro.

Embora seja possível limitar a quantidade de margem usada para um número abaixo de 50%, essa metade é o máximo permitido para uma posição inicial e é um excelente lugar para iniciar essa análise.

Por mais idiota que possa parecer, Wall Street tem uma frase atemporal para descrever o comportamento das ações: "Os preços flutuarão." Portanto, quando você compra a ação ABC por 32, esse preço pode subir, descer ou simplesmente ter um movimento lateral. O pior cenário é quando os preços caem e as perdas aumentam em tendências de baixa prolongadas. Embora o preço das ações vão subir e cair, é possível que você possa comprar em um momento muito ruim, logo quando a ABC começa uma tendência descendente prolongada. E um cenário ainda pior é a ABC parar de ser negociada, devido a um evento maior, impedindo-o de sair em qualquer preço.

Portanto, lembre-se disto: embora provavelmente você saia da negociação em algum ponto, o fato é que, quando compra uma ação 100% em dinheiro, ela pode cair para zero, resultando em uma perda completa de seu investimento. Então, o risco máximo que você tem ao comprar uma ação é:

Nº de Cotas × Preço da Ação = Risco

O termo tem prós e contras, e em geral não é algo que recomendo. Comprar uma ação a termo lhe fornece uma alavancagem, permitindo-o ter mais ação para um investimento inicial definido. Isso aumenta os ganhos e as perdas e costuma ser referido como *faca de dois gumes* (para saber sobre a margem, veja o Capítulo 8).

Pressupondo que você comprou ABC a termo, em vez de usar 100% em dinheiro, seu risco dobra em 1 dividido pela porcentagem de dinheiro inicial, ou 1 / 0,50 = 2. Bem-vindo à alavancagem.

DICA

Para calcular seu risco máximo ao comprar ação a termo, você pode começar multiplicando o investimento inicial por 1 dividido pela porcentagem de margem inicial. Então, adicione o custo de usar a margem, que é a taxa de juros do termo para o período de retenção da ação.

O risco máximo que você tem ao comprar uma ação usando a margem é:

Risco = (Nº de Cotas × Preço da Ação) × (1 ÷ Dinheiro Inicial %)

Para completar a equação, adicione o juro do termo, calculado com base no montante que você deseja pedir emprestado para comprar a ação. Por exemplo, se você quer pegar US$10 mil e o juro do termo é de 5%, pagaria juros de US$500, caso pegasse o dinheiro por um ano. Wall Street usa 360 dias para calcular o juro. Por exemplo, se você pegasse emprestado dinheiro por 20 dias, dividiria US$500 por 20, que é igual a US$25. Nesse caso, seu custo de margem seria de US$25.

Ação vendida

Quando você vende a descoberto uma ação, faz isso na esperança de que esta cairá de preço, portanto, inverte a ordem da transação de ação típica. Em vez de comprar primeiro e vender depois, você vende primeiro e compra a ação mais tarde.

Porém, há um método insano. Para vender uma ação que você não tem, é preciso alugar as cotas com um corretor. Mas dependendo das condições do mercado, as cotas podem ou não estar disponíveis para vender a descoberto. Assim, sempre verifique a lista de venda a descoberto da corretora ou entre em contato diretamente com seu assessor para determinar se você pode fazer a transação com base na disponibilidade das cotas. Os traders que usam corretores especializados em contas ativas de negociação provavelmente acharão isso um problema menor.

DICA

Os corretores online facilitam a venda a descoberto. Você seleciona o trade de venda no menu de ordens. Se houver cotas disponíveis para a venda a descoberto, sua negociação passará. Se não houver, ela não passará, e uma mensagem na tela o notificará sobre o evento.

PAPO DE ESPECIALISTA

Ao assinar o termo de custódia remunerada, você poderá lhes dar autorização para alugar as suas ações em sua conta, que, então, serão disponibilizadas para os vendedores a descoberto.

Você pode manter uma posição de vendas a descoberto em sua conta pessoal; a ação de venda a descoberto não é permitida nas contas de aposentadoria, como nas IRAs (contas de aposentadoria individual) nos EUA. Embora seja recebido um crédito para a venda da ação, pode haver outros problemas de margem com os quais lidar, portanto, entenda o processo bem antes de fazer qualquer negociação real.

Onde isso o coloca em termos de risco? Vender ações a descoberto o coloca em uma situação muito arriscada. Como não há limite para o teto que uma ação pode chegar, a venda a descoberto de uma ação é uma estratégia de risco ilimitada. Com permissão, você pode comprar de volta uma ação antes de ela ir para o infinito e além, mas do mesmo modo que uma ação pode ter um gap de baixa, pode ter um gap de alta. Considere quantas posições descobertas são sacrificadas depois que ocorre uma redução das taxas em uma reunião interna do FED ou se o relatório de resultado das empresas é melhor que as estimativas e a perspectiva de ganhos futuros é positiva.

A ação comprada representa uma posição limitada, mas de alto risco. É limitada porque uma ação só pode descer até zero; ela não pode negociar abaixo disso. O risco permanece alto porque uma ação pode fazer apenas isso, se mover para zero. Esse risco aumenta quando a margem é usada e cria uma situação em que você pode perder mais do que seu investimento inicial.

Calculando os riscos da opção

Fazer opções de call (compra) e put (venda) tem um risco limitado ao investimento inicial. Vender opções é muito mais arriscado e pode incorrer em perdas maiores que o investimento inicial. Tal investimento pode variar em tamanho, mas se você compra ou vende opções, é menor que o investimento requerido para controlar o mesmo número de cotas da ação subjacente. Embora o risco seja relativamente menor em termos de dólares, é importante reconhecer que a probabilidade de uma opção comprada ir para zero é muito maior que a ação subjacente ir para zero.

A chance de que uma opção irá para zero é de 100% porque uma opção é um título com vida limitada, que acaba vencendo. Ao vencer, o valor da opção vai para zero, a menos que a opção, put ou call, esteja dentro do dinheiro.

Opção de call

Uma opção de call dá ao comprador os direitos de comprar a ação subjacente no valor de exercício do contrato na data de vencimento. A opção de call perderá o valor temporal ao se aproximar do vencimento, podendo resultar em perdas para o trader mesmo quando é negociada acima do preço de exercício da opção. Pressupondo que a ação permaneça no mesmo nível de preço, essa desvalorização temporal pode resultar em perdas para o trader. As perdas serão limitadas, porque a opção retém parte de seu valor intrínseco.

Contudo, quando a ação é negociada abaixo do preço de exercício, o valor da opção é o valor temporal. Supondo que a ação permaneça no mesmo nível de preço, o valor temporal diminui conforme você se aproxima do vencimento. Continuar assim resultará em uma perda total do investimento inicial.

Quase sempre uma ação não fica parada, ela flutua. Isso significa que, embora exista uma chance de a ação subjacente aumentar de valor, elevando-se acima de um preço de exercício de call, ela também pode cair de valor e ficar abaixo do preço de exercício. Mais uma vez, isso o coloca em uma situação em que é possível perder todo o seu investimento conforme o vencimento se aproxima.

Opção de put

Uma opção de put fornece ao comprador direitos de vender a ação subjacente no preço de exercício do contrato na data de vencimento. A opção perderá valor temporal conforme se aproxima o vencimento, podendo resultar em perdas para o trader quando a ação é negociada acima do preço de exercício da opção. Ao negociar abaixo do preço de exercício, as perdas serão limitadas porque a opção mantém o valor intrínseco.

Contudo, quando a ação é negociada acima do preço de exercício, o valor da opção é o valor temporal. Pressupondo que a ação permaneça no mesmo nível de preço, o valor temporal diminui conforme você se aproxima do vencimento. Continuar assim resultará em uma perda total do investimento inicial.

Como o preço da ação pode subir ou cair, há uma chance de que a ação subjacente aumente de valor, ficando acima do preço de exercício de put. Como resultado, como também acontece com as opções de call, é possível perder todo o investimento conforme o vencimento se aproxima.

Obtendo Seus Retornos

Com todo esse risco nas ações e nas opções, por que se preocupar em negociar? Em primeiro lugar, as ações são o único veículo de investimento que historicamente pode vencer a inflação. E, como os juros recebidos em um mercado financeiro normal ou poupança ficam perto de zero desde 2008 (nos EUA) e provavelmente não sobem no nível do que costumava ser "normal", algo no intervalo de 3% a 5%, há algum tempo, a poupança tradicional não é um bom lugar para buscar rendimento. E mesmo que as taxas de juros subam por vários anos, a taxa que você terá provavelmente ainda ficará abaixo da inflação. Portanto, se você pretende usar dinheiro para negociar não só por esporte, o único modo de suas economias acompanharem ou ultrapassarem suas despesas no futuro é assumindo o risco da negociação. E se você quer correr mais riscos, deve esperar retornos melhores do que uma taxa do mercado monetário. Ações e opções têm esse potencial.

Aproveitando as ações

Como acionista, você pode aproveitar recebendo dividendos e/ou ganhos no preço da ação. Os ganhos nos preços da ação e os aumentos de dividendos costumam acontecer quando as vendas ou os lucros de uma empresa aumentam, quando novos produtos ou tecnologias são introduzidas, e outros incontáveis motivos. Também há abordagens que permitem aproveitar os movimentos descendentes na ação.

Ação comprada

Uma posição de ação comprada é criada comprando-se cotas da ação no mercado. Como a ação pode continuar existindo indefinidamente, ela pode continuar subindo sem limite. O que finalmente acontece é em função das expectativas, dos resultados e das condições de mercado em geral da empresa. Portanto, seu retorno em potencial com a ação é ilimitado, sobretudo em períodos de tempo muito longos.

Nem todas as empresas distribuem lucros na forma de dividendos para os acionistas. Muitas ações em valorização retêm lucros para abastecer um crescimento contínuo. Essa tendência pode variar com o tempo. Em geral, quando as taxas de juros são muito baixas, as empresas que pagam dividendos podem oferecer um maior rendimento do que você consegue ter em uma conta no banco, embora seja muito específico da empresa, outras variáveis também podem influenciar as tendências de dividendo.

Ação vendida

Você pode criar uma posição de ação vendida invertendo a transação padrão da ação (comprada); você vende primeiro com a expectativa de que o preço da ação cairá. Nesse caso, você lucra quando compra de volta as cotas por um preço abaixo do preço de venda. Tais transações são concluídas em uma conta de corretagem que permite uma negociação de margem.

As opções de call aumentam de valor quando a ação subjacente sobe, ao passo que as opções de put aumentam de valor quando a ação cai.

Atingindo um equilíbrio com opções

Uma opção de call fornece lucros parecidos com a ação comprada, ao passo que uma opção de put fornece lucros parecidos com a ação vendida. Isso faz sentido segundo seus direitos como detentor da opção, permitindo-o comprar ou vender a ação em um nível definido. Há uma pequena diferença entre retornos da ação e da opção: As opções requerem um pagamento prêmio inicial que você deve considerar ao identificar os ganhos em potencial. Mais especificamente, as opções têm um valor intrínseco e temporal; as ações têm apenas valor de mercado.

Existem três pontos principais de valor para as negociações da opção: ponto de equilíbrio, dentro do dinheiro (ITM) e fora do dinheiro (OTM). Portanto, calcular os retornos em potencial da ação requer que sejam adicionados prêmios da opção aos preços de exercício de call e subtraídos os prêmios da opção dos preços de exercício de put para propor um preço conhecido como nível de equilíbrio (*breakeven*) da posição. O preço de uma ação deve:

» Ficar acima do equilíbrio para os lucros da opção de call começarem.

» Ficar abaixo do equilíbrio para os lucros da opção de put começarem.

Em cada caso, isso resulta em lucros um pouco menores que os lucros da sua ação devido à influência do valor temporal no preço das opções.

O ponto de equilíbrio de uma ação é seu preço de compra ao adquirir a ação ou seu preço de venda ao vender a descoberto uma ação. Assim que a ação se afasta desse preço, você tem ganhos ou perdas.

Opção de call

Adquirir uma opção de call (compra) lhe dá o direito de comprar a ação em certo nível. Como resultado, a opção aumenta de valor quando a ação sobe. Depois que uma ação fica acima do preço de exercício de sua opção de call, a opção tem um valor intrínseco que aumenta conforme a ação continua a subir. Calls com preços de exercícios abaixo do preço da ação são referidas como ITM.

Para uma posição de call que você tem ser lucrativa no vencimento, a ação deve permanecer acima do preço de exercício mais seu investimento inicial. Nesse nível, os prêmios da opção serão minimamente iguais ao seu custo quando você comprou a call.

O equilíbrio de uma opção de call é:

> Equilíbrio de Call = Preço de Exercício de Call + Prêmio da Compra de Call

Depois que o preço de uma ação está no nível de equilíbrio da opção, ele pode continuar a subir indefinidamente. Sua opção de call pode subir igualmente de modo indefinido até vencer. Assim, os lucros dessa opção são considerados ilimitados, como a ação.

O *moneyness* de uma opção é determinado pelo tipo de opção e pelo preço da ação subjacente em relação ao preço de exercício da opção. As opções de call com um preço de exercício acima do preço da ação são OTM, e seu prêmio é o valor temporal. Depois que a ação fica acima do preço de exercício, isso é referido como ITM e tem um valor intrínseco junto do valor temporal.

Opção de put

Adquirir uma opção de put (venda) lhe dá o direito de vender a ação em certo nível. Como resultado, a opção aumenta de valor quando o preço da ação cai. Quando uma ação fica abaixo do preço de exercício de sua opção de put, a opção tem um valor intrínseco, que aumenta conforme a ação continua a cair. Puts com preços de exercícios acima do preço da ação são referidas como ITM.

Para uma posição de put que você tem ser lucrativa no vencimento, a ação deve permanecer abaixo do valor de exercício menos seu investimento inicial. Nesse nível, os prêmios da opção serão minimamente iguais ao custo de quando você adquiriu put.

O equilíbrio de uma opção de put é:

> Equilíbrio de Put = Preço de Exercício de Put − Prêmio da Compra de Put

Quando uma ação está no nível de equilíbrio da opção, ela pode continuar a cair até zero. Sua opção de put pode continuar a aumentar de valor até esse nível ser atingido, em seu vencimento. Assim, os lucros dessa opção são considerados altos, mas limitados, como uma ação vendida.

> **DICA** As opções de call têm riscos e retornos parecidos com os da ação comprada, ao passo que as opções de put têm retornos parecidos com os da ação vendida. O risco da opção de put é limitado ao investimento inicial. O motivo para seus retornos serem parecidos, e não iguais, é que você precisa levar em conta a contribuição do valor temporal adicional na quantidade de prêmio quando comprou a opção.

Analisando Risco e Retorno

Analisar risco e retorno significa que você usa uma ajuda visual para entender os ganhos e as perdas em potencial para uma negociação. Fazendo isso, é possível avaliar rápido as estratégias já usadas e as novas. *Gráficos de risco* ou *perfis de risco* são visualizações gráficas dos riscos e dos retornos em potencial na negociação da opção. Você pode criar um gráfico genérico que exclui os preços para identificar os riscos e os retornos de qualquer tipo de ativo. Também pode criar um gráfico de risco mais específico que inclui os níveis de preço da ação, com níveis de equilíbrio, lucros e perdas para certa posição.

Analisando negociações da ação com gráficos de risco

Embora os gráficos de risco sejam mais usados na negociação da opção, é importante entender bem os gráficos de risco da ação. Tais perfis básicos simplesmente mostram os riscos e os retornos potenciais máximos.

Ação comprada

O risco potencial máximo de uma negociação de ação comprada é alto, mas limitado na queda. Isso porque uma ação só pode cair até zero. Os retornos potenciais máximos para a posição de uma ação são ilimitados porque, tecnicamente, uma ação pode subir sem limite.

O gráfico de risco da ação comprada exibido na Figura 4-1 reflete esse perfil de risco e retorno.

Analisando assim os riscos e os retornos para a ação comprada, você rapidamente vê que as perdas (limitadas à quantidade de investimento inicial) se acumulam conforme o preço da ação cai, ao passo que os lucros continuam a aumentar à medida que o preço da ação sobe.

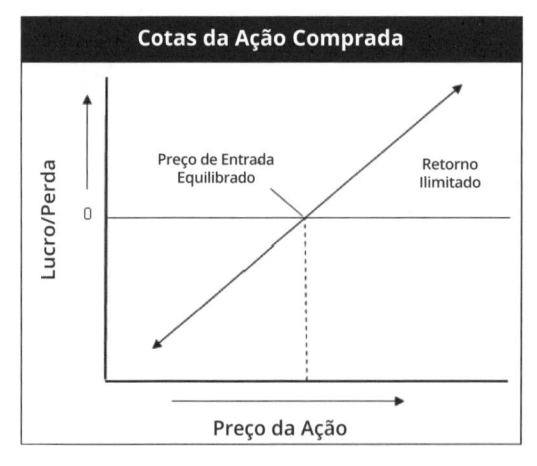

FIGURA 4-1: Gráfico de risco para uma posição de ação comprada.

Imagem da Optionetics

Ação vendida

Como vender ações a descoberto é o oposto de fazer isso com a ação comprada, o risco potencial máximo de uma negociação de ação vendida é ilimitado. Tecnicamente, uma ação pode subir de preço sem limite. O retorno potencial máximo para uma posição de ação vendida é alto, mas limitado na queda, pois uma ação só pode cair até zero.

O gráfico de risco da ação vendida exibido na Figura 4-2 reflete esse perfil de risco e retorno.

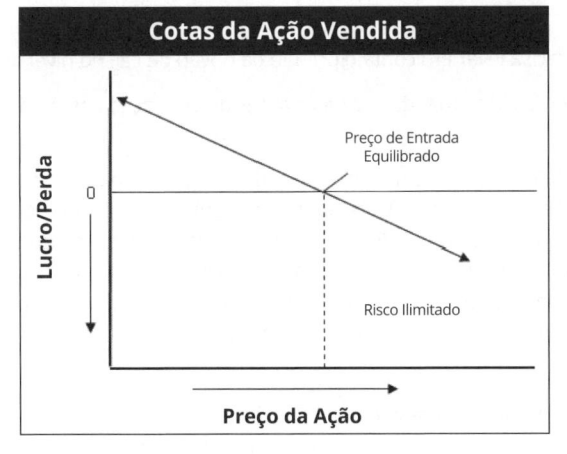

FIGURA 4-2: Gráfico de risco para uma posição de ação vendida.

Cotas da Ação Vendida

Lucro/Perda — Preço de Entrada Equilibrado — Risco Ilimitado — Preço da Ação

Imagem da Optionetics

O gráfico de risco da ação vendida mostra a taxa rápida de perdas que aumentam sem limite quando a ação sobe e os lucros que são altos, mas limitados, porque a ação só pode cair até zero.

Analisando negociações da opção com gráficos de risco

Os gráficos básicos de risco das opções de call e put são um pouco diferentes dos gráficos de risco da ação porque incorporam o risco X retorno do título, junto com o nível de equilíbrio. Os perfis específicos da posição incluirão os preços da ação no eixo x, lucros/perdas no eixo y. O perfil também identifica o seguinte:

» Preço de exercício da opção.
» Equilíbrio da posição.

Embora seja menos óbvio quando você visualiza perfis genéricos de risco, o principal benefício de usar opções para limitar as perdas pode ser visto nesses gráficos de risco.

Opção de call

Um gráfico básico de risco da opção de call é parecido com um gráfico de risco da ação comprada, com duas importantes diferenças:

» Você precisa levar em conta o prêmio da opção de call no nível de equilíbrio.

» Suas perdas são limitadas na baixa antes de uma ação chegar a zero.

O potencial de risco para uma opção de call é limitado, ao passo que os retornos em potencial são ilimitados. Mais especificamente, a perda em porcentagem de uma opção pode ser de 100%. Embora pareça terrível, compare com as possíveis perdas em dólar em qualquer ação. É porque o valor da opção de call é baseado nos preços de exercício, que são sempre acima de zero, assim, a opção é sempre menos cara que a ação. Isso aparece no gráfico genérico de risco da opção de call mostrado na Figura 4-3.

O gráfico mostra uma imagem das perdas limitadas ao investimento inicial conforme a ação cai. Essa quantia é muito menor em relação a uma posição de ação comprada. Uma opção de call permite lucros ilimitados que são parecidos com uma posição de ação comprada, mas também deve levar em conta o nível de equilíbrio dessa opção.

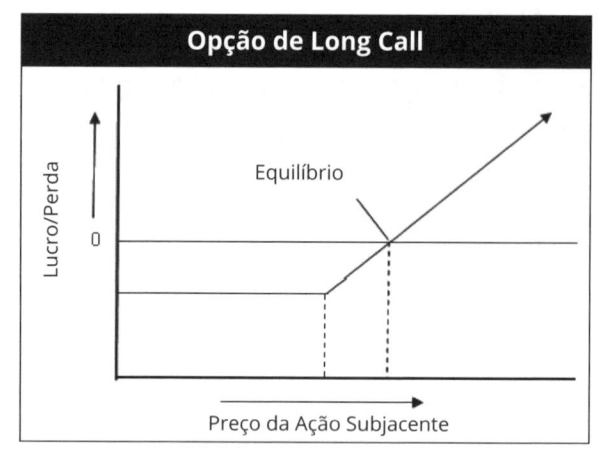

FIGURA 4-3: Gráfico de risco para uma posição da opção de call.

Imagem da Optionetics

Opção de put

Um gráfico básico de risco da opção de put (venda) é parecido com um gráfico de risco de ação vendida, com algumas diferenças. O segundo é extremamente valioso se você é baixista em uma ação e a situação não está a seu favor:

> Você precisa levar em conta a influência da sobretaxa do valor temporal no prêmio da opção de put no ponto de equilíbrio.

> Suas perdas têm um teto, portanto, são limitadas.

O potencial de risco para uma opção de put é limitado, ao passo que os retornos em potencial também são limitados, mas altos. Assim como em calls, as opções de put podem perder 100% de seu valor, ao passo que a perda medida em dólar é sempre menor do que é possível perder em uma ação. Nesse caso, a diferença é devido ao fato de que o valor da opção de put se baseia na diferença entre o preço de exercício e o preço de exercício atual, e nunca há preço de put acima do preço da ação atual em uma diferença igual ou maior que o preço da ação atual. Isso é mostrado por um gráfico genérico de risco da opção de put na Figura 4-4.

O gráfico de risco da opção de put dá uma ideia das perdas limitadas ao investimento inicial conforme a ação sobe. Como trader, você deve preferir esse gráfico ao perfil de ação vendida, pois seu risco, embora alto, é limitado. Ele também fornece os lucros parecidos com uma posição de ação vendida. O gráfico do risco de put também leva em conta o nível de equilíbrio da opção de put.

LEMBRE-SE

Quando você adquire uma opção de put, o máximo que pode perder é seu investimento inicial. Embora não seja sua intenção, é preciso lembrar que esse investimento inicial é muito menor que uma posição de ação vendida, que também é usada quando você tem uma perspectiva baixista para a ação.

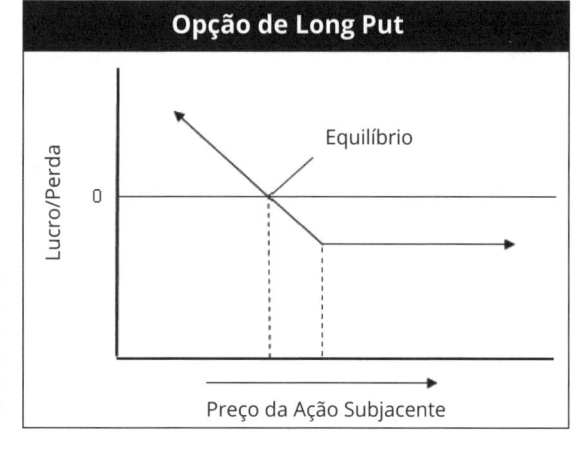

FIGURA 4-4: Gráfico de risco para uma posição da opção de put.

Imagem da Optionetics

Combinando posições da opção

O Capítulo 2 apresentou uma posição de combinação para as opções. Muitos investidores usam opções de put como uma forma de assegurar as posições existentes da ação. É possível adquirir puts para as ações que você tem e para as que não tem porque segurar o ativo subjacente não é uma exigência nos mercados de opção registrada.

Uma *posição combinada* pode ser estruturada de dois modos distintos:

» Ação e opções para uma ação subjacente.
» Várias opções para uma ação subjacente.

Além de criar um gráfico de risco para uma posição de ação ou opção, você também pode criar para posições combinadas. Isso é bom, uma vez que lhe dá fácil acesso ao perfil de retorno para a posição e, o mais importante, seu perfil de risco.

Negociando opções com ação

As três posições de combinação básicas para uma ação comprada e opções incluem:

» Uma posição married de long put.
» Uma posição coberta de short call.
» Uma posição collar que consiste em long put e short call.

Em cada caso, a ação comprada é emparelhada com uma long put, uma short call ou ambas, para melhorar o risco e/ou retorno em potencial. Posições combinadas parecidas podem ser aplicadas em uma posição de ação vendida usando long calls, short puts ou ambas.

LEMBRE-SE Você pode segurar uma posição da ação ou comprar opções nessa mesma ação para mudar o perfil de risco ou retorno da ação, ou pode segurar as posições da opção sem segurar uma posição no ativo.

Negociando opções com opções

É possível construir várias posições combinadas usando diversas opções para capitalizar em certas condições do mercado ou melhorar o risco e/ou retorno em potencial. As diferentes condições do mercado incluem:

» Alta volatilidade implícita.

» Baixa volatilidade implícita.

» Movimentos laterais da ação.

» Movimento direcional da ação (para cima ou para baixo).

Após formular uma previsão ou identificar uma tendência de mercado, é possível combinar os diferentes preços de exercício e opções para variar o risco e o retorno.

Analisando uma posição combinada

Você pode planejar gráficos de risco para posições combinadas desenhando primeiro o gráfico de risco para cada posição individual e depois fazendo uma sobreposição. Então, pode verificar para saber se os riscos ou os retornos para qualquer posição isolada fornecem um teto para os riscos ou os retornos ilimitados ou limitados, mas altos, para a outra posição.

Entendemos melhor com um exemplo. A Figura 4-5 mostra o gráfico de risco de uma posição de married put (venda casada), uma que combina uma ação e uma long put para a mesma ação.

Essa negociação cria um perfil de risco e retorno parecido com uma long call, uma vez que você leva em conta o prêmio de put no preço de equilíbrio. Adicionando put, as perdas da ação são minimizadas. Ao mesmo tempo, seus retornos em potencial permanecem ilimitados após levar em conta o novo ponto de equilíbrio.

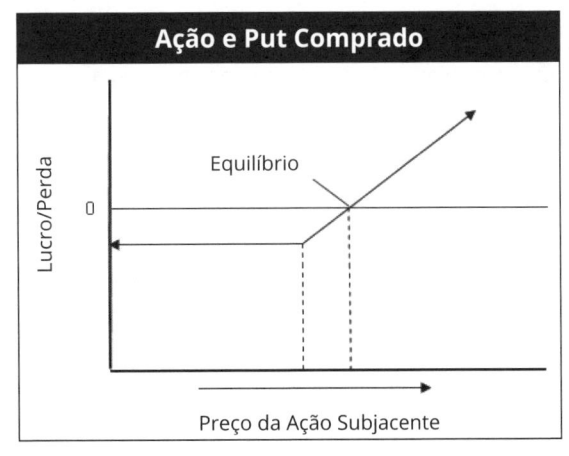

FIGURA 4-5: Gráfico de risco para uma posição de married put.

Imagem da Optionetics

Considerando o pior cenário

Considerar o pior cenário é o conceito mais importante nas opções ou em qualquer outro tipo de negociação, embora traders inexperientes e ansiosos possam ficar tentados a ignorar isso por sua conta e risco. Antes de ver seus ganhos em potencial, você deve ver o lado negativo se deseja continuar negociando em qualquer período estendido de tempo. Gerenciando seu risco, você fica no jogo tempo suficiente para dominar as diferentes estratégias adequadas para mudar as condições do mercado. Por isso considerar o pior cenário é tão importante; os piores cenários podem acontecer e acontecerão durante sua trajetória como trader. E não se preparar custará caro.

CUIDADO Evite as tentações do ego e do medo. O mercado é um lugar hostil. Todos os traders novos pensam que farão a coisa certa quando chegar a hora, ou seja, sair de uma posição quando seu stop loss predeterminado for atingido. Mas depois de negociar por um tempo, você sabe como pode ser difícil essa ação aparentemente simples. Nunca suponha que você controlará totalmente suas emoções ao negociar. Os melhores traders sabem que tudo o que podem fazer é gerenciá-las.

Inicie com gráficos simples de risco da posição

Para considerar o pior cenário, veja a parte inferior do gráfico de risco, que analisa suas perdas. Depois de ter certa perspectiva da ação ou do mercado, é possível selecionar a posição ou a estratégia, isto é, uma ação comprada ou uma opção de long call, que tem o gráfico de risco mais desejável.

Veja estratégias de negociação que fazem o seguinte:

» Limitam as perdas.
» Permitem lucros ideais, pois os spreads podem melhorar muito a probabilidade de lucro, reduzir o risco e aumentar a taxa de retorno em potencial para os pequenos movimentos.

O Capítulo 10 explica os gráficos de risco mais específicos da posição que tornarão isso mais claro e fácil de incorporar em suas estratégias de negociação. As Partes 3 e 4 examinam as estratégias de opção avançadas, inclusive os spreads.

LEMBRE-SE Como Warren Buffett gosta de dizer, a regra número um é *não perder dinheiro*, e a regra número dois é *lembrar da regra número 1*. Do mesmo modo, seu principal foco deve ser limitar as perdas, não maximizar os lucros. Os lucros virão naturalmente com uma estratégia de opção bem planejada com risco limitado.

2 Avaliando Mercados, Setores e Estratégias

NESTA PARTE...

Analise as mudanças de humor do mercado.

Entenda as vantagens dos gráficos, selecione setores com força e projete o movimento de preços.

Pratique seu trading simulado.

Monte um plano de trading matador.

> **NESTE CAPÍTULO**
>
> » Investigando a fundo os resultados do mercado
>
> » Usando a atividade da opção para determinar o humor do mercado
>
> » Avaliando os níveis dos indicadores

Capítulo **5**

Analisando as Mudanças de Humor no Mercado

Ao negociar ações, você avalia se um mercado tem um momentum sustentável ou se algum tipo de reversão é mais provável usando *ferramentas de fôlego* e *análise do sentimento*, como a linha de advance-decline da Bolsa de Valores de Nova York ou a razão entre venda/compra (put/call) para medir o sentimento do mercado. Ambas são descritas mais adiante neste capítulo. Mais especificamente, examinando com cuidado as principais estatísticas, como o número de ações de alta versus baixa, você entende melhor por que os mercados se comportam de certos modos e se ganhos ou perdas foram devidos apenas a algumas ações ou se muitas delas alimentaram a alta ou a baixa. Em geral, as altas do mercado tendem a durar mais e têm uma "saúde" geral melhor quando mais ações estão subindo, não caindo. O oposto ocorre com os mercados em baixa.

Acontece que o mercado de opções também pode ser usado para medir a saúde de um movimento do mercado de ações. Monitorar a atividade da opção dá uma ideia do grau de medo e ambição associado à alta ou à baixa. Ajuda a decidir se a tendência tem mais espaço ou pode estagnar em um futuro próximo.

Embora haja incertezas, é preciso estar ciente sobre a marca do sucesso com a análise do sentimento do mercado quando cada indicador específico mostra leituras extremas. Ao usar dados anteriores para identificar leituras atípicas, muitas vezes você pode permitir que se identifiquem níveis insustentáveis associados a altas ou baixas. Neste capítulo, teremos uma visão completa dos diferentes modos de monitorar o mercado para ajudar a tomar melhores decisões de trading.

Considerações ao Selecionar Macrofatores

Antes de entrar nos mercados em si, considere os seguintes fatores:

» **Taxas de juros:** Em geral, as taxas de juros baixas ou em queda são altistas para as ações, e elevar essas taxas acaba tendo um resultado negativo. Pode parecer uma informação desnecessária, mas, se a história é um guia, a tendência geral das taxas de juros pode afetar o preço das ações subjacentes, o que afetará o preço de suas opções. É bom ficar de olho nas taxas de juros no mundo inteiro. No passado, o Banco Central dos EUA era o único no mundo com poder suficiente para influenciar os mercados globais. Atualmente, devido a todos os mercados estarem vinculados, outros bancos centrais, especificamente o Banco Popular da China, e as ações do Banco Central Europeu também podem movimentar o mercado. É importante entender que o Banco Central dos EUA ainda é o mais influente.

Essa informação é especialmente importante porque a tendência das taxas de juros provavelmente reverte após nove anos de taxas de juros quase em zero após a crise do subprime. Para ser franco, em algum momento no futuro haverá um ponto de inflexão do mercado que levará a uma queda significativa nos preços das ações devido a taxas de juros chegando ao ponto em que as ações deixarão de ser o investimento mais atraente no mercado.

» **Tendências econômicas globais:** Nos primeiros dezesseis anos do século XXI, a economia global foi em grande parte sincronizada. Nesse período, as economias da China, da Europa e dos EUA lideraram e podiam ser vistas como um bloco. Isso mudou muito após a saída do Reino Unido da União Europeia (chamada *Brexit*) e a eleição de Donald Trump como presidente dos Estados Unidos. Esses dois eventos mudaram o jogo e provavelmente afetaram como os mercados se comportam, dada a inversão das doutrinas e os acordos comerciais estabelecidos por décadas. Assim, mesmo que exista uma mudança drástica nas políticas, nos acordos e nas relações entre esses poderes econômicos, cedo ou tarde a atividade econômica em qualquer área ou em todas as três ainda será importante e levará a alguma ação de seus respectivos bancos centrais, que finalmente terá efeito nas ações e nas opções.

Portanto, embora grande parte deste capítulo seja para uma análise técnica, é útil ficar atento a esses fatores externos muito importantes.

Avaliando a Tendência do Mercado

Os veteranos do mercado (como eu) costumam dizer que a principal tarefa do mercado é fazer os investidores parecerem bobos o máximo possível, ou seja, o mercado de ações tem vida própria, e vale a pena lembrar disso, sobretudo quando você acha que descobriu o próximo movimento. Por exemplo, você pode esperar uma queda quando são lançados números econômicos fracos e ficar surpreso com o movimento ascendente que se segue. Ou pode estar certo de que terá um dia monótono após um relatório de ganhos ser divulgado por uma empresa aberta, então fica de queixo caído com a queda subsequente atribuída a essa notícia. Embora não seja possível estar 100% certo sobre um evento ou uma resposta do mercado, você pode se preparar melhor seguindo o fôlego do mercado e os dados do sentimento. Conforme se familiariza usando esses indicadores, é possível ter uma ideia do humor do mercado antes dessas mudanças aparentemente malucas, pois elas o alertam sobre as mudanças iminentes.

Julgando a força de um movimento

Todas as altas e baixas do mercado não são iguais. As altas podem ocorrer em um ritmo moderado, com muitos setores subindo juntos, de um modo frenético, com algumas ações e setores ultrapassando bastante outros ou qualquer variação intermediária. Por isso, é perda de tempo tentar prever o que um mercado fará em determinado momento. Ao contrário, você deseja ter uma análise para avaliar as chances de a direção de uma tendência continuar.

Não é diferente para altas ou baixas. Como trader, você deseja manter as chances a seu favor negociando na direção da tendência dominante, para cima ou para baixo. E mesmo que seja difícil criar novas posições quando sente que já perdeu o movimento, vendo o fôlego do mercado, muitas vezes conseguirá decidir com um alto grau de certeza se as condições em uma alta estão melhorando ou se há mais espaço no movimento descendente conforme um mercado dá sinais de piora.

LEMBRE-SE

Mantenha as chances a seu favor usando várias ferramentas para confirmar suas avaliações do mercado, então use estratégias consistentes com tais avaliações.

DICA

Grandes lucros costumam ser resultado de vigilância, paciência, execução de suas estratégias de negociação e plano geral. Se você consegue indicar logo uma mudança em potencial na tendência, pode planejar e ganhar seguindo a nova tendência por um período de tempo maior.

Definindo o fôlego do mercado

Fôlego do mercado é a pulsação do mercado e lhe dá uma visão profunda da natureza das variáveis internas das altas e das baixas. Quando você controla o número de ações em alta versus baixa para um índice específico, pode medir a saúde do movimento para esse índice. Nos mercados em alta, você quer ver os ganhos espalhados no maior número possível de empresas variadas. Nas baixas, você busca sinais de que há tanta participação, que o baixista acaba se esgotando.

Os indicadores de fôlego usam estatísticas baseadas no seguinte:

» Número e volume das ações em alta e baixa.
» Número de ações atingindo máximas ou mínimas.
» Volume para cima e para baixo.
» Ações negociando acima ou abaixo das médias móveis de preços.

Um mercado em alta com ações em baixa que ultrapassa as ações em alta tanto em número quanto em volume é baixista. Ele sugere que um grupo de ações selecionado pode estar indo bem, mas o mercado em geral não é saudável. Isso é conhecido, em termos de análise técnica, como *divergência de baixa*. Por outro lado, as altas do mercado, em que há ações em vários setores negociando acima da média móvel de duzentos dias (a linha que divide mercados altistas e baixistas) é mais altista, sugerindo uma alta saudável que provavelmente continuará.

Indicador de fôlego na linha de advance/decline

Um indicador de fôlego muito usado é a linha de *advance-decline* (ou linha A-D), usada em combinação com o Índice Composto (NYA) da Bolsa de Valores de Nova York (NYSE). Você busca um número altista ou baixista específico para esse indicador; ele é mais usado como uma ferramenta de confirmação ou divergência por inspeção visual. De fato, o aspecto mais importante da linha A-D é a imagem da linha em si e se é uma tendência de alta, baixa ou lateral, especificamente em relação à direção do mercado ou ao índice que você está acompanhando. Você cria a linha mantendo um total cumulativo diário do seguinte:

- Linha A-D = Nº de Ações em Alta − Nº de Ações em Baixa

DICA

Você pode economizar tempo vendo o gráfico da linha A-D, que é atualizado diariamente no site Stockcharts.com (www.stockcharts.com — conteúdo em inglês) na seção Market Breadth Indicators [Indicadores de fôlego do mercado]. Há vários modos de encontrar esses indicadores. Prefiro usar a opção Cumulative View [Exibição cumulativa]. Você pode notar um índice subindo mesmo quando a linha A-D está caindo. Isso acontece quando:

» As ações da variável com mais influência no índice sobem mesmo se a maioria das ações da variável cai.

» Há um número menor de alta das ações, mas o valor dos ganhos com as ações em alta é maior que o valor das perdas com as ações em baixa.

» As ações com movimentos inalterados são excluídas desse indicador. Ao usar a ferramenta, foque as tendências visuais, subindo ou caindo, não os valores absolutos (números) da ferramenta. A Figura 5-1 mostra a linha A-D com o Índice Composto (NYA) da NYSE.

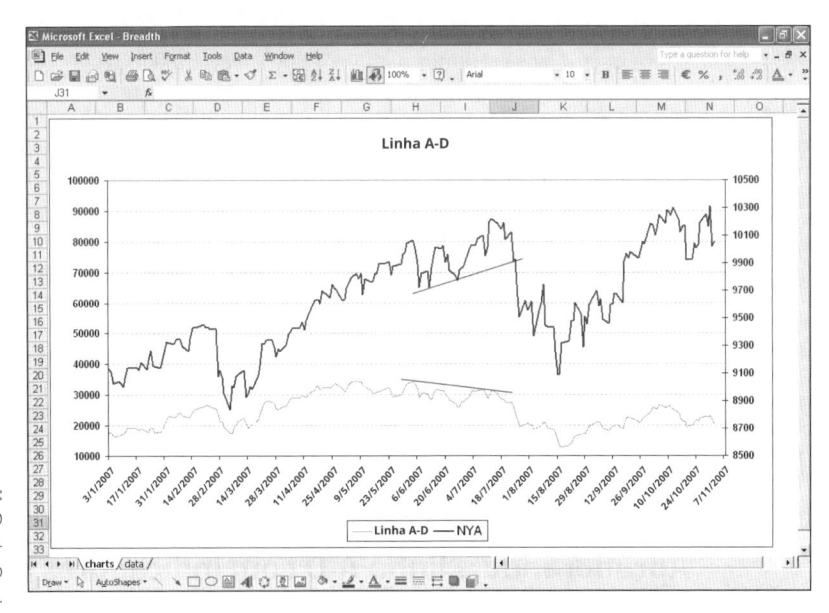

FIGURA 5-1: Linha A-D com a sobreposição NYA.

Imagem da Optionetics

É uma ilustração incrível da utilidade desse indicador porque mostra um sinal de aviso clássico da linha A-D antes de uma queda maior nos mercados. De junho a meados de julho de 2007, o NYA estava subindo, mas esse movimento não se confirmou com um grande número de ações em alta. Note a linha ascendente sob o índice e a linha descendente acima da linha A-D. Nesse caso, essa linha diverge do NYA, um sinal de aviso importante que previu corretamente uma correção forte do mercado.

Qualquer queda importante a partir de 1987 foi precedida por uma divergência negativa na linha A-D da NYSE. Esse indicador permanece intacto desde a impressão deste livro.

Calculando a linha de advance/decline como uma razão

Também é possível calcular a linha A-D como uma razão, não como um valor cumulativo (A/D). Esse método resulta em um indicador que oscila com as seguintes características:

» Quando há mais altas, a razão é maior que um (mais comum).

» Quando há mais baixas, a razão fica entre zero e um.

Você monitora o oscilador que cruza a linha central, o movimento divergente ou o movimento nos extremos para ver as possíveis mudanças.

Os indicadores A-D podem ser calculados em qualquer índice ou ETF que ofereça estatísticas diárias de alta e de baixa. Ao monitorar a linha A-D, observe a maioria das ações subindo em mercados de alta e a maioria das ações caindo em mercados de baixa, para confirmar as mudanças do índice. Quando o indicador diverge da ação do índice, a tendência atual pode ter problemas. É possível encontrar números A-D confiáveis para vários índices principais na home page do site Investing.com (www.investing.com — conteúdo em inglês) na seção Real Time Financial Markets: World Indexes [Mercados financeiros em tempo real: Índices mundiais]. Essa caixa fica na parte inferior da home page e se divide nos números A-D para Dow 30, S&P 500, Ibovespa e vários índices internacionais.

Perceba que *estratégias contrárias* se opõem às tendências de mercado existentes. Elas representam negociações de maior risco porque antecipam uma mudança no momentum e na direção.

Aprimorando a linha A-D com indicadores técnicos

Se você tem fácil acesso a listas de cotações das variáveis do índice, pode criar indicadores de advance-decline para o índice.

Mesmo que eu não consiga negociar a linha A-D, analiso-a como se fosse um índice ou uma ação negociável adicionando indicadores simples, mas muito úteis, ao seu gráfico de preços para melhorar os dados brutos da linha. Descobri que, combinando a média móvel simples de vinte dias, os indicadores RSI (Indicador de Força Relativa) e ROC (Taxa de Variação) são ótimos para descobrir a mensagem básica da linha independente com mais clareza. A Figura 5-2 mostra um gráfico de cinco anos dessa combinação.

DICA

Cada ponto em uma média móvel é a média do passado x o número de dias de negociação. Portanto, a média móvel de vinte dias mostra a média dos últimos vinte dias de negociação.

A média móvel de vinte dias, quando aplicada na linha de advance/decline da NYSE, é uma excelente medição adicional que suaviza a tendência de curto prazo nessa linha. Em geral, quando a linha fica acima da média, a tendência do mercado é considerada em alta. O oposto ocorre quando a linha fica abaixo da média. Quando a linha corta acima e abaixo da SMA, o mercado procura uma direção. O RSI é uma medida do mercado sobrecomprado ou sobrevendido. Quando aplicado na linha de advance-decline, ele dá dicas antecipadas se o mercado é sobrevendido ou sobrecomprado, e se é possível uma reversão. Isso é importante porque as leituras muito baixas no RSI, relacionadas à linha A-D, em geral marcam o fundo do mercado ou uma reversão ascendente, ao passo que as leituras muito altas costumam marcar o topo do mercado ou uma reversão descendente.

O indicador ROC mede se o momentum na direção atual do mercado é ascendente ou descendente. Uma mudança na tendência ROC pode ser um ótimo aviso de uma mudança na tendência da linha A-D. A ROC também é útil quando usada junto com o RSI ao marcar o topo e o fundo. Como acontece com a maioria dos indicadores técnicos, os sinais são melhores quando os indicadores se confirmam. Se a linha ROC sobe ou desce não é tão importante como quando há uma mudança significativa na direção do indicador. Por exemplo, quando o RSI e a ROC estão em acordo, como quando sinalizam que um topo nos preços está próximo, essa é a conclusão mais provável. Você pode saber mais sobre a análise técnica e como aplicá-la ao trading de opções no Capítulo 6. Para ver uma explicação completa da análise técnica dos mercados, verifique o livro *Análise Técnica Para Leigos*, de Barbara Rockefeller.

DICA

Uma imagem vale mais que mil palavras. Os indicadores técnicos acabam com a interferência das notícias ajudando-o a visualizar o que o mercado pensa sobre o que acontece no mundo e no pregão.

A Figura 5-2 mostra um ótimo insight sobre como combinar mais de um indicador para descobrir a mensagem do mercado, sobretudo em um mercado cheio de notícias em conflito. Observe o período de abril a outubro de 2015, o período seguinte, até fevereiro de 2016, e como a linha A-D começou a mudar junto com o RSI e a ROC. Existem dois fundos duplos na linha de julho a outubro de 2016. Observe também que a linha A-D lutou para se manter acima da média móvel de vinte dias nesses períodos, mas em abril de 2016 esse padrão mudou, e a tendência geral da linha foi ficar acima da média móvel de vinte dias. Foi um período altista do mercado. Note ainda que, após a eleição para presidente dos EUA em novembro de 2016, a linha A-D fez um fundo duplo. Todos esses três fundos importantes coincidiram com os fundos no RSI e na ROC, sendo seguidos pela linha subindo mais e fazendo uma série de novas máximas. Note que durante a recuperação pós-eleição, a linha A-D não teve problemas para ficar acima, em grande parte, da média móvel de vinte dias. Essa recuperação ainda ocorria em 31 de maio de 2017 e continuou.

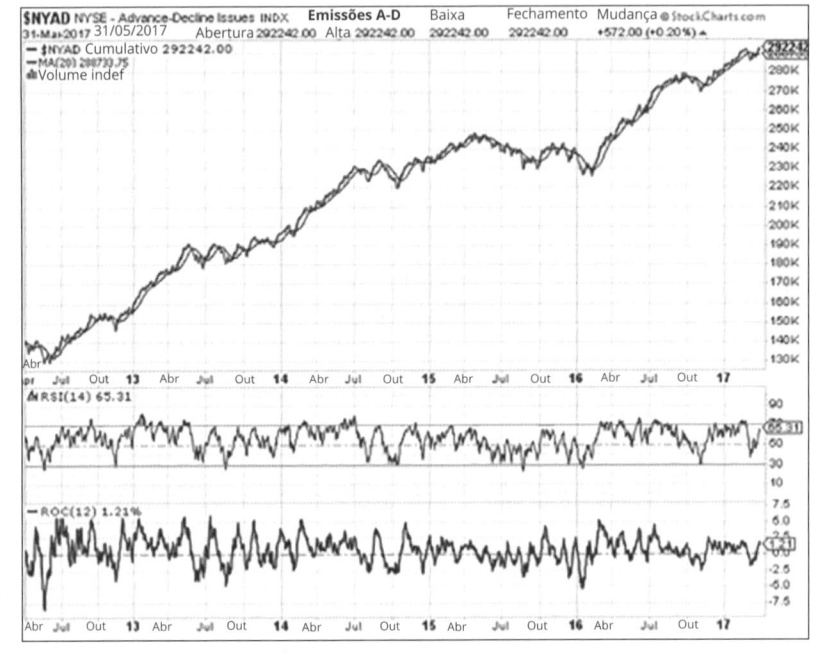

FIGURA 5-2: A linha A-D da NYSE com indicadores RSI e ROC da média móvel de vinte dias.

Gráfico cortesia de StockCharts.com

LEMBRE-SE

Os indicadores técnicos, como RSI e ROC, são ferramentas úteis para confirmar as tendências de preço e importantes pontos de mudança de preços. Uso o RSI e a ROC junto com a média móvel de vinte dias porque essa combinação de indicadores torna a linha A-D uma ferramenta muito mais útil para ficar no lado certo da tendência.

Olhando em longo prazo

Ao analisar os indicadores, é melhor acompanhar seu histórico de longo prazo. Examinando cinco anos da linha A-D da NYSE, a média móvel de vinte dias, os indicadores RSI e ROC mostram que se concentrar nos períodos em sincronia, sobretudo os fundos e os topos no mercado, o manteria no lado certo da tendência. De fato, quanto mais dados, melhor, portanto, vale a pena comparar qualquer situação atual com um topo e um fundo maiores. Nesse gráfico:

» Um estava associado a condições altistas contínuas (outubro de 2014 – abril de 2015).

» O outro estava associado à queda do mercado no início de 2017.

Independentemente dos diferentes cenários considerados, foque gerenciar o risco das condições existentes, em vez de apostar antecipadamente em um movimento. Em geral, os indicadores de fôlego, quando confirmados por indicadores de momentum e médias móveis, são muitíssimo úteis ao identificar os fundos e, normalmente, os topos. No geral, os fundos são mais fáceis de identificar porque as baixas do mercado ocorrem muito mais rápido. E mais: não há garantias de uma reversão.

DICA

A linha A-D da NYSE, em especial junto com o RSI, a ROC e a média móvel de vinte dias, é uma ótima combinação de indicadores para ajudá-lo a apontar a tendência dominante no mercado e importantes mudanças de tendência.

(Psico)analisando o mercado

Algumas pessoas preferem estar certas sabendo por que os mercados agem de tal modo. No entanto, em longo prazo, é muito melhor ganhar dinheiro e deixar que outra pessoa responda como as coisas acontecem.

Adotar a ideia de que o mercado tem vida própria e que o melhor que se pode fazer como trader é estar no lado certo da tendência é mais fácil, considerando que o comportamento humano direciona o mercado. Há quem diga que o mercado é eficiente porque as pessoas respondem racionalmente a todas as notícias disponíveis sobre ações, economia e perspectivas para ambas. Parece ótimo, mas tudo o que você precisa fazer é observar como um índice se move após a divulgação de grandes relatórios de resultados das empresas, e terá a sensação de que algo muito irracional acontece. Prefiro a noção de que os mercados agem segundo qualquer informação que ele tem em dado momento e que respondem, seja a resposta certa ou errada. Essa resposta se baseia na opinião da maioria dos participantes, ou seja, as pessoas respondem e movimentam seu dinheiro para dentro ou fora dos mercados. Quando grande parte do dinheiro segue uma direção, o mercado acompanha. O importante é que realmente não importa por que os mercados se comportam de tal modo. Em vez de imaginar por que algo acontece, você deseja ficar no lado certo da equação sempre que possível.

Existem muitas abordagens baseadas em regras que o permitem ganhar dinheiro nos mercados, mas isso não significa que o mercado se move de uma maneira previsível. A natureza humana é de autopreservação e interesse próprio. E como comprar e vender títulos se traduz em ganhar ou perder dinheiro, é preciso imaginar se os participantes do mercado colocam no jogo muita irracionalidade, influenciados pela autopreservação. Multiplique uma pessoa irracional por muitas irracionais, cujo objetivo não é perder dinheiro, e terá uma multidão subindo e descendo preços, rápido ou devagar, dependendo do dia.

As pessoas podem se comportar de modos muito estranhos ao alimentar a ambição ou o medo entre si. Assim, há muitos meios de monitorar as condições do mercado e o comportamento dessas pessoas para entender melhor por que o mercado reage de tal modo. Uma etapa útil nesse processo é identificar qual emoção humana está no comando no momento: ambição ou medo. É onde a análise do sentimento do mercado é útil.

Definindo sentimento

Sentimento descreve amplamente a tendência dominante do mercado, altista ou baixista. A ambição (com um toque de medo) geralmente motiva o primeiro, e o medo tem a ver com a baixa do mercado. Mês após mês, ano após ano, década após década, esses padrões de ambição/medo se repetem, não importando as mudanças econômicas que ocorrem ao longo do caminho. Pense no mercado como um oceano cheio de ondas e no movimento das ondas como refletindo o sentimento. A única variação entre os ciclos, como nas ondas do oceano, é a duração em que cada emoção domina e a dinâmica inerente que leva ao desdobramento de qualquer onda em particular.

As ferramentas do sentimento usam estatísticas da ação e das opções para fornecer informações sobre a atividade do público durante as altas e as baixas. Grande parte desses dados está disponível nos sites da Bolsa ou em pacotes de gráficos. É uma questão de identificar quais ferramentas monitorar durante o processo.

Ao utilizar a análise do sentimento, você tenta identificar períodos em que a ambição ficou insustentável ou o medo está quase esgotado. Pense nisso como um jogo estranho de dança das cadeiras... em algum momento, a música para, e todos brigam por um lugar para que possam participar da próxima rodada ou movimento. Você só quer estar preparado para responder rápido quando uma mudança na direção finalmente ocorrer. Focar o sentimento do mercado é uma ferramenta útil que pode ajudá-lo a fazer exatamente isso.

DICA

O trading é a arte do equilíbrio. Sempre se lembre do que acontece no mercado versus o que você antecipa que acontecerá em seguida.

Medindo as ações do investidor

A análise do sentimento o torna um São Tomé, que duvida de tudo, porque ela tenta medir as ações altista e baixista versus o que é dito sobre o mercado ou mesmo sua direção atual. Tenha cuidado e veja se fatores diferentes afins agem de modo que fazem sentido ou não, como a seguir:

» Comentário altista desmentido de modo anormal pelo alto volume de puts.

» Um relatório econômico moderado que produz uma mudança acentuada no mercado.

» Uma mudança maior na política da taxa de juros do Banco Central que tem uma reação inesperada. Por exemplo, se o BC dos EUA elevasse as taxas de juros após vários anos de taxas zero, como começou a fazer em 2015, e o mercado subisse 3% em um dia.

O mercado de opções dá rápidas indicações sobre o sentimento do trader:

» Os traders são altistas (comprando calls/vendendo puts)?

» Eles são baixistas (comprando puts/vendendo calls)?

DICA A principal mensagem é: basicamente os dados da opção dão um insight sobre o medo. A volatilidade histórica e as medidas do volume dão uma ideia de quanta emoção esteve envolvida nos movimentos anteriores. Os níveis implícitos de volatilidade permitem saber o que vem pela frente.

Observando as Atividades de Call e Put

Os investidores, sobretudo os traders profissionais, costumam ser pessoas otimistas. Isso quase sempre torna altista sua visão de mercado. Se não fossem normalmente positivos, não conseguiriam fazer o que fazem para viver. Você pode ver isso refletido no fato de que os mercados passam a maior parte do tempo subindo, não descendo. Espere um pouco... isso significa que considero os investidores racionais? Não necessariamente. Significa apenas que as tendências de mercado costumam refletir a disposição positiva geral das pessoas que as conduzem: investidores e traders. Não importa como você se sente em relação a isso, saiba que o motivo para valer a pena notar o aspecto altista do mercado é porque normalmente o volume de compras (calls) excede o de vendas (puts), refletindo a tendência do mercado com antecedência. Isso lhe dá uma referência da atividade da opção.

Quando as pessoas começam a ficar nervosas, o que acaba acontecendo, o volume de puts aumenta. Monitorando a relação entre put e call é possível identificar os níveis extremos que correspondem às reversões do mercado. Os indicadores podem usar o volume de call e put, ou o volume de put apenas, para medir o medo ou a complacência no mercado.

> **DICA** Considere usar as leituras extremas do sentimento para reduzir as posições na direção da tendência e estabelecer lentamente posições contrárias à tendência.

Entendendo a razão PCR

O falecido Martin Zweig é o inventor das razões Put/Call (PCR), derivando-as apenas dividindo o volume do contrato de put pelo de call. Zweig previu em rede nacional a queda da Bolsa de Valores de 1987, na sexta-feira antes da "Segunda-feira Negra" e ganhou dinheiro com a queda vendendo a descoberto no mercado. Uma grande variedade de tais proporções está agora disponível. Embora os níveis de alerta tenham mudado com os anos, a emoção que eles sinalizam continua igual: o medo.

Uma PCR foca as ações altista e baixista tomadas por vários participantes do mercado. Muitas também são medidas contrárias, significando que as implicações do indicador são opostas ao sentimento do mercado. Quando todos são excessivamente baixistas, as condições são corretas para uma reversão ascendente, isto é, uma recuperação. E quando todos são otimistas sobre as perspectivas do mercado, as chances de uma queda significativa são maiores. Você interpreta as leituras da PCR assim:

- » As leituras extremamente baixas são baixistas.
- » As leituras extremamente altas são altistas.

Agora a parte boa: veja a seguir uma lista de razões usando volumes de call e put, com informações sobre a construção do indicador e leituras:

- » **Razão PCR da ação CBOE:** O volume total para todas as opções da ação negociadas na CBOE. Agora as principais leituras são menos completas, dados os ganhos significativos com a International Securities Exchange (ISE). Em geral, as leituras acima de 0,09 sugeriram um medo maior no mercado e condições de sobrevenda. Mais recentemente, as leituras acima de 1,0 refletiram um medo crescente.

- » **Índice CBOE apenas com razão PCR:** O volume total para todas as opções de índice negociadas na CBOE. Essa medida inclui os volumes de índice SPX e OEX, que continuam sendo importantes barômetros do mercado. Um aspecto diferencial desse indicador é o tipo de trader que ele reflete, ou seja, o trader de opções do índice é considerado mais sofisticado e preciso nos movimentos do mercado. Como resultado, as leituras altas refletem sentimento baixista predominante para o mercado. As leituras acima de 2,4 refletem aproximadamente três desvios-padrão (SD) acima da média e que ocorreram imediatamente antes dos topos de curto prazo e intermediários.

As quedas no mercado costumam acontecer mais rápido que as recuperações.

» **ISE Sentiment Index (ISEE):** Essa ferramenta é, de fato, uma razão PCR, com duas outras distinções diferentes notadas pela ISE:

- Foca apenas as novas compras versus o volume total, o que reflete também os vendedores a descoberto.

- Exclui o formador de mercado e outras atividades do trader profissional, deixando somente a atividade do cliente (gerentes financeiros e varejo).

- Como esse índice é o inverso das razões típicas, as leituras baixas coincidem com os baixistas extremos, assim, são interpretadas como preditivas das altas do mercado em uma base contrária. Desde 2002, as leituras inferiores a 85 são 2 desvios-padrão abaixo da média e coincidiram com os fundos de curto prazo e intermediários. É possível encontrar o indicador ISE, atualizado a cada 20 minutos durante o dia de negociação, em www.ise.com/market-data/isee-index/ (conteúdo em inglês). Você pode acessar os dados históricos desde o começo do índice no site e usá-los quando fizer o backtest das negociações e simular.

» **Índice ISE e razão PCR do ETF:** O volume total para todas as opções de índice e ETF negociadas no ISE. Considere aumentar a razão apenas com índice da CBOE usando essa ferramenta para refinar sua avaliação da atividade de cobertura ampla.

Três pontos importantes para tirar o máximo de todas essas ferramentas de sentimento:

» Conhecer as informações básicas de construção do indicador.

» Entender os extremos históricos e implicações da ferramenta.

» Reconhecer as mudanças importantes do mercado e o impacto nos dados do indicador.

Se você visa o sentimento do título individual, capture os dados de todas as bolsas que negociam as opções para esse ativo-objeto. Em vez de uma leitura específica, identifique as leituras atípicas dos dados calculando o valor médio e os desvios-padrão, depois adicione linhas para identificar os níveis extremos.

Muitos ETFs amplamente seguidos e suas opções são negociados até as 16h15, horário de Brasília; acompanhe a hora de fechamento correta e o preço.

A Figura 5-3 mostra um gráfico diário do ETF S&P 500 (SPY) e sua razão PCR com uma média móvel de 5 dias e uma linha com +1SD (desvio-padrão).

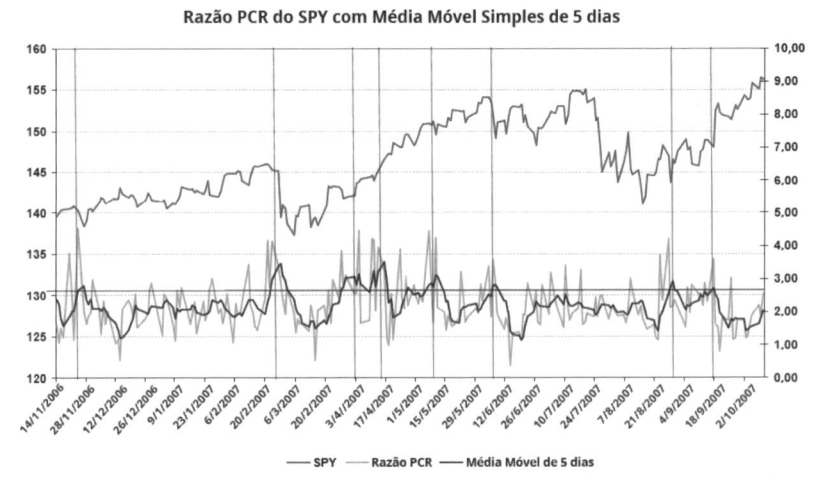

FIGURA 5-3: Gráfico SPY diário com razão PCR.

Imagem da Optionetics

Quando a média móvel (MA) de 5 dias da razão PCR atingiu mais de +1SD, um fundo próximo foi sinalizado 6 vezes em um total de 8.

DICA Os indicadores podem se comportar de modo diferente durante os mercados altista e baixista, e até em estágios diferentes desses mercados (início, meio, fim). Ao usar um novo indicador, verifique seu desempenho em períodos similares no passado.

Você também pode usar as linhas SD ao identificar os extremos dos dados da bolsa, em particular quando o mercado muda o volume do impacto.

Usando o indicador de volume de put

O *indicador do volume de put* (PVI) é uma ferramenta de sentimento criada por John Bollinger e que mede os níveis relativos da atividade de put. É parecido com a razão PCR, com leituras extremas usadas para identificar os períodos de excessivo medo ou complacência. O PVI pode também ser aplicado em ações individuais, índices ou em uma Bolsa inteira.

O PVI é calculado usando-se os dados diários do volume da opção de put, disponíveis em várias fontes, inclusive a OCC e o software de análise de opções. É calculado dividindo-se o volume de put diário pela média móvel simples (SMA) de dez dias desse volume. Uma razão ascendente indica o seguinte:

» O volume de put está subindo.

» O sentimento baixista está aumentando.

A Figura 5-4 mostra um gráfico diário dos valores PVI do índice S&P 500 (SPX) com uma cobertura do SPY, o fundo de investimento negociado (ETF) baseado no índice. Leituras muito altas identificam um pessimismo extremo, dando o tom de uma reversão.

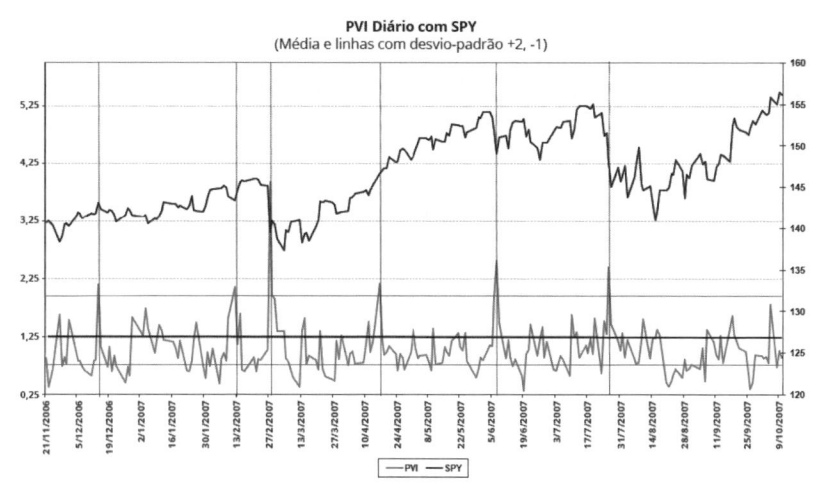

FIGURA 5-4: Indicador do volume de put.

Imagem da Optionetics

O gráfico inclui:

» Dados diários do preço para SPY.

» Linha PVI no fundo.

» Linha média central em aproximadamente 1.

» Linha +2SD acima da média em 1,80 e linha −1SD abaixo em 0,60.

As linhas verticais ajudam a ver os extremos baixistas. Quatro dos seis extremos coincidiram, ou ocorreram um pouco antes, com uma aceleração da venda e uma reversão subsequente do fundo no mercado. Essas leituras não devem ser interpretadas necessariamente de modo contrário, de imediato, mas como sinais de que os baixistas estão ganhando vantagem, pelo menos em curto prazo, e uma aceleração da tendência de baixa pode estar próxima. Portanto, quando você vir essas leituras altas, será hora de prestar mais atenção na ação do mercado, sobretudo porque as tendências de baixa costumam ser mais curtas do que as tendências de alta, e como há um sentimento extremo, um grande movimento para baixo é cada vez mais provável, porém uma reversão também pode estar próxima.

> **DICA** Se você tem dados para criar uma razão PCR, também pode criar o PVI. É possível baixar os dados PCR da CBOE em seu computador de graça em uma planilha e criar seu próprio indicador. Acesse www.cboe.com/data/historical-options-data/volume-put-call-ratios (conteúdo em inglês). A grande maioria das corretoras nacionais oferecem os estudos gráficos abordados nesse livro em seus sistemas de negociação.

Volatilidade para Medir o Medo

Embora seja difícil de acreditar, o medo é uma emoção mais forte que a ganância. Assim, o pânico é mais dramático que a euforia. Em geral, faz os participantes do mercado buscarem uma saída muito mais rápido do que se vê quando eles estão adicionando mais dinheiro às posições da ação. O resultado é que os mercados costumam cair muito mais rápido do que subir. Isso pode ser visto com uma volatilidade aumentada como movimentos diários e semanais dos preços em um intervalo maior. Usar medidas do sentimento de volatilidade ajuda a reconhecer as baixas que estão perto de se esgotar.

Medindo a volatilidade

A volatilidade realmente mostra informações sobre a faixa de preços de determinado título. Você pode usar vários períodos de trading para calcular o valor anual que o permite comparar o movimento de diferentes títulos. A volatilidade histórica (VH) pode ser plotada em um gráfico, permitindo-o ver as tendências e ter uma ideia de como a VH atual se acumula nos períodos.

A volatilidade implícita (VI) é uma variável de precificação da opção referida como a *diferença entre os preços esperado e praticado da opção no mercado em determinado momento*. É o nível de volatilidade que conta para o preço da opção atual após todos os outros fatores de precificação mais tangíveis (ou seja, preço, tempo e taxas de juros) serem avaliados. A VI incorpora a VH porque é razoável esperar que a ação se mova de modo parecido como ocorreu anteriormente, mas não necessariamente igual.

A VI também pode ser plotada em um gráfico, permitindo ver as tendências e os níveis relativos. Tais gráficos destacam as fortes tendências sazonais de certas ações.

Reconhecendo o impacto de mudar a volatilidade

Você deve entender a VI para poder tomar as melhores decisões ao comprar e vender opções. Pode ser vantajoso comprar opções quando a VI é relativamente baixa e vendê-las quando é relativamente alta, mas não há garantias de que as condições aparentemente baixas ou altas não persistirão.

É claro que sempre há uma chance de errar sobre a direção de um índice ou uma ação (de fato, duas em três), mas, em geral:

» Quando a VI é relativamente baixa e aumenta rápido, ela adiciona valor a calls e puts.

» Quando é relativamente alta e diminui rápido, diminui o valor de calls e puts.

Notícias e relatórios iminentes, junto com eventos inesperados, podem aumentar rápido a VI. Depois que tais notícias e relatórios passam, e ocorre uma reação inicial na ação, a VI cai tão rápido quanto subiu. Também podem ocorrer mudanças mais graduais na VI, em qualquer direção.

Soletrando o medo como Wall Street: V-I-X

VIX significa *índice de volatilidade*. É um valor de volatilidade implícito e combinado, calculado usando-se contratos específicos da opção do índice S&P 500 e utilizado como um indicador do sentimento. Você pode ter ouvido analistas do mercado falando sobre o VIX e comentando sobre as condições. A CBOE publica os valores de fechamento VIX diariamente. Como o VIX é um índice de opções, os programas de trading fazem gráficos dos valores em tempo real.

Como a volatilidade estatística costuma subir quando os títulos caem, você deve esperar que a VI suba também. Vendo o VIX e o SPX no mesmo gráfico, é possível verificar sua frequência. Espera-se o seguinte das leituras VIX:

» Um VIX ascendente reflete condições baixistas no SPX e, em geral, no mercado inteiro.

» Um VIX descendente reflete condições neutras a altistas no SPX e, em geral, no mercado inteiro.

O sentimento baixista excessivo se reflete em altos níveis de VIX. Como consequência, o medo baixista se esgota, ocorre uma reversão nas ações e o VIX cai.

PAPO DE ESPECIALISTA

Antes o VIX era calculado usando-se o índice S&P 100 (OEX). Essa antiga medição do VIX pode ser acessada usando-se seu novo código: VXO.

A Figura 5-5 mostra um gráfico semanal do VIX com uma sobreposição do SPX.

FIGURA 5-5: Gráfico VIX semanal com sobreposição do SPX.

Imagem da Optionetics

A relação entre os dois índices parece muito forte quando vistos juntos. Os dois têm uma correlação negativa, portanto, quando o SPX desce, o VIX sobe, e vice-versa. Procure as reversões VIX para confirmar os fundos do mercado.

Os dois outros índices de ações com dados de volatilidade implícita a observar incluem o índice Nasdaq Composite (COMPQ) e o OEX. Os índices de volatilidade correspondentes são VXN e VXO, respectivamente.

PAPO DE ESPECIALISTA

Ao examinar um gráfico para o VIX, as leituras anteriores à metodologia SPX revista são criadas usando dados históricos.

Ferramentas de Fôlego e Sentimento

A maioria dos indicadores de fôlego e sentimento usa a mesma lógica:

» Uma leitura de fraqueza é um sinal baixista.

> Quando a leitura é extremamente baixista, ela se torna altista.

E o comportamento do público acompanha. A única exceção notável é a razão PCR apenas do índice CBOE. Como as bolsas, as plataformas de negociação e os produtos do mercado podem mudar potencialmente com o tempo, a natureza dos extremos para os diferentes indicadores também pode mudar potencialmente assim. Em vez de usar valores inalterados para qualquer um deles, talvez você queira combinar suas avaliações qualitativa e quantitativa periodicamente.

Ao avaliar diferentes ferramentas de fôlego e sentimento, considere quais indicadores fornecem novas informações. É interessante incluir duas ou três ferramentas de sentimento da opção, mas provavelmente não cinco ou seis, se é o único tipo de indicador de sentimento usado. Familiarizando-se com algumas ferramentas, você evitará o esgotamento do indicador. Um modo de não exagerar é fazer um backtest de diferentes combinações de indicadores e descobrir quais funcionam melhor em seu caso. A única constante deve ser que você tente usar ferramentas que dão informações diferentes ou complementares para maximizar a eficiência do tempo e a utilidade do indicador.

DICA

Para calcular o desvio-padrão de uma coluna de dados no Excel, use a fórmula da célula: '=stdev(dados)'[CC10].

As áreas neutras dos indicadores

Embora possa parecer que 1,0 seja uma leitura neutra para uma razão PCR, não funciona assim. Em condições normais, a razão será menor que 1,0, porque os mercados costumam subir, refletindo uma tendência altista.

Um método usado neste capítulo para identificar as áreas neutras e os extremos para os diferentes indicadores é uma abordagem média de desvio-padrão +/−. Detalhes dos quais se lembrar quando aplicar isto:

> Os cálculos requerem um conjunto de dados de uma série, ou seja, os dados selecionados devem ser representativos da série.

> Ao avançar no tempo em uma quantidade significativa, você corre o risco de aplicar condições desatualizadas nas condições atuais.

> Considere calcular os valores para períodos altistas e baixistas claramente definidos e veja se o indicador se comporta de modo diferente em cada um.

O julgamento da qualidade entra aqui; você não quer necessariamente incluir todos os possíveis pontos de dados em sua avaliação porque as condições mudam com o tempo. Mas eles não mudam com frequência, portanto, você precisa incluir dados suficientes para capturar informações que sejam realmente representativas.

PAPO DE ESPECIALISTA

Os dados da ação e de preço do índice normalmente não são distribuídos, portanto, as regras estatísticas que costumam ser usadas para esses dados não se aplicarão. É preciso usar retornos.

Calculando o valor médio (média) e o valor do desvio-padrão, você consegue criar faixas em torno do valor central para identificar uma região onde se encontra a maioria dos dados. Os pontos fora dessa área são atípicos; ao focar essas áreas, você está identificando momentos em que as emoções são altas e as decisões estão longe de ser frias e calculistas.

Identificando os extremos do indicador

Ao analisar conjuntos de dados, você pode concluir diferentes testes estatísticos diretamente nos dados, inclusive:

» Cálculos da média e da mediana para ter informações sobre as tendências centrais.
» Cálculos do desvio-padrão para identificar os níveis extremos.

Muitas vezes, você usará os níveis médios, mas se um ou dois pontos de dados muito extremos distorcerem os resultados, poderá usar um valor da mediana. Quando houver valores atípicos, o valor médio e da mediana não estarão muito próximos.

Além de aplicar esses cálculos diretamente nos dados, você pode aplicá-los em segmentos suavizados dos dados ou médias móveis. Nesse caso, você quer manter o período da média móvel muito curto para não suavizar demais os valores. Lembre-se, você quer exibir o comportamento extremo, não suavizá-lo a ponto de não ver os importantes pontos de inflexão.

PAPO DE ESPECIALISTA

Valor atípico é um ponto de dado bem distante dos outros pontos no conjunto e não pode ser descartado.

Uma última análise dos dados de fôlego ascendentes e descendentes termina aqui usando a razão entre advance-decline, que oscila em torno de 1,0. Esse valor é alcançado quando o número de altas no NYA é igual ao número de baixas.

A Figura 5-6 mostra os valores da razão A-D diária junto com o NYA. Aparecem duas linhas horizontais com os dados: uma linha média mais escura, uma linha com +1SD e uma linha −1SD perto da parte inferior do gráfico.

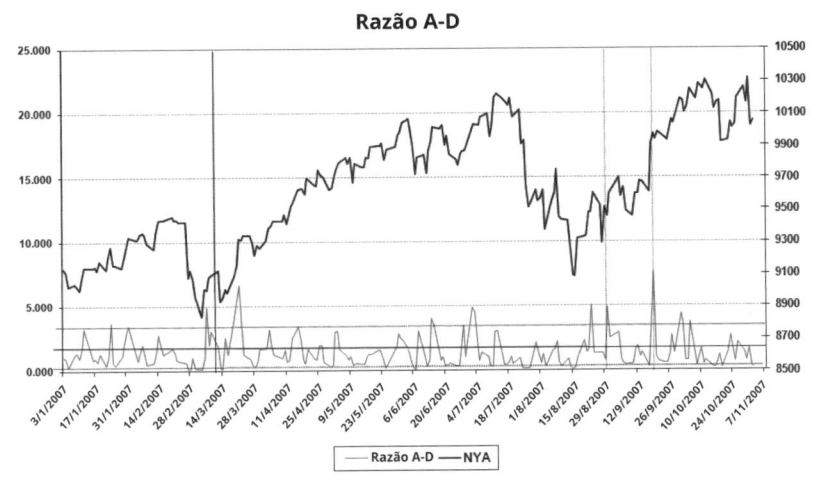

FIGURA 5-6:
Razões A-D diárias junto com NYA.

Imagem da Optionetics

Comparados com as razões PCR, os valores altos extremos da razão A/D são um pouco defasados. Isso é esperado, porque a aquisição de put reflete um pessimismo iminente, ao passo que a melhoria no fôlego ocorre com uma ampla recuperação do mercado. Na sequência, as coisas voltam ao normal. Os picos ascendentes não identificam exatamente os fundos. Duas linhas verticais claras são desenhadas para ajudar a ver a defasagem.

LEMBRE-SE

Quando um indicador diverge do índice ou da ação que você avalia, pode ser um aviso precoce de problemas na tendência.

A linha vertical mais escura no início do gráfico captura o forte medo e coincide com a baixa do mercado de curto prazo. Embora o número de valores extremos seja limitado nas duas direções, os extremos baixos fornecem mais informações atualizadas. Os picos ascendentes confirmam a reversão que se segue.

Ao aplicar linhas de desvio-padrão, considere usar múltiplos de 1, 2 e 3 para ver quais extremos são destacados. Pode ser necessário usar um múltiplo para os picos na extremidade alta e um múltiplo diferente para aqueles na extremidade baixa, dependendo da rapidez com a qual os valores usados no indicador respondem às mudanças do mercado.

> **NESTE CAPÍTULO**
> » Entendendo as vantagens do gráfico
> » Selecionando setores com força
> » Projetando o movimento dos preços

Capítulo 6
Análise de Setores: Técnica e Fundamentalista

Em um mercado ideal, há três grandes altas que incluem a maioria dos setores e das ações do mercado. Nesses períodos, quando as médias amplas têm um forte movimento ascendente, a maioria das ações e dos setores acompanha. O inverso ocorre na descida, quando índices, setores e ações tendem a cair.

Como sempre, há exceções. Por exemplo, em certas situações, alguns setores não seguem a tendência geral do mercado, muitas vezes porque, nesses períodos, as condições econômicas podem favorecer um grupo ou outro em um intervalo de tempo, então, quando as condições mudam, os setores mudam, mostrando pontos fortes ou fracos.

Focar os setores fortes ou fracos permite ajustar suas estratégias de opções às condições que prevalecem no mercado. Primeiro, claro, é preciso saber como encontrá-los. Uma *análise técnica* fornece ferramentas para analisar os setores, inclusive para identificar os pontos fortes e fracos relativos. Neste capítulo, mostro o básico essencial da análise técnica para você montar suas estratégias de trading de setor.

Usando Técnica nos Gráficos

A *análise gráfica* foca dicas visuais para identificar informações sobre preço e volume que o levarão às tendências dominantes no mercado. Há muitos tipos de gráficos e exibições de dados, fornecendo uma lista bem grande de ferramentas para análise. Mas a verdade é que, como nos esportes, as melhores ferramentas são as mais básicas, portanto, tudo de que você precisa são técnicas simples e confiáveis que possibilitarão formar rapidamente sua opinião sobre a tendência e permitirão começar a montar sua estratégia da opção. Focando aqui algumas ferramentas e técnicas voltadas para o setor e o trading de opções, você entenderá rápido a análise gráfica. Se está apenas começando, esta seção o fará avançar mais rápido do que pensa. Se tem experiência, será uma boa revisão.

Fundamentos do gráfico

Os gráficos, formalmente conhecidos como *gráficos de preço*, são registros visuais da atividade de preços: imagens formadas pela plotagem periódica de dados do preço para ser possível ver a atividade de trading ao longo do tempo, em dias, semanas, anos ou minutos. Uma pequena lista de gráficos comuns inclui:

» **Gráfico de linhas:** Documenta o movimento do preço versus tempo. Um único ponto de dados do preço para cada período é conectado usando uma linha. Em geral os gráficos de linhas plotam os valores do preço de fechamento, que costumam ser considerados o valor mais importante do período (dia, semana etc.). Tais gráficos são fáceis de interpretar e dão ótimas informações "panorâmicas" do movimento do preço e de tendências filtrando o ruído dos movimentos menores durante o período.

As desvantagens dos gráficos de linhas incluem o fato de que eles não dão informações sobre a força da negociação durante o dia ou se ocorreram gaps de preço entre os períodos. Um *gap de preço* é criado quando a negociação de um período está completamente acima ou abaixo da negociação do período anterior. Isso acontece quando notícias importantes que impactam a empresa são divulgadas quando os mercados estão fechados. Não parece ser uma boa informação para você ter quando está negociando?

> **Gráfico de barras OHLC (abertura-alta-baixa-fechamento):** Mostra preço versus tempo. A faixa de negociação do período (baixa a alta) é mostrada como uma linha vertical com os preços de abertura exibidos como uma guia horizontal à esquerda a barra da faixa e os preços de fechamento como uma guia horizontal à direita dessa barra. Um total de quatro pontos de preço é usado para criar cada barra.
>
> Os gráficos OHLC são mais completos e úteis em períodos de tempo diferentes porque dão informações sobre a força do período de trading e os gaps de preço. Por exemplo, ao analisar um gráfico diário como ponto de referência, uma barra vertical relativamente longa informa que a faixa de preços foi bem grande para o dia. É sinal de que a ação foi volátil naquele dia — uma boa informação para os traders de opção. Também indica força na ação quando fecha perto da máxima do dia e fraqueza quando fecha perto da mínima do dia.
>
> **Gráfico de velas ou candlestick:** São os mais usados por traders profissionais. Eles também plotam preço versus tempo e são parecidos com um gráfico OHLC, com a faixa de preços entre a abertura e o fechamento do período destacada por uma barra grossa. Os padrões únicos desse gráfico podem melhorar a análise diária.
>
> Os gráficos de candlestick têm interpretações de padrão distintas que descrevem a batalha entre altistas (bulls) e baixistas (bears). São mais bem aplicados em um gráfico diário. Os candles também mostram faixas de preços e gaps.

Exiba os gráficos usando:

> Gráficos de linha de prazo maior observando as tendências de preço.
>
> Gráficos OHLC ou de candlestick para entender melhor a ação do preço durante o período, inclusive a força do título e a volatilidade.

DICA

Há muitos pacotes de gráficos técnicos disponíveis, como programas de software independentes ou aplicações da web. O custo varia desde gratuito a milhares de dólares, dependendo dos recursos do pacote. Quando usar pela primeira vez uma análise técnica, considere começar com um pacote gratuito da web, depois identifique suas necessidades específicas e expanda a partir daí. Seu corretor online costuma ter um programa de gráfico "doméstico" disponível. Às vezes, esses pacotes são disponibilizados por um preço, já outras vezes eles podem ser gratuitos, sobretudo se você é um trader ativo. É uma boa ideia pesquisar esse aspecto dos serviços do seu corretor.

Ajustando o horizonte temporal para ter a melhor visão

Antes de focar um intervalo específico do gráfico, considere seu investimento e horizonte de negociação, também conhecido como *intervalo de tempo*. Pense no seu objetivo. O que você quer ver ao avaliar seu investimento no plano de aposentadoria (EUA) é diferente do seu foco para uma negociação ativa.

A análise técnica coloca uma ênfase diferente nos intervalos de tempo. As tendências de prazo maior são consideradas mais fortes que as de prazo menor. Ao procurar tendências, é melhor avaliar os gráficos que mostram a ação do preço em vários intervalos de tempo. O gráfico típico e padrão é diário, plotando a ação do preço diariamente. Outros períodos do gráfico incluem semanas, meses e anos. Muitas vezes, os day traders (operadores) usam gráficos para medir os minutos.

Ao concluir uma análise do mercado para localizar os setores fortes, uma progressão ideal inclui avaliar o seguinte:

» Tendências de longo prazo usando gráficos mensais em índices e setores.

» Tendências de prazo intermediário usando gráficos semanais em índices de mercado e setores.

» Tendências de curto prazo usando gráficos diários em setores.

Reconhecendo primeiro as tendências longas e intermediárias, é menos provável que você se envolva em uma emoção ligada a movimentos de curto prazo.

PAPO DE ESPECIALISTA

Uma linha de suporte horizontal pode ser desenhada após os movimentos descendentes do preço tocarem duas vezes um mesmo nível de preço. A linha é confirmada quando um terceiro toque desse nível se mantém com sucesso e a demanda de compra retorna para o título, mandando o preço para cima.

Visualizando a oferta e a demanda

Os gráficos podem ser considerados uma representação visual da oferta e da demanda:

» A demanda de compra puxa os preços para cima.

» A oferta cria uma pressão para vender que leva os preços para baixo.

» O volume mostra o tamanho da oferta e da demanda.

Os mercados não se movem só para cima e para baixo; as variações de preço são um resultado direto da batalha constante e dinâmica entre altistas (demanda) e baixistas (oferta).

PAPO DE ESPECIALISTA

Uma linha de resistência horizontal pode ser desenhada uma vez; o preço sobe para tocar duas vezes um mesmo nível de preço. A linha é confirmada quando um terceiro toque nesse nível se mantém com sucesso e a oferta de venda retorna para o título, mandando o preço para baixo.

Áreas de suporte e resistência

O suporte e a resistência do preço param a tendência que existe:

» *Suporte* é uma área do gráfico onde os compradores entram após uma tendência de queda. Representa uma transição dos preços em queda orientados pela oferta para os preços em alta quando a demanda renovada inicia nesse nível de preço.

» *Resistência* é uma área do gráfico onde os vendedores entram após uma tendência de alta. Representa uma transição dos preços em alta orientados por uma forte demanda para os preços em queda quando a pressão para vender entra nesse preço.

Ao negociar, observe que essas transições se alinham com o tempo, às vezes criando canais de trading laterais conforme os preços se movem entre os dois. Como em todas as tendências de preço, quanto mais o preço serve como suporte ou resistência, mais forte é considerado.

Os níveis de suporte e resistência não são apenas pontos do gráfico a observar; são áreas nas quais se toma uma ação. Por exemplo, os níveis de suporte e resistência são úteis para identificar pontos de entrada e saída da posição de trading. Considere também usá-los nas projeções de preço para identificar saídas de stop loss e realização de lucros, assim como identificar a razão entre risco e retorno.

DICA

As áreas de preço que serviram anteriormente como suporte costumam servir como áreas de resistência no futuro, e vice-versa. Quando os preços ficam acima da resistência ou abaixo do suporte, é sinal de que uma nova tendência de preço está a caminho.

Análise da tendência

Já analisei o conceito das tendências antes de chegar nesta definição formal. Estou certo de que você realmente não é leigo e tem uma ideia do que uma tendência de alta e baixa significa para qualquer ativo — por mais doloroso que seja, caso mantenha esse ativo na última tendência. Para assegurar que estamos todos entendidos, a tendência identifica a direção do preço.

» **Tendência ascendente:** Os preços sobem e descem de modo que uma linha ascendente pode ser desenhada abaixo dos fundos mostrando fundos de preços ascendentes. Os topos de preço ascendentes também são uma característica das tendências de alta.

» **Tendência descendente:** Os preços descem e sobem de modo que uma linha em queda pode ser desenhada acima do topo dos preços em retração mostrando topos descendentes. Os fundos descendentes são também uma característica das tendências de baixa.

Crie uma linha de tendência conectando dois fundos mais altos (tendência de alta) ou dois topos mais baixos (tendência de baixa). Quando o preço testa com sucesso a linha uma terceira vez, a tendência é confirmada. É possível usar essas linhas como pontos de entrada e saída para a técnica de trading usada nos níveis de suporte e resistência.

DICA

Considere desenhar duas linhas de tendência usando um gráfico de longo prazo, como um gráfico mensal, para destacar uma área de resistência versus uma única linha de tendência subjetiva. Uma pessoa pode usar os dados de fechamento, ao passo que outra usa as mínimas do mercado. Se você fizer isso, destacará um *canal de negociação*, que lhe dá um belo histórico visual da atividade de trading e permite planejar pontos de entrada e saída, além de monitorar a situação em uma posição aberta.

Médias móveis

Médias móveis são linhas criadas em um gráfico usando um valor médio dos preços de fechamento durante certo número de dias. Essas linhas são consideradas indicadores *defasados*, porque os dados históricos seguem a ação do preço. Veja dois tipos principais de médias móveis:

» Médias móveis simples (SMA) usam um cálculo médio básico.

» Médias móveis exponenciais (EMA) incorporam todos os dados do preço disponíveis, dando um maior peso aos dados mais recentes.

PAPO DE ESPECIALISTA

As médias móveis simples pesam igualmente todos os fechamentos no período de tempo selecionado; já as médias móveis exponenciais são calculadas de modo que os dados mais recentes têm um peso maior na linha.

SMAs e EMAs podem ser criadas usando-se várias configurações e intervalos do gráfico. Portanto, é possível exibir uma SMA de cinco dias em um gráfico diário ou uma EMA de dez semanas em um gráfico semanal. As linhas da média móvel são consideradas indicadores de tendência imparciais porque as linhas são derivadas de cálculos objetivos.

As configurações mais comuns e tradicionais de qualquer média móvel incluem:

» Média móvel de vinte dias mostrando tendências de curto prazo.

> Média móvel de cinquenta dias mostrando tendências de prazo intermediário.

> Média móvel de duzentos dias mostrando tendências de longo prazo.

Você pode ter ouvido a mídia financeira falando que o *preço está se aproximando da média móvel de duzentos dias*. É porque uma quebra dessa linha é considerada importante e pode confirmar uma reversão da tendência. Outras médias populares incluem médias móveis de dez, trinta e cem dias. Os conceitos são os mesmos, com a única diferença real no uso sendo a preferência do trader com base em seus próprios intervalos de tempo e experiência. Você pode achar que algumas ações são mais bem analisadas com uma média móvel, em vez de outra. É uma boa ideia experimentar diferentes médias móveis em circunstâncias variadas. Vá em frente, arrisque-se!

DICA As médias móveis exponenciais incorporam todos os dados do preço disponíveis para o título subjacente, com os dados mais recentes tendo maior peso no valor EMA no período. Como resultado, são mais responsivos às variações do preço e podem ser considerados mais sensíveis ao tomar decisões de negociação.

Identificando Setores Relativamente Fortes

Oscilações fortes do mercado geralmente resulta em ganhos ou perdas para a maioria dos setores e títulos. Contudo, durante a tendência mais moderada, certos setores e títulos se saem melhor no mercado, ao passo que outros são piores. Um setor ou um título também pode se mover na direção oposta durante esses períodos. Seu objetivo como trader é encontrar esses grupos relativamente fortes e fracos para conseguir aplicar as estratégias lucrativas do setor.

Razões relativas

Você cria uma linha de razão relativa dividindo um título por outro. Isso permite comparar objetivamente o desempenho de um título em relação a outro, pois a linha sobe quando o título principal está ultrapassando o segundo e cai quando tem um desempenho ruim. Adicionar um gráfico de sobreposição a uma razão relativa permite mostrar os dois títulos em um gráfico. Em geral, as escalas logarítmicas oferecem uma melhor exibição do movimento de cada um.

DICA As linhas de tendência desenhadas em um gráfico logarítmico serão mostradas de modo diferente quando você trocar para uma escala aritmética.

A Figura 6-1 mostra um gráfico logarítmico semanal para XLF (linha sólida escura), um ETF (fundo de investimento) composto de empresas financeiras S&P 500. Também mostra uma sobreposição de SPY (linha clara mais fina), que é o ETF do índice S&P 500. As EMAs de dez e quarenta semanas (duas linhas tracejadas) também são incluídas para o XLF, mostrando tendências de prazos intermediário e longo, respectivamente. Por fim, a parte inferior mostra a linha de razão relativa para XLF/SPY.

LEMBRE-SE

As médias móveis mais curtas medem um período de tempo menor e se movem mais perto com o preço, assim são usadas para suavizar as tendências de curto prazo. Você pode diferenciar essas linhas em um gráfico porque são um pouco irregulares.

Ao incluir razões relativas em um gráfico, você tem uma visão mais clara do desempenho dos dois títulos. Na Figura 6-1, à primeira vista, parece que os dois índices se moveram juntos com tendências de preço parecidas até a última parte do período de tempo representada. Em uma boa parte do período de três anos representado, o SPY ultrapassou o XLF (note a tendência de baixa em geral das linhas no painel inferior) de forma muito significativa de junho a outubro de 2007, um período que precedeu a fase descendente do mercado dos EUA em relação à crise do subprime. Assim, esse tipo de análise foi boa para a avaliação do XLF, mas também sugeriu que as ações financeiras estavam começando a enfraquecer.

As linhas de razão relativa são referidas como *comparações de força relativa*.

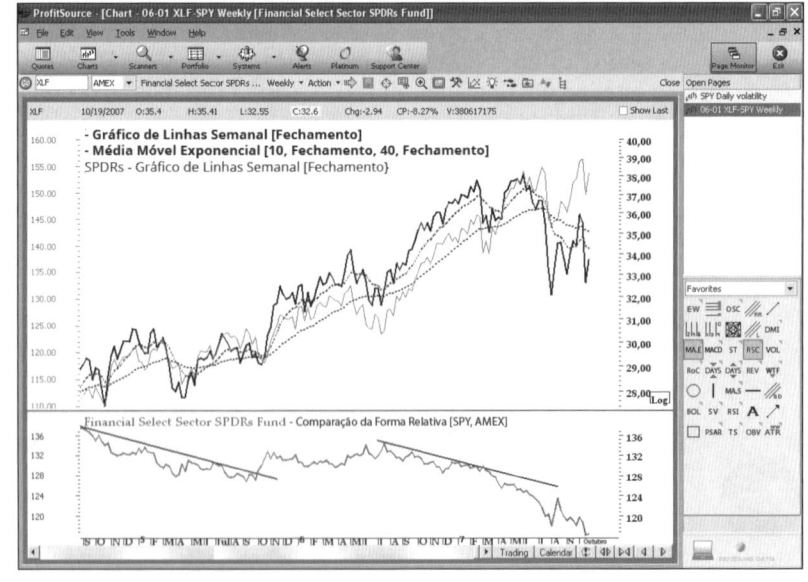

FIGURA 6-1: Gráfico semanal para XLF com EMAs e desempenho relativo para SPY.

Imagem da Optionetics

DICA

O gráfico também mostra que o indicador foi rápido, porque em um mês após a piora na linha de razão relativa, o XLF ficou abaixo de sua EMA de duzentos dias, e logo depois, uma EMA de cinquenta dias ocorreu. Embora não marcada, a EMA menor é identificada observando-se qual se move mais perto do preço. Quando as condições de tendência descendente são ideais, os preços e as médias móveis se alinham com os dados do preço que aparecem na parte inferior do gráfico, seguidos de uma EMA menor, então a EMA maior, como mostra a Figura 6-1.

Alguns traders usam cruzamentos da média móvel como sinais do sistema de trading. Essa abordagem tem seu lugar na negociação, mas observe onde o preço estava quando ocorre o cruzamento, ou seja, quase em seu ponto mais baixo. Lembre-se, as médias móveis retardam os dados do preço. Os cruzamentos da média móvel são mais bem usados como uma confirmação de tendência, mas não necessariamente como ferramentas de marcação do tempo. Assim, as linhas de força relativa podem ser usadas como indicadores principais, e as médias móveis, como confirmação. Assim que ocorre um cruzamento negativo, é bom dar preferência a estratégias baixistas.

Antes de deixar de lado esse gráfico em particular, note que as linhas de tendência podem ser aplicadas nas razões relativas. As mesmas regras se aplicam:

» Desenhe tendências de alta usando pontos nos fundos da tendência.
» Desenhe tendências de baixa usando pontos nos topos da tendência.

E mais, as áreas anteriores de suporte podem se tornar resistência, e vice-versa.

DICA

Ao usar recursos de sobreposição em um gráfico, os indicadores adicionados a ele se baseiam no título principal.

Usando razões relativas, é bom identificar um grupo de índices afins ou setores para monitorar. O dinheiro flui de um mercado ou setor que se sai melhor em relação a outro conforme as condições econômicas e as percepções do mercado mudam. Isso também é conhecido como *rotação de setores*, pois o capital de negociação sai de uma área do mercado para outra. As alocações da carteira devem favorecer os mercados melhores e evitar ou incluir menos mercados com desempenho ruim, se houver algum.

A grande variedade de ETFs que controlam ativos diferentes (por exemplo, o dólar dos EUA ou o petróleo, além das ações) permite utilizar um plano de alocação de ativos entre os mercados usando um único tipo de título. Adicione a existência das opções para muitos ETFs e terá um acesso de risco reduzido à commodity e aos mercados cambiais.

DICA

As linhas de tendência podem ser usadas em relação às linhas de comparação da força para identificar melhor as novas condições e as áreas de suporte e resistência. Do mesmo modo, o suporte que foi interrompido geralmente servirá como resistência no futuro.

Especialmente no começo, ajuda simplificar seus métodos. Uma boa maneira de fazer isso é focando os setores. Selecionando um grupo de setores da família de fundos ETF opcional, você conseguirá avaliar e comparar rápido várias tendências do setor e seu relativo desempenho entre si e no mercado em geral. Como exemplo, há dez SPDRs (Select Sector S&P Depository Receipts) baseados no índice S&P 500:

» O SPY controla o índice S&P 500 inteiro.

» Dez outros ETFs individuais controlam cada um dos nove setores maiores que compõem o índice.

Coletivamente, os dez ETFs do setor compõem o ETF SPY. Analisando onze gráficos, você pode concluir a avaliação do mercado e do setor, que serve como base para um investimento completo do setor ou trading. Assim, buscar uma família de fundos ETF, líquida e opcional, é essencial e deve ser seu primeiro objetivo. Então, dê sequência confirmando a liquidez nas opções de ETF. No Brasil é possível fazer a análise de setores do Ibovespa, como exemplo de alguns deles IEE (energia elétrica), INDX (setor industrial), ICON (consumo), IFNC (financeiro) entre outros, saiba mais em: www.bussoladoinvestidor.com.br/indices-ibovespa/#IEE.

LEMBRE-SE

Uma linha de razão relativa compara apenas o desempenho de dois títulos, ela não indica a tendência de nenhum deles. Uma linha ascendente pode indicar que o título principal tem tendência de alta em um ritmo mais rápido do que o segundo título ou que tem uma tendência de baixa em um ritmo mais lento.

Indicador da taxa de variação

As *razões relativas* fornecem uma boa abordagem visual para avaliar os setores. Uma abordagem ROC (taxa de variação) permite também quantificar e classificar o desempenho desses setores. ROC de um título é a velocidade com a qual ele se move; ao calcular os retornos do título, você está usando um tipo de ROC. Também há um indicador ROC que pode ser desenhado nos gráficos para analisar, negociar ou classificar os títulos.

Para calcular uma ROC de dez dias, use a seguinte fórmula:

(Preço de hoje ÷ Preço 10 (Trading) Dias Atrás) × 100

Usando dez ETFs do setor, é possível classificar os setores pela força usando um valor ROC de quatorze dias para cada, como mostrado na Tabela 6-1. Ao calcular a fórmula, lembre-se de que existem dez dias de negociação em um período de trading de duas semanas (quatorze dias). Neste capítulo, o período de quatorze dias se refere a dez sessões de trading que ocorreram durante esse período. Para simplificar, se você faz esse histórico à mão, a menos que esteja calculando essa razão diariamente, faz sentido usar os valores de fechamento na sexta-feira como seu ponto de partida sempre que possível, mas lembrar de que os feriados podem interromper sua sequência usual de números.

TABELA 6-1   **Classificações do Setor ROC de Um Dia em 17/02/17**

ETF	Setor	ROC de 14 dias	Classificação
XLF	Financeiro	4,84	1
XLP	Produtos essenciais	4,37	2
XLI	Indústria	4,14	3
XLV	Assistência médica	3,56	4
XLK	Tecnologia	3,43	5
XLU	Serviço público	2,57	6
XLY	Ciclos do consumidor	2,29	7
XLRE	Setor imobiliário	0,87	8
XLB	Materiais	–0,15	9
XLE	Energia	–0,54	10
SPY	Índice inteiro	3,28	–

Nessa imagem, XLF, XLP, XLI, XLV e XLK são considerados relativamente fortes, ao passo que XLU, XLRE e XLY nem tanto, mas ainda mostram alguma força na comparação. XLE e XLB mostram alguma fraqueza relativa comparada com o preço de quatorze dias atrás. Isso significa que XLF tem uma tendência ascendente ou XLE tende para baixo? Nada disso. É apenas um modo de comparar o desempenho de um grupo de títulos usando um critério específico. Você deve combinar a análise ROC com a análise de tendência do gráfico para ter um cenário completo. Nessa imagem, XLE estava em uma tendência de queda, ao passo que XLF estava de fato interrompendo um processo de longo prazo. Esse tipo de análise é muitíssimo útil em um mercado que está em um possível período de transição de tendência, por exemplo, como o mercado agiu em junho de 2017 quando as ações de tecnologia entraram em uma possível transição a partir de sua tendência de alta de longo prazo e as ações de energia e do setor financeiro começaram a mostrar certa força.

DICA

Como uma abordagem alternativa para o trading de setor, você pode expandir a lista para incluir grupos da indústria, estilos de investimento (ações de pequena e grande capitalização, valor ou crescimento) ou países, entre outros. O principal objetivo é desenvolver um grupo de ETFs que tenha fluxos de entrada e saída de capital afins.

LEMBRE-SE

A ROC e outros indicadores técnicos confirmam os indicadores, mas o preço é o indicador definitivo. Sempre veja a ação do preço antes de tomar uma decisão de negociação final.

Ao usar as tendências ROC, você realmente quer capturar os fluxos de dinheiro de um mercado ou setor em outro. Considere verificar períodos diferentes, como ROCs semanais ou mensais, e veja como as classificações mudam a cada semana. As abordagens de trading com força relativa buscam estabelecer posições altistas em executores relativamente fortes e uma posição baixista em executores relativamente fracos. Isso funciona melhor quando os períodos usados resultam em classificações que duram mais de uma semana ou duas, para que você permaneça em uma posição forte.

Ao negociar, a ROC é usada em uma média móvel simples (SMA) como alerta da negociação. Quando a ROC fica acima de sua SMA, é um alerta altista, e os cruzamentos da ROC abaixo da SMA são um alerta baixista. Um exemplo é mostrado na próxima seção.

PAPO DE ESPECIALISTA

O termo *normalizar* se refere ao processo de expressar dados de modo que sejam independentes do valor absoluto do ativo-objeto. Isso permite uma comparação com outros títulos.

Ferramentas de Volatilidade do Setor

A análise técnica mostra a volatilidade de várias maneiras, inclusive barras de faixas básicas e plotagens da volatilidade histórica (VH). Os indicadores técnicos objetivos disponíveis em muitos pacotes de gráficos e explicados nesta seção incluem:

» Volatilidade estatística.
» Média de amplitude de variação.
» Bandas de Bollinger.
» Bollinger %b.

Essas ferramentas exibem diferentes volatilidades e permitem rastrear os mercados à procura de títulos que possam estar se preparando para uma mudança.

Embora a volatilidade possa permanecer alta ou baixa por longos períodos de tempo, essas medidas mostram o seguinte:

- » Um alerta de compra ao cair.
- » Um alerta de venda com saltos mais altos.
- » Uma ferramenta para ajudar a identificar as estratégias corretas.
- » Uma detecção do movimento sazonal.

PAPO DE ESPECIALISTA

O valor usado para os indicadores técnicos é referido como *setting*. As definições mais usadas são referidas como *default values*.

Exibindo volatilidade com indicadores

A volatilidade estatística e a média de amplitude de variação são duas visões diferentes do movimento de preço. Veja como diferem:

- » **Volatilidade estatística (VE):** VE, outro termo para volatilidade histórica, usa os valores do fechamento para plotar uma linha de desvio-padrão anual que representa o grau de movimento do preço no título. Como vários períodos podem ser usados em um gráfico, a VE reflete o período do gráfico, não necessariamente um cálculo diário, como se vê nos gráficos VH ou VE da opção.

- » **Média de amplitude de variação (ATR):** Usa um valor de amplitude de variação (AV) para definir o movimento de preço e foi desenvolvido por Welles Wilder. A AV incorpora um movimento extremo, como gaps, portanto, reflete melhor a volatilidade. A AV usa o fechamento anterior e os valores atuais da máxima e da mínima de preços para calcular três faixas diferentes. A maior faixa das três é a AV do período. Portanto, é um excelente indicador para usar junto com indicadores de *momentum* mais tradicionais e confirmar pontos de inflexão importantes do mercado.

LEMBRE-SE

Cálculo da taxa de retorno é uma medida da taxa de variação. Ele permite comparações de títulos com diferentes preços criando um valor que é independente do preço.

A Figura 6-2 mostra três cálculos da faixa AV e um exemplo de gráfico de barras para cada um.

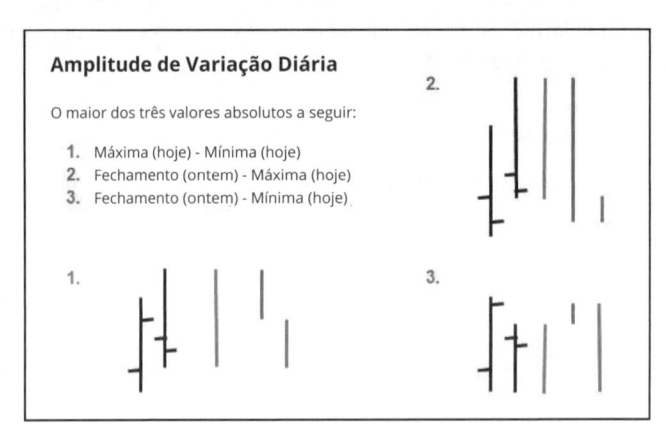

FIGURA 6-2: Cálculos da amplitude de variação diária e exibição.

Amplitude de Variação Diária

O maior dos três valores absolutos a seguir:

1. Máxima (hoje) - Mínima (hoje)
2. Fechamento (ontem) - Máxima (hoje)
3. Fechamento (ontem) - Mínima (hoje)

Imagem da Optionetics

A ATR é uma média móvel exponencial que suaviza a AV. Um movimento forte na ATR incorpora gaps do preço e dá aos traders importantes informações sobre a volatilidade do preço que podem não ter sido mostradas em outros indicadores suavizados. Como a ATR usa preços históricos e um processo de suavização, é um indicador defasado e não prevê a volatilidade. Contudo, um movimento brusco ascendente na ATR de um título costuma vir acompanhado de um aumento na VI para suas opções.

CUIDADO

Ao usar classificações para identificar ações com largura de banda estreita, verifique o gráfico para ver o que está acontecendo com a ação. O preço pode ter achatado devido a uma ação societária pendente, como uma aquisição de ações, e é pouco provável que saia desse ponto.

A Figura 6-3 mostra um gráfico de barras OHLC diário para o SPY, o ETF do índice S&P 500 com ATR e VE de quatorze dias.

A Figura 6-3 é um exemplo de como usar indicadores da volatilidade para:

» Indicar mudanças significativas em potencial na tendência do mercado.

» Usar a informação como um alerta em um mercado em que você pode ter ficado à margem.

» Considerar implementar estratégias de trading de baixo risco e alto retorno em potencial.

Em junho de 2016, o Reino Unido votou para sair da União Europeia, um ato conhecido como Brexit. Nessa queda do mercado de curto prazo em particular, a ATR ficou duas semanas no fundo antes da VE, que se mostrou um indicador correto do minicolapso do mercado resultando no Brexit. A ATR mudou alguns dias depois do Brexit, ao passo que a VE teve um pico cerca de duas semanas depois que o SPY atingiu o fundo. Embora os dois indicadores tenham se mostrado úteis ao quantificar a volatilidade do mercado, nesse caso, a ATR foi um indicador melhor da ação futura do mercado que a VH, pelo menos no momento certo.

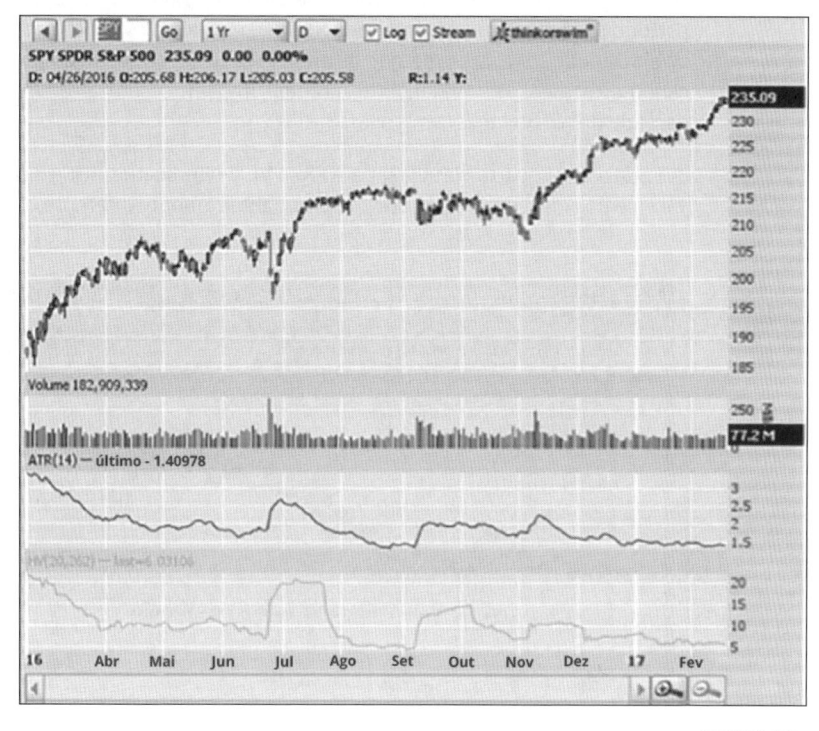

FIGURA 6-3: Gráfico de candlestick diário do SPY com ATR e VE (VH).

Investools.com

DICA

ATR e VE são indicadores que coincidem, embora forneçam informações úteis quando mudam de curso.

A Figura 6-3 mostra um segundo exemplo valioso — a ação antes e depois da eleição presidencial nos EUA em 2016. Neste caso, a ATR e a VH atingiram o fundo quase simultaneamente junto com o SPY duas semanas antes da eleição. Depois, ambas surgiram um pouco antes, novamente descendo e ficando com leituras baixas. Observe como os dois indicadores, ficando baixos, previram corretamente um mercado estável, onde o SPY fez várias novas altas. Se eu tentasse acertar o tempo desse mercado nesse período, buscaria uma mudança na trajetória geral da VH e da ATR como sinal de que uma mudança na tendência era iminente.

Não existe um indicador perfeito. As decisões de compra e venda sempre devem ser feitas com uma análise criteriosa e uma confirmação com vários indicadores e análise de tendência. Contudo, os eventos do preço tendem a se repetir ao longo do tempo. Nos exemplos dados aqui, que são ilustrações úteis do que pode acontecer nos mercados em tempo real, um aumento na ATR e na VH sinalizou uma volatilidade crescente, que precedeu uma mudança na tendência. Como os períodos de baixa volatilidade tendem a preceder períodos de alta volatilidade como consequência, os traders de opção devem considerar comprar opções durante os períodos de baixa volatilidade implícita (VI) e procurar vender as opções quando a volatilidade sobe. Esse método de análise deve ser confirmado por outros indicadores técnicos da tendência e momentum, junto com a tendência de preço geral do ativo-objeto.

A Figura 6-4 mostra como usar a ATR, a VE e o indicador ROC com um exemplo de ETF do setor em um período de tempo ligeiramente diferente.

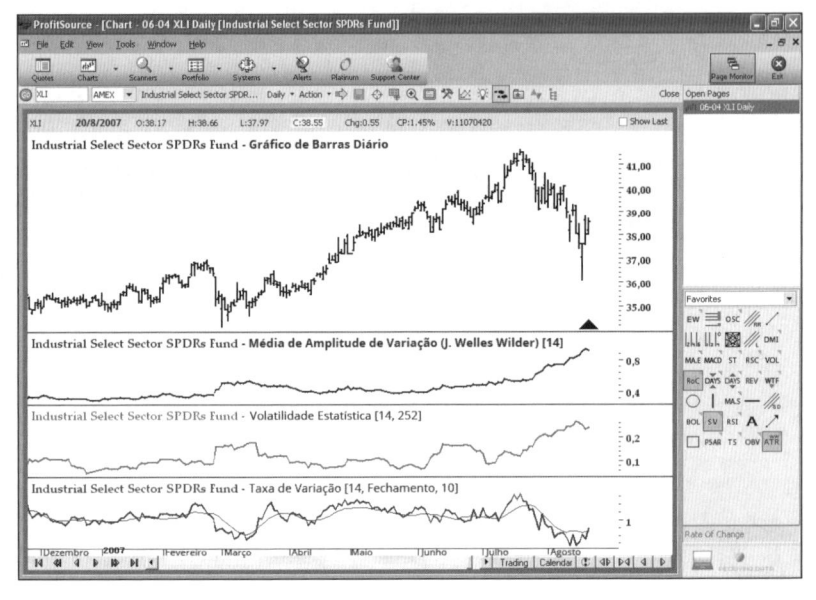

FIGURA 6-4: Gráfico de barras OHLC diário da XLI com ATR, VE e ROC.

Imagem da Optionetics

Observe o seguinte sobre o XLI quando o mercado atingiu o fundo em agosto de 2007.

» O preço se moveu em uma faixa muito grande, fechando o dia na máxima com um pequeno lucro.

» A VE recuou de um pico de dois dias anteriores.

» A ATR ainda subia.

» A SMA da ROC de quatorze dias lateralizou, sugerindo um possível fim da queda.

Embora o XLI tenha ficado na quinta posição na ROC de quatorze dias no momento, o fechamento na máxima do dia foi extremamente altista, dada a faixa de negociação daquele dia. A situação mereceu um monitoramento para confirmar uma reversão. Seguindo as condições por alguns dias, seria possível ver a mudança direcional nos preços mais altos no XLI mostrado na Figura 6-4.

O preço continuou a subir enquanto a ATR parecia recuar e as condições da VE permaneceram elevadas. A ROC cruzou acima de sua SMA de dez dias, um sinal altista. A única estratégia rapidamente discutida até o momento e adequada a essas condições (altista, volatilidade alta) é uma posição de ação comprada e short call.

Comprando o ETF perto do fechamento a US$38,55 e vendendo a call do preço de exercício 39 em setembro por US$0,80, você criou uma posição de risco reduzido e moderado. Em vez de US$3.855 em jogo, você reduziu sua exposição a US$3.775, ou em 2%. Realmente existem estratégias melhores para capitalizar nessa situação (como as que permitem limitar muito mais seu risco), mas esta é adequada agora.

É possível estabelecer uma estratégia de call coberta a curto prazo com o objetivo de sair da posição. Esse é o caso aqui, portanto, você deseja que o XLI seja negociado acima de 39 no vencimento em setembro. É exatamente o que aconteceu. Ao vencer na sexta-feira, o XLI fechou em 40,63 e teve um exercício. Isso significa que comprou a posição por US$3.775 e a vendeu por US$3.900.

Analisando a volatilidade com bandas de Bollinger

As bandas de Bollinger oferecem outra ótima imagem dos níveis de volatilidade relativa. Essa ferramenta técnica usa uma média móvel simples (SMA) cercada por bandas superiores e inferiores derivadas de um cálculo do desvio-padrão. John Bollinger, o criador da ferramenta, usa as seguintes definições padrão:

- » SMA de vinte períodos.
- » Banda superior (SMA + dois desvios-padrão).
- » Banda inferior (SMA − dois desvios-padrão).

As bandas se contraem e expandem com a expansão e a contração da volatilidade do preço contrária. As duas ferramentas da banda de Bollinger adicionais incluem:

» **Largura de banda (BW):** Mede a distância entre duas bandas usando o cálculo: BW = (BB Superior – BB Inferior) ÷ Média móvel.

Segundo Bollinger, quando BW está em seu nível mais baixo em seis meses, um candidato a rompimento é identificado. É um título consolidado antes de uma forte fuga em potencial para cima ou para baixo. É comum ocorrer um falso movimento, portanto, estratégias de straddle, em que você faz apostas long e short simultaneamente para se preparar para como a ação rompe (veja o Capítulo 14), podem fornecer um meio de lidar com a situação.

» **%b:** Identifica onde o preço é relativo à BW, calculado usando uma variação do indicador estocástico de George Lane, com valores variando:

- De 0 a 100 quando o preço está nas bandas ou entre elas.
- Menos 0 quando abaixo da banda inferior (baixista).
- Mais que 100 quando acima da banda superior (altista).

DICA

Antes de negociar, procure confirmação em mais de um indicador e compare a ação nos gráficos de preço com o que eles preveem. E mais, examine os gráficos de preço e as notícias para saber se desenvolvimentos significativos conhecidos estão afetando os preços e se há uma correlação entre notícias altistas ou baixistas e o movimento na ação subjacente. Em um mundo em que os conflitos são inúmeros e o reajuste ocorre regularmente, os eventos externos podem afetar com facilidade o mercado e os preços do título individual a qualquer momento. O segredo é identificar a mudança em potencial na tendência e enxergar a direção mais provável dos preços.

Um valor 75 reflete o preço que está dentro das bandas e um quarto abaixo da banda inferior de um ponto de vista da largura de banda total. %b normaliza o preço relativo ao tamanho da largura de banda e permite comparar coisas iguais em ações diferentes para fazer uma classificação.

Setores diferentes têm tendências altistas e baixistas em momentos distintos. Embora as recuperações fortes e as quedas nos mercados costumem mover todos os títulos na mesma direção, a força e a duração dos movimentos para esses títulos diferentes podem variar muito. Em geral, os seguintes princípios se aplicam:

» Títulos e setores com valores muito altos para %b são altistas quando confirmados por outras ferramentas técnicas e atividade nos gráficos de preço.

> Títulos e setores com valores muito baixos para %b são baixistas quando confirmados por outras ferramentas técnicas e atividade nos gráficos de preço.

Bollinger notou que, em vez de os preços se estenderem quando próximos de uma banda de Bollinger, a condição realmente reflete força e uma fuga que pode continuar. Procure pullbacks (volta, recuo) em direção à linha da média móvel para estabelecer novas posições na direção da tendência após um rompimento.

Projetando Preços para Negociar

O trading é cruel. E como não há garantias nos mercados, é importante ter espaço ao preparar as negociações. As opções com baixos níveis de volatilidade implícita podem permanecer baixas, as ações em uma tendência de baixa podem continuar caindo, e as opções com 75% de chance de estar dentro do dinheiro no vencimento, de acordo com os modelos, podem vencer sem valor. Por isso a gestão de risco é sua prioridade como trader. Usar áreas de suporte e resistência, assim como linhas de tendência, é um modo simples de gerenciar seu risco.

As projeções de preço podem incluir as saídas que identificam uma perda ou um lucro. Ambos são importantes. Às vezes você foca tanto gerenciar o risco, que esquece de também prestar atenção na realização de lucros. Identificando áreas acima e abaixo do preço atual antes de estabelecer uma posição, você simplifica a gestão da negociação. Considere usar técnicas objetivas, como canais de preço, retrações e extensões para identificar os níveis de saída.

As seções a seguir mostram os dois lados da moeda: métodos para projetar os movimentos do preço (magnitude e tempo) e ferramentas de gestão de risco, exatamente aquilo de que os traders de opção precisam.

Suporte e resistência

Suporte e resistência fornecem ferramentas subjetivas que identificam:

> Níveis de saída concretos para um stop loss.

> Níveis de saída em potencial para um stop gain.

Embora as linhas de suporte e resistência sejam subjetivas, porque os preços podem ficar voláteis perto delas, elas representam uma abordagem razoável para gerenciar seu risco porque identificam uma perda máxima ou uma área na qual você pode ter um lucro razoável. Conforme suas habilidades são desenvolvidas, a aplicação de tais ferramentas e pontos de saída melhorará.

O motivo de usarmos o termo *saída em potencial* relacionado a ter lucro é porque as condições variáveis podem permitir que você estenda os ganhos, dependendo da mudança. Suponha que você segure uma posição altista. Se seus indicadores ficarem baixistas, você poderá receber um alerta solicitando uma saída da posição anterior à prevista. Por outro lado, você já pode ter uma parte de seus lucros quando a ação atinge seu preço de projeção original. Se o gráfico permanece altista, é possível reconsiderar seu preço-alvo para ter mais lucro.

CUIDADO

É preciso seguir suas regras ou perderá mais dinheiro do que pode imaginar. Estender a saída só se aplica à realização de lucros; os pontos de saída para um stop loss devem ser imutáveis. Você pode sair cedo da posição, mas em hipótese alguma deve reconsiderar o nível de saída de modo a estender os prejuízos. É essencial identificar um preço máximo de stop para a posição e executá-lo se ele for atingido, ponto final.

LEMBRE-SE

Como as linhas de tendência são desenhadas pelo analista, pode haver certo viés. Considere permitir um pouco de liberdade ao usar essas áreas de preço para as entradas e as saídas, ajudando a minimizar o impacto do viés.

A Figura 6-5 mostra um exemplo de como usar os níveis de suporte e tendência para planejar uma negociação e gerenciar o risco. Usando um sistema de cruzamentos da média móvel, você decide entrar em uma posição comprada no XLF (ETF financeiro) no dia após a EMA de vinte dias cruzar acima da EMA de cinquenta dias. Um sinal de saída inclui cruzar a EMA de vinte dias abaixo da EMA de cinquenta dias. Como essa saída não identifica uma saída específica para um stop, adicione uma linha de suporte abaixo do preço atual para gerenciar seu risco.

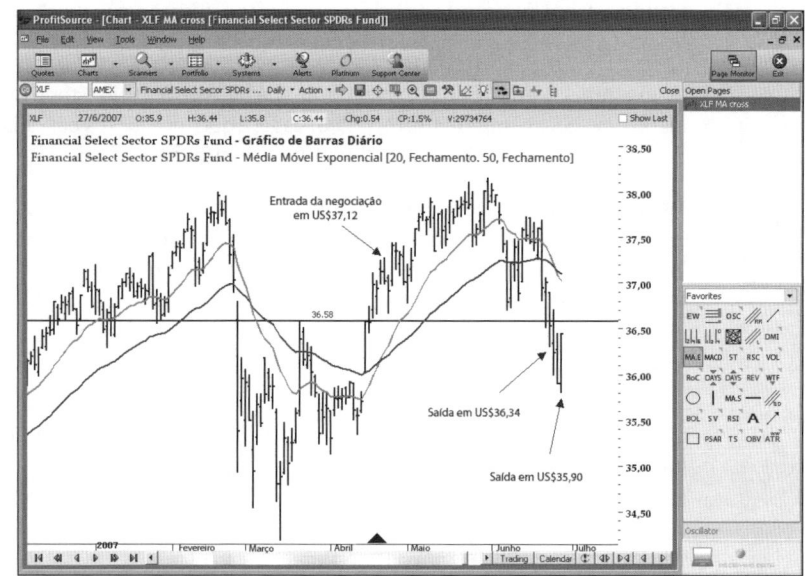

FIGURA 6-5:
Gráfico de barras OHLC do XLF com linha de suporte e EMAs de vinte e cinquenta dias.

Imagem da Optionetics

Na tendência de alta anterior, US$36,58 serviram como suporte, mas essa área foi rompida quando o XLF caiu alguns meses atrás. O mercado reverteu desde então, e o mesmo nível de US$36,58 serviu como resistência quando o XLF começou a subir. Recentemente, o ETF rompeu acima desse nível, tornando-o uma área razoável de suporte do stop loss ascendente. Como o ETF está sendo negociado por um valor em torno de US$37,10, ele representa um loss de 1,4%, que está bem dentro de seus parâmetros de risco.

> **DICA**
>
> Para ver uma média móvel de duzentos dias em um gráfico semanal, use uma configuração quarenta, porque há cinco dias de negociação em uma semana. Isso também é conhecido como média móvel de quarenta semanas.

A Figura 6-5 mostra o gráfico de barras OHLC diário para o XLF com EMAs de vinte e cinquenta dias, e uma linha de suporte horizontal desenhada em US$36,58. O período de negociação inteiro é mostrado, inclusive a entrada da negociação, que foi estabelecida em US$37,12. Ambos os sinais de saída resultantes também são identificados.

O preço subiu um pouco mais em um mês, depois caiu, mas permaneceu acima da linha de suporte. Outra alta mais fraca falhou, e agora o preço caiu abaixo do suporte. A negociação foi retirada na próxima abertura por US$36,34. Pressupondo que foram compradas cem cotas, a perda da posição foi de US$78, representando 2,1% da posição inicial. A menos que uma ordem de stop loss física seja colocada (veja o Capítulo 8), as perdas reais serão maiores que as calculadas usando o preço de suporte. Seja como for, essa saída impediu uma perda adicional de US$44 (1,2%), caso você tivesse esperado a EMA cruzar.

Ao examinar o gráfico, é possível notar que o preço atingiu o topo duplo aproximado em US$38, então caiu. Uma abordagem que teve lucros parciais nesse nível de resistência anterior teria produzido mais ganhos que perdas.

LEMBRE-SE Médias móveis mais longas (ou seja, definição alta) são consideradas mais lentas e menos responsivas às mudanças de preço. Você pode diferenciar essas linhas em um gráfico porque elas são mais suaves. O cálculo de uma média móvel é referido como *processo de suavização*.

Tendências

Linhas de tendência são linhas móveis para cima e para baixo desenhadas nos fundos ascendentes (tendência de alta) ou nos topos descendentes (tendência de baixa). Essas linhas podem ser igualmente usadas para a projeção de preços. O nível de preço real usado com essas linhas é estimado, porque as linhas estão tendendo, em vez de serem horizontais.

Muitos pacotes de análise técnica incluem uma ferramenta de interseção (cruz) que permite identificar o preço e a data de diferentes áreas no gráfico. Usando a mesma técnica de cruzamentos da EMA para o XLF, uma saída da linha de tendência pode ser identificada com a ferramenta de interseção.

CUIDADO Muitos sistemas de acompanhamento da tendência têm várias pequenas perdas e poucas negociações grandes e lucrativas. Tais sistemas contam com o uso da saída do sistema, ao invés dos níveis físicos de saída de stop loss. Para gerenciar corretamente o risco e permitir que o sistema seja executado como deveria, incorpore as perdas em porcentagem em seu backtest para determinar se o sistema é viável quando um stop loss é incluído.

A Figura 6-6 incorpora uma linha de tendência testada com sucesso em um gráfico diário para o XLF. É incluído o nível de interseção um dia após a entrada de negociação. Embora esse método use uma estimativa para o stop, ele representa um stop dinâmico, porque aumenta ao longo do tempo, enquanto a tendência permanece intacta.

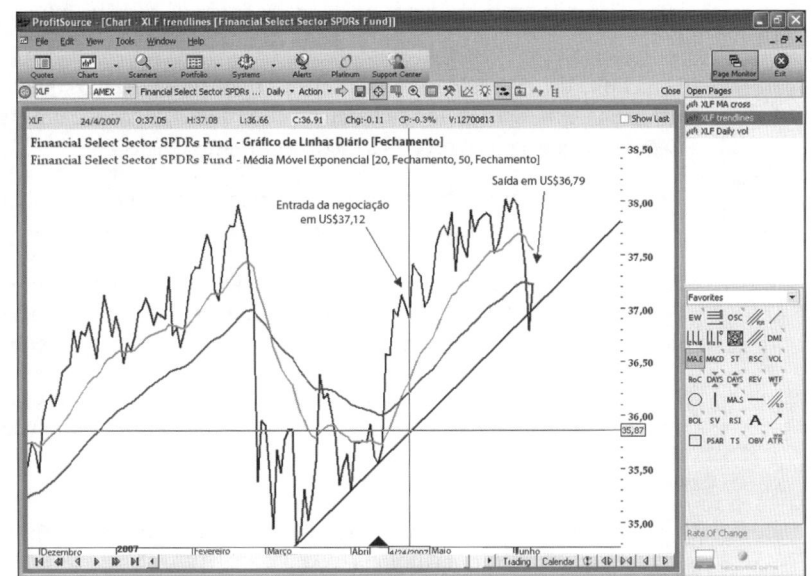

FIGURA 6-6:
Gráfico de linhas XLF diário com linha de tendência e EMAs de vinte e cinquenta dias.

Imagem da Optionetics

Usar a abordagem da linha de tendência no exemplo resultou em lucros, mas não se apresse concluindo que é uma abordagem melhor; só foi melhor nesse caso. O principal ponto é que é possível usar ferramentas básicas ao identificar níveis de preço razoáveis para se proteger de uma evolução desfavorável. Sair de uma negociação altista quando uma linha de tendência ascendente é interrompida faz muito sentido.

CUIDADO

As opções têm uma data de vencimento, portanto, o tempo que leva para uma ação atingir um preço projetado é tão importante quanto a projeção em si.

Existem muitas ferramentas técnicas que geram sinais de entrada e saída, mas não projeções de preço. Ao identificar um ponto máximo de saída de loss, lembre-se de considerar as técnicas básicas para gerenciar o risco.

Canais

Os canais do preço incluem os desenhados usando duas linhas de tendência diferentes, e os criados, usando uma linha de regressão; aqui mostramos o último caso para focar as ferramentas objetivas. Um canal de regressão:

» Usa um número específico de preços anteriores para criar o canal.

» Inclui uma linha de regressão média que representa o valor esperado dos preços futuros (sem garantias).

CAPÍTULO 6 **Análise de Setores: Técnica e Fundamentalista** 115

» Fixa o período dos dados e estende as linhas do canal no futuro.

Uma linha de regressão é *fixa*, ou seja, é criada usando dados que têm uma data de início e fim, em vez de adicionar e retirar dados, como faz uma média móvel. Espera-se que o preço reverta a média com esses canais.

DICA

Uma linha de regressão também é referida como *linha do melhor ajuste*. Ela representa a menor distância entre a linha e cada ponto de dados.

Ao criar um canal de regressão, use uma tendência existente que se espera permanecer intacta. O preço contido no canal confirma a tendência, e o preço que sai dele sugere que uma mudança na tendência pode estar se desenvolvendo.

Existem vários modos de criar um canal. Aqui focamos uma abordagem básica de regressão linear. Após identificar o período de tendência, a linha de regressão é desenhada, e linhas divisórias são criadas como a seguir:

» A linha divisória superior usa a distância entre a linha de regressão e o ponto mais distante acima da linha.

» A linha divisória inferior usa a distância entre a linha de regressão e o ponto mais distante abaixo da linha.

Os canais muito largos refletem tendências voláteis, ao passo que os estreitos refletem tendências mais discretas. Muitas vezes, o preço permanecerá na região superior ou inferior do canal durante a tendência. Saiba que, se o preço rompe o canal e retorna para ele sem ir para a linha de regressão média, pode estar se desenvolvendo uma mudança na tendência.

Suponha que criou o canal de regressão na Figura 6-7 usando um gráfico de barras OHLC semanal para XLB. A faixa de dados do canal é mostrada acima dele, e um longo ponto de entrada da negociação é identificado pela seta.

Conforme a tendência sobe, você pode identificar um ponto de saída ascendente usando os limites inferiores do canal e a linha de regressão. Suas regras de saída podem incluir o seguinte:

» Sair da posição na segunda-feira após o preço fechar fora da linha inferior do canal no gráfico semanal (projetado em 25,36).

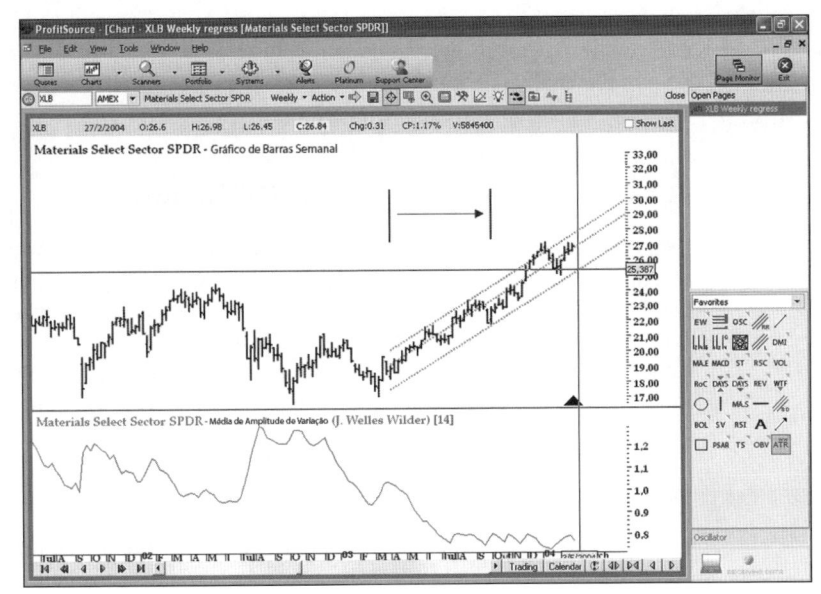

FIGURA 6-7:
Gráfico OHLC semanal de XLB com canal de regressão.

Imagem da Optionetics

> » Ter lucros se o preço fica acima da linha superior do canal, então retorna para o canal.
>
> » Ter lucros parciais na linha de regressão média se o preço não vai para a linha superior do canal.

DICA Verifique os links de Ajuda do pacote do gráfico para ter informações sobre a criação e as aplicações do indicador.

Usar a ferramenta de interseção permite identificar projeções de preços realistas que correspondem a pontos no futuro.

DICA Considere criar canais de regressão em gráficos mensais e semanais. Então, diminua o tempo usando gráficos semanais e diários, respectivamente, para aplicar tendências mais fortes em um período de tempo relativamente menor.

Embora seja difícil ver na Figura 6-7, a ferramenta de interseção também identifica 12 de março como a data correspondente do movimento para a linha divisória inferior, ou seja, supondo que o preço continua a se comportar como no passado.

Você pode achar que é uma suposição muito ambiciosa, mas é feita sempre que você entra em uma posição na direção da tendência. Essa abordagem para uma projeção temporal é subjetiva, mas permite uma boa verificação da realidade ao considerar movimentos em potencial.

PAPO DE ESPECIALISTA: As tendências não são consideradas preditivas. Elas existem no mercado, mas não preveem o preço porque podem continuar ou não. Ferramentas técnicas, como uma análise fundamentalista, são boas e dão diretrizes para a gestão de risco e a realização de lucro, sem garantias.

Retrações de preço e extensões

As ferramentas de retração usam tendências existentes para identificar as áreas de suporte e resistência de preço em potencial. O fato é que as tendências e as condições do mercado estão muito associadas a duas emoções principais do ser humano: ganância e medo. A análise técnica reconhece o impacto de tal comportamento coletivo e usa ferramentas visuais e quantitativas que tentam fornecer uma imagem útil da situação atual sempre que possível. Tal aplicação inclui o uso de razões de Fibonacci para a retração. Essas razões derivam de uma série numérica de mesmo nome, originalmente definida pelo matemático italiano Leonardo Fibonacci.

Exemplos de séries e razões são encontrados na natureza, em áreas diversas, como a distribuição e as organizações das pétalas da rosa e os galhos de árvores, sendo usados por muitos traders em várias aplicações. Como diferentes participantes do mercado tomarão uma ação quando certos níveis do preço de Fibonacci são atingidos, você deve conhecer esses níveis. Uma compreensão básica provavelmente o ajudará a avaliar a ação do mercado.

PAPO DE ESPECIALISTA: W. D. Gann foi um trader de commodities bem-sucedido que também desenvolveu uma série de razões e ferramentas de retração e extensão muito usadas. As razões de Gann incluem 0,125, 0,25, 0,50 e 1, entre outras.

Séries e razões de Fibonacci

A série de inteiros de Fibonacci é gerada começando em 0 e 1, somando os dois números anteriores na série para obter o próximo:

0, 1, 1 (0 + 1), **2** (1 + 1), **3** (1 + 2), **5** (2 + 3), **8** (3 + 5), **13** (5 + 8)...

Razões de Fibonacci são os valores obtidos ao dividir um número inteiro na série pelos números inteiros anteriores ou posteriores na série. As razões de Fibonacci primárias usadas na análise técnica são:

0,382; 0,500; 0,618; 1; 1,618 e 2,618

Como os preços não se movem reto para cima ou para baixo, retrações são desenvolvidas, que são movimentos contrários à tendência. Uma retração inclui:

» Um pullback no preço durante uma tendência de alta.

» Um repique no preço durante uma tendência de baixa.

Muitas vezes, as razões de Fibonacci são usadas para definir e prever áreas de retração em potencial. As extensões usam o mesmo processo de razão para identificar projeções além do ponto inicial de preço base da tendência.

DICA

Os números de Fibonacci podem ser usados para as definições do indicador ao fazer ajustes na definição padrão.

A Figura 6-8 mostra as retrações de Fibonacci (linhas mais finas que ocorrem durante a tendência) e as extensões (linhas mais grossas além da tendência) para o XLI.

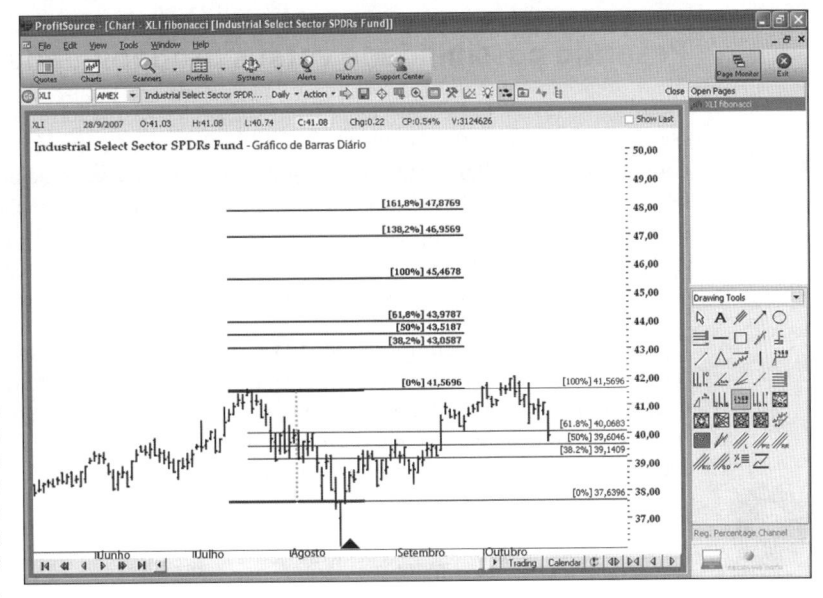

FIGURA 6-8:
Gráfico diário do XLI com retrações e extensões de Fibonacci.

Imagem da Optionetics

Extensões do tempo

Um segundo método usa números ou razões de Fibonacci para identificar as futuras datas dos pontos de inflexão em potencial. As projeções são determinadas usando-se:

» Uma razão com base no tempo obtido para criar a tendência original.
» Uma conta usando números inteiros de Fibonacci que progridem.

Outra abordagem muito aplicada nos objetivos temporais é o uso de ciclos do mercado. Parecido com o ciclo comercial econômico, o mercado de ações passa por ciclos altistas e baixistas medidos pelos fundos do mercado em ponto inferior.

A análise do ciclo pode ser imprecisa e variável, já a análise de Fibonacci é mais confiável.

Projeções e probabilidades

Alinhando os diferentes fatores de alta probabilidade, crie uma situação em que você coloca as chances a seu favor para determinada estratégia ou negociação. Gerenciando seu risco, você limita as perdas e tem ganhos maiores. O processo envolve em parte ciência (com suporte de regras) e em parte arte (com suporte da experiência). O segredo é deixar que arte e ciência se equilibrem, deixando de fora a esperança, a emoção e o ego.

Pesando possibilidade versus probabilidade

Mesmo que ferramentas básicas possam ser subjetivas, pelo menos confie no que você vê e desenvolva regras confiáveis para quando o que é mostrado não é totalmente claro. Por exemplo, uma linha de tendência válida ajuda a identificar mais facilmente tendências intactas e fornece um ponto de saída razoável quando a linha é interrompida. Tal interrupção é um sinal claro de que o motivo original para entrar na negociação não é mais válido. Contudo, você ainda pode ter problemas quando chega o momento.

E se a linha de tendência foi desenhada em um gráfico semanal e durante a semana essa linha foi interrompida? Tecnicamente, você não tem um fechamento semanal abaixo da linha de tendência, mas isso não significa que deva continuar simplesmente vendo o preço desmoronar. Métodos técnicos contam com indicadores de confirmação para ajudar a alinhar as probabilidades.

DICA Identificar um ponto de saída de stop antes de entrar em uma posição ajuda a reduzir a emoção durante a negociação.

O que você deve procurar: durante uma tendência de alta, se o volume aumenta conforme o preço desce em direção à linha de tendência, é um alerta baixista. Uma ruptura da linha com um volume crescente é mais uma evidência baixista. Tal ação em um gráfico diário dá suporte à saída de uma posição estabelecida usando dados semanais.

Consultando a Figura 6-4, uma posição de call coberta no XLI foi criada com base em uma reversão de preço altista e uma alta volatilidade implícita. A Tabela 6-2 mostra as condições existentes para avaliar as probabilidades da estratégia. Os indicadores favorecem de forma restrita uma resolução altista.

TABELA 6-2 Alinhando as Probabilidades

Indicador	Ação	Tendência
Preço	Fechamento mais alto por dois dias	Altista
Preço	Retorna para o canal baixista	Baixista
ATR	Descendo após o pico	Altista
ROC	Cruzando acima da SMA	Altista
VE	Diminuindo	Neutro — Altista
VI	Pico recente	—
Volume	Padrão de fundo possível	Neutro — Altista
Tendência semanal	Tendência de alta em longo prazo intacta	Altista
EMA de 20 dias	Inclinação descendente	Baixista
EMA de 50 dias	Inclinação descendente	Baixista
EMA de 200 dias	Estável	Neutro

LEMBRE-SE Não há garantias de que uma tendência permanecerá intacta.

Nenhum sistema é perfeito, portanto, em algum momento você tem que arriscar em uma negociação, porque esperar que cada ferramenta seja perfeitamente altista geralmente resulta em nenhuma atividade de trading. Pior, quando tudo está perfeito, seu sinal será criado perto do fim de um movimento. Assim, grande parte do processo de tomada de decisão quando seus indicadores estão misturados será baseada na ação no mercado em geral, combinada com o que os indicadores mostram. Tente avaliar as condições e usar sua experiência para que as chances fiquem a seu favor. Embora nesse caso o XLI tenha subido e a negociação tenha resultado em ganhos, as mesmas condições em um dia diferente poderiam resultar em um movimento baixista contínuo. A consequência é que, ao negociar diante de alguma incerteza, o que é comum, gerenciar o risco é o segredo do sucesso. Se você perdeu um pouco de dinheiro em 60% das vezes, mas consegue ganhar um bom dinheiro no restante do tempo, é mais provável que sairá na frente. O grande problema no trading é causado por grandes perdas frequentes.

Reagindo versus antecipando um movimento

A única coisa certa nos mercados é que a ação do preço será previsivelmente imprevisível. Pode acontecer qualquer coisa nos mercados na semana seguinte ou no dia de negociação... até no fechamento do mercado. As tendências podem continuar, reverter ou simplesmente estagnar. Quanto mais o tempo passa, mais incerto tudo fica, portanto, sempre se lembre de que você simplesmente não sabe o que acontecerá amanhã.

LEMBRE-SE

O melhor a fazer é identificar as regras para gerenciar o risco e manter as chances a seu favor. Quando as condições mudarem, tome a ação necessária e siga em frente.

Faça uma negociação disciplinada usando esses métodos para ganhar a experiência necessária para aprimorar suas habilidades quanto às condições variáveis do mercado.

» **Análise do setor:** Ao concluir uma análise, use ferramentas que forneçam informações objetivas sobre as condições atuais para diferentes intervalos de tempo, inclusive médias móveis e bandas de Bollinger. Isso o mantém de olho "no que está" acontecendo versus o que pode acontecer em seguida. Considere o movimento do mercado e como o setor se move em relação a ele.

» Após avaliar a tendência atual e as condições da volatilidade, incorpore outras ferramentas que forneçam insights sobre a força dessas condições e mudanças em potencial, e então desenvolva sua estratégia de acordo.

DICA

Só assuma novas posições se puder, de fato, gerenciar todas as suas negociações abertas e evite usar indicadores demais, porque o excesso pode confundir e paralisar.

» **Avaliação da negociação:** Ao avaliar negociações em potencial, use ferramentas que forneçam projeções razoáveis para avaliar a proporção entre retorno e risco. Considere apenas as posições com níveis de risco dentro de suas diretrizes. Identifique um preço de saída absoluto para um stop loss e as ferramentas usadas para ter lucros.

» **Gestão da negociação:** Ao gerenciar uma posição, monitore as condições; não deixe uma negociação que requer atenção sem supervisão. Use tipos de ordem que executem automaticamente uma saída de stop loss quando possível (veja o Capítulo 8).

LEMBRE-SE

Tente colocar as probabilidades a seu favor enfatizando a gestão de risco.

NESTE CAPÍTULO

» Entendendo as mudanças de preço da opção

» Praticando com trading simulado

» Testando uma abordagem

» Dominando a estratégia

Capítulo **7**

Praticando Antes de Se Mover

O trading se parece muito com o esporte profissional. Por exemplo, os jogadores de beisebol sempre giram antes de pisar na base, sem mencionar as centenas de horas e anos de prática constante. A repetição, o segredo para reprogramar o cérebro, é uma ótima maneira de assegurar que tudo seja como deve ser para os atletas profissionais. Ajuda a coordenar mãos e olhos, dá tônus muscular etc. É assim no trading.

Pense deste modo: o que está em jogo para os batedores pode ser tocar a base, mas quando você negocia, está arriscando seu dinheiro. E mais, os Dodgers só deixam jogar quem é um profissional comprovado, mostrando que isso pode dar bons resultados. Portanto, faz sentido que você pratique negociar (chamado de *trading simulado*) antes de colocar dinheiro de verdade em jogo. O importante é que a empolgação ao experimentar novas estratégias de trading deve ser moderada e focada em alguns treinos antes de puxar o gatilho do dinheiro real. Não importa, antes de negociar em termos reais, prepare-se.

Veja estas etapas antes de usar uma nova estratégia no mercado:

- Entenda os riscos e os retornos do título.
- Pratique estratégias de negociação que façam sentido para o que está sendo negociado.
- Analise bem uma negociação antes de apertar o botão para executar.

Este capítulo é diferente dos anteriores, porque, mesmo que seja sobre trading simulado, ele vai de "aprender" e "analisar" e passa a negociar ativamente. De fato, você faz uma transição entre conceito e ação.

Existem dois passos importantes para fazer essa transição. Primeiro, monitorando diferentes variáveis de precificação da opção e trading simulado, você simula condições dinâmicas e começa a reprogramar seu cérebro para lidar com situações reais. Isso lhe dá uma melhor intuição quanto às mudanças de preço e ajuda a evitar erros custosos. Em seguida, desenvolvendo habilidades de back-test, você implementa apenas as melhores abordagens, permitindo que fique no jogo tempo suficiente para ganhar uma experiência valiosa. Com prática e experiência, finalmente você atinge o domínio da estratégia.

Monitorando as Mudanças das Letras Gregas da Opção

Entender as estratégias da opção é muito mais rápido do que reconhecer o devido preço das opções usadas nessas estratégias. Modelos teóricos e condições que impactam os prêmios da opção são analisados nos Capítulos 3, 14 e 15. Mas uma das melhores maneiras de realmente entender o valor desses títulos é monitorando o preço e as mudanças das letras gregas em condições reais (veja o Capítulo 3 para saber mais sobre as letras gregas).

Acompanhando as medidas do prêmio

Desenvolver suas habilidades com qualquer estratégia da opção significa entender como os prêmios da opção são impactados pelas seguintes mudanças:

- Preço do ativo-objeto.
- Tempo até vencer.

É hora de ser ativo e uma ótima maneira de ter uma melhor intuição para o impacto desses dois fatores é acompanhar formalmente todas as diferentes variáveis dos preços das opções diariamente. Tudo o que você precisa fazer é ter acesso aos preços do mercado, a uma calculadora de opção e a um programa de planilha. Monitorando algumas opções diferentes, você deve conseguir aprender muito sobre como as condições variáveis impactam os preços em geral. Incluindo letras gregas no processo, você também entende quais fatores têm os papéis mais importantes em momentos diferentes.

O ideal é que você acabe examinando os mercados e acompanhando os preços durante um período em que estes se movem um pouco. Isso ajuda a destacar os impactos do delta, do gama e do teta no preço. Vega é uma medida de volatilidade, e rô mede a influência das taxas de juros nos preços da opção. Vega e rô não influenciam tanto a maioria das negociações de opção quanto os outros três. Antes de colocar seu dinheiro de negociação em risco, prepare uma planilha para acompanhar o seguinte:

» Preço da ação subjacente.

» Preços para compras (calls) e vendas (puts) ITM (dentro do dinheiro), ATM (no dinheiro) e OTM (fora do dinheiro) com dias variados de vencimento.

» Valor intrínseco da opção, valor temporal da opção, delta, gama e teta.

Acompanhando esses valores, é possível identificar quais medidas têm o maior impacto nas estratégias da opção.

LEMBRE-SE Delta pode ser exibido com base nos valores de −1 a +1 ou −100 a +100.

A Figura 7-1 mostra uma planilha para uma compra e venda da Microsoft (MSFT). Embora apenas uma parte do mês seja exibida, monitorar esses valores em um período estendido ajuda a ver condições do mercado variáveis. Note que os preços da opção não mudam segundo as quantidades exatas projetadas pelas letras gregas.

FIGURA 7-1: Acompanhando as mudanças de preço e tempo para os prêmios da opção.

Controlando Preço e Tempo

Data	MSFT	Mudança	Dias até Vencer	Preço	Valor Intrínseco	Delta	Gama	Call Teta	Preço de Exercício	Put Teta	Gama	Delta	Valor Intrínseco	Preço
1-Ago-07	29,30	0,31	77	1,10	0,00	45,64	0,118	-0,0097	30,00	-0,0065	0,124	-54,49	0,70	1,61
2-Ago-07	29,52	0,22	76	1,14	0,00	47,88	0,124	-0,0096	30,00	-0,0064	0,128	-52,01	0,48	1,44
3-Ago-07	28,96	-0,56	75	0,90	0,00	41,04	0,122	-0,0093	30,00	-0,0064	0,123	-58,75	1,04	1,80
6-Ago-07	29,54	0,58	74	1,09	0,00	47,77	0,129	-0,0097	30,00	-0,0065	0,133	-52,13	0,46	1,38
7-Ago-07	29,55	0,01	73	1,06	0,00	47,70	0,133	-0,0096	30,00	-0,0064	0,136	-52,16	0,45	1,35
...	...	...	...	...	...	...	...	...	...	...	...	...	...	...
28-Ago-07	27,93	-0,56	52	0,35	0,00	23,75	0,123	-0,0084	30,00	-0,0045	0,128	-79,28	2,07	2,25
29-Ago-07	28,59	0,66	51	0,45	0,00	30,57	0,149	-0,0090	30,00	-0,0056	0,159	-71,27	1,41	1,71
30-Ago-07	28,45	-0,14	50	0,43	0,00	28,95	0,143	-0,0091	30,00	-0,0056	0,153	-73,29	1,55	1,82
31-Ago-07	28,73	0,28	49	0,45	0,00	31,74	0,158	-0,0090	30,00	-0,0057	0,169	-70,01	1,27	1,57

Imagem da Optionetics

Observe também o efeito do tempo e do preço do ativo no preço das opções de put e call. As opções de call caem de preço conforme o número de dias até que o vencimento diminui e o preço do ativo cai. Put mantém seu valor melhor porque o preço do ativo está caindo, mas também perde valor temporal.

Mudando a volatilidade e os preços da opção

O impacto da volatilidade nos preços da opção às vezes é um pouco mais difícil de controlar porque a volatilidade implícita (VI) é uma expressão da volatilidade esperada de uma opção no futuro.

LEMBRE-SE É fácil se confundir com a terminologia da volatilidade. Portanto, essa é uma boa maneira de simplificar as coisas: volatilidade histórica (passado) é uma medida do movimento de preço real da ação subjacente; volatilidade implícita (futuro) é uma medida do movimento de preço da ação subjacente e deriva dos preços da opção.

Entendendo a volatilidade

Volatilidade histórica de uma ação pode ser um indicador da volatilidade futura ou implícita no preço da mesma ação no futuro. E mais, um fator importante na volatilidade real de uma ação é como o preço das opções a afeta. Esta seção é sobre essa relação.

Volatilidade implícita (VI)

Volatilidade implícita (VI) é a volatilidade no preço da ação decorrente do preço da opção. É uma medida do movimento de preço da ação futuro e esperado, derivado dos preços da opção. Como a VI é um fator de precificação da opção muito importante, provavelmente é bom expandir um pouco essa definição.

Em termos de trading e VI, uma boa regra prática a lembrar é que as leituras altas da VI, como medidas pela faixa de máximas e mínimas de 52 semanas da VI de uma ação, preveem corretamente grandes movimentos de preço futuro, e uma VI baixa, como medida pela faixa de máximas e mínimas de 52 semanas da VI de uma ação, prevê corretamente pequenos movimentos de preço futuro na maioria dos casos. Nos mesmos períodos de tempo da volatilidade implícita baixa, quando combinada com uma análise técnica e tempo dos eventos, pode oferecer excelentes pontos de entrada nas opções, ao passo que os períodos estendidos de alta volatilidade costumam oferecer excelentes pontos de saída. Veja o Capítulo 6 para saber mais sobre a análise técnica.

DICA Uma volatilidade de 30% para uma ação precificada em US$100 significa que você pode ver o preço da ação sendo negociado entre US$70 e US$130 no ano seguinte. O movimento de preço real depende de um desvio-padrão do preço da ação, que, quando distribuído normalmente, é de 68,2%.

Pense nessas "regras" mais como diretrizes, significando que você deve conhecê-las e implementá-las quando possível, considerando que nada é 100% efetivo ao negociar ações ou opções. Por exemplo, ao segurar uma posição de ação de longo prazo que você quer proteger, deve simplesmente esquecer a cautela porque a VI de put é alta? Claro que não, sobretudo ao considerar que a VI ascendente muitas vezes se traduz em um medo crescente no mercado. Quando vir opções de compra em um ambiente de alta volatilidade, pode precisar avaliar uma faixa maior de meses de vencimento e preços de exercício.

PAPO DE ESPECIALISTA

Quando a volatilidade implícita (VI) é relativamente alta e cai muito, isso é referido como *VI crush*. Esse tipo de ocorrência geralmente é movido por eventos e é uma resposta a novidades, como relatórios de lucros, uma mudança maior na liderança de uma empresa ou lançamentos de produtos. Quando o evento se torna realidade, não é mais uma incerteza, o que reduz seu efeito no preço das opções. Como não há garantias na negociação, lembre-se de que a novidade em si pode ter causado um movimento importante do preço na ação, portanto, vender opções de VI alta na esperança de um VI crush é uma estratégia perigosa, porque o valor da opção pode se mover muito devido ao movimento real do preço da ação, mesmo que a VI caia após a novidade ter ocorrido.

Lembre-se de que a VI pode variar como a seguir:

» **Pelo tempo até o vencimento:** Devido a planos inerentes com um design do modelo de precificação, o que está além do escopo de nossa análise, mas precisa ser determinado porque é um fator de trading em tempo real e afeta os valores da opção de diferentes preços de exercício. Na prática, uma VI mais alta em um vencimento significa que a ação provavelmente se moverá em uma porcentagem maior durante o evento, comparando com outros vencimentos posteriores.

» **Pelo preço de exercício:** Normalmente a VI ATM (no dinheiro) é a mais baixa. Os gráficos de assimetrias (vistos no Capítulo 15) fornecem uma VI pelo preço de exercício e podem agilizar o processo de escolha da opção quando você precisa comprar contratos com a VI relativamente alta. Um preço de opção pode ser dividido em duas variáveis: valores intrínseco e extrínseco. O valor intrínseco é totalmente determinado pelo moneyness da opção, a diferença entre o preço de exercício e o preço da ação atual, mas a VI não tem um papel nesse valor. Quanto mais ITM (dentro do dinheiro) a opção é, menos impacto a VI tem no prêmio total da opção. Isso porque a VI é o determinante primário do valor temporal, que, junto com o valor intrínseco, determinam o preço da opção.

LEMBRE-SE

Ao usar estratégias de opção vendida, o valor temporal trabalha a seu favor porque as opções muito dentro do dinheiro têm pouco valor temporal. Vender opções com 30 a 45 dias até o vencimento acelera o declínio do valor temporal para você. Isso é conhecido como "ponto ideal" do declínio do valor temporal porque combina uma taxa de aceleração do declínio com uma quantidade considerável de tempo restante que ainda não acabou. E mais, o declínio do valor temporal não é uma constante linear. Quanto mais você se aproxima do vencimento, mais rápido ele cai, parecido com uma cascata.

Simulando uma Estratégia de Trading

Implementar sempre novas estratégias desenvolve naturalmente suas habilidades de trading. Simulando, você faz progresso sem correr risco na curva de aprendizagem da nova estratégia.

DICA Ao simular, incorpore os custos da negociação associados à posição para conseguir o melhor valor para a lucratividade da estratégia.

Simulando no papel: Prós e contras

Os mestres de qualquer ofício praticam sempre, e com os traders de opção não é diferente. Simular pode parecer chato, mas é um excelente modo de praticar um método de análise, manter um histórico e responder ao mercado. O objetivo é treinar para aprender a minimizar as perdas conforme você desenvolve um novo mecanismo de estratégia e faz mudanças em sua rotina de trading. Observar uma opção OTM (fora do dinheiro) diminuir de valor conforme a volatilidade implícita cai é muito menos penoso quando acontece no papel. Sejamos honestos, a simulação não é uma negociação real e não o prepara totalmente para a batalha de ganância e medo, mas o força a lidar com a situação antes de arriscar dinheiro estabelecendo alguns padrões mentais que ajudam a acelerar o processo de reprogramação do cérebro. Alguns prós e contras da simulação aparecem na Tabela 7-1.

TABELA 7-1 Vantagens e Desvantagens da Simulação

Vantagens	Desvantagens
Dá um feedback via lucros/perdas.	Não o prepara emocionalmente para as perdas.
Permite incorporar todos os custos da negociação.	Não há exercícios.
Identifica problemas que você pode não ter considerado.	Em geral, não lida com os problemas de margem em potencial.
Evita perdas da conta.	Não ajuda na compreensão da execução da negociação.

Implementando simuladores eletrônicos

A simulação (paper trading) pode ser feita em uma planilha, plataforma eletrônica ou... no papel. Faça o que funcionar melhor no seu caso. Se você pretende preparar seu próprio registro, incorpore também as letras gregas da opção.

DICA

Estudos científicos sugerem que a reprogramação do seu cérebro é maximizada quando você escreve no papel.

Muitos sites financeiros permitem que se entre em diferentes posições em um rastreador de carteiras atualizado no fim do dia ou intraday (negociação de um dia na Bolsa) com atraso. Infelizmente, nem todos aceitam os códigos da opção. Um rastreador básico mostrará informações da posição que incluem mudanças de preço com lucros e perdas. Uma plataforma mais avançada pode incluir exibições do gráfico de risco e outras ferramentas de gestão da negociação. A Figura 7-2 mostra o rastreador de carteiras Optionetics.com gratuito com cotas da Microsoft (MSFT), assim como call e put, em 30 de janeiro da MSFT. Algumas corretoras no Brasil oferecem plataformas de negociação simuladas.

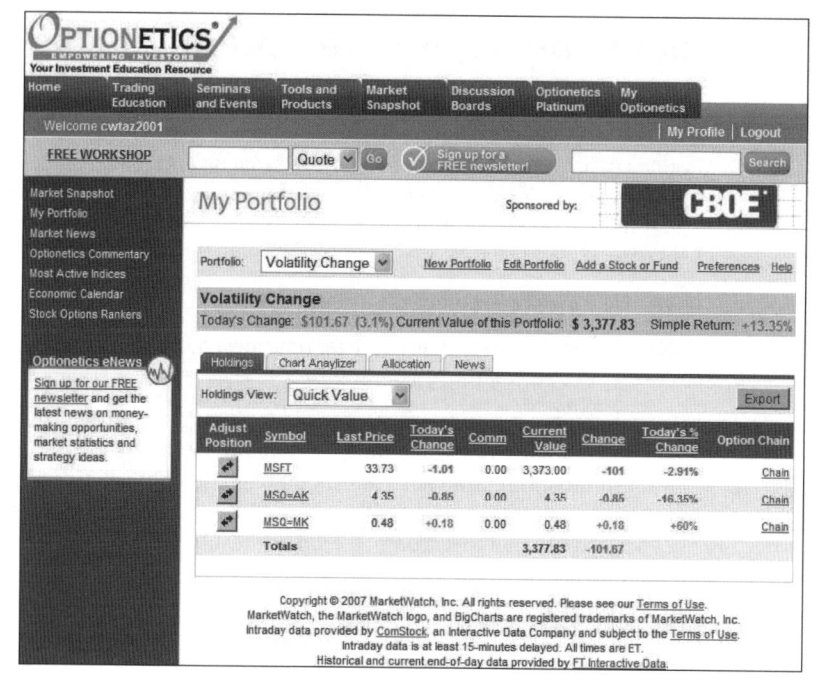

FIGURA 7-2: Plataforma eletrônica para o rastreamento da carteira.

Imagem da Optionetics

Usando Sistemas de Trading

Sistema de trading é uma abordagem com regras específicas para entrada e saída. Mesmo que você use atualmente uma abordagem sistemática para uma estratégia, por exemplo, só comprar call quando a volatilidade implícita é relativamente baixa, um sistema de trading é definido com mais rigor. Ao usar um sistema, você deve fazer o seguinte:

- Estabeleça uma posição para todos os sinais de compra gerados pelas regras.
- Saia de cada posição quando o sinal de saída é gerado.

DICA Acostumar-se com as novas regras do sistema de trading pode levar a negociações mais frequentes, sobretudo durante os mercados voláteis. Leve em consideração sua disponibilidade de tempo e outras mudanças em potencial, quando exigido, em sua rotina diária.

Sabendo o que será obtido

Os sistemas de trading são mecânicos. Isso significa que, assim que são planejados e testados, não há uma tomada de decisão ao implementar o sistema, você nunca pensa se deve ou não aceitar um sinal de entrada ou saída. Se o sistema produz perdas frequentes ou algo parece incorreto, você deve parar todo ele. As duas melhores coisas sobre um sistema formal são que:

- Ele minimiza as emoções da negociação.
- Ele permite um backtest para ter uma ideia do desempenho esperado.

Se você começa a ser criterioso, decidindo quais negociações fazer, essas duas vantagens desaparecem. As emoções tomam conta, e seus resultados podem variar muito em relação aos testes. Como em qualquer abordagem de trading, uma parte importante é trabalhar com sistemas adequados ao seu estilo de negociação e tamanho da conta, e produzir resultados.

Embora as regras para um sistema sejam rígidas, é comum criar flexibilidade, variando as velocidades do indicador ou adicionando filtros. *Filtro* é uma regra extra para a entrada ou a saída da negociação. Indicadores e componentes do sistema afins são definidos como *parâmetros* do sistema.

As características de um bom sistema de trading incluem:

- Lucratividade em vários mercados, títulos e condições do mercado.

- » Superar uma abordagem de comprar e manter.
- » Estabilidade com drawdowns gerenciáveis (perdas na negociação).
- » Diversificar suas ferramentas de trading.
- » Adequar seu estilo e sua disponibilidade de tempo.

CUIDADO Seja extremamente cuidadoso ao criar um sistema e colocá-lo no piloto automático. Sempre monitore as negociações e faça ajustes quando necessário com base em análises rápidas do desempenho do sistema.

Fazendo um backtest

Um backtest usa dados do passado para determinar se um sistema gera lucros estáveis. Você pode concluir um backtest usando downloads de dados ou acompanhando as negociações mecanicamente, mas o modo mais eficiente de fazer isso é com um software de backtest. Você só precisa ter certeza de que está testando a coisa certa.

Ao fazer o backtest de um sistema, inclua períodos de tempo que sejam longos o bastante para capturar mercados altistas, baixistas e com movimentos laterais. Assim você gera resultados sob condições de pior cenário e experimenta (em um ambiente de teste) drawdowns realistas. *Drawdown* é o termo usado para definir perdas da conta cumulativas em negociações consecutivas. Avaliar o drawdown é apenas outro modo de gerenciar seu risco.

DICA Um sistema de trading robusto pode funcionar em vários mercados (commodities, ações etc.) sob condições diversas (mercados altista/baixista). Ao mesmo tempo, é importante fazer um backtest do sistema em cada ambiente individual antes de usá-lo.

Ao analisar os resultados do backtest, você busca lucratividade e estabilidade. A *estabilidade* se refere à consistência dos resultados; você precisa saber se algumas negociações geram todos os lucros ou se estes se distribuem em diversas negociações. Um sistema estável:

- » Tem negociações vencedoras com lucros médios que excedem as perdas médias das negociações perdedoras.
- » Tem um lucro do sistema médio próximo do lucro do sistema mediano (desvio-padrão baixo).
- » Sustenta drawdowns gerenciáveis.
- » Não conta com muitas negociações para ter lucro.

Note que um sistema não precisa ter mais negociações vencedoras do que perdedoras. Muitos sistemas de tendência contam com lucros realizados para um número menor de negociações, cortando as perdas rapidamente nas negociações perdedoras. Assim, busca-se consistência. Você não quer se enganar pensando que seu sistema é bom quando, de fato, tudo que está fazendo é ter sorte de vez em quando.

DICA

Uma ótima maneira de planejar sistemas é baseá-los nas características comuns de suas melhores negociações.

Após criar um sistema que se sai razoavelmente bem nos backtests, você conclui o forward test executando as regras em um período de tempo menor. Em geral, comece o teste na última data do backtest e execute-o em algum momento antes da implementação. Espere retornos decrescentes durante o forward test. O sistema de trading não é uma chave secreta que destrava os lucros. É um modo de minimizar as emoções de trading prejudiciais e entregar resultados mais consistentes. Considere isso uma abordagem que merece sua atenção, caso queira arregaçar as mangas e fazer uma exploração.

Seguindo os passos certos

Veja o passo a passo para fazer o backtest de um sistema:

1. Identifique a base da estratégia (por exemplo, capturar as condições da tendência).
2. Identifique as regras de entrada e saída da negociação.
3. Identifique os backtests do mercado e do período.
4. Identifique as suposições da conta (alocações do sistema e da negociação).
5. Teste o sistema e avalie os resultados.
6. Identifique filtros razoáveis para minimizar as negociações de perda (número e/ou tamanho de tais negociações).
7. Adicione um filtro baseado nas conclusões da Etapa 6, sistema de teste, e avalie os resultados.
8. Adicione um componente de gestão de risco.
9. Teste o sistema e avalie os resultados.

Embora cada passo não seja mostrado com uma figura, você verá neste capítulo figuras que destacam alguns desses passos, para ter uma ideia do que estará fazendo quando executar seu próprio backtest.

> **CUIDADO**
> Verifique o valor médio das negociações de perda, assim como as perdas máxima e consecutiva, para determinar se um sistema é adequado.

Um sistema dinâmico com ROC (taxa de variação) de longo prazo foi testado apenas usando um cruzamento SMA (média móvel simples) para sinalizar uma entrada da negociação [ROC: 34, SMA: 13] e uma saída [ROC: 21, SMA: 8]. Como foi usado um sinal mais rápido para a saída da negociação, um segundo parâmetro precisou ser adicionado à entrada da negociação requerendo uma ROC de 21 dias mais alta que seu SMA de 13 dias. Do contrário, talvez a devida saída da negociação nunca fosse sinalizada. É um sistema de tendência que busca capitalizar em um movimento ascendente dinâmico de prazo mais longo. Para limitar as perdas e o desmoronamento dos lucros, um sinal dinâmico mais rápido é usado para sair da posição.

O backtest foi feito em um período de 6 anos, com períodos altistas e baixistas em um grupo de 6 ações semicondutoras, incluindo o SMH, um ETF do setor. Foram usados US$20 mil para um sistema com 50% do dinheiro disponível empregado para cada negociação. Foram adicionados aos custos US$10 por comissão de negociação. Nenhum stop fez parte do teste do sistema inicial.

A Figura 7-3 mostra gráficos lado a lado para uma negociação gerada pelo sistema.

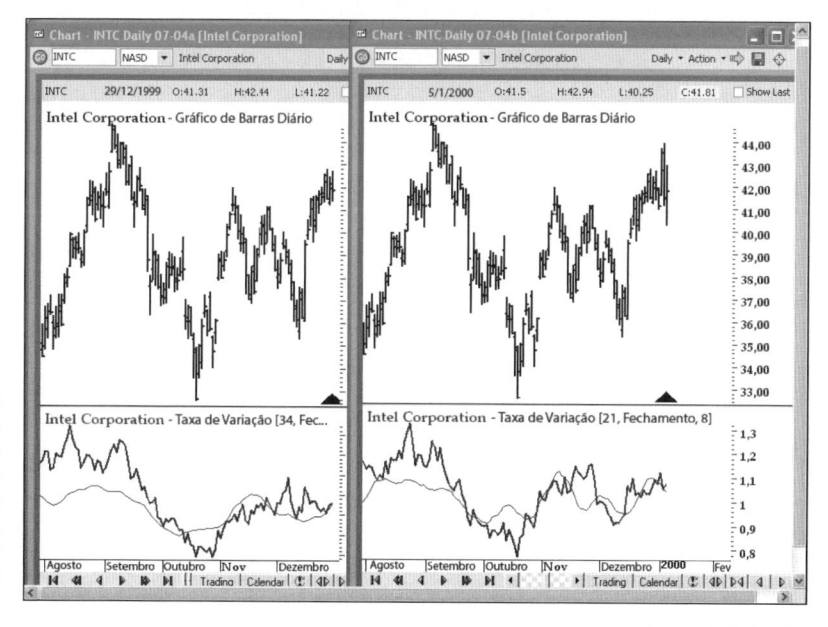

FIGURA 7-3: Negociação de amostra do sistema de tendência ROC (INTC 30/12/1999 – 5/1/2000).

Imagem da Optionetics

CAPÍTULO 7 **Praticando Antes de Se Mover** 133

A imagem mostra dois gráficos da Intel Corporation (INTC) exibindo as condições de entrada e saída da negociação. A posição foi inserida em 29/12 e saiu 6 dias consecutivos depois com um ganho de 3%.

DICA

Um sistema não precisa ser robusto e nem complexo para ser eficiente. Como a volatilidade e as características da tendência variam para títulos diferentes, alguns são mais adequados a certos sistemas. Em geral, as ações menos voláteis são melhores para os sistemas menos complicados e voltados a uma análise de tendência, em vez de uma negociação mais frequente.

Examinando os resultados do sistema

É melhor trabalhar de trás para a frente ao planejar ou examinar um sistema. Como a gestão de risco é um tema central neste livro, avaliar um sistema sem stops pode parecer ilógico. Mas ao considerar isso, os níveis de stop são muito arbitrários; o mercado realmente não se importa se você entrou na posição em US$45. Ele pode ou não ter um suporte de 5% ou 10% abaixo dessa quantia. Deixe que o sistema identifique um ponto de stop loss viável ao aplicar um backtest, então decida se representa um risco adequado ao seu caso.

Os resultados do sistema foram muito favoráveis em várias medidas para uma execução inicial, portanto, nenhum filtro foi adicionado. O Max Adverse Excursion % (MAE) foi examinado para determinar se um nível de stop razoável poderia ser adicionado. Um stop de 15% foi incluído, e o teste do sistema foi executado mais uma vez. Os resultados foram apenas um pouco menos favoráveis, portanto, o stop foi incorporado.

PAPO DE ESPECIALISTA

Pacotes de gráficos podem usar cálculos diferentes para o mesmo indicador. Ao mudar os sistemas, compare os valores do indicador que fornecem sinais para que negocie o mesmo sistema testado. Sempre considere testar de novo o sistema na nova plataforma.

Dois forward tests também foram executados, com e sem stop. Um período de dois anos foi usado para cada um, e o sistema permaneceu viável, com uma lucratividade muito menor. Espere isso dos forward tests e no desempenho real do sistema, devido às condições variáveis e às ineficiências que funcionam fora dos mercados. É um dos motivos pelos quais você precisa examinar periodicamente o desempenho do sistema e incorporar stops razoáveis sempre que possível.

A Tabela 7-2 mostra os resultados do sistema para quatro execuções diferentes.

TABELA 7-2 Análise do Sistema ROC

Execução do Sistema	Retorno Médio	Retorno Mediano	Ganho:Perda (número)	Ganho Médio	Perda Média	Perda Máx.
Teste1	4,7	3,0	1,96	10,1	5,8	35%
Teste2	4,6	3,0	1,91	10,0	5,9	16%
FTeste1	1,6	1,0	1,56	4,0	2,3	10%
FTeste2	1,6	1,0	1,56	4,1	2,3	10%

Um stop de porcentagem menor pode ser considerado para aproximar os retornos médio e mediano, mas como os ganhos médios superam as perdas médias (deixando os lucros acontecerem), você deseja comparar primeiro a média e a mediana das negociações vencedoras e das negociações perdedoras separadamente.

PAPO DE ESPECIALISTA

É possível usar um cálculo do desvio-padrão para avaliar a estabilidade dos lucros para qualquer abordagem do mercado.

Adicionando a gestão de risco ao backtest

Todas as abordagens de negociação precisam levar em conta a gestão de risco. Foque os maiores movimentos adversos para uma estratégia ao tentar identificar os stops que ainda permitem que a estratégia funcione. Se adicionar esse stop mantiver a lucratividade e a estabilidade do sistema, *e* for consistente com sua tolerância a risco, você poderá considerar implementar a estratégia ou o sistema.

Cortando as perdas

Uma abordagem sistemática, mas não mecânica, ainda pode passar pelo backtest. Não importa como você faz esse backtest, deve ficar de olho nos grandes movimentos adversos que ocorreram nas negociações geradas. Isso permite identificar filtros e stops razoáveis e sistemáticos que visam minimizar as perdas.

CUIDADO

Uma ordem de stop loss pode resultar em uma perda percentual maior no momento em que uma negociação é feita. Um cenário de pior caso ocorre quando um sinal é gerado no fechamento da negociação do dia e o título tem um gap de preço na abertura do dia seguinte.

Lucrando

Identificar pontos de stop loss que gerenciam o risco provavelmente fica em segundo plano para você agora. Por outro lado, você já esteve em uma negociação lucrativa que começa a cair? Exatamente nesse ponto, você percebe que não tem um plano de saída específico para ter lucro. Às vezes, foca tanto o risco, que esquece de identificar os alvos de preço favoráveis. Ou talvez tenha identificado um ponto de saída lucrativo, mas as condições começam a piorar antes de o nível de preço ser atingido.

Veja como resolver o problema: além de identificar um nível de stop loss, identifique uma porcentagem de stop móvel ou uma quantia em dinheiro para minimizar o número de negociações lucrativas que viraram perdas. O stop móvel deve ser incorporado em seu sistema ou estratégia e testado. Se você quer que o sistema gere o resultado do stop móvel, avalie as negociações com grandes movimentos favoráveis que produziram bem menos lucros (ou se transformaram em perdas). Após concluir sua análise, é possível fazer o seguinte:

» Adicionar um filtro que acelera suas saídas.

» Incluir stop móvel usando dados MAE %.

Deixando os lucros acontecerem

Uma abordagem de negociação eficiente não precisa ter necessariamente mais negociações vencedoras que perdedoras. Ela só precisa que os lucros ultrapassem as perdas. É o que acontece em muitos sistemas de tendência. Você acaba com mais negociações de perda, mas o valor médio da perda é muito menor que o valor médio das negociações ganhadoras. Siga o mantra: *corte suas perdas e deixe os lucros acontecerem.*

DICA

Classificar as negociações pela maior perda e maior lucro permite examinar com mais facilidade a estatística de ambos.

Embora seja preciso identificar um método para ter lucro, você também deve evitar cortar os níveis de lucro de modo que eles sejam ultrapassados pelas perdas. Uma negociação de sucesso requer um pouco de preparação. Você verá sua negociação evoluir fazendo o seguinte:

1. **Cortando perdas.**
2. **Impedindo que os lucros virem perdas.**
3. **Deixando os lucros acontecerem.**

DICA: Nunca faz mal negociar opções para definir uma porcentagem ou ganho em dinheiro para uma área-alvo na qual você realizará lucros. Isso funciona melhor quando você tem mais de um contrato. Se cada contrato atinge seu ganho-alvo, como 20%, você pode vender um ou mais contratos e deixar o(s) outro(s) seguir(em).

Do Conhecimento ao Domínio

O domínio da estratégia não significa que toda negociação para certa estratégia é lucrativa; significa que as devidas condições foram criadas ao fazer determinada negociação, deixando as chances a seu favor para uma negociação lucrativa. Gerenciar corretamente a posição é outro componente que destaca a disciplina saindo de uma negociação se as condições mudam. Parece muito fácil, mas o domínio da estratégia pode levar anos. Seus objetivos são ficar no jogo da negociação o bastante para conseguir esse domínio e ajustar constantemente seu sistema com base nos erros e nos sucessos do passado.

As melhores negociações são as que costumam levar mais tempo para ser encontradas. Conforme você analisa os mercados e as ações individuais, é melhor procurar a configuração certa, ou conjunto de condições, do que negociar sempre que possível para finalmente encontrar a negociação certa. Isso significa que, às vezes, pode levar horas ou dias antes de encontrar a oportunidade certa. De fato, a negociação, como muitas outras profissões, pode ser descrita como horas de tédio combinadas com minutos de pânico ou prazer absoluto.

DICA: Focando primeiro os conceitos básicos e a mecânica, você cria uma base forte que o permite entender as técnicas avançadas com mais rapidez. Você implementa novas estratégias via trading simulado para evitar os erros mais caros. Quando estiver pronto para dar vida a uma nova estratégia, poderá minimizar mais o custo dos erros reduzindo o tamanho da sua posição e lembrando-se de ter lucros. Essa abordagem o mantém nos mercados mais longos, permitindo-o encontrar e desenvolver estratégias mais adequadas ao seu estilo.

Definindo o ritmo certo

Há ótimas estratégias de opção neste livro, e algumas provavelmente chamam sua atenção mais que outras. Comece simulando algumas abordagens mais simples, como adquirir puts e calls, então vá para a negociação ao vivo. Depois, verifique a estratégia que mais lhe interessa, novamente simulando. Não há garantias de que as condições do mercado levarão a essa estratégia, portanto, você pode prolongar sua simulação por dias, até o mercado mudar ou ficar pronto para explorar uma nova estratégia. Mas... é muito importante lembrar disso: você deve focar as estratégias que fazem sentido em seu caso e sejam adequadas ao seu estilo. É assim que finalmente desenvolverá o domínio.

Começando com algumas estratégias

Espera-se que aprender novas estratégias seja algo de que você goste. O mercado lhe dará muitos aspectos e oportunidades diferentes. Mas nem todas as estratégias funcionam em todas as condições do mercado. E o mais importante, elas não serão adequadas ao seu estilo e tolerância a risco. Se você for novo no trading de opção, fique com uma ou duas estratégias básicas para ter uma boa compreensão das mudanças e da mecânica do prêmio.

LEMBRE-SE

Diversas estratégias estão disponíveis e permitem que você ganhe dinheiro nos mercados. Como seu método preferido de análise, você descobrirá que pode desenvolver uma lista preferida de estratégias que funcionam no seu caso.

Traders experientes de opção devem identificar as condições atuais do mercado e explorar uma, talvez duas estratégias que se destacam, dadas essas condições. Comece com o trading simulado e siga a partir desse ponto. Se houver uma estratégia específica que realmente o intriga ou chama sua atenção, mas as condições não são muito corretas, faça uma simulação. Em longo prazo, é melhor focar as abordagens do mercado que fazem sentido para você.

Adicionando estratégias conforme as condições do mercado mudam

Os mercados são uma busca permanente porque as condições estão sempre mudando. Embora haja um ciclo contínuo de fases altista e baixista, o mercado nunca é exatamente igual. É provável que você já reconheça isso comparando com quando comprou este livro.

DICA

Faça uma verificação da estratégia se as coisas não seguem a norma. Quando as estratégias que normalmente funcionam bem para você começam a enfraquecer, dedique um tempo no fim de semana para fazer uma avaliação completa do mercado. Você pode detectar os primeiros sinais de uma mudança nas condições.

O trading de opção permite implementar estratégias que podem ser lucrativas, independentemente das condições do mercado. Veja um exemplo:

» **Altista, baixa volatilidade (long call e básica, married puts):** Adquira a opção de call no dinheiro, adquira a married put fora do dinheiro, adquira uma trava de alta com call no dinheiro.

» **Altista, alta volatilidade (calls cobertas, travas de alta):** Adquira a opção de call no dinheiro, adquira a married put fora do dinheiro, adquira uma trava de alta com call no dinheiro; veja o Capítulo 11.

> **Baixista, baixa volatilidade (long put e básica, travas de baixa):** Adquira a opção de put no dinheiro, adquira o calendar spread de put fora do dinheiro, adquira uma trava de baixa com put no dinheiro; veja o Capítulo 11.

> **Baixista, alta volatilidade (travas de baixa):** Venda uma trava de baixa com call no dinheiro, venda a call descoberta fora do dinheiro; veja o Capítulo 11.

> **Mercado Lateral, alta volatilidade (butterfly, condor):** Venda duas opções do mesmo tipo combinadas com uma opção comprada strike menor, e uma opção comprada strike maior. Veja o Capítulo 16.

> **Mercado Lateral, baixa volatilidade:** Calendar spread no dinheiro, spread diagonal no dinheiro (opção comprada vencendo mais tarde que a opção vendida; veja o Capítulo 12).

A combinação de ação com opções ou de opções com opções realmente lhe dá ótimas escolhas. Isso pode ser bom e ruim, porque cada abordagem requer um tempo para ser dominada. Seja minucioso ao verificar uma estratégia. Considere as circunstâncias do mercado atual e o tipo de título usado na estratégia antes de descartá-la porque "não funciona".

Há chances de que você não negociará usando toda estratégia disponível. A maioria dos traders experimenta diferentes estratégias, então domina um pequeno número delas. A maior influência nas estratégias escolhidas será seu objetivo financeiro, pois algumas são mais adequadas para ganhos de capital, e outras, para rendimentos e para diminuir o risco de uma ação ou carteira ETF. A experiência adquirida ao experimentar abordagens diferentes permite maximizar os lucros com as estratégias favoritas (sabendo quando manter), minimizando ao mesmo tempo as perdas (sabendo quando vender).

Decidir quais estratégias da posição usar é como uma análise do mercado; há muitos modos de abordagem, e nenhum representa o modo "certo". A melhor abordagem é a que faz mais sentido para você, de modo que, quando as condições mudarem e as coisas complicarem (e ficarão complicadas), você tenha confiança em seguir seu plano.

Dominando com a longevidade

Longevidade é desenvolver paciência, ter poder e ir trabalhar todos os dias. Para tanto, você deve ficar bem no jogo e desenvolver uma rotina consistente que permita mudanças inevitáveis na volatilidade e nas tendências do mercado. Os mercados altistas podem existir por anos e as condições da volatilidade podem permanecer estáveis, mas as coisas mudam depressa. Para evitar desgaste e azia, espere ter perdas adicionais na transição dos mercados ou ao implementar uma nova estratégia. Gerenciar risco usando estratégias com perda limitada e ganho ilimitado sempre que possível define a base da longevidade.

A simulação fornece uma técnica para minimizar as perdas da curva de aprendizagem. Um segundo método é avaliando o tamanho correto da posição. Começando com posições iniciais menores, as possíveis perdas são gerenciáveis. Adicionar regras que incluem ter lucro é a cereja do bolo.

LEMBRE-SE A negociação bem-sucedida não acontece da noite para o dia. Prepare-se para dedicar tempo cometendo erros de baixo custo, observando as diferentes condições do mercado, experimentando vários níveis de emoção e desenvolvendo suas habilidades de trading.

Determinando os devidos tamanhos da negociação

Há diferentes técnicas disponíveis para identificar os tamanhos corretos da negociação. Muitas estão além do escopo deste livro só por causa de espaço. As duas facilmente incorporadas incluem:

- » Identificar uma quantidade máxima de dinheiro alocado por negociação.
- » Identificar uma quantidade máxima de porcentagem alocada por negociação.

A última pode fazer sentido porque muda automaticamente conforme o tamanho da conta. Por outro lado, existem alguns mercados que podem ser mais bem negociados usando a primeira abordagem. Sempre é bom manter as opções abertas, sobretudo se você tem dificuldades quando suas estratégias não funcionam tão bem quanto no passado.

Como as opções representam uma posição alavancada (veja o Capítulo 3), você não precisa alocar o mesmo montante para as posições da opção como faz para as ações. Na verdade, provavelmente nem é uma boa ideia fazer isso. Usando seu plano de alocação de ações como base, é possível estimar uma quantia de alocação inicial identificando uma posição da opção que controla o mesmo montante da ação. Isso serve como um ponto de partida que deve ser testado e analisado.

DICA Estabeleça os montantes de alocação da negociação antes de analisar uma negociação específica. Você precisa conhecer com antecedência o montante máximo disponível para uma negociação individual para minimizar o risco da conta.

Ao experimentar uma nova estratégia (após simular), reduza mais os tamanhos da negociação para que os erros sejam mais complacentes. Se isso significa negociar em um lote de 100 opções, que seja. Lembre-se, você não trabalha para impressionar Wall Street com o tamanho de suas negociações, mas para ganhar dinheiro nos mercados.

Conforme desenvolve suas habilidades, aumente os tamanhos da posição para as alocações testadas. Isso melhorará os lucros, porque muitas vezes os custos de trading da opção são mais altos que os custos de trading da ação do ponto de vista da porcentagem. Se você estiver devidamente preparado e continuar a gerenciar seu risco, aumentar os tamanhos da posição não deverá ser um problema. Na verdade, deve melhorar os resultados, porque terá economias de escala com os custos da negociação.

Enfatizando a realização de lucros

Neste livro, há uma ênfase em gerenciar risco. Neste capítulo, há uma ênfase adicional: realização de lucros. Não é suficiente simplesmente ter um número alto de negociações lucrativas. Seus lucros devem:

- » Exceder os custos da negociação.
- » Exceder as abordagens conservadoras de investimento.
- » Exceder suas perdas.

Isso não acontece do nada. Você precisa ter um plano que inclua examinar a estratégia e os resultados da negociação para implementar regras de melhor realização de lucros. Tais regras devem minimizar o número de negociações lucrativas que se transformam em perdas e permitir que os lucros ocorram. Desenvolver tais habilidades significa que você está evoluindo como trader.

LEMBRE-SE

Há muitos pontos de preço diferente que podem provocar uma resposta emocional durante uma negociação. Identifique os pontos de saída para uma perda e os pontos de saída para os lucros.

> **NESTE CAPÍTULO**
>
> » Desenvolvendo um plano confiável
> » Identificando os custos comerciais
> » Minimizando os custos da curva de aprendizagem
> » Entendendo a execução da ordem

Capítulo 8
Montando um Plano de Trading Matador

Este capítulo reprograma mais o seu cérebro porque o trading de opções é uma situação única que requer um estilo próprio de gestão e uso de linguagem específica para atingir seus objetivos e manter registros claros. Não importa o que é negociado, você administrar um negócio e se desenvolver como trader significa evoluir como gerente de negócios. Entender os custos associados ao negócio ajuda a ter um orçamento compatível. Inicialmente, certos custos serão maiores, e outros, menores. É possível que você pague mais pela educação formal e sua curva de aprendizagem (também conhecida como perdas) quando começar. À medida que a negociação evolui, esses custos diminuem, ao passo que as assinaturas de plataformas de análise e serviços de dados aumentam.

Sempre se lembre de que as perdas fazem parte das despesas operacionais. Sua meta é minimizá-las gerenciando o risco, não as eliminar. Isso é feito determinando os devidos montantes de alocação da negociação e perda máxima por negociação. Embora fazer negociações efetivas seja outro passo para minimizar as perdas, montar um plano de trading confiável é o começo de uma carreira de negociação bem-sucedida. Começarei com o desenvolvimento de um plano e explicarei os principais tópicos afins neste capítulo.

Desenvolvendo um Plano Confiável

Antes de ver as particularidades de execução do seu plano de trading, há algumas etapas importantes. Primeiro, o desenvolvimento real do plano em si é essencial. Ajuda ter uma ideia geral e um conjunto detalhado de metas para preencher as lacunas. O desenvolvimento pode ser tão simples quanto uma orientação: "Gostaria de ganhar dinheiro de modo consistente." Assim que você tem uma ideia geral, pode detalhar mais o plano. Descobri que montar um plano de trading em torno de uma finalidade, como pagar o carro com os rendimentos da negociação, é um bom modo de medir seu sucesso. Se você atinge seu objetivo, teve sucesso. Se não, é sinal de que suas expectativas são muito elevadas ou a negociação não é compatível com seu objetivo. O segredo é ter um jeito confiável e quantificável de medir o sucesso ou o fracasso, além de medidas tradicionais, por exemplo, ganhos ou perdas em porcentagem anuais.

Algumas diretrizes úteis:

» **Anote:** Um plano de negociação verbal não é bom. Anote e coloque o papel em um lugar visível para lembrá-lo sobre sua finalidade.

» **Defina metas realistas:** Se você tem uma conta pequena, não defina uma meta alta demais. Em vez de pagar o carro, sua meta pode ser ir a um restaurante informal com um ente querido uma vez ao mês.

» **Use a meta como uma medição:** Se você não atinge sua meta, mas ainda ganhou dinheiro, então está no caminho certo. Procure modos de melhorar sua técnica, mas não faça grandes mudanças sem se dar uma boa chance de comprovar se está certo ou errado.

» **Mantenha ótimos registros de suas negociações, seus resultados e suas despesas:** As negociações e os resultados orientarão a evolução de seu plano. As despesas serão úteis para o imposto de renda.

» **Deixe que seu plano e suas metas evoluam com o tempo:** Se você tiver sorte, for diligente e se tornar um trader que lucra, considere mudar para uma negociação em tempo integral ou em boa parte do tempo.

> **DICA:** No início de sua carreira de trading, você pode usar algumas despesas e perdas para reduzir os impostos.

Gerenciando os Custos

Há vários custos a considerar na negociação. Alguns são mais altos no início, e muitos continuam por toda sua carreira. Você deve ver o trading como um negócio e gerenciar as despesas para que possa minimizá-las, assim como seu efeito em quanto dinheiro você realmente ganha como trader conforme o negócio amadurece. As categorias de despesa incluídas na lista a seguir continuarão durante sua carreira de trading, mas algumas serão mais altas que outras no início:

» **Educação formal:** As despesas com educação incluem materiais, cursos e custos com aprendizado de novos mercados e estratégias. Esses custos diminuirão com o tempo, mas permanecerão para você ficar atualizado com as condições do mercado (livros, periódicos) e continuarão para desenvolver novas estratégias.

» Um dos maiores custos da educação é sua curva de aprendizagem. Isso tende a cair conforme você descobre como fazer o seguinte:

- Negociar sob melhores condições para cada estratégia individual.
- Usar opções com a devida liquidez.
- Desenvolver habilidades de simulação.
- Alocar a quantidade correta para a negociação.
- Entrar com ordens para a melhor saída.
- Ter lucros.

» **Custos da análise:** À medida que suas habilidades evoluem e sua negociação gera lucros regulares, você pode adicionar ferramentas analíticas aos custos comerciais. Conversar com outros traders que utilizam tais ferramentas e descobrir quais você consegue experimentar usando versões gratuitas são boas maneiras de começar. Tais custos representam um dos poucos que podem aumentar com o tempo. Assine apenas um número limitado de serviços e conheça-os bem para poder tirar o máximo proveito.

» **Custos da negociação:** Você tem que responder não só pela comissão, mas também pelo slippage. *Slippage* é o custo associado ao spread do mercado, ou seja, a diferença entre compra e venda. Um bom exercício é calcular as porcentagens da comissão e do slippage para diferentes posições de tamanho da opção (por exemplo, 1, 5, 10 contratos) estabelecidas em diferentes pontos de preço (US$1, US$5, US$10).

» Os impostos são outra consideração, portanto, é preciso identificar quais tipos de negociação serão concluídos em suas diferentes contas. Se você fizer a negociação de opções limitadas permitidas nas contas de aposentadoria

> (EUA), adiará esses impostos. Do contrário, pagará impostos sobre seus lucros em todas as contas não de aposentadoria. No site da Receita, você pode obter muitas informações sobre qual tipo de trading de opções é permitido nas contas. No Brasil os lucros com as opções são tributados em 15% nas operações normais e 20% no day trade.

> E mais, ao estabelecer certas posições da opção quando você já segura uma posição no ativo-objeto, é possível disparar um evento de tributação. Contate o corretor de sua conta para conhecer as considerações relativas ao imposto sobre trading de opções. A consequência desses custos cumulativos é que, em longo prazo, eles devem ultrapassar a abordagem "buy and hold".

> Se você pede emprestado a seu corretor via trading de margem, é preciso também adicionar os encargos financeiros do termo mensais aos custos da negociação. As posições de opção vendida têm requisitos de margem que complicam. A principal consideração para essa margem é se a opção é coberta ou não. Se você decide seguir em frente com estratégias que requerem margem, contate seu corretor para entender bem todos os cálculos e requisitos da conta. Então, acrescente esses custos às suas despesas.

As perdas são outro custo do trading que deve ser considerado como parte do negócio. É possível que elas sejam mais altas no início, mas diminuam com o tempo e a experiência. Seguir as diretrizes do plano de trading deve ajudar a manter esses custos iniciais no mínimo:

> **Determinando as alocações da negociação:** Como parte de um plano de trading geral, você deve identificar seus ativos totais de negociação e alocações máximas para diferentes ativos e estratégias. A negociação de ações e ETF exigirá alocações maiores que as posições da opção. Você pode até dividir mais isso para incluir uma quantidade máxima de alocação para novas estratégias com base nos resultados do trading simulado.

> **Calculando o tamanho da negociação:** Você também deve determinar diretrizes para o tamanho máximo da posição antes de entrar em qualquer negociação. Com isso definido, é bem simples identificar o número máximo de contratos que podem ser alocados para uma posição. Divida o preço da opção por uma quantidade de alocação abaixo do máximo e pronto. Não se antecipe usando a alocação máxima.

> **Identificando a perda máxima aceitável nas negociações:** Sua perda máxima aceitável pode ser definida como um valor em dólar ou porcentagem. Pode ser preferível o último, porque um montante em dólar fixo pode ser significativo com negociações menores ou se os ativos da negociação diminuem. Faça uma análise periódica dos resultados da negociação para determinar se suas perdas permanecem em níveis razoáveis

e sustentáveis. O resultado deve ser quanto dinheiro resta em sua conta e se faz sentido continuar com a abordagem atual.

» **Focando as regras de entrada e saída:** As entradas da opção costumam ser orientadas pelas condições da tendência e da volatilidade, mas também guiadas pelo tempo com posições criadas antes de um evento programado específico. As saídas da opção também podem ser orientadas pelo tempo (pós-evento ou pré-vencimento) ou ser disparadas pelo movimento no título subjacente. Não importa, esses métodos devem dar suporte à sua gestão de risco e perda máxima permitida.

CUIDADO: Em geral, sair com indicadores técnicos não fornece um preço para usar nos cálculos do risco. Um preço de perda máxima também deve ser identificado.

DICA: Você pode querer considerar a configuração de uma conta de corretagem separada apenas para o trading de opções. Isso pode facilitar muito manter um histórico, assim como sua vida.

Otimizando a Execução da Ordem

Trading de opções bem-sucedido significa ter competência na execução da ordem. Existem vários fatores aqui:

» Entender as regras de colocação da ordem exclusivas das opções.

» Saber como os diferentes tipos de ordem funcionam.

» Aprender a usar ordens combinadas para posições com vários legs.

» Ter habilidade usando o ativo para identificar as saídas da opção.

» Reconhecer o papel do corretor na qualidade da execução.

Também existe uma curva de aprendizagem para executar as negociações da opção, mas na maior parte são etapas mecânicas que podem ser dominadas facilmente com certa prática. Você pode ter uma vantagem nisso fazendo uma simulação, mas nunca é igual à ação em tempo real. Será um longo caminho até a implementação bem-sucedida da estratégia.

DICA: A *venda*, ou o melhor preço disponibilizado pelos vendedores, também é referido como *oferta*.

Entendendo as ordens da opção

As opções não estão limitadas a certo número de contratos, comparando com como a ação é limitada por seu float. Os contratos são criados pelo mercado, portanto, têm considerações únicas ao colocar ordens para eles. Uma opção é criada quando dois traders criam uma nova posição ou *abrem* uma negociação. Isso aumenta a posição aberta para essa opção específica. A posição aberta diminui quando os traders fecham as posições existentes.

> **DICA**
>
> *Float* é o termo usado para descrever o número de cotas em circulação e disponíveis para negociar por uma ação.

A posição aberta não é atualizada em cada negociação. É mais uma reconciliação no fim do dia por meio da OCC (Câmara de Compensação). Isso explica por que as ordens da opção são colocadas de modo específico; a OCC precisa conhecer bem a contabilidade. Também significa que você passará um pouco mais de informação ao colocar as ordens da opção.

Conhecendo as regras básicas da ordem da opção

A compra ou a venda de opções pode ser feita em qualquer ordem. Escolher se você quer comprar (long) ou vender (short) um contrato depende da estratégia e do nível de aprovação de opções para sua conta. Não é possível correr para criar posições de risco ilimitado e de opção vendida antes da sua corretora dar a aprovação, cheque a sua temperatura antes, claro!

> **LEMBRE-SE**
>
> O preço atual de compra e venda para um título é referido como *mercado atual*.

Como os contratos são criados e retirados com base na demanda do mercado, você deve entrar com ordens de modo que suporte essa reconciliação do fim do dia com os mercados das opções. Isso requer o uso de uma linguagem específica. Por exemplo:

» Uma nova posição criada é uma *ordem de abertura*.

» Uma posição existente da qual você sai é uma *ordem de fechamento*.

Usando uma opção de call (compra) como exemplo, a Tabela 8-1 mostra as transações necessárias para entrar e sair de uma posição de long call ou short.

TABELA 8-1 Processo de Entrada de Ordem da Opção

Posição	Entrada	Também	Saída	Também
Long Call	Comprar Call para Abrir	BCO	Vender Call para Fechar	SCC
Short Call	Vender Call para Abrir	SCO	Comprar Call para Fechar	BCC

Ao exercer ou ser exercido em um contrato de opção, não há transação de fechamento. O mesmo acontece para as opções que vencem sem valor. Em cada caso, o devido número de contratos é retirado da sua conta após a transação terminar ou o fim de semana de vencimento acabar.

Examinando tipos de ordem

Você tem vários tipos de ordem disponíveis; alguns garantem as execuções (como a ordem a mercado), ao passo que outros garantem o preço (como as ordens limitadas). Embora existam considerações exclusivas das ordens da opção, a distinção entre execução e preço é a mesma. Gerenciar com eficiência a execução da ordem significa saber quando é mais importante ter a ordem executada versus onde o preço é executado. Na dúvida, considere o que limita seu risco.

A Tabela 8-2 mostra tipos de ordem populares e qual garante a execução ou o preço.

TABELA 8-2   Tipos de Ordem por Garantia

Ordem	Garantias
Ordem a mercado	Execução
Ordem limitada	Preço
Ordem stop ou stop loss	Execução
Ordem stop limit	Preço

Em geral, as ordens limitadas são boas para entrar em uma posição, portanto, você só estabelece as que estão dentro de suas alocações de negociação. Se precisar garantir uma saída, apenas uma ordem a mercado faz isso.

Uma ordem stop é sua ferramenta de gestão de risco para negociar com disciplina. O nível de stop dispara uma ordem a mercado se a opção negocia ou vai para esse nível. O stop representa um preço menos favorável que o mercado atual e costuma ser usado para minimizar as perdas para uma posição existente quando as emoções se intensificam. Colocar uma ordem stop é parecido com monitorar um título e colocar uma ordem a mercado quando são atendidas certas condições do mercado.

Os stops são superiores às ordens stop limit para gerenciar o risco porque garantem uma execução, caso a condição stop seja atendida.

Em termos de duração, os dois períodos de tempo principais de sua ordem serão os seguintes:

> » A sessão de negociação atual ou seguinte se o mercado está fechado.
>
> » Até a ordem ser cancelada por você ou o corretor excluir a ordem (possivelmente em sessenta dias; verifique com ele).

A duração da ordem é identificada adicionando-se o dia ou sendo VAC (válida até cancelar). As ordens a mercado garantem a execução, portanto, são válidas apenas para o dia.

Se você quer cancelar uma ordem ativa, faça isso enviando um Cancelar Ordem. Após a conclusão das instruções, você recebe um relatório notificando-o de que a ordem foi cancelada com sucesso. É possível que a ordem já tenha sido executada, e, nesse caso, você recebe um relatório indicando que é tarde demais para cancelar, com muitos detalhes da execução. Nem é preciso dizer que não é possível cancelar a ordem a mercado.

Mudar uma ordem é um pouco diferente de cancelar uma, porque você pode mudá-la de dois modos:

> » Cancele a ordem original, espere que o relatório confirme o cancelamento, então entre com uma nova ordem.
>
> » Envie um Cancelar/Alterar ou Substituir Ordem, que substitui a ordem existente por qualificadores revisados, a menos que a ordem original já tenha sido executada. Se isso acontecer, a ordem substituta será cancelada.

Mesmo que um processo de ordem eletrônico seja incrivelmente rápido, ao substituir uma ordem é melhor usar a abordagem Alterar/Cancelar. Do contrário, você terá que esperar a confirmação do cancelamento para não duplicar uma ordem executada.

Há outros tipos de ordem menos usados. Verifique com o corretor se precisar de outras informações sobre elas ou se precisar de ajuda para colocar um novo tipo de ordem. Em grande parte, ele prefere muito mais ajudá-lo a colocar uma ordem por telefone a explicar por que a negociação não foi executada como era esperado.

DICA

É de sua total e absoluta responsabilidade entender os tipos de ordem e como são executadas (ou não) no mercado. Ao negociar opções online, o menu suspenso de ordens tem todas as opções pertinentes, e um tíquete de ordem tem todas as caixas necessárias. Se você não preencher uma caixa exigida, a negociação não passará.

CUIDADO: Leia o tíquete da ordem *com atenção* antes de pressionar o botão Executar. Leia também o tíquete de confirmação depois de ter executado a negociação. Se você preencher a caixa errada em um tíquete eletrônico, sua negociação não passará, e você ficará em uma negociação muito arriscada sem perceber o que fez.

Identificando os desafios da ordem stop da opção

Só para o caso de seus olhos ainda não terem brilhado, existem algumas considerações adicionais específicas das ordens stop da opção. Há muitas, mas aqui está o que você precisa saber sobre as principais. Uma ordem stop da opção pode ser disparada de duas maneiras:

» Se uma negociação é executada em um preço de stop.

» Se a compra ou a venda vai para o preço de stop.

Há algumas diferenças importantes entre a mecânica e a dinâmica da negociação da ação e das opções. Como o volume de contrato da opção é muito menor que o das ações, muitas vezes a cotação é o gatilho de uma ordem stop. Do contrário, é possível que se passem horas antes de uma negociação real disparar o stop. Nesse ponto, ninguém sabe onde o ativo seria negociado e qual seria a cotação quando a ordem a mercado foi disparada.

Devido ao volume envolvido e à natureza derivativa do mercado de opções, ao colocar uma ordem, você deve estar preparado para sentir certa incerteza e colocar isso em sua estratégia geral. Em geral, ao colocar uma ordem stop em uma opção, use uma quantidade máxima de risco visando o preço de saída da opção. É uma estimativa, porque a ordem pode ser disparada pela cotação da opção, e você não saberá com antecedência a quantidade de spread quando disparado.

O cenário de pior caso desse tipo de ordem é ter um gap de alta ou baixa do título subjacente (contra você) na abertura, fazendo a ordem ser disparada bem abaixo do seu preço-alvo. Mas poderia ser pior; você pode não ter nenhuma ordem e ficar com uma posição que o mantém caindo.

Alguns sistemas permitem ter duas ordens fixas para o mesmo subjacente, que incluem uma ordem stop loss (gestão de risco) e uma ordem limitada (realização de lucros). Se sua plataforma permite um tipo de negociação de "cancelamento mútuo", então entre com tais ordens usando esse recurso. Se não, tenha muito cuidado ao entrar com duas ordens; ambas podem ser executadas.

Uma *ordem de cancelamento mútuo* permite entrar com duas ordens diferentes que são ativas no mercado. Se e quando uma das ordens é executada, o sistema cancela a outra automaticamente. Se essa configuração de ordem não estiver disponível, ter duas ordens ativas para a mesma posição é muito perigoso. Uma variação forte na posição pode resultar na execução das duas ordens, possivelmente deixando-o com uma posição de risco ilimitado. E mais: se você usa esse tipo de estratégia, vale a pena prestar atenção em sua ordem. Muitas vezes, traders informais, acostumados a negociar ações, não prestam atenção nas negociações da opção e pagam o preço, literalmente, por não observar os detalhes e não estar em alerta. Com certeza, alguém que lê este livro pode não estar qualificado para essa descrição difícil, mas mesmo assim vale a pena mencionar.

DICA

Os melhores mercados para os preços de compra e venda são referidos como National Best Bid-Offer (NBBO). A NBBO apresenta informações combinadas de várias bolsas de opção.

Uma ordem sell stop é disparada quando a opção é negociada no preço de stop ou abaixo, *ou* se a compra atinge seu stop. Uma ordem buy stop é disparada quando a opção é negociada no seu stop ou acima, *ou* a venda atinge seu stop. Como você vende na oferta e compra na procura, precisa levar em conta o spread de compra/venda ao determinar o nível de stop de uma opção.

Uma segunda questão relacionada às ordens stop da opção é a duração. O contrato da opção sendo negociado pode permitir apenas ordens stop no dia. Nesse caso, você precisará entrar com uma nova ordem stop todas as noites após o fechamento do mercado.

LEMBRE-SE

O mundo é diferente com as opções. Se você costuma negociar ações, não pressuponha que as ordens da opção funcionam do mesmo jeito. Conheça as implicações de todas as ordens colocadas.

Entrando em uma nova posição

Pronto para entrar com uma ordem da opção? Faltam só alguns pontos. As posições da opção podem incluir:

» Contratos com uma opção.
» Contratos com opções e ação.
» Contratos com várias opções.

É mostrada uma revisão rápida da entrada de ordem de um contrato, seguida de ordens combinadas.

Criando posição com uma opção

A entrada da ordem de contrato com uma opção requer informações sobre:

» Tipo de transação (compra ou venda).

- » Informação da posição (aberta ou fechada).
- » Particularidades do contrato (subjacente, mês, preço de exercício e tipo de opção).
- » Tipo de ordem (mercado, limitada...).
- » Duração da ordem (dia, válida até cancelar...).

LEMBRE-SE Quando há diversas ordens em potencial para diferentes estratégias, algumas ordens podem ser completadas (executadas), mas outras não, porque a compra e a venda podem se distanciar do seu stop.

Após entrar com uma ordem, verifique o sistema do corretor para ver uma das treze bolsas de opção. As bolsas são vinculadas, portanto, sua ordem pode ser executada na bolsa que recebe a ordem ou encaminhada para a bolsa com o melhor mercado. A tecnologia torna o processo integrado e rápido. Alguns traders também permitem direcionar a ordem para a bolsa de sua preferência. Essa última abordagem pode ou não oferecer o melhor preço. No Brasil como os contratos de opção são negociados na B3, excluindo alguns contratos de balcão organizado, não temos essa aplicação de diferentes mercados como nos EUA.

Criando uma posição combinada

As posições combinadas podem entrar como uma única ordem combinada ou ordens individuais para cada parte dela (também chamado de *legging in*). Uma vantagem de combinar a ordem é que você tem mais chance de ter a negociação executada entre o spread de compra/venda. Isso se aplica às combinações de opção e ação, assim como de opção e opção.

Suponha que ABC seja negociada em 33,12 por 33,14 e a venda (put) ABC Jan 30 seja negociada em 1 por 1,05. Você deseja colocar uma ordem limitada para uma posição de married put válida para o dia do mercado atual. A combinação tem uma entrada como a seguir:

- » Comprar 100 Cotas da ABC.
- » Comprar Simultaneamente para Abrir 1 ABC Jan 30 Put.
- » Para um Limite (Débito Líquido) de US$34,17, Válida para o Dia.

LEMBRE-SE Todos os legs (pernas) de uma ordem combinada serão executados ou não.

Os qualificadores de uma ordem combinada são iguais para cada leg, e a execução só é feita em ambas as partes da ordem. O Capítulo 11 apresenta as negociações de spread (travas), inclusive uma trava de alta com call, que é uma posição de débito que combina duas calls. Uma long call é comprada ao mesmo tempo em que é vendida uma call menos cara que vence no mesmo mês.

Usando a ABC, você cria uma trava de alta com call comprando uma call de US$30 e vendendo uma call de US$35. As cotações das duas opções são as seguintes:

» Mar 30 Call: Compra US$3,10 com Venda US$3,30.

» Mar 35 Call: Compra US$1 com Venda US$1,05.

Como você compra a call de exercício 30 (Venda de US$3,30) e vende a call de exercício 35 (Compra de US$1), o débito líquido na cotação é de US$2,30. É possível identificar tal débito como uma quantia limite para a ordem de trava ou tentar reduzir o custo diminuindo um pouco o débito. Veja como entrar com uma ordem um pouco abaixo do mercado:

» Comprar para Abrir 1 ABC Mar 30 Call.

» Vender Simultaneamente para Abrir 1 ABC Mar 35 Call.

» Para um Limite (Débito Líquido) de US$2,25, Válida para o Dia.

Mais uma vez, os qualificadores para uma ordem combinada são iguais em cada leg, e a execução é feita apenas nas duas partes da ordem.

Completar é outro termo para executar ordem.

DICA

Os traders da Bolsa concordam em formar um mercado na lista de títulos lidadas por eles, que os sujeitam ao risco que devem gerenciar de forma constante. Eles fazem isso para as ordens com uma opção comprando e vendendo a ação subjacente ou outras opções para diminuir o risco (veja o Capítulo 12).

As negociações de travas são diferentes, pois representam uma posição naturalmente coberta e atraem o trader, não importando se cria um débito ou um crédito na conta. Ao negociar as travas, você deve

» Reduzir moderadamente o limite abaixo do mercado em uma ordem de trava de débito.

» Aumentar moderadamente o limite acima do mercado em uma ordem de trava de crédito.

LEMBRE-SE

As travas têm um alto apelo no pregão; tente cortar um pouco o preço do mercado para essas ordens.

As ordens de travas têm maior risco devido à mecânica da execução. Essa negociação é menos automática nas bolsas, significando que pode levar um pouco mais de tempo para receber um relatório de execução. Com isso em mente, espere que o processo de recolocação de uma ordem leve certo tempo, caso tenha cortado muito o preço. Se executar a trava for mais importante do que economizar algum dinheiro da cotação atual, foque mais o preço do mercado atual. Os preços podem se mover muito durante o tempo que leva para você receber um relatório de cancelamento confirmado para uma ordem cancelada.

Executando uma negociação de qualidade

Qualidade da execução descreve a capacidade de um corretor fornecer execuções de ordem rápidas no mercado atual ou em um melhor para o título. Isso significa que, se você tem uma ordem para comprar um título com uma melhor compra de US$22,95 e uma melhor venda de US$22,98, sua ordem será executada rápido a US$22,98 ou melhor. Quanto aos corretores, uma boa qualidade da execução é tão importante quanto os custos razoáveis da comissão.

Nem todos os corretores são iguais. As plataformas de trading são muito rápidas atualmente, e muitas ordens nem chegam nas mãos do trader da Bolsa — isso é tecnologia. Se você tem grandes problemas de execução da opção, é possível que seu corretor não lide com muitas contas de trading de opção e deve considerar usar um corretor diferente para a parte do trading de opção de seus ativos.

Diversos fatores podem impactar a qualidade da execução, e em geral é bom você saber quando negociar. Explico isso nas seções a seguir.

Mercados rápidos

Um título está em um *mercado rápido* quando um volume muito grande de ordens flui para o mercado e é difícil para o formador de mercado ou especialista manter o mercado ordenado para o título. O volume é alto, e as cotações e o histórico de ordens são adiados. Embora a tecnologia tenha reduzido o número de títulos colocados nos mercados rápidos pela Bolsa, os traders devem saber que as regras padrão para a execução são dispensadas nesse momento. Isso significa que os preços nos quais as ordens são executadas podem não estar perto de suas expectativas e que você deve ter alguma perda inesperada. Esse é outro motivo para estar perto de sua estação de trading ao abrir ordens da opção.

LEMBRE-SE

Quando uma ação entra em um mercado rápido, as opções derivadas dela também aceleram.

Se você coloca uma ordem a mercado quando mercados rápidos são declarados, a negociação pode acabar sendo executada minutos após a ordem ser colocada quando o preço é muito diferente. A negociação pode custar muito mais que o previsto.

Se você precisa sair de uma posição, pode não ter escolha, exceto negociar sob essas condições, mas considere entrar com uma ordem limitada negociável que lhe ofereça um amortecimento, pois é comum que movimentos ocorram rápido nas duas direções. Embora alguns desses possíveis eventos possam parecer assustadores para alguém não familiarizado com formas de negociação de risco mais alto, são as únicas chances que você tem ao negociar. É por isso, repito sempre neste livro, que continuo a enfatizar que, não importa o que aconteça, a gestão do seu risco vem em primeiro lugar.

Condições para traders

Considere sua plataforma de trading e conectividade ao identificar os fatores que impactam a execução da ordem. Se o tempo que leva para obter uma cotação e enviar uma ordem é demorado, o atraso em obter uma execução da ordem pode estar do seu lado, não do corretor ou da Bolsa. Dada a quantidade de largura de banda necessária para as plataformas de trading, um computador lento ou conexão lenta pode deixá-lo atrás na negociação. Os atrasos da execução podem não ser um problema do corretor ou da Bolsa, mas do seu sistema.

DICA

Se você negocia assim e não consegue fazer um upgrade, mantenha a negociação real de curto prazo no mínimo e considere usar ordens limitadas negociáveis, em vez de uma ordem a mercado sempre que entrar com uma nova posição para poder controlar seus custos.

Ordem reservada

Quando uma ordem melhor que a compra ou a venda atuais entra no mercado de opções, a Bolsa pode executá-la ou postá-la como a melhor compra ou venda atual. Se isso acontecer, ela é considerada uma *ordem reservada*. O impacto é que a profundidade do mercado nesse preço pode ser muito pequena; a ordem pode representar apenas um ou dois contratos. As regras da qualidade da execução não se aplicam a tais cotações.

Análise eletrônica

Pode haver outras causas para os atrasos da ordem e as execuções estranhas. Seu corretor pode ter um processo de análise eletrônica da ordem que atrasa o roteamento das suas ordens para uma Bolsa. Esse atraso pode ser de vários minutos. Você pode negociar ativamente e nunca ter tal atraso nem passar por uma análise rápida quando o roteamento da ordem parece ser contínuo. Apenas uma pequena fração das ordens de varejo é analisada durante um dia de negociação. Verifique com seu corretor se isso for um problema.

Saindo de uma posição existente

Vale a pena examinar as possíveis variedades de ordem que seu corretor oferece. As plataformas de ordem e telas de trading disponíveis atualmente também podem fornecer uma grande variedade de abordagens para sair de uma posição da opção. E mais: ao colocar uma ordem para um contrato de opção específico, você pode colocar ordens condicionais com base no movimento do título subjacente. Isso é muitíssimo útil ao proteger sua desvantagem e estabelecer saídas baseadas em níveis técnicos, oferecendo também outro modo de gerenciar o risco nos mercados voláteis.

Entender o que esperar na negociação real é muito importante. Há vezes em que diferentes tipos de ordens são adequados, mas sem muita experiência em usá-los, você não tem certeza como prosseguir. Seu corretor sempre deve receber bem sua ligação para esclarecer as regras da Bolsa ou a devida entrada da ordem para suas plataformas de negociação.

PAPO DE ESPECIALISTA

Existem regras SEC para que os corretores forneçam estatísticas da execução em ordens diferentes. A regulação basicamente cobre o mercado e as ordens limitadas de ações comercializáveis, mas também inclui relatórios para as opções.

Gerenciando risco com opções simples

Há alguns modos diferentes de gerenciar o risco quando você segura uma posição com uma opção. O primeiro inclui usar uma ordem stop na opção em si, explicada anteriormente. O segundo envolve colocar uma ordem condicional ou dependente da ação subjacente.

Ordens condicionais ou *dependentes* se referem àquelas que contam com o movimento no ativo ou um índice para disparar uma ordem de opção. Vários critérios podem ser estabelecidos no ativo ou no índice, inclusive:

» Preço de fechamento igual a, maior ou menor que certo valor.
» Preço dentro do dia igual a, maior ou menor que certo valor.
» Mudanças da porcentagem no preço.
» Níveis de cotação iguais a, maiores ou menores que certo valor.

Após definir o critério do gatilho, você insere as particularidades da ordem de opção, que tem qualificadores padrão disponíveis. Uma grande diferença entre uma ordem stop e uma ordem condicional é que uma ordem stop é ativa na Bolsa, ao passo que a ordem condicional é ativa no sistema do corretor. O mercado não tem uma visão da sua ordem condicional. Isso é uma vantagem, porque, quanto menos o mercado sabe sobre seus stops e estratégias em geral, melhor para você.

DICA Uma vantagem para colocar ordens stop para sair de uma posição versus ordens condicionais na ação subjacente é que você pode estimar melhor o valor da negociação com a ordem da opção.

E mais, há uma desvantagem em alguns casos, você pode gerenciar risco demais. Alguns gatilhos se parecem com uma ordem stop da opção, mas lembre-se de que a ordem condicional gera uma ordem de opção quando você tem muito menos controle sobre onde a opção está sendo negociada. É possível estimar o valor esperado da opção usando o preço do ativo e as letras gregas da opção.

O melhor motivo para usar ordens condicionais é que elas permitem identificar pontos de saída técnicos (ou fundamentalistas) para a ação. Como a gestão do risco é essencial, essa abordagem permite sair da opção quando as condições no ativo mudam. Você deve ver vários cenários, sobretudo quando simula, e descobrir qual funciona melhor no seu caso, assim como o que pode ser mais adequado em qualquer mercado em particular.

DICA Considere usar uma calculadora de opções para estimar o valor de uma opção quando uma ordem condicional é disparada.

Conheça todas as ordens ativas com seu corretor; é possível duplicá-las se sua plataforma não tem proteções. Ter gatilhos definidos acima e abaixo do mercado ao mesmo tempo pode ser perigoso. O melhor modo de gerenciar isso é usando o tipo de ordem de cancelamento mútuo (OCO), que você pode debater com seu corretor.

Saindo de uma combinação

As ordens combinadas saem do mesmo modo como são criadas: saindo (legging out) da posição ou entrando com uma ordem combinada para um crédito ou débito. Ao apresentar uma posição limitada ao piso, considere cortar um pouco o débito ou adicionar um pouco ao crédito. A menos que esteja muito perto de vencer na posição, provavelmente você terá a ordem executada no limite mais favorável.

Rolando uma posição da opção

Você pode ouvir o termo *rolar uma opção* e imaginar o que o processo envolve exatamente. *Rolar* é usado para descrever uma transação da opção que envolve fechar uma posição e abrir uma parecida para a mesma ação. Esse processo costuma ocorrer perto do vencimento quando posições de proteção ou ganho são adiadas por mais tempo.

Estender (roll out) envolve adiar o vencimento de uma estratégia. Ao rolar uma opção, você coloca uma ordem combinada parecida com qualquer outra combinação. Como a data de vencimento está muito próxima, você pode não conseguir fazer a execução mais favorável para a combinação.

Você acaba pagando uma comissão extra para fechar a opção original, que provavelmente teria vencido sem valor, mas também ganha algum valor temporal com a nova opção vendida.

Em vez de rolar a opção por mais tempo, você pode *recuar* (roll up) no preço e evitar o risco de exercício ou capitalizar na alta volatilidade implícita e atípica para uma opção de exercício mais alta.

Uma terceira alternativa a estender ou recuar é *abaixar* (roll down) o preço de exercício. De novo, é possível optar por isso e evitar o risco de exercício ou capitalizar na alta volatilidade implícita e atípica para uma opção de exercício mais baixa.

Essas combinações de rolagem também podem ser feitas para que você possa estender/recuar ou estender/abaixar, dependendo do preço do ativo, de sua visão de mercado e das condições implícitas da volatilidade.

LEMBRE-SE Simplifique. Se você tem muitas partes móveis em seu sistema de trading, pode acabar tendo muito trabalho e não chegar a lugar algum. Pior, pode perder algo importante, assim como muito dinheiro, e depressa.

3
O que Todo Trader Precisa Saber sobre Opções

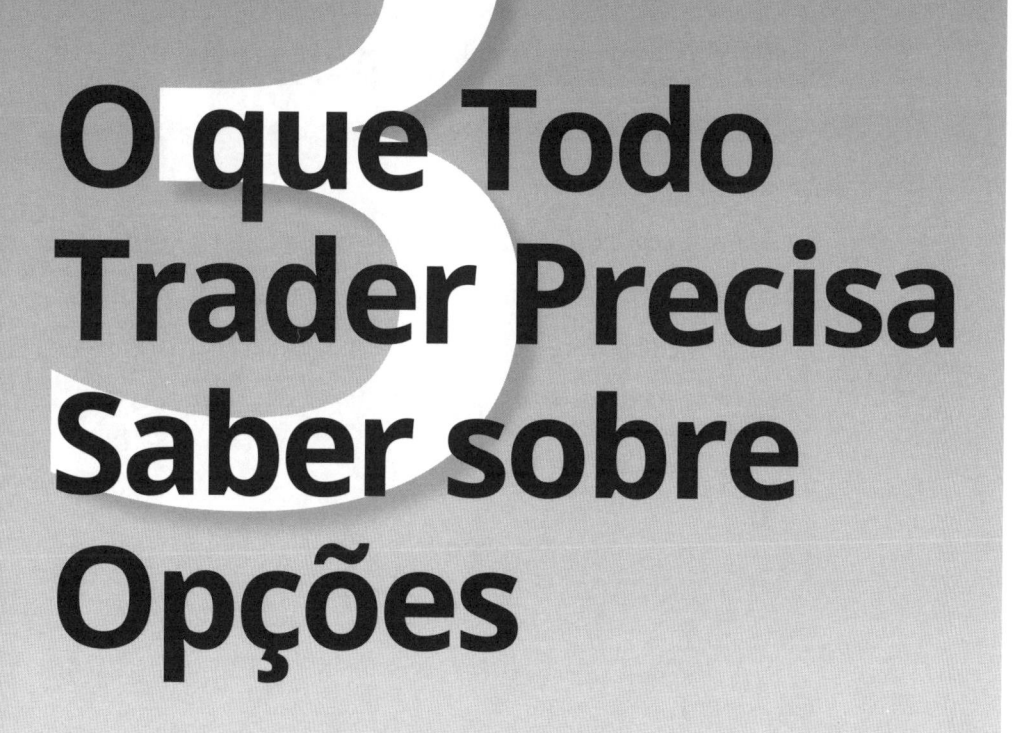

NESTA PARTE...

Conheça os diferentes estilos de opção.

Proteja sua carteira com opções.

Aumente seu potencial de lucro e diminua o risco.

Descubra os spreads e outras estratégias combinadas.

Entenda os ETFs e suas estratégias.

> **NESTE CAPÍTULO**
>
> » Entendendo os detalhes do índice e da opção de índice
>
> » Diferenciando os estilos de opção
>
> » Exercendo os direitos da opção e cumprindo as obrigações
>
> » Sabendo o que fazer no vencimento

Capítulo **9**

Conhecendo os Diferentes Estilos de Opção

Ao negociar qualquer instrumento, é muito mais importante saber quanto você pode perder do que contabilizar os lucros. E as opções apresentam um desafio único, porque são alavancadas e têm uma data de vencimento, o que lhe dá a oportunidade de gerenciar um título que pode ser volátil e que finalmente "desaparece". Este capítulo foca os principais pontos sobre índices e opções de índice que impactam a negociação. Também explica o estilo de exercício, questões ao ser exercido e outras coisas com as quais você precisa ter cuidado ao se aproximar do vencimento.

Limitando as Opções de Índice

Exatamente quando você pensa que está começando a entender as coisas, o mercado de opções lhe dá uma rasteira. Por exemplo, você pode agrupar a maioria das opções de ação listada mensalmente ao aplicar estratégias ou ao gerenciar uma posição, porque suas características básicas se combinam, pois a última data de negociação e o tempo limite do exercício são iguais para todas as opções de ação mensais. Por outro lado, as opções de índice são um pouco mais desafiadoras, porque esses mesmos componentes importantes podem variar por contrato. Mas não tenha medo. Aqui está um manual sobre índices e opções de índice para ajudá-lo a evitar algumas surpresas desagradáveis.

Fundamentos dos índices

Índice é uma combinação de um tipo singular de instrumento financeiro, como ações individuais, títulos ou commodities, agrupados em um único valor para que você possa controlar a saúde de certo mercado como uma entidade. Os índices são imagens únicas da tendência geral dos ativos subjacentes coletados nesse único grupo e oferecem um modo de analisar a tendência geral do mercado no qual você procura investir.

Dando uma olhada em índices populares

A maioria dos investidores conhece, pelo menos, os índices populares. Para o caso de você precisar lembrar, veja uma revisão rápida que mostra alguns índices populares e suas principais características:

- » **S&P 500 (SPX):** É a ferramenta dos profissionais para medir a tendência do mercado de ações nos EUA. Se você quer ter uma ideia da saúde de um grupo diverso das ações de grande capitalização nos EUA, o índice S&P 500 faz exatamente isso. É usado por gerentes financeiros profissionais e investidores individuais do mundo inteiro para verificar o pulso do mercado de ações norte-americano. Seu ETF parceiro, o SPY, é um veículo de trading popular, cuja liquidação é baseada na distribuição de cotas diferente das opções de índice, que são liquidadas em dinheiro.

- » **Dow Jones Industrial Average:** Para ter informações sobre como as trinta empresas blue chip no mercado de ações dos EUA estão se saindo, use outro índice muito seguido, o Dow. Ele costuma ser usado por pessoas e meios de comunicação tradicionais. Pode ser excelente para negociar, via seu ETF Diamonds (DIA), apesar de seu número relativamente pequeno de componentes.

- » **Nasdaq-100 (NDX):** Se você gosta de um ritmo mais rápido, o índice Nasdaq-100 é composto pelas cem maiores empresas não financeiras que negociam na Bolsa Nasdaq. O índice é formado principalmente por ações no setor de tecnologia, como Alphabet (GOOGL) e Apple (AAPL), e é mais usado para medir essa área. Em geral, oscila mais que o S&P 500 ou o Dow. Também tem uma empresa de trading ETF conhecida, o ETF QQQ.

LEMBRE-SE: A capitalização do mercado ou cap de uma empresa é calculada multiplicando o preço da ação atual pelo número total de cotas em circulação. Os tamanhos do cap de mercado incluem pequeno, médio e grande.

Mudando para um foco mais específico e mostrando a variedade

Se você quer focar um setor mais específico ou grupo de ações, esta lista mostra alguns índices mais populares:

» **Índice PHLX Semiconductor Sector (SOX):** Se você deseja se concentrar apenas nas ações de semicondutores, como Intel (INTC), em vez de em todas as ações de tecnologia, um índice que pode querer acompanhar é o SOX. Ele é formado por dezenove empresas diferentes no setor de semicondutores.

» **Índice Russell 2000:** Ele permite limitar seu foco em dois níveis: acompanha as ações que são de pequena capitalização e aquelas voltadas para o crescimento. Espere grandes movimentos em ambas as direções, porque as pequenas capitalizações requerem menos volume que as grandes, impactando onde a ação é negociada.

DICA: Como um índice é composto de um grupo de ações, a queda em uma ação pode ser compensada pelos aumentos em outra. Como resultado, você descobrirá que os índices tendem a ser menos voláteis que as ações individuais. Da mesma forma, se a mudança no preço em uma ação se torna "contagiosa", como normalmente acontece, o índice pode ficar tão volátil quanto uma ação. Isso pode ser visto com mais frequência em alguns setores que outros. Por exemplo, as ações de tecnologia e energia costumam ser negociadas "como um bloco", significando padrões e tendências semelhantes.

Criando índices e mudança nas ações

É importante entender que nem todos os índices são criados igualmente (bem... um é). Os três modos de construir um índice são:

» **Ponderado pelo preço:** Favorece ações com preço mais elevado.

» **Ponderado pelo valor de mercado:** Favorece ações de capitalização mais alta.

» **Ponderado pela equiparação com dólar:** Cada ação tem o mesmo impacto.

Tendo uma compreensão básica sobre os diferentes métodos, você tem uma ideia muito melhor sobre como as mudanças em uma ação se traduzem em mudanças no índice. Os nomes da construção devem ajudar. Os exemplos a seguir mostram o que quero dizer.

CAPÍTULO 9 **Conhecendo os Diferentes Estilos de Opção** 165

» **Quando uma ação com preço alto cai em um índice ponderado pelo preço, isso leva a movimentos descendentes maiores em um índice, em comparação com as quedas em uma ação com preço mais baixo.** Dow é um exemplo de índice ponderado pelo preço que é afetado mais pela Boeing (trading perto de US$175) do que pela Pfizer (trading perto de US$35).

» **Um índice ponderado pelo valor de mercado, como o S&P 500, é mais impactado pelas ações mais altas de capitalização do mercado, não importando o preço.** Por exemplo, na época da escrita deste livro, a Alphabet (GOOGL) tinha um valor de mercado de US$585 bilhões. Compare com a Xilinx (XLNX), uma empresa especializada em semicondutores. Ambas são membros do S&P 500. Mas quando o Google sobe e desce de preço, cria uma mudança maior no S&P 500 que a Xilinx, que tem um valor de mercado em torno de US$15 bilhões.

» **Todas as ações em um índice ponderado pela equiparação com dólar têm o mesmo impacto no valor do índice.** Para manter o equilíbrio do índice, é necessário um ajuste trimestral das ações. Isso impede que uma ação que teve grandes ganhos durante os últimos três meses tenha peso demais no índice.

PAPO DE ESPECIALISTA

O melhor modo de ter informações específicas sobre a construção de um índice é acessando o site da empresa que o criou. Muitas vezes, é possível abrir uma lista de ações do componente, títulos ou commodities para o índice, junto com outras informações úteis. Por exemplo, você pode acessar os níveis do índice, gráficos, abordagem de construção e listas de componentes para os índices Dow Jones acessando `www.djindexes.com` (conteúdo em inglês).

Quem cria esses índices e por que são importantes? Grupos diferentes os constroem, inclusive empresas de informações financeiras, bolsas e firmas de corretagem. Sabendo quais empresas os criaram, você sabe como conseguir o detalhe do índice necessário para diferentes estratégias. A Tabela 9-1 mostra índices de exemplo que incluem a empresa que os constrói e como você pode usá-los.

TABELA 9-1 Quem Criou Quais Índices

Nome	Código	Empresa	Geralmente Usado Para
S&P 500	SPX	Standard and Poor's	Negociar ou proteger uma carteira de ações de grande capitalização e diversificada dos EUA.
S&P Midcap 400	MID	Standard and Poor's	Negociar ou proteger uma carteira de ações de média capitalização dos EUA.

Nome	Código	Empresa	Geralmente Usado Para
Índice de Volatilidade CBOE	VIX	Chicago Board Options Exchange	Negociar ou proteger uma carteira de ações global e diversificada.
Financial Times Stock Exchange100	UKXM	FTSE Group	As cem maiores ações na Bolsa de Valores de Londres.
Índice Thomson Reuters CRB	CRBI	Commodity Research Bureau	Negociar ou proteger uma carteira de commodities diversificada.
Rendimentos CBOE de trinta anos	TYX	Chicago Board Options Exchange	Negociação focada nos rendimentos de trinta anos nos EUA.

Capitalizando no índice com opções

Além das opções com valor derivado de uma ação individual, é possível também encontrar muitas opções baseadas em índices. Na verdade, o S&P 500 (SPX) é uma das séries de opção mais negociadas para todas as opções de ação e índice, portanto, é muito fácil criar e sair de uma posição. Mas como não é possível possuir um índice, como você pode entregar um no vencimento ao escolher praticar uma venda (put) do índice?

A resposta é... não pode. As opções de índice não envolvem a troca de um ativo. Elas são referidas como transações *liquidadas em dinheiro* porque o exercício e o processo de exercício envolvem transferência de dinheiro, não de título. O montante é determinado pelo valor intrínseco da opção (veja o Capítulo 3 para ter mais detalhes sobre o valor intrínseco).

Determinando o valor da opção do índice

Apesar das diferenças significativas entre ações e índices, as opções em um índice ainda são muito parecidas com as opções em uma ação. Por exemplo, como nas ações, veja as compras (calls) e as vendas (puts) com diferentes meses de vencimento e preços de exercício disponíveis para os índices. Os fatores a seguir determinam o valor da opção:

» **Tipo (call ou put):** As calls aumentam de valor conforme o índice aumenta de preço, ao passo que as puts aumentam de valor quando o preço do índice cai.

» **Valor do nível do índice relativo ao preço de exercício da opção:** Uma call tem um valor intrínseco quando o preço de exercício fica abaixo do nível do índice, significando que a opção está dentro do dinheiro quando o valor de índice ficou acima do preço de exercício. Quando o índice é negociado abaixo do preço de exercício de call, a opção tem apenas valor temporal. Ocorre o inverso para as opções de put, pois uma put tem um valor intrínseco quando o índice é negociado abaixo do preço de exercício.

» **Tempo até vencer:** O tempo transcorrido destrói o valor da opção. Quanto mais tempo falta para vencer, maior a chance de que uma opção terá valor no vencimento. Portanto, você paga mais pelas opções com mais tempo até o vencimento, não importando o tipo.

» **Volatilidade histórica:** O desempenho anterior não afeta diretamente o preço da opção porque apenas a volatilidade futura esperada é importante para os preços da opção. Mas, na prática, um índice que fez movimentos maiores no passado terá opções mais caras que um índice que se move menos historicamente, porque há mais incerteza sobre onde estará no vencimento. Os ganhos ou as perdas do índice podem ser consideráveis.

» **Volatilidade esperada no futuro:** As expectativas do grau de volatilidade futura afetarão também o preço. O movimento futuro esperado afeta o valor de uma opção do mesmo modo que seu movimento anterior; na verdade, ele se baseia em parte nele. Quanto maior o movimento em potencial, mais cara a opção.

Detalhando os componentes da opção

Os componentes principais de uma opção de índice são basicamente os mesmos de uma opção da ação (veja o Capítulo 2 para obter detalhes). A principal diferença é que o índice não é um ativo físico. Como resultado, afeta o processo de exercício, porque a liquidez é apenas em termos de dinheiro que troca de mãos. Veja uma lista dos componentes da opção de índice parecidos com as opções de ação:

» **Ativo-objeto:** O nome do índice no qual a opção se baseia.

» **Preço de exercício:** O nível que determina onde o proprietário tem direitos e o vendedor tem obrigações.

» **Prêmio:** O custo total da opção com base no preço de mercado atual e no multiplicador da opção.

» **Multiplicador:** O número usado para determinar o valor total do prêmio da opção e o custo do pacote entregue.

» **Valor de exercício:** A quantia creditada ao proprietário da opção e debitada do vendedor da opção. É determinado multiplicando-se o preço de exercício pelo multiplicador da opção.

» **Valor de liquidação:** O valor de fechamento do índice usado para determinar o valor intrínseco.

LEMBRE-SE

Moneyness é outro termo usado para descrever o valor intrínseco da opção. É a quantia com a qual um índice fecha acima do preço de exercício de uma opção de call ou abaixo do preço de exercício de uma opção de put. O moneyness é zero para as opções fora do dinheiro no vencimento.

Suponha que o SPX feche em 1.523 no vencimento em junho e você tenha uma compra de 1.520 nesse mês. Porém, seu preço de liquidação não será baseado no preço de fechamento do índice, mas no preço de abertura de cada componente da ação como medido pelo SET, código de ação. No entanto, como o detentor de uma ação vendida não pode entregar o SPX a você, ele atende a sua obrigação em dinheiro. Você recebe um crédito de US$300 em sua conta, e o detentor do contrato vendido tem a mesma quantia debitada. O valor em dinheiro é determinado assim:

(Valor de Liquidação do Índice – Preço de Exercício de Call) × Multiplicador

(1.523 – 1.520) × 100 = US$300

É possível que você tenha notado que o montante da liquidação em dinheiro no vencimento é parecido com o cálculo do valor intrínseco para uma opção de ação. Os dois tipos de opções têm muitas semelhanças e diferenças importantes. A próxima seção examina algumas diferenças entre opções de ação e índice.

Cuidado com o Estilo de Risco

Esta seção não é sobre a negociação da moda no último ano, mas assegura que você saiba que as opções têm estilo. O *estilo* de uma opção basicamente se refere ao modo como o contrato é praticado e também impacta o fim da negociação da opção. É preciso saber onde procurar para encontrar o estilo de opção do índice e como ele o afeta.

CUIDADO

Se você não conhece o estilo de certa opção, pode acabar tendo uma surpresa desagradável... como perder uma oportunidade para vender um contrato de call de índice antes que o valor de liquidação despenque no dia.

Os mercados norte-americanos negociam em dois estilos para os contratos da opção:

» **Estilo americano:** As opções no estilo americano permitem exercer seus direitos *em qualquer ponto até* a hora limite do exercício.

» **Estilo europeu:** Se você tem opções no estilo europeu, só pode exercer seus direitos em uma data designada.

Opções no estilo americano

As opções, inclusive todas as opções de ação e ETF, que usam ação para o pacote de entrega são no estilo americano. A menos que declarado o contrário, as referências para as opções de ação no estilo americano descrevem o *contrato de opção* geral deste livro. Você pode determinar o estilo de uma opção verificando a folha de especificação do produto, disponível na OCC (Câmara de Compensação) ou em diferentes bolsas de opção. O site da OCC (www.optionsclearing.com — conteúdo em inglês) e os sites da Bolsa servem como excelentes recursos para essas informações.

As opções de ação no estilo americano têm as seguintes características:

» Quando iniciado pela OCC, o contrato de opção negocia a partir desse ponto no tempo até o último dia de negociação antes de vencer a opção. Lembre-se de que os vencimentos da opção podem ocorrer em qualquer sexta-feira do mês, como a primeira, a segunda, a terceira sexta-feira, a menos que haja um feriado na sexta-feira esperada. Nesse caso, as opções vencem na quinta-feira. Por exemplo, essa variação do processo de vencimento da opção seria aplicável à Sexta-feira Santa.

» Após a compra, esses contratos podem ser exercidos pelo detentor em qualquer ponto durante a vida útil do contrato. Os corretores de varejo têm requisitos diferentes para submeter instruções de exercício; descubra as regras específicas do seu corretor. Na maioria dos casos, você pode praticar um contrato longo pelo menos uma hora após o fechamento no último dia de negociação antes do vencimento.

» Após o exercício, o vendedor da opção deve atender sua obrigação no contrato entregando ou fazendo a entrega do pacote de opções (geralmente cem cotas de ação para uma opção de ação).

» O vendedor da opção pode "comprar para fechar" a opção no mercado antes do fechamento no último dia de negociação para compensar a posição a menos que, como as opções no estilo americano podem ser executadas a qualquer momento, a opção já tenha sido exercida.

Opções no estilo europeu

Uma opção que usa um índice para derivar seu valor é *frequentemente, mas nem sempre*, uma opção no estilo europeu. Tais opções têm uma data de exercício específica, caso você tenha um contrato comprado. Assim, suas escolhas são limitadas, pois você não pode praticar a opção antes dessa data do modo como pode com as opções no estilo americano. Piorando um pouco mais as coisas, não existe apenas uma data de exercício específica para uma opção de índice, mas a data também varia segundo o índice; não existe um dia de exercício do índice comum todo mês.

Portanto, é muitíssimo importante ver a folha de especificação do produto antes de negociar um dos contratos. As principais datas a observar para as opções do índice no estilo europeu incluem:

» **Última data de negociação:** A última data na qual o contrato pode ser negociado no mercado é um dia antes do vencimento.

» **Data de liquidação:** A data (e a hora) usada para determinar o valor de fechamento do índice no vencimento.

» **Data de exercício:** A data na qual o detentor de um contrato comprado pode exercer seus direitos no contrato. O exercício é automático se a ação está dentro do dinheiro.

Algumas opções de índice param de negociar na quinta-feira, em vez de na sexta, portanto, é preciso conhecer as particularidades para gerenciar corretamente sua posição. A designação do estilo, o vencimento e as datas de exercício, junto com outros detalhes críticos, são incluídos nas especificações do contrato da opção disponíveis na OCC ou em diferentes bolsas que negociam o contrato.

LEMBRE-SE

O pacote de opções do índice identifica o(s) ativo(s) entregue(s) para um contrato. Embora existam títulos que acompanham um índice, os índices em si não são títulos físicos. Portanto, o principal é que as opções de índice sejam liquidadas em dinheiro, em vez de um ativo físico, porque um trader não pode entregar um índice. O mais importante é que *essa abordagem de liquidação em dinheiro se aplica às opções de índice, não importando o estilo de exercício.*

As opções de índice no estilo europeu têm estas características:

» Quando iniciado pela OCC, o contrato de opção é negociado a partir de um ponto no tempo até a Última Data de Negociação especificada, em geral o último dia útil antes do vencimento da opção. Verifique as especificações do contrato para determinar a última data de negociação para cada opção do índice.

» Após a compra, o exercício é automático se a ação está dentro do dinheiro. O exercício é automático se a opção fecha dentro do dinheiro, sem critério ou ação requerida pelo proprietário da opção.

» Quando executada, o vendedor da opção de índice deve atender sua obrigação em contrato com uma liquidação em dinheiro. O devido montante é debitado da conta.

» O vendedor da opção pode "comprar para fechar" a opção no mercado antes da data de exercício e do fechamento da negociação do contrato para compensar a posição e amenizar a obrigação.

Há exceções. Assim, nem todas as opções de índice têm o estilo europeu. O índice S&P 100 (OEX) inclui as cem principais ações no SPX e é um exemplo de opção de índice no estilo americano. Esses contratos podem ser executados a qualquer momento durante a vida da opção, sendo um motivo para sua popularidade entre os traders. O OEX fica entre o Dow Jones Industrial Average e o S&P 500 quanto ao conteúdo, mas não é tão conhecido universalmente pelo público ou tão citado na mídia. Outras opções de índice com liquidação em dinheiro no estilo americano menos conhecidas, mas muito usadas, incluem os índices Gold/Silver (XAU) e Semiconductor (SOX).

DICA

Em geral, os índices são menos voláteis que as ações, e um índice diversificado, como o S&P 100, costuma ser menos volátil que um índice voltado para o setor. É porque um grupo de ações no mesmo setor tende a responder do mesmo modo às notícias, levando o índice em uma direção. Isso não acontecerá necessariamente com um índice diversificado, porque algumas notícias podem ser altistas para um setor e baixistas para outro.

O índice S&P 500 é um dos mais seguidos, e as opções no índice são oferecidas pela Chicago Board Options Exchange (CBOE) como um produto patenteado. São contratos de alto volume usados por muitos traders institucionais, portanto, são muito líquidos. Usando esse contrato de opção como exemplo, veja algumas coisas a observar na especificação disponível em www.cboe.com (conteúdo em inglês):

- » **Código do ativo:** SPX.
- » **Multiplicador:** 100.
- » **Data de vencimento:** Sexta-feira de manhã nas terceiras sextas-feiras e sexta-feira à tarde nas outras sextas-feiras. Também segundas e quartas-feiras à tarde. Sábado após a terceira sexta-feira do mês de vencimento.
- » **Estilo de exercício:** As opções no estilo europeu têm uma data de exercício automática.
- » **Último dia de negociação:** Para as opções que vencem na terceira sexta-feira do mês, a negociação costuma parar no dia útil (em geral uma quinta-feira) antes do dia em que o valor de liquidação do exercício é calculado.
- » **Liquidação do exercício da opção:** O SET (valor de liquidação do exercício) é calculado no último dia útil antes do vencimento para as opções que vencem na terceira sexta-feira usando o primeiro preço de vendas informado para cada ação do componente no mercado onde a ação está registrada. Todos os outros vencimentos da sexta-feira, assim como os vencimentos às segundas e às quartas-feiras, têm o valor do índice de fechamento à tarde.
- » **Margem:** Verifique as regras de especificação da margem, então veja as regras do corretor, que podem ser mais rigorosas.
- » **Horário da negociação:** De 8h30 às 15h15. Horário de Brasília.

Outras informações estão disponíveis, mas os elementos principais são listados anteriormente.

CUIDADO: Nem todas as opções no estilo europeu têm as mesmas especificações. Uma pode calcular o valor de liquidação usando um preço de abertura, outra pode usar os valores de fechamento do dia anterior. Antes de negociar qualquer opção de índice, primeiro verifique as particularidades!

Exercendo Suas Opções, Estilo Americano

Como você exerce uma opção é muito mais simples do que decidir exercer, portanto, explico primeiro a mecânica. Também vale a pena mencionar que o exercício inicial raramente é desejado, porque perde o valor temporal da opção. Quando você decide executar, como trader de varejo, fornece instruções de exercício ao seu corretor, que então passa as instruções à OCC. A OCC exerce aleatoriamente um corretor a contas que mantêm a mesma opção vendida, e o corretor exerce uma dessas contas.

Quando você possui call ou put no estilo americano, tem o direito de exercer o contrato em qualquer ponto até o tempo limite de exercício do corretor. Você pratica o contrato enviando *instruções de exercício* ao corretor, por telefone ou eletronicamente.

CUIDADO: Prepare-se para o inesperado. Não é demais enfatizar esse ponto: *não pressuponha que você tem o mesmo tempo limite de exercício do seu parceiro de negociação, de uma empresa de compensação ou de outra pessoa.* Sempre verifique com o corretor o tempo limite específico e o processo de exercício. Deixe tempo suficiente para atingi-lo e forneça instruções.

Conhecendo os pormenores

A melhor prática antes de negociar um contrato de opções é contatar antes seu corretor para verificar seu processo de exercício; você deseja essas informações antes para que tudo seja tranquilo quando realmente precisar enviar instruções. Antes de executar um contrato de opção da ação, veja o seguinte:

» Para calls, verifique se há dinheiro suficiente na conta para pagar pela ação adquirida.

» Para puts, verifique se as ações estão na conta ou você consegue (e quer) criar uma posição de ação vendida. Isso é proibido em uma conta de aposentadoria (nos EUA).

Esclareça suas dúvidas ao conversar com o corretor.

DICA — Não aponte e clique simplesmente. Nada substitui o conhecimento que você tem e como ele afetará sua conta. Isso significa que, mesmo que você possa passar instruções de exercício eletronicamente, pode querer contatar seu corretor diretamente nas primeiras vezes para concluir o processo.

O que você vê é o que terá

Embora os sistemas de compensação e os de corretagem estejam ficando cada vez mais eficientes, você pode não ver de imediato o exercício ocorrer quando passa instruções. Em geral, verá as devidas transações em sua conta no próximo dia de negociação.

Não tem volta. Depois de passar instruções de exercício para seu corretor, a ação é definitiva. Quando você exerce uma opção, a posição real da opção é reduzida segundo o número de contratos exercidos e aparece uma transação de compra ou venda da ação. Isso significa que você deve estar atento aos riscos envolvidos e incluí-lo em sua tomada de decisão ao exercer. Por exemplo, se você decide exercer seus direitos de call para adquirir uma ação às 10h em certo dia, e às 14h desse mesmo dia a ação despenca devido a más notícias, não é possível cancelar suas instruções de exercício.

CUIDADO — Quando pratica uma venda (put) e não tem a ação subjacente em sua conta, cria uma posição descoberta. Isso significa que uma posição de risco limitada anterior agora é tecnicamente uma posição de risco ilimitado, porque uma ação só pode continuar a subir. *Considere os desdobramentos do exercício antes de passar instruções.*

Exercer ou não exercer, eis a questão

Antes de exercer uma opção, calcule como maximizar os lucros verificando duas alternativas:

>> Exercer os direitos no contrato para comprar ou vender a ação no preço de exercício.

>> Vender a opção, então comprar ou vender a ação no mercado.

Faça questão de sempre concluir essas verificações desde o início ao usar suas opções. A última coisa que você deseja é deixar dinheiro na mesa... ou no mercado.

LEMBRE-SE — A decisão de exercício da opção é diferente da decisão de propriedade da ação. Você deve considerar o modo mais lucrativo de executar sua transação no mercado, sendo por isso que deseja calcular as duas alternativas nesta seção.

Um exemplo: suponha que você tenha 100 cotas da ABC. Você adquiriu a ação a US$23 por cota e ao mesmo tempo adquiriu uma put de US$21 por US$2. Mais tarde, a ação está em US$27, mas chegam notícias de que a ABC está sob investigação por práticas contábeis suspeitas. O preço cai para US$20 por cota, e a put 21 vai imediatamente para US$5. O que fazer?

Minha preferência pessoal seria vender a ação e a opção de put com base no fato de que a ação pode subir ou cair, mas ficará contaminada por um tempo. Mas a put tem um ótimo ganho agora, que provavelmente seria perdido rapidamente se a ação se recuperasse em um curto período de tempo. E mais: nunca é uma boa ideia exercer uma opção se ela ainda tem valor temporal. Todavia, quero mostrar como decidi vender a ação e a opção trabalhando com números. Na verdade, este exemplo é só para informar, pois não é muito prático na negociação real.

Nesse caso, faz muito sentido evitar o exercício e vender a opção e a ação no mercado. Sua opção valorizou US$3, ou seja, US$300 por contrato, ao passo que a ação perdeu US$700 em valor, comparando com seus melhores níveis, mas apenas US$300, medindo a partir de seu investimento inicial. Assim, os ganhos de put retornaram o custo da negociação inteira para seu investimento inicial na ação. É uma excelente ilustração de gestão de risco usando uma estratégia de opção simples.

DICA

Em geral, quando uma opção tem um valor temporal maior que US$0,20 e que permanece, a segunda alternativa resultará em um crédito que excede a transação extra. Isso inclui comissões e os custos extras da negociação devido aos spreads na cotação do mercado.

Exercendo Suas Opções no Modo Europeu

Ao negociar as opções de índice no estilo europeu, você deve ser bem versado nas especificações do contrato. Esta seção explica o processo de liquidação do índice, que determina o moneyness da opção no vencimento.

Acompanhando a liquidação do índice (SET)

Como os valores de índice da ação são calculados usando-se um grupo de ações, determinar o moneyness da opção no vencimento é mais complicado. Nem todas as ações têm negociações de abertura e fechamento ao mesmo tempo, portanto, o nível de abertura para um índice não incluirá necessariamente o preço de abertura de todos os componentes; alguns preços podem incluir os fechamentos do dia anterior.

Você acessa o valor de liquidação do índice para lidar com essa questão de tempo. Esse nível do índice é calculado usando-se apenas valores de abertura e é referido como SET para as opções SPX. Outras opções liquidadas na parte da manhã têm seus próprios símbolos de liquidação, como RLS para o índice RUT e NDS para NDX. Verifique a especificação da opção para obter mais detalhes sobre como certo valor de liquidação é determinado e o código usado para acessá-lo. É possível encontrar uma lista abrangente dos códigos da liquidação em `www.cboe.com/data/historical-options-data/index-settlement-values` (conteúdo em inglês).

Lucrando com o exercício

Como as opções de índice no estilo europeu se baseiam em algo que não pode ser negociado, essas opções são referidas como *liquidadas em dinheiro*. Isso significa que nenhum título troca de mãos durante o exercício ou a cessão, só dinheiro vivo. O montante para essa opção é determinado pelo moneyness e pelo multiplicador da opção.

Você calcula o moneyness da opção no estilo europeu usando o SET:

Índice – Preço de Exercício da Opção = Moneyness de Call

Preço de Exercício da Opção – Índice = Moneyness de Put

Você determina o volume de dinheiro do exercício assim:

Moneyness da Opção × Multiplicador da Opção = Montante de Liquidação em Dinheiro

Quando o moneyness fica abaixo de zero, uma opção não tem valor intrínseco. Nesse caso, nenhum dinheiro mudaria de mãos.

LEMBRE-SE

Pressupondo um valor SET de 1523 para SPX e um multiplicador 100, o exercício e o montante da cessão para vencer as opções de call e put com um preço de exercício em 1520 são:

» Moneyness de Call: 1523 – 1520 = 3.

» Montante do Exercício de Call: 3 × 100 = US$300 Crédito.

» Montante da Cessão de Call: US$300 Débito.

» Moneyness de Put: 1520 – 1523 < 0.

» Montante do Exercício de Put: 0 × 100 = US$0 Crédito.

» Montante da Cessão de Put: US$0 Débito.

Como nenhum ativo troca de mãos durante o processo, é inexistente seu risco de mercado no fim de semana devido a notícias boas e ruins.

Cumprindo as Obrigações da Opção

Quando você vende uma opção a descoberto, tem uma obrigação, não um direito. Isso realmente facilita sua tomada de decisão sobre se deseja ou não ser exercido: não há escolha. O único modo de evitar o exercício é comprando de volta a opção para compensar sua posição. É igual para ambos os estilos de opção.

LEMBRE-SE Embora todas as opções de ação sejam contratos no estilo americano, nem todos esses contratos são opções de ação. Também existem opções de índice no estilo americano que são liquidadas em dinheiro.

Opções de ação no estilo americano

Os exercícios automáticos ocorrem no vencimento, embora as opções no estilo americano possam ser exercidas no início. Em qualquer caso, você atende ao exercício por meio da transferência de cotas para a conta.

Existem algumas nuances a considerar em relação à ser exercido, mas primeiro veja as seguintes informações sobre a mecânica básica. Quando a opção de ação é imposta a você, aparecem duas transações em sua conta:

» **Imposição:** A opção vendida é retirada da sua conta, e aparece o termo Assigned ou a abreviação ASG.

» **Compra/Venda:** A transferência da ação parece igual a uma ordem de ação normal.

É um pouco complexo, portanto, é primordial prestar atenção nos desenvolvimentos da sua conta. O(s) contrato(s) imposto(s) não está(ão) mais em sua conta; *porém*, você pode não ter sido exercido em todos os contratos. Verifique suas posições para saber se há algum contrato vendido restante. E mais: em geral, uma comissão é aplicada na transação de compra/venda, conhecida como *taxa de exercício*, que pode ser uma quantia muito diferente da comissão de trading normal.

Você costuma ter uma imposição quando sua opção vendida não tem mais valor temporal, o que ocorre quando a opção fica muito dentro do dinheiro. O valor temporal é maior no dinheiro e cai muito à medida que o preço da ação se distancia mais do preço de exercício. As puts normalmente têm mais chance de ser exercidas no início, porque a pessoa que exerce o direito estará trazendo dinheiro. O risco de ter um exercício cedo em uma call aumenta muito quando falta um dia ou dois para a data ex-dividendo e o montante do dividendo é maior que o valor temporal da ação que seria perdido com o exercício antecipado. Na verdade, para os dividendos, o importante é a data ex-dividendo, não a data do pagamento.

DICA — Todas as opções dentro do dinheiro (ITM) em um centavo ou mais na data de vencimento são exercidas/executadas automaticamente.

Agora as exceções inevitáveis.

Exercício short put

Supondo que uma short put fosse executada, agora você é o orgulhoso proprietário da ação ABC por um custo que provavelmente é maior que o mercado atual.

É preciso decidir se você quer ou não manter as cotas atribuídas e como a decisão de mantê-las ou vendê-las no mercado impacta sua conta. Se você não tem dinheiro suficiente para a transação, pode colocar mais dinheiro antes da liquidação da ação ou conseguir comprar ações a termo. Quando compra ações a termo, o que não recomendo, está pegando dinheiro emprestado com seu corretor. Isso pode ser feito apenas em certas contas, e as condições do crédito são determinadas por:

» Requisitos do custo e da margem para a ação.
» Dinheiro na conta antes do exercício.
» Regras e taxas do corretor.

CUIDADO — A margem é perigosa e deve ser evitada a todo custo. Todavia, lembre-se do seguinte se você decidir usá-la. Ao comprar a termo, os retornos esperados devem exceder a taxa sem risco associada ao Tesouro mais a taxa de juros cobrada pelo corretor para usar a margem. Como o valor de mercado de uma posição atribuída provavelmente fica abaixo do que você pagou, é preciso considerar cortar as perdas e vender a posição.

Exercício short call

Se uma short call fosse executada, as coisas ficariam mais complicadas, a menos que você já tenha a ação. Então, ela é vendida no preço de exercício da opção, possivelmente abaixo do preço de mercado atual.

Quando você não tem a ação, o exercício de short call resulta em uma posição de ação vendida. Isso o expõe a um risco significativo, porque a ação pode continuar subindo. Mesmo que queira segurar a posição vendida, seu corretor pode não ter acesso ao aluguel do ativo. Se isso acontecer, a ação será comprada por qualquer preço sendo negociado no mercado para fechar a posição vendida. Isso pode ser feito com ou sem seu conhecimento.

Mas pode ser até mais perigoso. A única coisa pior do que cotas compradas de volta sem seu conhecimento é a ação ficar a descoberto sem você saber! Sempre monitore suas contas com regularidade ao manter posições de opção vendida ou ação. Conheça as condições que podem disparar os exercícios antecipados, como opções profundas dentro do dinheiro ou notícias que impactam muito o valor do ativo.

> **CUIDADO** Para criar uma posição vendida, seu corretor deve pegar emprestado as cotas. Isso pode ou não estar disponível. Como resultado, mesmo que você tenha dinheiro suficiente e queira segurar uma posição vendida, pode não ser uma alternativa viável.

Vencendo as opções

Em um mundo perfeito, se você gerenciar ativamente sua conta, o vencimento acontecerá sem incidentes. Dito isso, é possível que às vezes você acabe segurando uma posição no vencimento. Veja o que esperar quando mantém uma posição comprada ou vendida de uma opção até o fim de semana de vencimento.

Posições compradas da opção

Antes de comprar uma opção, você deve saber como fechará a posição. Conforme a opção se aproxima do vencimento, veja o que é preciso considerar:

» Se a opção está fora do dinheiro (OTM) ou quase no dinheiro (ATM) e você não quer exercer os direitos de contrato, tente vendê-la quando o crédito recebido excede sua comissão para a transação.

» Se quer comprar ou vender a ação, calcule se vender o contrato ou exercê-lo é mais rentável. Você faz isso calculando se ainda existe valor temporal. Em caso afirmativo, venda a opção. Do contrário, exerça. A única opção é quando a data ex-dividendo está envolvida e o dividendo é maior que o valor temporal.

Nunca pressuponha que uma opção levemente OTM ou ATM vencerá sem valor. É possível que a última negociação da ação seja reportada tarde, resultando em uma opção ITM. Mesmo que a ação feche exatamente no preço de exercício, ou seja, OTM, monitore as notícias após o fechamento. Você pode exercer a opção se espera uma grande mudança no valor da empresa durante o fim de semana.

As seções a seguir cobrem o que acontece quando você mantém uma opção ITM no vencimento.

Exercer por exceção (exercício automático)

Atualmente, quando uma ação ou opção de índice é ITM em US$0,01 ou mais no vencimento, a OCC pressupõe que você não queria que uma opção com valor vencesse sem valer nada. Ela a exerce em seu nome durante o fim de semana do vencimento. Mesmo sem instruções específicas, cotas da ação são compradas ou vendidas para você. Isso pode criar uma posição descoberta em sua conta sem seu conhecimento.

Você pode instruir seu corretor para não permitir o exercício automático para contratos específicos, mas deve fazer isso dentro dos tempos limites deles. Os motivos para não exercer opções dentro do dinheiro incluem:

» A taxa do exercício é maior que o montante dentro do dinheiro.

» As notícias depois de o mercado fechar fazem a ação seguir uma direção desfavorável, acabando com o fechamento dentro do dinheiro.

» Você não quer arriscar ter a ação durante o fim de semana, assim como um gap de baixa aberto no fechamento da segunda-feira.

Seu corretor pode ter limites diferentes de exercício automático, portanto, você deve se familiarizar com ambos e deixar claros seus desejos passando instruções a ele. Note que os níveis de gatilho da OCC para o exercício automático diminuíram ao longo dos anos.

Posições vendidas da opção

Uma opção de ação vendida o obriga a comprar ou vender cotas da ação subjacente. Como resultado, você é mais reativo no vencimento e tem mais risco de capital em potencial. As opções vendidas costumam ser executadas quando as condições do mercado não o favorecem. O único modo de impedir o exercício é sair dessa posição antes de o mercado fechar no último dia de negociação. Todavia, seu corretor pode não permitir que você mantenha uma opção dentro do dinheiro até o vencimento se os requisitos de margem para ter a ação exercida são maiores que a capacidade de margem da sua conta. Nesse caso, pode ocorrer uma liquidação forçada para proteger o corretor.

DICA

Os preços da ação podem mudar muito no fim de semana se são divulgadas notícias importantes. O valor de uma ação subirá em disparada se a empresa descobre curas para cinco doenças importantes, mas pode cair como uma pedra se ela divulga que só estava brincando em relação a seus lucros nos últimos três anos. Monitore as notícias após o fechamento para ver se é possível aproveitar o exercício do vencimento de opções fora do dinheiro.

Se sua opção vendida é OTM, há uma boa chance de que vencerá sem valor. Mas os traders de opção comprada monitorarão as condições após o fechamento. Se notícias importantes forem dadas sobre as empresas, movendo o preço da ação na negociação do after market, você ainda terá um exercício no fim de semana de vencimento na opção OTM. A Tabela 9-2 resume o que esperar ao entrar em um fim de semana de vencimento de opções. No mercado brasileiro não é possível exercer uma opção no final de semana.

TABELA 9-2 Resumo de Vencimento da Opção de Ação

Tipo de Opção	Ação Típica	O que Deve Ser Considerado
Long: OTM	Vence sem valor	Se a opção OTM tem valor no último dia de negociação, não deixe que vença sem valor quando pode fechá-la com um crédito maior que a comissão. Monitore a negociação no fechamento para assegurar que a opção seja realmente OTM. Se a ação paira sobre o preço de exercício, a OTM é uma dúvida, e se você não quer ter e nem vender a descoberto a ação, venda a opção antes do vencimento, para não correr o risco do exercício automático e da exposição da ação no fim de semana.
Long: ATM	??	Gerencie uma opção ATM parecida com a OTM e as opções. Se o preço da ação paira sobre o preço de exercício, a OTM é uma dúvida e você não quer ter/vender a descoberto a ação, venda a opção antes do vencimento, para não correr o risco do exercício automático e da exposição da ação durante o fim de semana. Se a opção é ATM, venda-a pelos mesmos motivos.
Short: OTM	Vence sem valor	Monitore as notícias e a conta após o fechamento. Mesmo quando a opção fecha como OTM, qualquer pessoa pode escolher exercer seus direitos, resultando em um exercício para você. Se o preço da ação paira sobre o preço de exercício, a OTM é uma dúvida e você não quer ter e nem vender a descoberto a ação, compre a opção de volta antes do vencimento, para não correr o risco do exercício automático e da exposição da ação durante o fim de semana.
Short: ATM	??	Monitore as notícias e a conta após o fechamento. Assim que a opção é ITM em apenas US$0,01, o risco de exercício é automático. Para evitar tal exercício, se a ação paira sobre o preço de exercício, a OTM é uma dúvida e você não quer ter/vender a descoberto a ação, feche a posição vendida no último dia de negociação para não correr o risco do exercício automático e da exposição da ação durante o fim de semana.
Short: ITM	Exercida	Como ocorre um exercício automático quando uma opção é ITM > US$0,01, você deve esperar um exercício nesse nível. Feche a posição vendida no último dia de negociação, caso queira evitar ser exercido.

LEMBRE-SE Considere sua melhor alternativa e plano futuro. Se você segura uma posição de opção comprada ou vendida, é melhor gerenciar ativamente essa posição. Em geral, isso significa sair dela antes do fechamento no último dia de negociação, mas pode incluir dar instruções específicas ao corretor.

Após uma opção fechar só um centavo ITM, espera-se que seja exercida. Atualmente, se a ITM é de US$0,01 ou mais, o exercício automático inicia para os detentores de contrato comprado. Nesse ponto, você pode esquecer de se esquivar do exercício.

Ao segurar uma posição da ação que cumpre a obrigação da opção vendida, você ficará menos estressado no vencimento. Mas quando o exercício cria uma nova posição na sua conta, há duas escolhas:

> Sair da posição na manhã de segunda-feira do mercado.

> Segurar a posição, se tem fundos suficientes.

Seu corretor pode ou não ter aluguel disponível para uma posição de ação vendida, portanto, sair da posição seria a única escolha.

LEMBRE-SE

Ao negociar uma opção no estilo europeu, você deve conhecer o último dia de negociação da opção e como o valor de liquidação é determinado.

Ao gerenciar o risco, isso significa que você gerencia suas posições, compradas e vendidas. Embora você não costume considerar uma opção comprada muito perigosa, há vezes em que ela pode pegá-lo desprevenido. Um exemplo perfeito é quando uma opção de venda tem um exercício automático, resultando em uma posição de ação indesejada.

Opções no estilo europeu

Essas opções oferecem uma vantagem em relação ao estilo americano se você tem um contrato de opção vendida. Isso porque não precisa se preocupar com o exercício precoce e nem com a entrega da cota. Pode evitar totalmente o exercício quando compra a opção de volta a qualquer momento antes do vencimento para compensar a posição vendida.

Diferente de cobrir uma posição vendida, você não precisa decidir entrar em um fim de semana de vencimento. Se a opção for ITM no vencimento, sua conta terá debitada a diferença entre o valor de liquidação e o preço de exercício.

CUIDADO

Pode haver um período quando as notícias afetam a liquidação de um índice. Se você tem puts SPX OTM vendida no fim da negociação na quinta-feira, notícias ruins durante a noite podem resultar em uma forte queda pela manhã, quando o SET é determinado. Isso pode resultar em puts OTM se tornando ITM.

Esmiuçando: Opções de Índice no Estilo Americano

Uma das opções de índice mais populares no estilo americano é o contrato do índice S&P 100 (OEX). Você pode exercer seus direitos sempre que tem um contrato comprado ou ser exercido sempre que mantém um contrato vendido. As opções de índice no estilo americano são liquidadas em dinheiro, porque um índice não pode ser comprado e nem vendido.

Como esses contratos podem ser exercidos a qualquer momento, é preciso saber como o valor de liquidação é determinado antes do vencimento. Esses detalhes constam na especificação do contrato.

Tendo a especificação OEX da CBOE como exemplo, veja como funciona:

» **SET OEX no vencimento:** Usa o valor de liquidação, o último preço de vendas informado (fechamento) de cada ação do componente no índice no último dia útil antes do vencimento.

» **Liquidação OEX do exercício precoce:** Usa o último preço de fechamento de vendas do mercado principal informado de cada ação do componente no índice ou no dia em que as instruções do exercício são enviadas.

Exercendo direitos

É preciso contatar seu corretor para descobrir o tempo limite do exercício para as opções de índice no estilo americano, como OEX, XAU, SOX, porque o valor de liquidação da opção de índice com posição comprada pode ser determinado abrindo-se o SOX ou fechando-se os valores OEX e XAU. Você deve considerar o valor temporal ao decidir se é para vender a opção de índice no mercado ou exercer seus direitos de contrato. Se você decide exercer o contrato, o montante creditado em sua conta é determinado usando-se o preço de exercício da opção, o valor de liquidação do índice e o multiplicador, como na especificação do contrato.

Um motivo para você decidir exercer seus direitos precocemente em um índice no estilo americano com uma posição comprada, mesmo que o valor temporal permaneça na opção, é se há notícias após o fechamento do mercado oriental às 16h em qualquer dia de negociação antes do vencimento que poderiam impactar muito o valor do índice no dia seguinte em um montante maior que o valor temporal. Considere os direitos que você tem e o provável impacto que as notícias terão nos níveis de negociação do índice.

Cumprindo obrigações

A única decisão que você tem como detentor de um contrato vendido para as opções de índice no estilo americano é se deve ou não comprar de volta a opção para evitar o exercício. Como é possível um exercício precoce, você precisa considerar a possibilidade desse evento todo dia em que segura a posição, em vez de apenas no último dia de negociação. Se exercida, sua obrigação é atendida em dinheiro usando o preço de exercício da opção, o valor de liquidação do índice e o multiplicador.

LEMBRE-SE Sempre, *sempre* verifique as especificações do contrato antes de negociar as opções de índice nos estilos europeu e americano. Então planeje de acordo, preste muita atenção nos mercados e nas notícias e fique à frente do jogo.

NESTE CAPÍTULO

» Protegendo ativos com opções

» Protegendo uma carteira com opções

» Tendo cuidado com opções fora do padrão

Capítulo 10
Protegendo Sua Carteira com Opções

Vivemos em um mundo diferente daquele de alguns anos atrás. A eleição norte-americana de 2016, a possibilidade de um aumento constante por vários anos nas taxas de juros dos Estados Unidos e as inevitáveis repercussões globais na política e nas finanças asseguraram essa diferença entre os dias atuais e aqueles de alguns anos passados. Embora pareça assustador, a história mostra que toda mudança sísmica parecida no passado levou a novos desafios, mas também a grandes oportunidades.

Não se preocupe. As opções são o veículo de trading perfeito para tempos incertos, porque oferecem proteção para carteiras e posições de negociação. Como várias estratégias estão disponíveis, você deve ter planos de contingência e estar pronto para implementá-los, não importa a situação. Este capítulo explica algumas estratégias de proteção e os principais fatores considerados ao colocá-las em prática.

A última parte do capítulo aborda um risco único que as opções ajustadas colocam para investidores e traders. As opções *ajustadas* são contratos com um pacote de entrega não padrão devido às ações corporativas ocorridas durante a vida da opção. Explico essas opções aqui neste capítulo porque elas podem aumentar o risco até das estratégias conservadoras e de proteção.

Protegendo uma Ação Comprada

O foco deste livro tende para as estratégias de trading de opção de curto prazo, mas as opções são muito adequadas para gerenciar o risco relacionado às posições de longo prazo também. Aplicar estratégias de proteção em suas posições existentes pode transformar noites de ansiedade e sem sono em tranquilidade durante as crises do mercado ou períodos de maior incerteza. Como ninguém sabe quando ocorrerão esses zigue-zagues do mercado, incorporar regularmente estratégias de proteção em seu plano de investimento pode ser a diferença entre atingir suas metas financeiras no prazo ou esperar que a próxima rodada altista o coloque nessa posição.

Combinando puts com ação comprada

Adquirir puts em seus investimentos de ação existentes fornece uma garantia contra perdas importantes quando ocorre uma recessão maior. Como outras formas de garantia, é frustrante fazer um cheque para algo de que você pode não precisar, mas realmente é bom quando o momento chega. Duas estratégias que combinam uma ação comprada com uma long put são:

» Married put (ação e put compradas juntas).

» Put de proteção (ação e put compradas separadamente).

As duas posições são basicamente iguais, mas diferem na hora das compras. Cada uma consiste em uma long put para cada cem ações mantidas. Não é preciso diferenciar os termos. O importante é entender por que e como você protege seus ativos. Usamos o termo *put de proteção* no restante do capítulo.

LEMBRE-SE

Uma opção de long put lhe dá o direito, mas não a obrigação, de vender a ação subjacente no preço de exercício do contrato até a data de vencimento. Você pode também vender esse direito de opção de put no mercado até esse momento.

Considerações da proteção

A expressão "Quando a maré sobe, todos os barcos sobem junto" é usada para descrever o mercado de ações e sua tendência de que todas as ações subirem juntas durante uma corrida altista. Mas o que sobe acaba descendo, portanto, independentemente do mérito de uma ação individual, quando chega um mercado baixista, poucas pessoas saem ilesas, porque, se muitas ações de qualidade caem, outras sobem durante os mercados baixistas.

Tentar antecipar as oscilações do mercado é quase impossível, apesar de muitos indicadores considerados confiáveis e que valem a pena conhecer. Mas por que arriscar sem considerar as ações de proteção destinadas ao longo prazo? Suponha que tenha comprado a ação XYZ a US$34 e queira mantê-la em longo prazo. Você pode fixar um preço de venda para essa ação a qualquer momento adquirindo put (venda). Não importa se é sua intenção exercer seu direito ou apenas compensar as perdas com ganhos da opção.

DICA

Torne as opções parte de todas as suas decisões de investimento da ação. Se você tem escolha entre dois investimentos de ação diferentes com potencial de crescimento igual e possibilidades, veja qual tem opções disponíveis. Isso pode facilitar sua decisão de investimento se uma permite comprar proteção, ao passo que a outra não.

As opções podem lhe dar tempo e impedir que você tome decisões apressadas. Por exemplo, em vez de contar com uma abordagem "tudo ou nada" que inclui vender XYZ e tentar comprá-la de volta caso o mercado caia, é possível proteger a posição em curto ou longo prazo usando puts. O primeiro passo antes de analisar opções específicas é decidir se você protegerá continuamente uma posição ou se fará isso de modo intermitente, segundo sua visão de mercado.

É importante escolher um horizonte temporal. Suponha que você busque uma proteção temporária para XYZ (30 a 60 dias). Ao ver as listas de opções, precisará avaliar opções com 60 a 90 dias até o vencimento. Isso lhe dá flexibilidade para sair da posição de put antes da aceleração da desvalorização do valor temporal de 30 dias antes do vencimento. A próxima coisa a considerar é quanta proteção você deseja. A Tabela 10-1 mostra dados parciais da lista de opções de venda para XYZ, ajudando na decisão. Suponha que o preço de ação atual de XYZ seja de US$37,50.

TABELA 10-1 Dados da Lista de Opções de Put para XYZ em 22 de Agosto

Mês	Preço de Exercício	Compra	Venda	PA*
Out	30	0,20	0,25	36.287
	32,50	0,30	0,35	1.965
	35	0,60	0,70	24.641
	37,50	1,25	1,05	1.338
Jan	30	0,50	0,60	45.795
	32,50	0,75	0,85	156.657
	35	1,25	1,35	52.734
	37,50	2	2,15	24.225

*PA = Posição Aberta

Posição aberta é o número total de contratos pendentes para um contrato de opção específico.

Não é tamanho único

Como você está preocupado com a ação do mercado em setembro e outubro, é razoável focar as opções de outubro e janeiro para cobrir o período baixista. Depois, é preciso identificar as perdas, se houver, que deseja aceitar. Você comprou a ação a US$34 e atualmente ela é negociada a US$37,50. Você quer proteção para XYZ no preço estimado atual ou no nível de preço mais baixo e menos caro em que foi comprada? São perguntas que você tem sempre que considerar ao proteger uma posição.

Quanto mais tempo há até o vencimento, mas incerteza há em relação ao preço da ação na ocasião. Uma opção dentro do dinheiro (ITM) tem mais tempo para se tornar uma fora do dinheiro (OTM), e vice-versa. Use delta como um recurso para verificar a lucratividade da opção até ser ITM no vencimento, dado seu movimento anterior. Para saber mais sobre todas as letras gregas, veja o Capítulo 3.

Pressupondo que busca proteção acima do preço de compra da ação (US$34), você limitou sua análise a preços de exercício em 35 e 37,50. A Tabela 10-2 mostra uma análise da proteção fornecida pelas puts escolhidas, caso você opte por exercê-las.

TABELA 10-2 Lista de Short Puts para XYZ em 22 de Agosto

Mês	Dias até Vencer	Preço Exerc.	Venda	Delta	Lucro Líq. Exercício
Out.	60	35	0,35	−0,186	US$65
	60	37,50	1,05	−0,460	US$245
Jan.	150	35	1,35	−0,291	(US$35)
	150	37,50	2,15	−0,440	US$135

A coluna Lucro Líq. Exercício é calculada subtraindo-se o lucro líquido do preço de compra da ação a partir do ponto de equilíbrio da opção. No Capítulo 4, o ponto de equilíbrio de uma opção de put é:

Preço de Exercício de Put − Prêmio da Compra de Put = Equilíbrio de Put

(Equilíbrio de Put − Preço da Compra) × 100 = Lucro Líquido/Perda

LEMBRE-SE Salvo indicação contrária, o multiplicador de uma opção de ação é 100. Ao trabalhar com uma posição combinada que inclui 100 cotas da ação, lembre-se de incorporar esse valor nas fórmulas.

A partir desse ponto, a opção real selecionada para a estratégia é totalmente pessoal. Você pode preferir uma proteção de longo prazo e incluir opções de put de abril em sua análise. Pode buscar apenas uma cobertura para catástrofes, e nesse caso, pode adicionar preços de exercício abaixo de 35 também.

Para fechar o exemplo, o exercício de 37,50 deve ser selecionado. Se você é baixista no mês inteiro de outubro, a opção de put XYZ Jan 37,50 fornece proteção para o período total.

Há muitas coisas a considerar quando se busca proteção para uma posição de ação existente, inclusive:

» Prazo da proteção (mês de vencimento).
» Nível de proteção (preços de exercício e da opção).

Você também pode considerar a possibilidade de uma opção ser ITM no vencimento consultando o delta. Usando as opções com maiores chances de ser ITM no vencimento, é possível descobrir que você pode negociar fora da posição de proteção e usar recursos para ajudar a financiar uma nova put de proteção. Mais especificamente, a desvantagem de uma put ITM é um ponto de equilíbrio mais alto, porque você paga por menos desvalorização no valor temporal. E considere que as opções ITM também reduzem o potencial de ganho. Não importa, quanto mais experiência, mais você encontrará uma abordagem adequada ao seu estilo.

DICA Sempre é possível vender uma put de proteção antes de ela vencer, caso você sinta que os mercados estabilizaram e um panorama intermediário de sua ação se torne altista de novo.

Como ninguém sabe como será o próximo dia nos mercados, um investidor pode decidir manter certo nível de proteção nas posições da ação, independentemente do panorama de curto prazo ou intermediário. Para minimizar as despesas, os exercícios mais baixos podem ser considerados uma parte do plano que oferece uma cobertura para catástrofes, um tipo de proteção contra acidentes que aceita uma perda antes de iniciar a proteção.

Desvalorização temporal acelerada

Ao negociar opções para essa estratégia ou outras, é preciso considerar o impacto da desvalorização temporal na posição da opção. *Teta* é a letra grega da opção que identifica a perda diária do valor da opção associado ao preço atual da opção.

Usando uma opção de put XYZ Out 37,50 com 60 dias até o vencimento, você pode obter teta acessando uma calculadora de opção, como do site Options Industry Council ou OCI (www.optionseducation.org — conteúdo em inglês), na seção Tools and Resources. Você tem acesso no Brasil a calculadora de opções e outras funções avançadas no site (www.oplab.com.br — conteúdo em português).

O valor teta para put 37,60 em outubro sendo negociada a US$1,05 é de –0,0078. Isso significa que, se tudo ficar igual no dia seguinte, a cotação da opção perderá 0,0078 por ação em valor. Pode não parecer muito, mas acumula com o tempo.

Além do impacto cumulativo da desvalorização temporal, essa taxa de desvalorização acelera conforme o vencimento se aproxima, em particular nos últimos 30 dias de vida de uma opção.

CUIDADO O impacto da desvalorização temporal acelera nos últimos 30 dias de vida de uma opção. Isso significa que o valor extrínseco cairá mais rápido junto com o valor da opção, supondo que todas as outras condições permanecem iguais.

Sempre planeje com antecedência. Para minimizar o impacto da desvalorização temporal dentro de 30 dias até o vencimento, as estratégias de trading que usam opções compradas devem incorporar um plano de saída para lidar com a questão. É uma boa ideia considerar sair de uma posição de opção comprada 30 dias antes do vencimento para evitar a aceleração das perdas em seu valor extrínseco.

A Tabela 10-3 mostra os valores teta para put XYZ Out 37,50 de vários dias até o vencimento, supondo que todos os outros fatores permanecem iguais.

TABELA 10-3 Valores Teta para Put XYZ Out 37,50

Dias até Vencer	Venda	Teta
60	1,05	–0,0078
30	0,75	–0,0117
10	0,45	–0,0216
5	0,30	–0,0314

Se você acha US$0,02/dia viável, considere o que isso representa em termos de porcentagens. Com 10 dias até o vencimento, US$0,0216 é 4,8% do valor de US$0,45 do contrato.

LEMBRE-SE
O modo escolhido para proteger as posições é parecido com qualquer outra decisão de investimento, ou seja, depende de sua tolerância ao risco e preferência pessoal. Encontre uma abordagem adequada ao seu estilo. Você também pode descobrir isso simulando no papel antes de agir.

Antes de seguir para o custo de uma put de proteção em relação à ação, o gráfico de risco na Figura 10-1 mostra o perfil de risco e retorno aprimorado após adicionar put à ação comprada. Agora as perdas têm um limite.

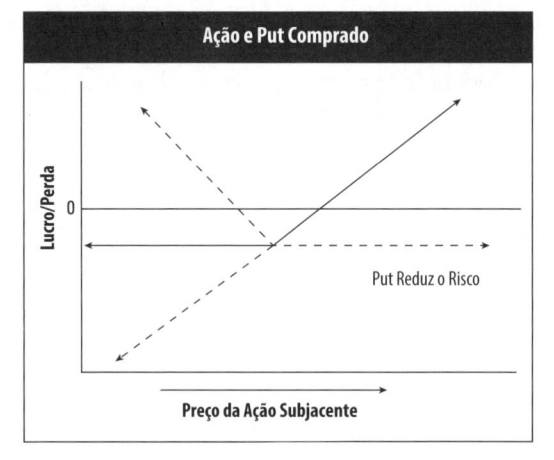

FIGURA 10-1: Gráfico de risco para a posição da put de proteção de uma ação comprada.

Ação e Put Comprado

Put Reduz o Risco

Imagem da Optionetics

Pesando custo da proteção versus tempo

Quando você tem um horizonte temporal específico e razoavelmente curto para proteger uma posição, escolher o mês de vencimento é muito simples. Quando se busca uma proteção de longo prazo, a análise requer um pouco mais de esforço. Como você espera que o título suba em longo prazo, as opções ATM devem ser OTM no vencimento e podem ser minimamente eficientes ao proteger o valor estimado da ação desde a compra. Você pode considerar comprar uma série de puts de curto prazo, pois isso permite o ajuste dos exercícios de put durante o processo. A desvantagem de ter várias puts é que elas custam mais. Então, antes de fazer qualquer negociação, você deve pesar o custo da proteção em relação há quanto tempo a proteção existe.

LEMBRE-SE
O processo de investimento requer equilibrar risco e retorno. Sem risco, não há retorno, mas isso não significa que você deve arriscar. Considere as posições de proteção como um meio de limitar suas perdas, deixando os lucros acontecerem ao mesmo tempo.

Proteção de longo prazo

No trading de opções, nada substitui fazer o dever de casa e pensar bem em tudo. Suponha que você tenha notado que a ação XYZ teve ganhos consistentes anuais de 8%, mesmo durante anos com uma queda de 2% durante o processo. Como proteger tal posição? Uma put ATM de US$$2,15 que gerou cinco meses de proteção foi usada no exemplo XYZ. Como XYZ estava em US$37,50, o prêmio de put representa 5,7% de seu valor. Isso poderia lhe custar um bom retorno projetado, supondo que XYZ e XYZ se comportam do mesmo modo.

Equilibrar o custo da proteção versus retornos é difícil e requer estratégia. De novo, não é uma proposta com formato único. Se você adquire puts regularmente, pode estar sacrificando os retornos da ação e algo mais. Por outro lado, ignorar completamente a proteção pode lhe custar grande parte do seu investimento inicial.

A resposta rápida para esse problema é que você basicamente deve encontrar o equilíbrio ideal no seu caso. Pode decidir usar puts de modo intermitente quando surgem períodos baixistas, mas se conseguisse cronometrar bem os mercados, provavelmente não precisaria de proteção. O outro lado é que você pode determinar quanta redução em potencial para seus ganhos conseguiria comprando puts com regularidade e ajustar suas expectativas de acordo.

LEMBRE-SE Considere o valor da posição inteira (ação e put) e o efeito das mudanças no preço em todo o montante. Ao adquirir puts para proteger seus investimentos, equilibre o custo da proteção versus retornos líquidos para a posição da put de proteção.

O objetivo é maximizar sua oportunidade para um resultado de sucesso na negociação. Enquanto as ações costumam requerer dicas visuais técnicas e pontos de vista altistas de longo prazo para executar as negociações, as opções precisam de mais planejamento e consideração estratégica. Avaliando com cuidado as diferentes opções, em vez de só procurar a alternativa mais barata, há mais chances de a opção ter algum valor trinta dias antes do vencimento. Como parte do plano, considere o seguinte:

» O valor líquido do exercício e o nível de proteção fornecido.
» A chance estatística de que a opção será ITM no vencimento (delta).
» O custo da proteção e seus futuros retornos com o aumento do preço da ação.

Ser claro sobre os objetivos da sua estratégia desde o início deve ajudar muito a otimizar suas chances de sucesso.

Cálculos do custo por dia

Como última consideração, ao escolher puts de proteção:

» Tenha cuidado ao adquirir puts aparentemente baratas que não oferecem uma proteção adequada e provavelmente vencerão sem valor.

» Considere o custo da proteção em seu período de retenção da ação.

Usando put no preço de exercício 37,50 para XYZ, é possível calcular o custo diário da proteção para as duas opções. Isso é feito dividindo-se o prêmio da opção pelo número de dias até o vencimento:

» XYZ Out 37,50 Put @ US$1,05 = US$1,05 × 100 = US$105.

» US$105 ÷ 60 dias = US$1,75 Por Dia.

» XYZ Jan 37,50 Put @ US$2,15 = US$2,15 × 100 = US$215.

» US$215 ÷ 150 Dias = US$1,43 Por Dia.

A transação de put XYZ Jan 37,50 se traduz em um custo de aproximadamente US$0,0143 por cota para a opção, se mantida até o vencimento.

DICA

Cuidado ao deixar suas emoções soltas. Faça o que puder para gerenciar suas posições respondendo às condições do mercado, não reagindo com exagero. Por exemplo, esperar para comprar uma proteção de put até depois de o mercado passar por uma grande correção assegurará que você pague um alto preço por essa proteção. É melhor fazer o seguro do imóvel antes de ele queimar, ou seja, prepare-se. Ninguém controla totalmente as emoções quando os mercados disparam subindo ou despencando. Faça seu melhor para gerenciá-las concluindo sua análise sempre que possível quando os mercados são fechados.

Limitando o Risco da Ação Vendida com Calls

As long puts fornecem meios de proteger seus investimentos por um tempo específico. Embora seja provável que você não segure nenhuma posição de ação vendida em sua carteira de investimentos, é possível negociar as estratégias periodicamente, por exemplo, usando ETFs inversos, que utilizam uma posição de ação vendida mantida durante a noite. Uma long call pode protegê-lo das perdas devido aos gaps de alta durante a noite. Essa estratégia requer opções de ação individuais para proteger as posições vendidas da ação individual e opções de call ETF para proteger um ETF vendido ou posição de ETF inversa.

Protegendo uma posição de ação vendida

Assim como uma long put protege uma posição de ação comprada, uma long call protege uma posição de ação vendida. Uma call lhe dá o direito, mas não a obrigação, de comprar a ação por um preço de exercício específico na data de vencimento. Você pode exercer seus direitos de call para fechar uma posição vendida, caso a ação suba rapidamente.

Como uma posição de ação vendida costuma ser mantida por menos tempo, a escolha de uma opção de call de proteção é muito mais fácil. Em geral, é possível avaliar as opções com o menor tempo até o vencimento ou no mês seguinte. As ações com opções terão ambos os meses disponíveis.

DICA Os meses da opção mais próximos do vencimento geralmente são referidos como *opções perto do mês*, e os que vencem logo depois são referidas como *opções do mês seguinte*.

Além de pagar menos pelo tempo da call de proteção, a escolha do preço de exercício deve ser mais fácil, porque há menos chance de a ação se afastar do preço de entrada no período de tempo relativamente curto em que a posição é mantida. Tente usar opções que combinem com seu critério máximo de perda.

Reduzindo mais o risco da ação vendida

Abrir uma posição vendida das ações é bem arriscado, sobretudo se você não tem muito dinheiro. Se está realmente comprometido a reduzir o risco da ação vendida, por que não implementar uma estratégia de long put para aproveitar sua visão baixista para certa ação? Suponha que você não tenha a ação XYZ e é baixista em relação à ação. Como uma posição de long put se compara a uma posição de ação vendida? Supondo que XYZ seja negociada a US$37,50, a Tabela 10-4 compara uma put de US$37,50 com a posição da ação, inclusive o risco e o retorno máximos.

TABELA 10-4 Posições Baixistas para XYZ em 22 de Agosto

Posição	Custo de Entrada	Risco Máximo	Retorno Máximo
Long 1 Out 37,50 Put	US$105	US$105	US$3.645
Short 100 Cotas XYZ	US$3.750	Ilimitado	US$3.750

Consideres estes pontos:

- » **Custo de entrada da ação:** O custo inicial para a posição de ação vendida é 100% do preço da ação atual, porque a venda a descoberto precisa ter 150% de margem. São creditados 100% na conta com a venda da ação, e os 50% restantes em dinheiro, que você precisa ter disponível para assegurar a posição.

- » **Risco máximo da ação:** Como teoricamente a ação pode subir sem limite, o risco para um vendedor a descoberto também é considerado ilimitado. Você pode limitar esse risco colocando uma ordem para comprar a ação de volta, caso ela suba passando de certo preço, mas os gaps durante a noite na ação podem resultar nesse nível de stop máximo do risco sendo excedido.

- » **Risco máximo da opção:** O risco máximo para uma posição de opção de long put é o prêmio pago. Nesse caso, US$105.

- » **Retorno máximo da opção:** Se você tiver o direito de vender uma ação por US$37,50 e ela é negociada atualmente a US$0, o valor intrínseco da opção será US$37,50. Se uma ação fica sem valor, para de ser negociada, e a OCC converte o produto de sua opção de put no valor em dinheiro do preço de exercício. O valor de US$1,05 pago por esse direito deve ser subtraído dos US$37,50 por cota ganho pela transação da ação para determinar o retorno máximo da posição da opção, que seriam US$36,45.

- » **Nível de equilíbrio da opção:** O ponto de equilíbrio para a posição da opção é o preço de exercício de put menos o preço da opção ou US$37,50 – 1,05 = US$36,45.

LEMBRE-SE

As puts aumentam em valor quando uma ação diminui e representam uma posição baixista. Embora sejam bens esgotáveis que sofrem um impacto negativo com a desvalorização temporal, têm um risco limitado e um potencial de retorno limitado, porém alto.

Examinando primeiro seu risco, a posição de put limita o risco máximo a US$105. Isso equivale a US$1,05 por ação, que pode ser facilmente excedido por um gap na ação durante a noite. Do ponto de vista do retorno, você está reduzindo o ganho máximo pelo custo de put (US$105), mas tem o potencial de exceder muito o retorno da ação vendida ao calcular o retorno usando a porcentagem. O resultado é que adquirir puts é menos arriscado quando você é baixista do que vender ações a descoberto se a negociação não está a seu favor e o preço da ação sobe.

Protegendo as Apostas com Opções

Você pode usar as seguintes opções para proteger as posições da ação:

- » Long put com uma posição de ação comprada.
- » Long call com uma posição de ação vendida.

O termo *hedge* descreve uma posição usada para compensar as perdas em um título resultante de movimentos adversos do mercado. A opção pode ser praticada para fechar a posição da ação, embora seja algo que recomendo porque você perderia o valor temporal restante. Por outro lado, os ganhos na opção podem ser usados para compensar as perdas na ação. Proteger uma posição ou uma carteira com opções é uma forma de hedge. Mas nem todos os hedges são iguais quando criados... alguns são mais perfeitos que outros. *Hedge perfeito* é uma posição que inclui um título que tem o mesmo valor que é perdido pelo segundo título. Nesse mundo perfeito, o ganho compensa a perda. Assim, o movimento descendente de US\$1 na XYZ coincide com o movimento ascendente de US\$1 nela. Um hedge perfeito pode ser caro e vale a pena considerar. Por exemplo, antes do vencimento, as opções de venda ATM têm um delta perto de −0,50, portanto, duas opções de put ATM teriam um delta coletivo perto de −1,0, a imagem espelhada do delta +1,0 da ação. O problema é que o valor temporal das opções ATM só protege a posição da ação 1 para 1 após deduzir o custo de sua compra de hedge.

Outro ponto importante ao estabelecer um hedge, sobretudo quando se está começando, é organizar seu processo mental em dois conjuntos de equações. Primeiro, calcule quanta proteção seu hedge comprará encontrando o preço líquido das vendas da ação, caso put seja praticada e como se encaixa em sua posição, se é uma posição de ação individual ou sua carteira inteira. Segundo, descubra o prêmio que você pagará. Depois é possível combinar as duas etapas em seu processo de decisão final, que deve responder à pergunta: quanto estou pagando para proteger minha carteira com essas opções?

LEMBRE-SE O delta da opção obtido com uma calculadora de opção fornece a mudança esperada no valor por cota da opção dada uma mudança de US\$1 na ação subjacente.

Protegendo uma carteira... em parte

Você pode proteger parcialmente uma posição quando tem um título que ganha valor quando a posição coberta perde valor. Em geral, ao combinar dois títulos que tendem a se mover em direções opostas, descobre-se que nem sempre é uma relação de um para um. Por exemplo, um ganho de US\$1 em uma ação pode corresponder a uma perda de US\$0,75 no título correspondente. Supondo que a relação entre os dois continua, combiná-los fornece uma posição parcialmente coberta.

DICA Delta pode ser usado para ajudar a criar posições cobertas parciais ou completas.

Protegendo uma ação com opções da ação

A opção de put XYZ Out 35 tem um delta −0,186. Supondo que você tem 100 cotas de XYZ e put Out 35, o impacto esperado em sua conta com uma redução de US$1 em XYZ é calculado assim:

(Mudança no Subjacente) × (Delta) = Mudança na Opção

(−1) × (−0,186) = +0,186

Quando a ação desce para US$37,50, o preço da opção de put Out 35 deve subir 0,19, aproximadamente US$0,35. A posição da ação perdeu US$100, e a posição da opção ganhou cerca de US$19. Como a put Out 35 ganhou valor quando a ação perdeu valor, ela forneceu um hedge para XYZ. Porém, o ganho da opção foi menor que a perda da ação, portanto, é apenas um hedge parcial da posição. Outro modo de explicar é que essa estratégia reduziu, mas não amorteceu totalmente sua perda. Como será visto nas próximas seções, esse processo é claramente ajustável, e sua capacidade de hedge pode ser melhorada. É por isso que os hedges parciais podem ficar perfeitos no vencimento após o valor temporal ter caído totalmente para zero, caso a opção de put esteja dentro do dinheiro. As opções de put dentro do dinheiro têm um delta −1,0, o mesmo da ação.

CUIDADO As opções de índice têm características diferentes das opções de ação listadas. Por exemplo, um índice não é um título, portanto, não é algo que você pode comprar e vender. Assim, as opções de índice são liquidadas em dinheiro, em vez de por meio da transferência de um ativo físico. Veja o Capítulo 9 para obter detalhes sobre as características da opção.

Protegendo uma carteira com opções de índice

Como opções registradas estão disponíveis para ação e índices, as carteiras podem ser protegidas via opções individuais da posição com opções de índice, supondo que a carteira tenha uma forte correlação com um índice específico. Em alguns casos, proteger sua carteira pode realmente requerer uma opção de índice para um grupo de ações que se correlacionam bem com um índice e opções de ação individuais para outras sem boa correlação com certo índice.

DICA *Correlação* é um termo usado para descrever a relação entre conjuntos de dados. Nesse caso, ela o ajudará a descobrir quantos contratos você terá que pagar para proteger sua posição. Os valores variam de −1 a +1 e ao aplicar em ações, temos as seguintes informações:

» As ações com retornos que se movem na mesma direção, na mesma grandeza, têm uma perfeita correlação positiva (+1).

» As ações com retornos que se movem na direção oposta, na mesma grandeza, têm uma perfeita correlação negativa (−1).

» As ações com retornos sem movimento consistente em termos de direção e grandeza são consideradas não correlacionadas (0).

Suponha que você tenha uma carteira de US$225 mil bem correlacionada com o OEX, negociando em cerca de 1040. Uma abordagem rápida de proteção parcial usa o valor da carteira e o preço de exercício do índice para estimar o hedge. Há opções do índice OEX para diferentes meses em aumentos de cinco pontos no preço de exercício. Quando negociada em 1042, uma call 1040 terá US$2 de valor intrínseco, porque o moneyness da opção é igual para as opções de índice e ação.

Usando uma abordagem de proteção de curto prazo, a Tabela 10-5 mostra os candidatos de put em potencial para as opções do mês seguinte que vencem em cerca de sessenta dias. Essas opções podem parecer caras, mas um movimento de cinco pontos no índice reflete menos de 1% do valor do índice.

TABELA 10-5 Dados da Lista de Opções de Put para OEX

Mês	Preço de Exerc.	Compra	Venda	Delta*	PA
Mar.	1040	203,50	205	–0,321	1.663
	1050	210	210,50	–0,361	3.277
	1060	211,30	212,10	–0,406	748
	1070	213,20	213,90	–0,455	2.883

*Delta usando o valor de Venda

Veja como aplicar nosso processo por etapas e reunir tudo. Um valor comum de multiplicador para um índice também é 100, portanto, o prêmio total da opção para put Março 1040 é US$20.550 ($205,50 × 100). O pacote de opções é avaliado usando-se o preço de exercício e o multiplicador, ou US$104 mil para put Março 1040 (1040 × 100).

LEMBRE-SE

O multiplicador da opção é o valor de contrato usado para determinar o prêmio líquido da opção (Preço de Mercado da Opção × Multiplicador) e o valor resultante do pacote de opções (Preço de Exercício da Opção × Multiplicador).

Suponha que você decida proteger a carteira contra quedas no mercado maiores que 2%. É possível estimar o hedge começando no nível do índice atual (1040) e subtraindo a queda que você deseja aceitar para obter um ponto de partida para a seleção do preço de exercício, como a seguir:

» 1040 – (1040 × 0,02) = 20,8
» 1040 – 20,8 = 1019,20

Os preços de exercício 1040 e 1050 podem ser considerados. Usando a opção de put 1040:

- » Proteção Fornecida por 1 Put: 1 × 1040 × 100 = US$104 mil.
- » Proteção Fornecida por 2 Puts: 2 × 1040 × 100 = US$208 mil.
- » Carteira Protegida: US$208 mil ÷ US$225 mil = 92,44%.

Se o OEX fica abaixo de 1040, suas puts ganham valor intrínseco em um ritmo igual ao delta de put. Quanto mais OEX cai, mais as puts se aproximam de um movimento 1:1 com o índice. Assim que a opção de put fica dentro do dinheiro, ela ganha um valor intrínseco de 1 para 1 no índice. O tempo restante até o vencimento também afetará os ganhos reais conseguidos pelo hedge.

LEMBRE-SE

Calls e puts ATM (no dinheiro) têm deltas aproximados de 0,50. Assim que uma opção ATM passa a ser ITM (dentro do dinheiro), o delta aumenta. Quando uma opção fica OTM (fora do dinheiro), o delta diminui. A letra grega da opção que lhe dá uma ideia sobre quanto o delta diminui é *gama*.

PAPO DE ESPECIALISTA

Em geral, um pacote de opções de ação representa 100 cotas da ação subjacente. Ao usar o preço de exercício e o multiplicador 100 para avaliar o pacote de ações, é comum achar que se está pagando o preço de exercício para cada cota de ação. Tudo bem aplicar isso em opções de ação comuns, mas não é muito preciso ao considerar opções de índice ou opções de ação ajustadas. Nos dois casos, é preferível considerar o valor do pacote como:

Preço de Exercício × Multiplicador

Um pacote de opções de ação costuma ter 100 cotas de ação. Quando os direitos do contrato de put são exercidos, o titular da opção de ação recebe o preço de exercício vezes o multiplicador da opção, em geral 100. O montante que o detentor da opção de put recebe também é chamado de *valor de exercício do pacote de opções*. Outros termos vistos para esse valor incluem:

- » Valor de cessão do pacote de opções.
- » Valor de entrega do pacote de opções.

Depende de qual lado da opção você está. Todos os termos se referem à mesma coisa: o dinheiro trocado quando os direitos de um contrato de call ou put são realmente exercidos.

Protegendo uma carteira... totalmente

Lembrando do Capítulo 3, o delta foi dado nos seguintes intervalos:

» Call: De 0 a +1 ou 0 a +100.

» Put: De 0 a –1 ou 0 a –100.

Para examinar melhor o hedge, ajuda usar uma faixa alternativa de 0 a +100 e 0 a –100 para delta. Acontece que uma cota da ação tem um delta 1. Se sua estratégia é comprar 100 cotas de ação, o delta é 100. Se você quer proteger 100 cotas de ação, a posição do delta deve ser o mais próxima possível de 100.

Usando essa informação e o exemplo XYZ, put Out 35 com um delta –0,186 fornece um hedge quase perfeito para 19 cotas da ação XYZ. Ao multiplicar 100 × (–)0,186, obtemos (–)18,6 e basicamente arredondamos para 19. Mas, se os preços da ação de XYZ não caírem e a put Outubro 35 permanecer fora do dinheiro, o hedge ficará progressivamente menos eficiente com a queda do valor temporal, e a opção ficará sem valor no vencimento. O próximo exemplo detalha mais.

DICA: Em geral, as calls ATM têm deltas um pouco maiores que 0,50, ao passo que as puts ATM costumam ser um pouco abaixo de 0,50. Usar 0,50 como uma aproximação normalmente é bom para a avaliação inicial da estratégia

Hedge da ação

Começando com um hedge de ação perfeito usando XYZ, suponha que você alocou cerca de US$5 mil para uma posição combinada (ação mais put). Como XYZ está sendo negociada a US$37,50, você antecipa ter 100 cotas. Usando os dados da opção XYZ na Tabela 10-1, você foca a opção do preço de exercício Jan 35 com cinco meses até vencer. Put tem um delta –29,1. Como três puts (veja o exemplo anterior para descobrir de quantas puts você precisa para cobrir o risco total de 100 cotas) não protegerão bem 100 cotas da ação, você avalia uma posição em potencial usando quatro puts. O delta para puts Jan 35 é:

Delta da Posição = Nº de Contratos × Delta = 4 × (–29,1) = –116,4

Como 1 cota da ação tem +1 delta, uma posição comprada de 100 cotas representa +100 deltas. Uma posição perfeitamente protegida tem um delta combinado igual a zero, portanto, são necessárias 116 cotas de XYZ. Você calcula o delta da posição assim:

» 116 Cotas × +1 Delta Por Cota = +116 Deltas

» 4 Puts × –29,1 Delta Por Put = –116,4 Deltas

» Delta da Posição = +116 + (–116,4) = –0,4 Deltas

O custo da posição é:

- 116 Cotas × US$37,50 = US$4.350
- 4 Puts × US$1,35 × 100 = US$540
- Custo da Posição = US$4.350 + 540 = US$4.890

Esse hedge quase perfeito não ficará intacto por muito tempo. Sempre que XYZ sobe ou desce US$1, o delta muda mais ou menos segundo seu valor gama. Os capítulos na Parte 4 mostram meios de lucrar com essa situação variável conforme os preços flutuam.

LEMBRE-SE

Lembre-se de que o delta de uma opção muda segundo o gama de cada mudança de US$1 na ação subjacente. Por isso, as ações são referidas como um título com *delta variável*. Já o delta para uma cota da ação permanece constante. Uma cota de ação comprada também representará +1 delta, portanto, é referida como um título com *delta fixo*. O modo fácil de lembrar essas relações é que o delta fica entre o preço do ativo-objeto e o valor de gama. Você pode esperar que o valor de sua opção seja afetado pelo valor de delta por uma mudança de US$1 no ativo-objeto. Por sua vez, o delta mudará segundo o valor de gama, que também responde à mudança de preço do ativo-objeto.

Hedge da carteira

Proteger uma carteira é um pouco menos exato do que proteger uma posição individual, mas um hedge de carteira perfeito é lidado de modo parecido. O maior desafio é devido ao fato de que nem todas as carteiras têm uma perfeita correlação com um índice, causando problemas estratégicos que podem ser gerenciados. O resultado é que o hedge perfeito se torna ilusório, porque o delta da opção muda quando o valor do índice muda, e há um movimento inexato, uma correlação, entre o índice e a carteira.

Usar uma abordagem delta para proteger a carteira de US$225 mil o deixará mais próximo de um hedge perfeito do que a estimativa do preço de exercício. Usando um nível de índice 1040, as puts Mar 1050 são ITM em 10 pontos. O preço de mercado para essas puts é de US$210,50, com um delta presumido de −0,549 para este exemplo. Seu objetivo é chegar perto de uma proteção 1:1, portanto, comprar duas puts Mar 1050 resulta em:

- 2 × 1050 × 100 = US$210 mil
- 2 × −0,0,549 = −01,10

Nesse caso, para cada queda de 1 ponto no OEX, o valor das puts combinadas aumenta em 0,1,10. Para um curto período de tempo, isso resulta em 1,1 vez a proteção de uma carteira de US$225 mil. Multiplicar US$210 mil por 1,1 produz uma proteção para uma carteira avaliada em US$231 mil. Dada a natureza variável do delta de uma opção, é provável que você fique satisfeito com a proteção da carteira menos exata. Supondo que a opção de venda permaneça dentro do dinheiro, o hedge ficará mais forte conforme o valor temporal diminuir, porque o valor intrínseco se tornará uma cota maior do preço da opção, e esse valor será sempre um hedge perfeito de 1 para 1.

Evitando o Risco da Opção Ajustada

Opções ajustadas são as que existiam quando certas ações corporativas ocorreram. Como resultado de tais ações, os termos do contrato exigiram um ajuste para refletir a ação. As atividades comerciais que solicitam isso incluem:

- Desdobramento das ações.
- Grandes distribuições de dividendos em dinheiro.
- Fusões e aquisições.
- Spinoffs (empresas derivadas).

A maioria dos dividendos comuns não resulta no ajuste do contrato de opção. Já os dividendos especiais fazem com que os preços de exercício sejam ajustados segundo o montante do dividendo especial.

Justificando os ajustes da opção

Os dois principais motivos para as opções serem ajustadas após diferentes ações corporativas são:

- Assegurar que os contratos existentes mantenham seu devido valor.
- Para que o contrato reflita a ação corporativa em seu pacote resultante.

Sem ajuste, o mercado de opções da ação pode ser até mais perigoso. Talvez *emocionante* seja a palavra certa, se você for um pouquinho mórbido e gostar de viver no limite. Mas viver perigosamente não é um comportamento que levará a ganhos sustentáveis e replicáveis no investimento. Digamos assim: se as opções não fossem ajustadas, você poderia ver um cenário em que uma de suas calls correria o risco de perder todo seu valor após um desdobramento das ações ou uma opção de put dobraria após um grande dividendo em dinheiro ser distribuído. O último caso seria bom se você estivesse no lado certo da negociação, mas considere o efeito no mercado se esse tipo de volatilidade acontecesse várias vezes durante um dia de negociação.

Ação corporativa 1: Desdobramentos da ação

Ajustes devido a desdobramentos da ação são mais rápidos de entender. Quando uma ação que você possui tem um desdobramento de dois para um (2:1), você recebe uma cota de ação extra por cada cota que possui na data de registro, ou seja, a data usada para identificar os acionistas existentes. No dia em que você recebe a cota extra, não há nada muito diferente na empresa em termos de relatório financeiro. Para avaliar corretamente a ação, seu preço é dividido por 2 no mercado, no dia do desdobramento.

Os ajustes da opção resultantes de um desdobramento de 2:1 são lidados como o desdobramento da ação:

» O número de contratos mantidos é dobrado (parecido com as cotas).

» O preço no qual o titular tem direitos (preço de exercício) é cortado pela metade.

Veja como. Um novo contrato de opção é criado para lidar com essa ação corporativa, e é fornecido um novo código. Quando você tiver uma opção com ação subjacente passando por um desdobramento de 2:1, verá dois contratos de uma nova opção em sua conta para cada contrato que tinha anteriormente.

O importante é saber que o código da opção mudará, e você ajustará sua análise e gerenciamento da posição com base na mudança. O problema surge quando a opção entregue ou o multiplicador precisa mudar para refletir a ação corporativa, o que acontece com um desdobramento de 3:2. Ajustar uma opção após tal desdobramento requer muito mais alteração para conseguir a avaliação certa.

CUIDADO

Ao praticar uma put sem manter a ação subjacente na conta, você cria uma posição a descoberto, pois os direitos de put permitem vender a ação subjacente no preço de exercício do contrato. Vender uma ação que você não tem inverte a ordem típica de uma transação de ações e cria uma posição a descoberto.

Ação corporativa 2: Fusões, spinoffs e dividendos

Fusões, aquisições, spinoffs e grandes dividendos em dinheiro mudam o pacote de opções subjacente quando um contrato de opção é ajustado. Isso acontece porque as 100 cotas de ação originais agora podem representar uma posse de:

» 100 Cotas da Ação Original + Cotas da Ação Adquirida (Fusão).

» 100 Cotas da Ação Original + Cotas da Nova Ação (Spinoff).

» 100 Cotas da Ação Original + Montante em Dinheiro (Grande Dividendo em Dinheiro).

» Nenhuma Ação Original + Cotas da Ação Adquirida (Aquisição).

No último caso, a ação subjacente original pode não existir se a empresa foi adquirida por outra. As opções ajustadas agora se baseiam em alguma proporção de cotas na empresa que a adquiriu.

DICA

Se você acha que encontrou um contrato de opção que parece bom demais para ser verdade, pode ter se deparado com uma opção ajustada. Os traders nas bolsas estão muito acostumados com ações corporativas atendidas por ações que eles negociam e sabem como avaliar os ajustes delas. Não existe dinheiro de graça em Wall Street, portanto, não entre nessas opções sem entendê-las bem.

O jeito de avaliar esses ajustes de contrato é mais complexo e está além do escopo deste livro. É muitíssimo importante entender seus direitos, suas obrigações e avaliações da posição, caso um contrato seu seja ajustado. Contate seu corretor se isso ocorrer. E nunca, *nunca* crie uma nova posição usando um contrato de opção ajustada que você não compreende a fundo.

DICA

Sempre que uma posição combinada sua (ação mais opção) é ajustada, tenha muito cuidado ao sair da posição da ação ou da opção separadamente. A posição combinada mantém as devidas proporções entre ação e opção criadas inicialmente, mas, vendendo qualquer parte da posição de ação ajustada, você pode criar um alto risco na posição da opção. Ligue para seu corretor e converse sobre qualquer mudança na posição.

Ajustando a partir de ajustes

Está tudo bem se os mercados de opções têm um meio de abordar as avaliações do contrato e pacotes resultantes para diferentes ações corporativas, mas o que isso significa? Duas coisas:

- » Quando você notar qualquer opção ajustada em sua conta, verifique as especificações do contrato para entender seus novos direitos ou obrigações, se necessário.
- » O mais importante é estar ciente das opções ajustadas ao estabelecer novas posições para avaliar corretamente os títulos negociados e conhecer seus direitos e suas obrigações.

Sempre que uma cotação da opção não parecer muito correta, dedique um tempo para verificar os detalhes do contrato. Ligue para o corretor se não entender o que está acontecendo.

DICA

Evite criar novas posições da opção usando opções ajustadas. Não existe dinheiro escondido nesses contratos, apenas um esforço a mais para entendê-los e avaliá-los.

Detectando uma opção ajustada

A Bolsa Chicago Board Options Exchange (CBOE) informa sobre as opções ajustadas e as mudanças aplicáveis, inclusive sobre qualquer alteração nos códigos e outras questões pertinentes relacionadas a eles, inclusive o número de cotas por contrato e multiplicadores. Você pode encontrar postagens diárias e informações específicas em www.cboe.com/tradtool/contracts.aspx (conteúdo em inglês).

Veja o que verificar:

» Mudanças em potencial nos códigos para a série de opções.

» O número de cotas da ação no contrato de opções. Os contratos relacionados ao desdobramento das ações podem ir desde 100 cotas padrão até um número diferente, como 150 cotas.

» Se a opção mudou de estilo, se e como isso pode afetar sua capacidade de exercer.

» Possíveis mudanças nos preços de exercício.

São maneiras básicas de diferenciar as opções ajustadas no mercado. Como em qualquer título, quando algo não parece certo em termos de cotação ou volume, investigue mais para saber o motivo.

Avaliando as opções ajustadas com desdobramento

Quando uma opção é ajustada devido a um desdobramento de 2:1, os novos contratos são avaliados como as opções normais com um multiplicador 100. Os desdobramentos atípicos, como 3:2, precisam de um pouco mais de atenção. Para avaliar uma opção após um desdobramento de 3:2, mude o multiplicador para 150 e o preço de exercício para dois terços de seu valor original. E mais, faça o seguinte:

1. **Use o preço de exercício ajustado e o multiplicador para calcular o valor de exercício (XYX 60 Call: 60 × 150 = 9 mil).**

2. **Determine o valor resultante no mercado usando cotações atuais (150 Cotas JKL × US$62 = US$9.300).**

3. **Subtraia o valor resultante do valor de exercício para obter o valor intrínseco da opção (US$9.300 – 9 mil = US$300).**

4. **Pressupondo que o preço atual de call 60 seja US$3, o valor extrínseco é o que fica depois de subtrair o valor intrínseco (US$3 × 150 = US$450, US$450 – 300 = US$150).**

NESTE CAPÍTULO

» Reduzindo o risco com opções

» Combinando opções para negociações de tendência

» Aproveitando os movimentos fortes e direcionais

Capítulo **11**

Aumentando o Lucro em Potencial e Diminuindo o Risco

Negociar ações é um evento simples em conceito, pois os preços sobem ou descem, e em teoria, tudo o que você precisa fazer é escolher a direção e o veículo certos para lucrar com essa eventual direção. Isso significa que é possível criar uma posição comprada para ganhar dinheiro quando os preços da ação sobem ou criar uma posição vendida para aproveitar quando os preços caem. Ao longo do caminho, você pode receber ou ter que pagar um dividendo aqui e ali; é mais ou menos assim na negociação. As opções lhe dão mais escolhas e requerem um pouco mais de trabalho porque você pode ganhar dinheiro com os movimentos ascendente e descendente da ação, tendo a chance de ganhar dinheiro de outros modos com base nas mudanças dos preços. O bom é que existe uma recompensa pelo trabalho extra, ou seja, um retorno considerável com menos risco de capital.

Considere outras dimensões que você pode adicionar à sua negociação com opções. Por exemplo, estabelecendo uma posição de opção básica, é possível lucrar com o movimento ascendente da ação (call) e o descendente (put). De qualquer modo, seu investimento inicial costuma ser muito menor do que uma posição de ação parecida, que é uma bela vantagem se você tem uma conta pequena ou é um trader ativo. Além das posições com uma opção, esses títulos podem ser combinados para reduzir mais os custos. Este capítulo continua o processo de reprogramação do seu cérebro mostrando meios de negociar por menos dinheiro e com menos risco usando a alavancagem.

Alavancando Ativos para Reduzir o Risco

Em geral, quando você pensa em alavancar ativos, pensa em aumentar seu risco, pelo menos no lado da negociação de ações. As opções são únicas porque permitem alavancar seus ativos ao mesmo tempo em que diminui o montante de investimento em jogo. É uma bela combinação: menos capital em risco, menos dinheiro gasto e mais potencial de ganho em um só pacote. Com as opções, o prêmio pago permite fixar um preço de uma ação sem colocar 100% de seu valor. Embora não haja garantias de que a ação se moverá na direção desejada, é assim que acontece se você negocia opções ou ações. Então por que não fazer por menos?

Determinando o dinheiro total em jogo

O principal é que as opções reduzem o risco porque você investe menos dinheiro. Assim que cria uma posição, pode acontecer qualquer coisa: a ação pode subir em disparada, cair como uma pedra ou fazer movimentos mínimos enquanto o resto do mercado está ativo. Você apenas não sabe. Ninguém sabe o que acontecerá em seguida, nem os caras na TV e na internet.

Qualquer ação pode cair para zero, portanto, qualquer posição da ação comprada ou de call (compra) que você tem pode igualmente ir para zero. Como resultado, seu investimento inicial é sua perda máxima em potencial. É verdade, exceto em um caso: se você compra uma ação usando a margem, pode perder até duas vezes seu investimento inicial.

DICA

O risco de uma posição comprada da ação é considerado limitado, mas alto, pois uma ação não pode ficar abaixo de zero. Infelizmente, há muito espaço para perdas entre zero e o preço de algumas ações.

Tudo o que se sabe é que existem muitas possibilidades entre perda total e perda nenhuma. Então a principal lição aqui é que, ao investir com menos dinheiro no início, geralmente você tem menos a perder se as coisas não o favorecem. E, sim, há ressalvas. Primeiro, quando você negocia opções, não pode esperar pelo movimento que antecipa ou que seu investimento se recupere, porque há um limite de tempo. E isso significa que, quando negocia opções, precisa prestar muito mais atenção na ação do preço e nas notícias relacionadas à sua posição do que é necessário com algumas ações. Mas é uma pequena compensação pela alta gestão de risco obtida ao negociar opções.

Desafiando o risco sendo altista

Quando você é altista em uma ação, pode:

» Criar uma posição de ação comprada.

» Criar uma posição de long call.

Se a ação sobe, é possível lucrar com essas posições; o quanto você lucra depende do movimento real. A principal diferença é que seu risco é reduzido quando adquire uma opção de call, porque o investimento total foi reduzido.

A Figura 11-1 mostra isso usando um gráfico de risco sobreposto para duas posições.

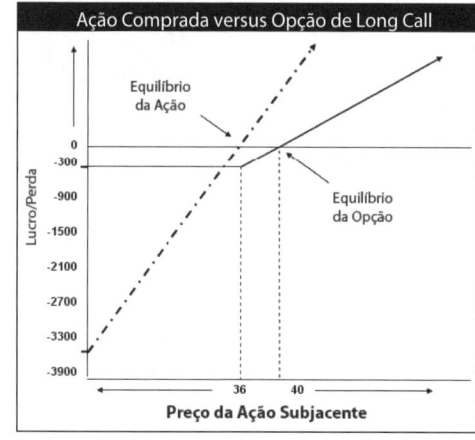

FIGURA 11-1: Gráfico de risco sobreposto para a ação comprada XYZ e posições da opção de call XYZ.

Imagem da Optionetics

Duas coisas principais a notar no gráfico de risco:

» A diferença significativa nas perdas.
» Os lucros se acumulam mais rápido com a posição da ação.

Como há muitas compensações neste negócio, faz sentido ter um acúmulo mais lento de ganhos em uma negociação de opções devido à diminuição do risco total. Com certeza é possível que a ação fique adormecida por meses, nos fazendo sair da posição com loss, então ela inicia um movimento ascendente sério. De novo, compensa o que queremos fazer.

DICA

Um gráfico de risco é um modo muito eficiente para entender os riscos, os retornos e os equilíbrios associados a certa estratégia.

Ao monitorar os valores da opção, você descobrirá que, se a ação se move um pouco ao longo do tempo, a opção pode ganhar e perder valor assim:

» Aumenta ou diminui conforme o preço da ação aumenta ou diminui.

» Aumenta ou diminui conforme a volatilidade implícita da ação aumenta ou diminui.

» Diminui conforme o tempo passa.

O preço sozinho não dita o preço de uma opção. A volatilidade implícita (VI) da opção também tem um papel em seu valor, com as VIs mais altas resultando em valores da opção maiores. Por outro lado, visto diariamente, a desvalorização temporal tem um papel menor, mas o efeito cumulativo pode acabar com o valor da opção.

LEMBRE-SE

Estabeleça posições da opção comprada quando a volatilidade implícita (VI) é relativamente baixa para aumentar a probabilidade de lucros e minimizar as perdas devido à diminuição na VI. E mais: lembre-se de que um ambiente com VI relativamente baixa não garante que a VI aumentará durante a vida útil da opção.

LEAPS para posições da opção de longo prazo

Um contrato LEAPS é um título antecipado de longo prazo. Não é um novo instrumento de trading; é apenas uma opção com um longo tempo até o vencimento, ou seja, de nove meses até três anos. Nem todas as ações com opções têm um LEAPS disponível, mas para as que têm, o mês de vencimento quase sempre é janeiro. Você notará diferentes códigos da raiz para essas opções. É possível encontrar uma lista completa de todas as ações com um LEAPS associado em www.cboe.com (conteúdo em inglês).

O LEAPS funciona assim:

» Os contratos LEAPS são criados em maio, junho ou julho, dependendo do ciclo da opção (veja o Capítulo 3 para saber mais sobre esses ciclos).

> » Os novos contratos vencem em janeiro, cerca de dois anos e meio a partir da data de criação, portanto, em agosto de 2014 há opções disponíveis para janeiro de 2015 e janeiro de 2016.
>
> » Quando um novo LEAPS é estendido (roll out), o LEAPS mais próximo de janeiro (vencendo em 2015) se torna uma opção normal quando a OCC (Câmara de Compensação) revisa o código para incluir a raiz da opção normal.

Os códigos LEAPS são parecidos com os códigos normais das opções. Por exemplo, o código de call Alphabet (GOOGL) Janeiro 15, 2016 440 é GOOGL16A15430.0. O código é seguido da nomenclatura 16A15, que significa vencimento em janeiro de 2016. A parte 430.0 é o preço de exercício. O site da CBOE tem excelentes listagens sobre LEAPS e cotações fáceis de entender, embora estejam defasadas. Elas são excelentes para a simulação de LEAPS. Seu corretor ou serviço online de gráfico e cotação também terá acesso a boas informações de precificação sobre as listas de opções, onde você encontrará LEAPS e opções normais.

Quanto mais tempo você tem até o vencimento para uma opção, mais dinheiro paga. Assim, conclui-se que você deve esperar pagar mais pelos contratos LEAPS. Seu risco aumenta com esse custo maior, mas o tempo extra lhe dá maior chance de manter um contrato que está dentro do dinheiro (ITM) no vencimento. O LEAPS:

> » Está disponível para algumas ações e índices que têm opções normais.
>
> » É uma alternativa de investimento, fornecendo de dois anos e meio até três anos para aproveitar os direitos do contrato.

Além de lhe dar mais tempo para as estratégias de investimento, o LEAPS oferece garantias estendidas na proteção do ativo. Combinar uma put LEAPS com uma ação comprada reduz muito o custo por dia para a proteção. É preciso equilibrar o custo reduzido com seu nível desejado de proteção, porque o ideal é que a ação suba ao longo do tempo conforme você a mantém. Se isso acontecer, o valor de put (venda) diminuirá durante esse tempo, e o preço de exercício permanecerá igual.

DICA

As ações mais voláteis costumam ter um número maior de preços de exercício disponíveis todo mês porque há uma chance maior de que a ação atingirá um preço de exercício muito mais distante.

Para ter uma perspectiva de precificação, uma lista parcial de opções que representa o LEAPS Alphabet Inc. (GOOGL) é mostrada na Tabela 11-1. Ela inclui compras (calls) e vendas (puts). Ao examinar os detalhes, suponha que Alphabet é negociada a US$597,78 e mostra seu padrão de trading normal, que flutua entre períodos de negociação tranquila e de maior volatilidade.

TABELA 11-1 Opções Listadas Parcial para Google com LEAPS

Nome do Contrato de Call	Compra	Venda	Preço de Exercício	Nome do Contrato de Put	Compra	Venda
GOOGL\16A15\260.0	337,10	342	260	GOOGL\16M15\260.0	0,15	1,10
GOOGL\16A15\270.0	327,20	332	270	GOOGL\16M15\270.0	0,20	1,65
GOOGL\16A15\280.0	317,70	322,50	280	GOOGL\16M15\280.0	0,35	1,95
GOOGL\16A15\290.0	308	312,90	290	GOOGL\16M15\290.0	0,45	2,20

Cotações cortesia de www.cboe.com

DICA Como as opções que vencem em janeiro podem existir por até dois anos e meio, elas têm o maior potencial de ajuste devido a diferentes ações corporativas. Tenha muito cuidado ao negociar as opções Jan com cotações que parecem "fora". Verifique as especificações do contrato para obter detalhes sobre o pacote subjacente. No mercado brasileiro na B3 é possível encontrar opções de ações com prazo de vencimento mais longo. É importante ficar atento a menor liquidez desses ativos, comparado com o mercado americano que tem um volume de negócios maior.

Colocando limites em um mercado baixista

Quando você é baixista em uma ação, pode:

» Criar uma posição de ação vendida.
» Criar uma posição de long put.

Se a ação desce, é possível lucrar com qualquer posição. Os retornos são limitados, porque uma ação pode descer apenas até zero. Ao mesmo tempo, os retornos são potencialmente altos se a ação fica sem valor.

A Figura 11-2 mostra o gráfico de risco sobreposto para as duas posições.

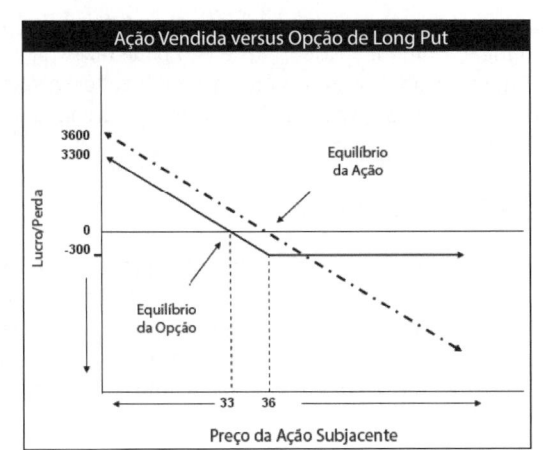

FIGURA 11-2: Sobreposição do gráfico de risco para a ação vendida XYZ e posições da opção de venda XYZ.

Imagem da Optionetics

Dois pontos principais a observar no gráfico de risco:

» A diferença significativa nas perdas, com uma venda a descoberto sendo uma situação muito ruim, caso a ação suba rápido em grandes intervalos.

» A diferença pouco significativa nos ganhos.

Contando com o timing do mercado

É difícil negociar, e quanto mais você negocia, mais tem que aceitar esse fato preocupante. A conclusão é a de que é muito difícil identificar a direção futura de uma ação, e ainda mais até onde ela irá e quando. Mas escolher um intervalo de tempo correto para uma opção é claramente uma parte importante da negociação desses títulos. Isso significa que você deve ter um equilíbrio e:

» Reconhecer o papel das probabilidades ao negociar ações e opções.

» Ficar preparado para estar "errado" e limitar suas perdas.

» Pagar o montante certo do prêmio para movimentos realistas.

O trading básico da opção requer prever corretamente a direção do subjacente, a extensão do movimento e o tempo máximo que levará para o movimento ocorrer. Tudo isso é necessário para negociar a ação também; a diferença está em poder manter uma posição de ação comprada por meses quando ela é negociada com movimentos laterais. Gerenciar uma posição assim não significa necessariamente negociar com sucesso, pois durante esse período você basicamente mantém o dinheiro parado, que poderia ter um melhor uso.

DICA: Há vezes em que uma ação rompe um canal lateral com faixa limitada só para voltar ao mesmo lugar. Como investidor, você não pode fazer nada, mas como trader, se criou uma posição direcional com base na fuga, deve sair da posição (ação ou opção) se a ação volta para o canal, uma vez que as condições que justificaram a negociação não existem mais.

Prevendo a direção certa

Para você aproveitar a ação ou a posição com uma opção, é preciso identificar corretamente a direção do movimento da ação subjacente. Prever a direção certa é um desafio, independentemente do título escolhido, então parece razoável preferir um que usa menos capital seu (opções) pelo menos em parte de sua negociação. Apenas você sabe se quer manter o máximo possível do seu dinheiro em sua própria conta.

Se você é como eu, negociará opções com mais frequência que ações. Veja algumas regras básicas para aumentar sua probabilidade de sucesso:

» Negocie com a tendência ao usar ferramentas técnicas.

» Ou (para os negacionistas) negocie contra a tendência quando o momento enfraquece e seus indicadores apontam para uma reversão pendente.

» Negocie ações subvalorizadas que têm uma posição positiva ao usar ferramentas fundamentalistas.

» Limite suas perdas em cada negociação com estratégias de saída imparciais.

Prevendo a extensão do movimento

O risco temporal é a principal desvantagem ao negociar opções, mas há outro que requer explicação. Você pode estar certo sobre a direção e a hora em que uma ação se move, e ainda ter uma extensão pequena demais para tornar lucrativa a posição da opção. Isso acontece com todos os traders de opção.

Como minimizar essas deficiências? Em geral, ajuda ter algumas ferramentas (técnicas ou fundamentalistas) que fazem projeções estimadas do preço. Também é importante ficar atento e prestar atenção no que o mercado está fazendo e o que sua posição faz em relação ao mercado. Sua lucratividade geral do trading pode ser melhorada focando mais as negociações com maior probabilidade (deltas maiores indicando a maior possibilidade de um movimento ocorrer) que as negociações "de sucesso" e menor probabilidade. Permita que ganhos pequenos a moderados se acumulem com o tempo e provavelmente terá sorte em ter alguns sucessos ao longo do caminho.

DICA: Não seja ganancioso. Considere tirar parte de seus lucros da negociação saindo parcialmente de sua posição total quando o movimento antecipado estiver concluído em parte.

Os modelos de precificação da opção também ajudam a identificar as negociações de maior probabilidade, fornecendo:

> Um movimento esperado implícito no preço da opção (volatilidade implícita).
> Uma estimativa da probabilidade de que uma opção será ITM no vencimento.

Usando esses componentes da opção na análise da negociação, é possível determinar se o preço da opção é relativamente caro ou não, dados o histórico da ação, o preço anterior da opção e as condições do mercado. Isso é mostrado mais adiante em um exemplo.

Prevendo a hora certa

Os limites de tempo forçados para uma opção fornecem aos traders mais novos seu primeiro sistema de regras quando o risco provavelmente é gerenciado. Isso significa o seguinte:

> A negociação representa uma boa parte da conta.
> A posição sai antes da aceleração da desvalorização temporal.

Uma posição de opção comprada tem uma regra de saída clara e predefinida. Mas o ideal é que não seja a única diretriz usada para sair de uma posição.

Não existe um critério único para selecionar os períodos de vencimento, pois eles podem variar segundo a estratégia e seu estilo de negociação. O horizonte temporal mais fácil para o trading de opção está associado a divulgações programadas de notícias ou relatórios que podem motivar um forte movimento em uma data específica, inclusive:

> Relatórios econômicos ou do setor, como taxas de desemprego ou ordens de semicondutores.
> Divulgação de ganhos.

Algumas ferramentas técnicas também fazem projeções temporais estimadas, inclusive padrões de preço ou ciclos. Identifique seus horizontes temporais primeiro, depois verifique as opções listadas.

Combinando Opções para Reduzir o Risco

No Capítulo 4, uma opção de put (venda) é combinada com uma ação comprada para protegê-la limitando o risco da posição. Isso também é feito quando uma opção de call (compra) é adicionada a uma posição de ação vendida. Nos dois casos, o custo da posição aumenta.

LEMBRE-SE O nível de equilíbrio de uma ação é apenas o preço de entrada. Como os prêmios da opção representam um custo acima e abaixo de seus direitos de contrato no preço de exercício, um valor de equilíbrio deve ser calculado usando-se o preço de exercício e o preço da opção.

Ao criar posições focadas em cenários específicos do mercado, é possível combinar o seguinte:

- Opções de call e/ou put com ações.
- Diferentes opções de call.
- Diferentes opções de put.
- Calls e puts.

As únicas posições combinadas e explicadas até o momento são adicionar puts ou long calls à ação, mas opções vendidas também podem ser usadas para reduzir o risco.

- Reduzindo mais o custo líquido da posição.
- E/ou aumentando as direções em potencial que o ativo-objeto pode negociar, ainda tendo lucros.

Quando uma opção vendida é combinada corretamente com a ação subjacente ou uma opção comprada do mesmo tipo, é dita como sendo *coberta*, pois seu risco (obrigações) no contrato vendido pode ser atendido usando a ação ou exercendo seus direitos no contrato comprado. Sem tal proteção, o contrato vendido é referido como *descoberto*. É uma boa dica visual de sua posição e risco de danos em lugares desagradáveis, como o mercado.

Negociar opções descobertas permite receber um crédito quando abre uma posição; esse crédito é igual ao prêmio da opção. Se tudo corre bem, a opção vence fora do dinheiro (OTM) e você consegue manter o crédito. Newsletters diferentes promovem estratégias de opção descoberta e podem parecer uma ótima maneira de ter uma receita mensal, mas cuidado com os vendedores.

CUIDADO

Ficar descoberto com uma opção de call é a posição mais arriscada que se pode criar, e sou contra tal negociação. Em vez de criar um risco limitado e um retorno ilimitado consistentes com uma boa gestão de risco, uma call descoberta é uma posição de risco ilimitado e retorno limitado.

Infelizmente, o que normalmente acontece com essas estratégias é que os meses de créditos menores são destruídos com as perdas de apenas uma ou duas negociações desfavoráveis a você. Embora não seja uma má ideia criar uma negociação para um crédito, não gosto de fazer isso quando estou totalmente exposto do ponto de vista do risco.

O risco pode ser limitado combinando-se opções para créditos ou débitos usando posições da opção coberta. A próxima seção apresenta as negociações de travas, que são posições combinadas com risco e retorno limitados.

Diminuindo o risco com uma negociação de débito

Vertical spread (Trava Vertical) é uma posição que combina duas opções, uma comprada e uma vendida, do mesmo tipo (calls ou puts), tendo o mesmo mês de vencimento e diferentes preços de exercício.

É referido como *vertical* porque é como os preços de exercício se alinham quando você olha para as opções listadas. É chamado de *spread* porque diminui o risco usando duas posições com base na mesma ação. Você pode criar um vertical spread para um débito ou um crédito inicial. Em cada caso, a posição tem um risco e um retorno limitados. Cada posição de opção em um vertical spread é referida como *leg*.

O tipo de vertical spread selecionado depende de sua visão de mercado. Você varia os riscos e os retornos mudando os preços de exercícios usados para estabelecer a posição. É possível criar dois tipos de travas verticais para um débito, um usando calls, e outro, puts. Eles são referidos segundo a perspectiva da ação e incluem:

» **Trava de alta com call:** Você cria um *bull call spread* adquirindo uma opção de call e vendendo simultaneamente outra opção de call que vence no mesmo mês. A short call tem um preço de exercício mais alto. Como o preço dessa call de exercício mais alto é menos caro, você paga um débito líquido pela negociação. A short call acaba reduzindo o preço da long call, portanto, essa negociação de spread tem menos risco que adquirir uma opção de long call apenas.

» **Trava de baixa com put:** Você cria um *bear put spread* comprando uma opção de put e vendendo simultaneamente a opção de put que vence no mesmo mês. A short put tem um preço de exercício mais baixo. Como o preço dessa put de exercício mais baixo é menor, você paga um débito líquido pela negociação. A short put acaba reduzindo o preço da long put, portanto, essa negociação de spread tem menos risco do que comprar uma opção de put apenas.

CUIDADO

Ficar descoberto em uma opção de put é uma posição muito arriscada, mesmo que você queira comprar a ação no preço de exercício da short put. Em geral, o exercício da short put ocorre quando a ação cai ou são divulgadas más notícias. Comprar uma ação no mercado ou com exercício em um momento como esse vai contra os princípios razoáveis da gestão de risco.

Avaliando risco e retorno para uma trava de débito de call

Seu risco máximo para a trava de alta com call é o débito inicial pago para criá-la, parecido com uma posição básica de long call. Como a posição combina uma short call para reduzir o custo da long call, ela também reduz o risco da posição. E como nada é de graça em Wall Street, reduzir seu risco assim tem um preço, na forma de retornos reduzidos.

Se ABC é negociada a US$37,65 e você é altista na ação, pode criar uma trava de alta com call completando as seguintes transações:

» Comprar 1 Jan 35 Call @ US$4,20.
» Vender 1 Jan 40 Call @ US$1,50.

O débito da posição da trava de alta é US$270 ([US$4,20 − 1,50] × 100). É também o risco máximo e ocorre quando ABC fecha em US$35 ou menos no vencimento. Nesse preço, ambas as calls ficarão sem valor.

Diferente de uma long call e básica, seu retorno máximo é limitado por uma trava de alta porque a obrigação vendida o impede de ter retornos ilimitados. Seu retorno máximo é o ganho conseguido com as transações de imposição do exercício menos o débito inicial pago para a posição de US$230 [(US$40 − 35) × 100 − 270]. O retorno máximo ocorre quando ABC é negociada a US$40 ou mais no vencimento.

Seu ganho ou perda real pode ficar entre o risco e o retorno máximos se ABC fecha entre 35 e 40. O cálculo de equilíbrio da trava de alta com call é parecido com o cálculo para uma long call. Usando o preço de exercício para a long call, adicione a diferença entre as duas opções de preço (o débito inicial sem o multiplicador) para determinar seu nível de equilíbrio. Neste exemplo, o equilíbrio é US$37,70 (35 + 2,70).

A Figura 11-3 mostra o gráfico de risco da trava de alta com call de ABC Jan 35–40 usando o Optionetics Platinum, um software de análise de opções.

DICA Como a trava de débito vertical é uma posição comprada e líquida, seu valor terá a mesma desvalorização temporal acelerada dentro de 30 dias até o vencimento como uma posição básica da opção comprada. Incorpore um método para sair da trava antes disso, caso a posição corra o risco de perder valor desse modo.

O gráfico de risco identifica as seguintes áreas importantes:

- Risco máximo de US$270 mostrado pela linha horizontal inferior.
- Retorno máximo de US$230 mostrado pela linha horizontal superior.
- Preço de equilíbrio da ação em US$37,70 mostrado por uma linha vertical escura.
- Uma faixa de perdas e lucros mostrada por uma linha diagonal que se estende do preço de exercício inferior até o superior.

DICA Os cálculos do risco, do retorno e do equilíbrio das travas verticais são concluídos supondo que sua opção vendida foi exercida e você exerce seus direitos da opção comprado.

Avaliando risco e retorno para uma trava de débito de put

Seu risco máximo para a trava de baixa com put é o débito inicial pago para criá--la, parecido com uma posição básica de long put. Como a posição combina uma short put para reduzir o custo da long put, ela também reduz o risco da posição.

Se XYZ é negociada a US$50,85 e você é baixista na ação, pode criar uma trava de baixa com put completando as seguintes transações:

- Comprar 1 Jan 50 Put @ US$2,75.
- Vender 1 Jan 45 Put @ US$1,30.

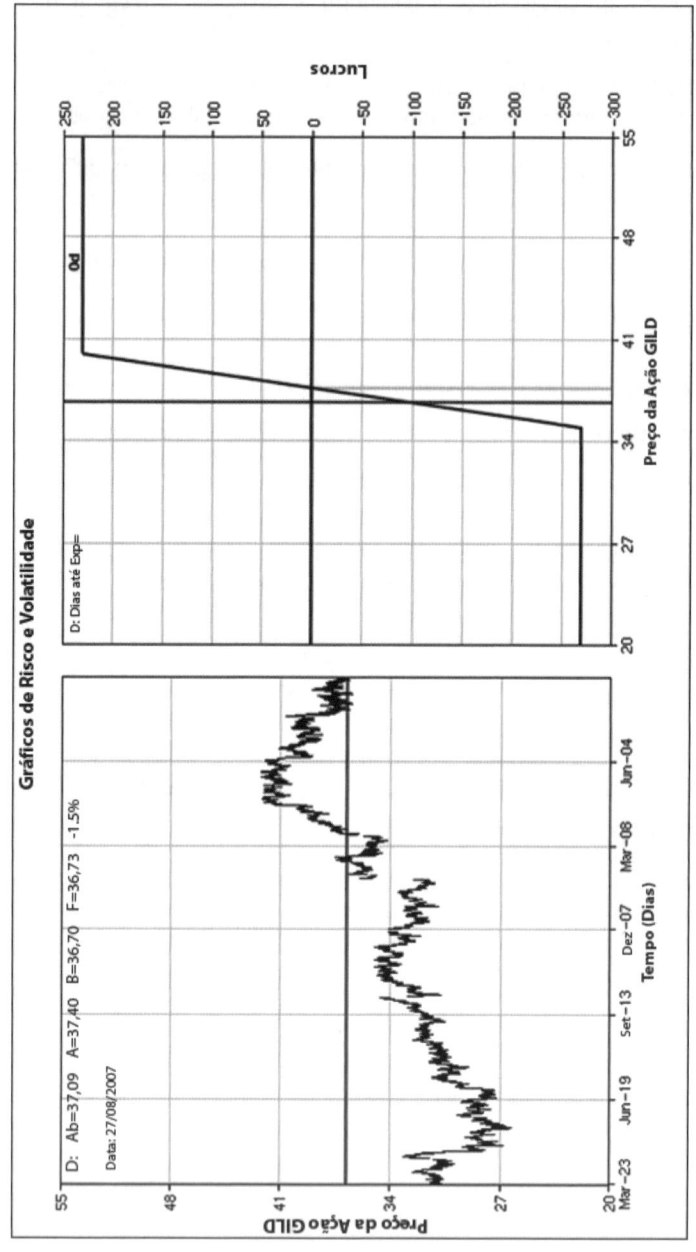

FIGURA 11-3: Gráfico de risco para trava de alta com call de ABC Jan 35–40.

Imagem do Optionetics

O débito líquido também é o risco máximo. Os cálculos do risco, do retorno e do equilíbrio são *parecidos* com os cálculos para uma trava de alta com call:

» Débito = Risco Máximo = (2,75 − 1,30) × 100 = US$145.

» Retorno Máximo = [(US$50 − 45) × 100] − 145 = US$355.

» Equilíbrio = US$50 − (US$2,75 − 1,30) = 50 − 1,45 = US$48,55

O retorno máximo ocorre quando XYZ é negociada a US$45 ou menos no vencimento.

A Figura 11-4 mostra o gráfico de risco para a trava de baixa com put de XYZ Jan 45−50 usando o Optionetics Platinum, um software de análise de opções.

O gráfico de risco identifica as seguintes áreas importantes:

» Risco máximo de US$145 mostrado pela linha horizontal inferior.

» Retorno máximo de US$355 mostrado pela linha horizontal superior.

» Preço de equilíbrio da ação em US$48,55 mostrado por uma linha vertical escura.

» Uma faixa de perdas e lucros mostrada por uma linha diagonal que se estende do preço de exercício superior até o inferior.

DICA

Considere entrar com a trava de débito vertical quando há, pelo menos, sessenta dias até o vencimento para a posição ter tempo de ser lucrativa.

CUIDADO

Nunca saia do long leg da trava vertical sem também sair do lado vendido da trava; do contrário, você estará mudando muito seu perfil de risco. Isso se aplica mesmo quando parece que o short leg vencerá sem valor.

Resumindo seus riscos e seus retornos de débito

Há pontos positivos e negativos envolvidos nessas estratégias. Nas duas travas de débito vertical, seus riscos e seus retornos são limitados. Cada trava tem menos risco que sua posição básica correspondente da opção comprada, porque você reduz o débito inicial pelo preço da opção vendida. O risco menor tem um custo na forma de retornos mais reduzidos para você, pois a posição da opção vendida também fixa um teto para seus lucros.

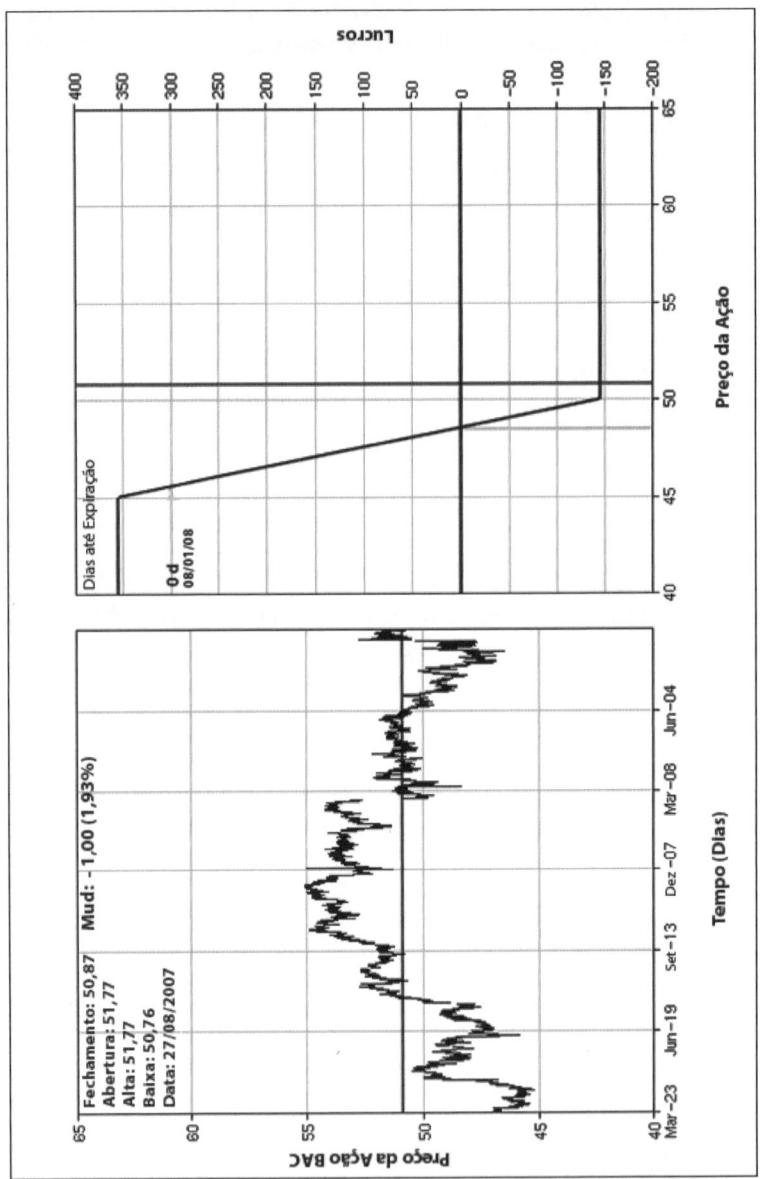

FIGURA 11-4: Gráfico de risco para trava de baixa com put de XYZ Jan 45–50.

Imagem do Optionetics

A Tabela 11-2 mostra um resumo do risco, do retorno e dos equilíbrios para uma trava de alta com call e uma trava de baixa com put.

TABELA 11-2 **Risco, Retorno e Equilíbrio para Travas de Débito Verticais**

	Trava de Alta com Call	Trava de Baixa com Put
Risco	Débito inicial	Débito inicial
Retorno	[(Exercício mais alto – exercício mais baixo) × multiplicador] – débito inicial	[(Exercício mais alto – exercício mais baixo) × multiplicador] – débito inicial
Equilíbrio	Preço de exercício longo + (preço da opção comprada – preço da opção vendida)	Preço de exercício longo – (preço da opção comprada – preço da opção comprada)

DICA Um gráfico de risco da negociação mostra os riscos, os retornos e os equilíbrios específicos associados a certa negociação.

Ao colocar uma ordem para uma nova trava de débito vertical, considere usar um montante limitado menor que o preço cotado da posição combinada para reduzir o impacto do slippage. É provável que você não consiga executar a negociação no ponto médio do spread, mas provavelmente pode ter a ordem executada se cortar um pouco o montante do débito.

DICA A newsletter *Velocity Trader*, de Jim Fink (www.investingdaily.com — conteúdo em inglês), é sobre spreads, e vale a pena examinar se você considera esse trading interessante.

SPREAD NO PREGÃO

Os traders nos pregões gerenciam o risco se protegendo no mercado. Isso significa que, quando eles formam um mercado para sua ordem de long call e acabam com uma posição de short call, em geral adquirem cotas da ação ou outras long calls para cobrir essa nova posição a descoberto.

Ao entrar com a ordem de um vertical spread para um débito, o trader pode executar sua ordem sem se preocupar com o hedge da posição. Basicamente, ele só cria um vertical spread para um crédito. Não significa que ele está tentando negociar desfavorecendo você; ele se importa apenas em ficar coberto.

As ordens de vertical spread são interessantes para os traders do pregão porque, quando eles negociam, não precisam fazer nada mais. Já estão cobertos. É por isso que você pode ter uma ordem de vertical spread executada abaixo do débito cotado no mercado.

Diminuindo o risco com uma negociação de crédito

As travas de débito não são o único tipo de negociação de trava que se cria usando calls e puts. É possível mudar qual preço de exercício é comprado e vendido nas travas de débito para criar uma trava de crédito. Mais uma vez, a trava requer comprar uma opção e vender outra do mesmo tipo, vencendo no mesmo mês. Você pode criar duas travas diferentes de crédito vertical:

» **Trava de baixa com call:** Você cria uma bear call spread adquirindo uma opção de call e vendendo simultaneamente outra que vence no mesmo mês. A short call tem um preço de exercício mais baixo. Como o preço de uma call com exercício menor é mais caro, você recebe um crédito pela negociação. A long call acaba cobrindo a short call, portanto, a negociação do spread tem muito menos risco que uma opção de short call descoberta.

» **Trava de alta com put:** Você cria uma bull put spread comprando uma opção de put e vendendo simultaneamente outra que vence no mesmo mês. A short put tem um preço de exercício mais alto. Como o preço de uma put com exercício maior é mais caro, você recebe um crédito pela negociação. A long put acaba cobrindo a short put, portanto, a negociação do spread tem muito menos risco que uma opção de short put descoberta.

Avaliando risco e retorno para uma trava de crédito de call

Seu risco máximo para a trava de baixa com call é limitado à diferença entre os preços de exercício da opção menos o crédito recebido ao criar a negociação. A posição usa a long call para limitar o risco da short call, que, em si, é ilimitado. Em vez de colocar uma trava de baixa com put XYZ para um débito, é possível criar uma trava de baixa com call XYZ para um crédito.

Crie a trava de baixa com call adquirindo uma opção de call com exercício maior e mais barata e vendendo a opção de call com exercício menor e mais cara:

» Comprar 1 Jan 55 Call @ US$0,95.

» Vender 1 Jan 50 Call @ US$3,20.

Para as travas de crédito, o crédito líquido também é o retorno máximo. Os cálculos do retorno, do risco e do equilíbrio para uma trava de baixa com call são:

» Crédito = Retorno Máximo = $(3,20 - 0,95) \times 100 = US\$225$.

» Risco Máximo = $[(US\$55 - 50) \times 100] - 225 = US\$275$.

> Equilíbrio = US$50 + ($3,20 − 0,95) = 50 − 2,25 = US$52,25.

Uma posição de trava de baixa com call reduz o risco limitando as perdas da short call. Reduzir seu risco assim significa que seus retornos são reduzidos. Seu retorno máximo é o crédito inicial da trava. Isso ocorre se XYZ fecha abaixo do preço de exercício da short call no vencimento, resultando nas duas opções vencendo sem valor.

DICA

Use essa trava se você for baixista na ação subjacente.

A Figura 11-5 mostra o gráfico de risco da trava de baixa com call de ABC Jan 50–55 usando o Optionetics Platinum, um software de análise de opções. Esse gráfico identifica as seguintes áreas importantes:

> Risco máximo de US$275 mostrado pela linha horizontal inferior.

> Retorno máximo de US$225 mostrado pela linha horizontal superior.

> Preço de equilíbrio da ação de US$52,25 mostrado pela linha vertical escura.

> Uma faixa de perdas e lucros mostrada pela linha diagonal que se estende do preço de exercício inferior até o superior.

CUIDADO

Preste atenção na data de vencimento. Se a ação subjacente estiver perto do preço de exercício da opção vendida no último dia de negociação antes do vencimento, você corre o risco de ser exercido na opção vendida no fim de semana do vencimento, mas pode não conseguir mais exercer seus direitos da opção comprada. Feche uma trava de crédito vertical para um débito no último dia de negociação antes do vencimento, caso o preço do subjacente esteja perto do preço de exercício da opção vendida.

Avaliando risco e retorno para uma trava de crédito de put

Seu risco máximo para uma trava de alta com put é limitado à diferença entre os preços de exercício da opção menos o crédito recebido ao criar a negociação. A posição usa a long put para reduzir muito o risco da short put, que é alto. Em vez de colocar uma trava de alta com call ABC para um débito, você pode criar uma trava de alta com put ABC para um crédito.

Crie uma trava de alta com put comprando uma opção de put com exercício menor e menos cara e vendendo uma opção de put com exercício maior e mais cara:

> Comprar 1 Jan 35 Put @ US$1,70.

> Vender 1 Jan 40 Put @ US$4,10.

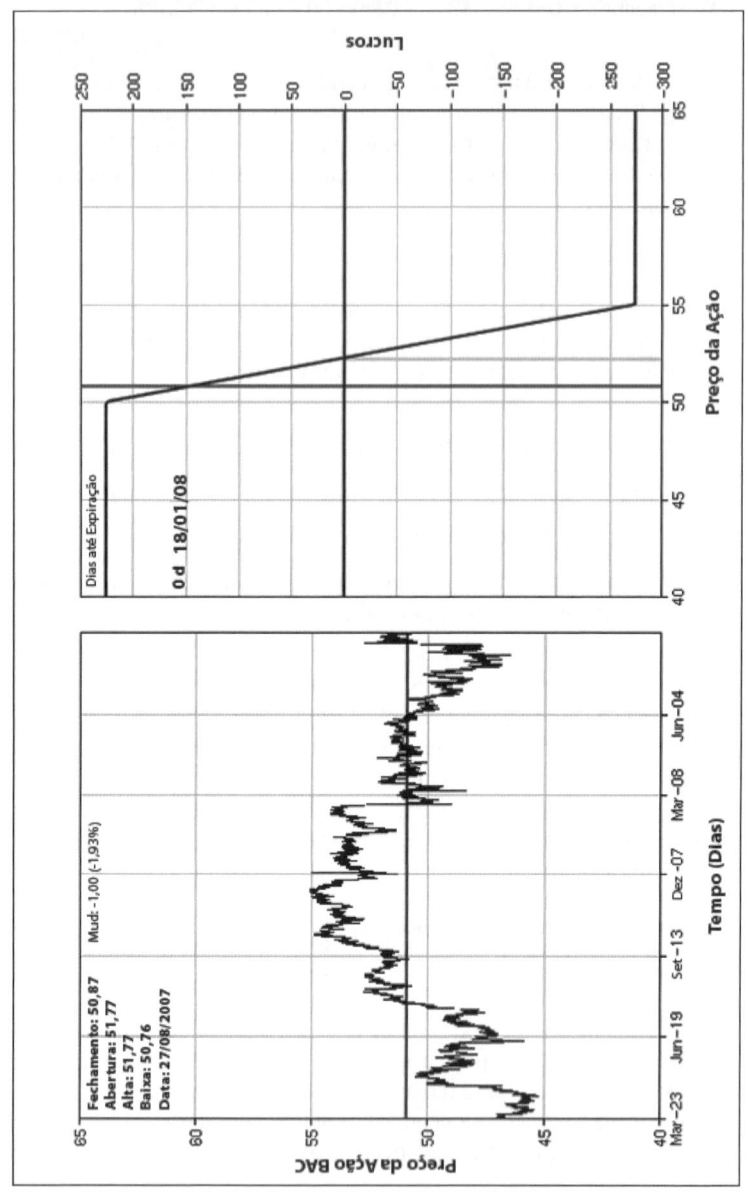

FIGURA 11-5: Gráfico de risco para trava de baixa com call de XYZ Jan 50-55.

Para as travas de crédito, o crédito líquido também é o retorno máximo. Os cálculos do retorno, do risco e do equilíbrio para uma trava de alta com put são:

- » Crédito = Retorno Máximo = (US$4,10 − 1,70) × = US$240.
- » Risco Máximo = [(US$40 − 35) × 100] − 240 = US$260.
- » Equilíbrio = US$40 − (US$4,10 − 1,70) = 40 − 2,40 = US$37,60.

Uma posição de trava de alta com put reduz o risco limitando as perdas para a short put. Diminuir seu risco assim significa que os retornos são reduzidos. Seu retorno máximo é o crédito inicial da trava. Isso ocorre se ABC fecha acima do preço de exercício da short put no vencimento, resultando nas duas opções vencendo sem valor.

DICA

Use essa trava se você for altista na ação subjacente.

A Figura 11-6 mostra o gráfico de risco da trava de alta com put de ABC Jan 35−40 usando o Optionetics Platinum, um software de análise de opções.

O gráfico de risco identifica as seguintes áreas importantes:

- » Risco máximo de US$260 mostrado pela linha horizontal inferior.
- » Retorno máximo de US$240 mostrado pela linha horizontal superior.
- » Preço de equilíbrio da ação de US$37,60 mostrado por uma linha vertical escura.
- » Uma faixa de perdas e lucros mostrada por uma linha diagonal que se estende do preço de exercício superior ao inferior.

O custo do slippage é incluído nesse gráfico de risco.

LEMBRE-SE

Sempre monitore as condições da ação após o fechamento do trading no último dia de negociação antes do vencimento. Você nunca deve permitir que uma posição de risco limitado se torne uma posição de risco alto ou ilimitado porque não gerenciou a negociação até o fim.

Resumindo riscos e retornos do crédito

O gráfico de risco para uma trava de crédito vertical é parecido com a trava de débito vertical, com risco e retorno limitados. O gráfico de risco de call ou put vendida melhora muito fixando um teto para os riscos que são ilimitados ou limitados, mas altos. Isso é feito criando-se uma posição que cobre a opção vendida, em vez de deixá-la descoberta.

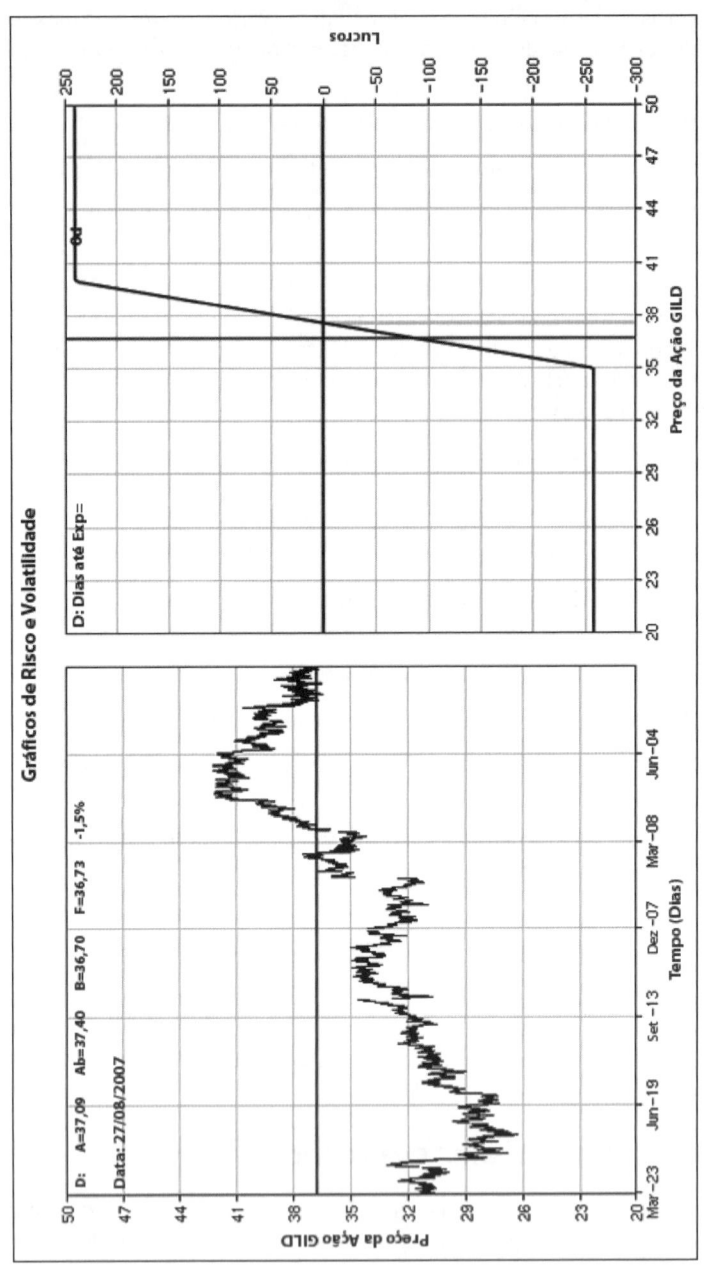

FIGURA 11-6: Gráfico de risco para trava de alta com put de ABC Jan 35–40.

A Tabela 11-3 mostra um resumo do risco, do retorno e dos equilíbrios para uma trava de baixa com call e uma trava de alta com put.

TABELA 11-3 **Risco, Retorno e Equilíbrio para Travas de Crédito Verticais**

	Trava de Baixa com Call	Trava de Alta com Put
Risco	[(Exercício mais alto – exercício mais baixo) × multiplicador] – crédito inicial	[(Exercício mais alto – exercício mais baixo) × multiplicador] – crédito inicial
Retorno	Crédito inicial mais baixo	Crédito inicial mais baixo
Equilíbrio	Preço de exercício curto + (preço da opção vendida – preço da opção comprada)	Preço de exercício curto – (preço da opção vendida – preço da opção de put)

> **CUIDADO:** Embora muitas vezes você possa fazer uma negociação de trava a um preço mais favorável que o preço atual do mercado, lembre-se sempre de que, se seus parâmetros de risco sinalizarem que deve sair de uma posição, saia. Isso pode ser feito quase sempre colocando-se uma ordem limitada negociável.

> **NESTE CAPÍTULO**
> » Cobrindo opções com ação
> » Reduzindo o custo da proteção
> » Expandindo os vertical spreads
> » Mudando o horizonte temporal do spread

Capítulo **12**

Estratégias Combinadas: Spreads e Outras Maluquices

As posições básicas da opção reduzem o risco diminuindo o custo da sua posição. Mas o real poder desses títulos aparece ao combiná-los com ação e outras opções, adicionando uma nova camada de proteção e lucro em potencial a suas estratégias. Começando com as posições da opção cobertas com ação, neste capítulo analisamos o risco e montamos uma estratégia que desconta o custo da proteção de put para uma ação comprada. Essa estratégia é conhecida como *collar*.

Porém, há outras coisas além do collar. Na verdade, as estratégias da opção coberta com ação são apenas o começo. Essa estratégia pode ser implementada sem ação usando opções e variando os diferentes componentes de um vertical spread. Usando o mesmo preço de exercício em um vertical spread e variando ao mesmo tempo o mês de vencimento para as duas opções, você cria um *calendar spread*, que adiciona a flexibilidade do tempo à posição. Permitindo que os preços de exercício também mudem, você cria um *diagonal spread* que fornece ainda mais flexibilidade para praticamente qualquer cenário de curto e longo prazos.

Combinando Opções com Ações

Quando você protege uma posição de opção vendida com ação ou com uma opção comprada do mesmo tipo, isso é conhecido como estar *coberto*. É possível vender calls ao segurar uma posição de ação comprada para reduzir o custo da posição e produzir alguma receita progressiva. Do mesmo modo, uma put ser vendida em oposição a uma ação vendida a descoberto para impulsionar os retornos. Ambas as posições reduzem um pouco o risco diminuindo o custo da ação, mas nenhuma posição da opção oferece muita proteção contra uma evolução desfavorável do preço da ação. Por sorte, você pode adicionar proteção via collar.

Criando posições "cobertas"

Uma *posição coberta* inclui uma opção vendida com uma obrigação que você atende com uma ação ou uma opção comprada do mesmo tipo para o mesmo subjacente. Em vez de um risco ilimitado ou alto associado às opções descobertas, as posições cobertas reduzem muito seu risco. Ao usar a estratégia da posição coberta, você vende opções em oposição ao subjacente para produzir uma receita extra e reduzir o risco da posição mudando a base de custos.

Calls cobertas

Quando você tem uma ação, pode vender calls em oposição as ações para ter uma receita extra. Como um crédito entra em sua conta quando vende a call, você também reduz o risco da posição da ação comprada. Embora consiga receita, há uma desvantagem importante, pois você está limitando os ganhos em potencial em sua posição da ação. Isso acontecerá se o preço de mercado da ação subir, ficando acima do preço de exercício de call. Então, você será obrigado a vender a ação no preço de exercício mais baixo.

CUIDADO: Há um momento ideal para vender calls, em geral dentro de 30–45 dias até o vencimento, portanto, escolha com sabedoria quando implementar essa estratégia. Se por algum motivo você precisar segurar uma posição da ação (devido a ganhos de capital ou motivos parecidos), não venda calls em oposição a ela. Pelo contrário, a call protegida se comporta como uma call descoberta, ou seja, uma posição com risco ilimitado.

Use uma ação comprada com uma call coberta:

> » Para reduzir o risco progressivo da ação comprada com o crédito de short call.

> Como uma estratégia de receita para uma posição da carteira.

Como uma call coberta dá uma proteção mínima contra uma evolução desfavorável para a ação subjacente, ocorre um cenário útil para uma estratégia de call coberta quando você tem uma ação que atualmente tem movimento lateral no preço. Vendendo a call, basicamente você se dá uma chance antecipada de ter mais ganhos na ação, limitados pelo preço de exercício. O melhor resultado seria a ação ficar acima do preço de exercício. Se tem uma ação comprada, isso não é problema, porque você pode simplesmente comprá-la de novo após a data de vencimento e vender outra call coberta em oposição a ela. *Por isso, o preço de exercício da short call deve ficar acima do preço de compra da ação comprada.* Sempre se lembre de que seu risco com tal posição ainda é muito alto; só porque você tem um cenário altista para a ação não significa que ela subirá necessariamente em curto prazo (ou em longo prazo, nesse caso).

LEMBRE-SE É melhor ter uma opção comprada quando o impacto da desvalorização temporal é mínimo, e ter uma opção vendida quando essa desvalorização acelera, isto é, quando há menos de 30 a 45 dias até o vencimento.

Puts cobertas

Quando você tem uma ação vendida, pode vender puts em oposição à posição para ter mais receita. Como um crédito é colocado em sua conta quando você vende put, você também reduz o custo da posição da ação vendida, resultando em um risco levemente reduzido para a posição. A desvantagem é que os ganhos em potencial são limitados.

Mas por que limitar seus ganhos assim? Faz mais sentido aproveitar um cenário baixista com uma long put ou uma trava de baixa com put.

LEMBRE-SE A posição de short put é uma obrigação, não um direito. Você fica à mercê do mercado e das circunstâncias porque você não pode escolher ser exercido na put para comprar a ação e compensar a posição da ação vendida. Put não serve como proteção, seria preciso comprar uma call para mudar o risco da posição de ilimitado para limitado.

Se você busca reduzir o risco e maximizar os retornos, é melhor focar mais os vertical spreads do que essa estratégia em particular. Por isso, a discussão da estratégia é limitada.

Cobrindo a posição de call coberta

Você pode usar uma posição de opção coberta como uma estratégia de curto prazo ou para aumentar a receita para participações de longo prazo. O principal é lembrar de que as opções vendidas têm obrigações, não direitos. O leg da opção é coberto, não a ação, o que mantém um alto risco para a call coberta.

Estratégia de call coberta

Uma short call é uma posição baixista criada para um crédito. Como a desvalorização temporal está a seu favor, em geral você estabelece essa posição com 30–45 dias ou menos até o vencimento. Há dois motivos para criar tal posição:

» Você tem a ação e é altista nela em longo prazo, mas moderadamente baixista em curto prazo.

» Como parte de uma estratégia de trading, você é altista em curto prazo em uma ação e busca aumentar os retornos vendendo uma call e sendo exercido na ação.

Mesmo que ambos sejam um pouco diferentes, o perfil de risco/retorno da posição combinada é igual. Seu risco é alto, mas limitado devido à ação desprotegida. Esse risco é um pouco reduzido pelo crédito de call.

A posição de call coberta faz sentido quando você tem um cenário moderadamente altista e de curto prazo para a ação. Se você é extremamente altista em curto prazo, uma long call é melhor, porque permite ganhos ilimitados, enquanto a posição de call coberta limita os ganhos.

Seus retornos são limitados com uma posição de short call e ação comprada, porque, se a ação fica acima do preço de exercício da short call no vencimento, provavelmente você é exercido na posição e é forçado a vender suas ações.

Perfil de risco da call coberta

Você adquire uma ação e vende uma call quando tem um cenário altista de curto prazo para o subjacente. O preço de exercício da short call deve ficar acima do preço de compra da ação para que ela seja exercida para você ter lucro. Se você continua altista no vencimento, o ideal é que a ação feche abaixo do preço de exercício para ser possível vender outra call (supondo que a call original vence sem valor). Continue fazendo isso se o cenário é altista e você tem a ação.

O risco associado a uma posição de short call e ação comprada é parecido com o de uma posição de ação comprada básica: limitado, mas alto. Seu retorno máximo para a posição é limitado pela opção vendida. Após a ação ficar acima do preço de exercício da short call, você corre o risco do exercício. Se o preço de exercício é mais alto que o preço de compra da ação, você lucra com o exercício. Calcule assim o risco, o retorno e o equilíbrio para uma posição de short call e ação comprada:

Risco Máximo = (Preço de Compra da Ação × Nº de cotas) − Prêmio da Call

Retorno Máximo = [(Preço de Exercício da Call − Preço de Compra da Ação) × 100] + Crédito Inicial

Nível de Equilíbrio = Preço de Compra da Ação − Preço da Call

Seu preço de equilíbrio para a posição é o preço de compra da ação menos o preço da opção quando a posição é vendida. Abaixo desse nível, as perdas se acumulam.

> **CUIDADO**: Nunca permita que uma short call que faz parte de uma posição coberta fique descoberta vendendo a ação subjacente. Isso transforma uma posição com risco limitado em ilimitado. Se você quer sair da posição da ação comprada, primeiro deve comprar de volta a call ou sair de ambas ao mesmo tempo usando uma ordem combinada.

Suponha que ABC seja negociada a US37,72 e você seja altista nela em curto prazo. Com 30 dias até o vencimento, o mercado para a call no preço de exercício 40 de curto prazo é US0,50. Isso representa um crédito de US$50, ou US$50 em sua conta, quando vendida. Antes de entrar em uma negociação, calcule seu risco, seu retorno e seu equilíbrio para uma posição com 100 cotas da ação ABC e uma short call:

Risco Máximo = (US$37,72 × 100) − 50 = US$3.722

Retorno Máximo = [(US$40 − 37,72) × 100] + 50 = US$228 + 50 = US$278

Equilíbrio = US$37,72 − 0,50 = US$37,22

A Figura 12-1 mostra o gráfico de risco da estratégia de call coberta da ABC. O equilíbrio aparece como uma linha vertical desenhada onde os lucros = 0 (37,22).

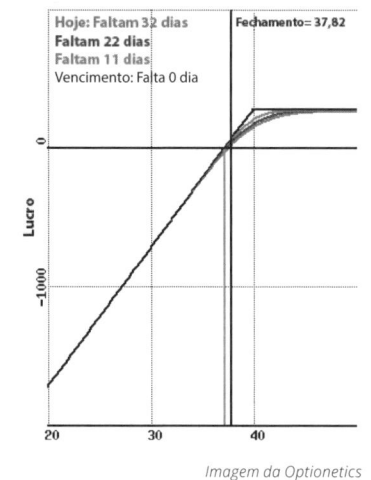

FIGURA 12-1: Gráfico de risco para ação ABC comprada com uma short call.

Imagem da Optionetics

O gráfico de risco inclui três linhas curvas mostrando o valor esperado da posição, dado preço de ABC e a volatilidade implícita de suas opções. O preço da opção vendida diminui conforme se aproxima o vencimento.

CUIDADO

Uma short call que é coberta pela posição só fornece a proteção mínima para a ação comprada. O risco da posição permanece igual ao de uma posição comprada na ação.

Reduzindo os custos da ação protegida

É uma ótima oportunidade para reprogramar. Cobrir uma obrigação de short call e proteger uma posição de ação comprada não são a mesma coisa. Embora a estratégia de call coberta seja considerada uma abordagem relativamente conservadora ao investir, na verdade, ela o deixa exposto a um risco muito semelhante ao da ação comprada. Outro modo de gerenciar o risco da ação com menos dinheiro que uma estratégia de put de proteção (veja o Capítulo 10) é criar um collar na ação combinando o seguinte:

- » Ação comprada.
- » Comprando uma put de proteção na ação subjacente.
- » Vendendo uma call na ação subjacente.

Vendendo uma call combinada com uma posição de ação protegida, você reduz o custo dessa proteção. Sua única obrigação é com a short call, porque a put representa um direito. A short call continua coberta pela ação.

LEMBRE-SE

Uma opção vendida representa uma obrigação que só é considerada coberta se não há outras obrigações ou exigências para a ação associada ou opção comprada.

Definindo collar

Você cria um collar comprando uma put e vendendo uma call para uma posição de ação nova ou existente. É uma posição com risco e retorno limitados que:

- » Reduz muito o risco da ação comprada e call coberta de limitado, mas alto, para apenas limitado.
- » Reduz muito os retornos da ação comprada de ilimitados para limitados.

É importante estar a par das diferenças nesses dois tipos de posições. Uma estratégia de call coberta pode ser considerada uma negociação de curto prazo ou um gerador de receita, ao passo que uma posição collar é considerada protegida. Assim, collar oferece duas dinâmicas diferentes para a gestão de risco que, juntas, funcionam melhor se sua meta é maximizar a proteção. O principal objetivo da short call é reduzir o custo da proteção. Isso diminui um pouco o risco de uma posição de put protegida.

CUIDADO: Assim que você vende uma short call, é obrigado a vender a ação subjacente quando há exercício. Não crie um collar em uma posição, a menos que queira e consiga se desfazer da ação subjacente.

Usando collar na ação comprada

Collar é uma posição coberta que tem risco e retorno limitados. Seu risco é limitado no sentido descendente pelo preço de exercício de put, e o retorno é limitado no sentido ascendente pelo preço de exercício de call. Se a ação fica abaixo do preço de exercício, você não precisa necessariamente praticar a put. É possível decidir vender a put para ter lucro.

LEMBRE-SE: Os preços de exercício de long put e short call criam um limite nos riscos e nos retornos da ação comprada, respectivamente. As duas posições da opção combinadas fornecem um *colar* em torno do preço da ação.

Os collares são úteis em situações muito específicas e mais bem usados para proteger os ganhos em uma ação mais adiante no ano civil sem vender a ação e ficar sujeito a tributações. A maioria dos collares tem posições de curto prazo iniciadas tarde no ano civil, então é removido no início do ano seguinte para que a ação possa ser vendida, e o imposto não será devido até o ano seguinte.

PAPO DE ESPECIALISTA: O termo *peg* é usado para descrever o limite que uma short call cria na valorização da ação comprada. Isso pode ser aplicado na posição de short call ao examinar os saldos das contas.

Analisando os riscos de collar

O risco associado a uma estratégia collar é muito menor, comparando com uma ação comprada. A long put limita o risco aumentando o custo da posição. Esse custo é um pouco compensando pelo crédito recebido ao vender call.

Suponha que tenha 100 cotas de ABC a US$37,86 e você fica baixista nela no próximo mês e meio. Você quer proteger sua posição, mas não deseja gastar muito dinheiro nisso. Decide criar um collar em torno de ABC usando as opções do mês seguinte, que vencem em 45 dias.

Antes de comprar uma opção de put de exercício 37,50 por US1,20 e vender a opção de call de exercício 40 a US$0,70, faça os seguintes cálculos principais:

Débito Líquido = (1,20 − 0,70) × 100) = US$50

Risco Máximo = [(Preço de Compra da Ação − Preço de Exercício de Put) × 100] + Débito Líquido = [(US$37,86 − 37,50) × 100] + 50 = US$86

Retorno Máximo = [(Preço de Exercício de Call − Preço de Compra da Ação) × 100] − Débito Líquido = [(US$40 − 37,86) × 100] − 50 = US$164

Equilíbrio = Preço de Compra da Ação + Débito Líquido = US$37,86 + 0,50 = US$38,36

Seu risco para a posição é a diferença entre sua compra da ação e o preço de exercício de put, mais o custo líquido das opções. Em termos de retorno máximo, após a ação ficar acima do preço de exercício de short call, você corre o risco de ser exercido e será obrigado a vender suas cotas no exercício. Se o preço de exercício for mais alto que o preço de compra da ação mais os prêmios da opção, terá lucro no exercício.

A Figura 12-2 mostra o gráfico de risco para a posição collar.

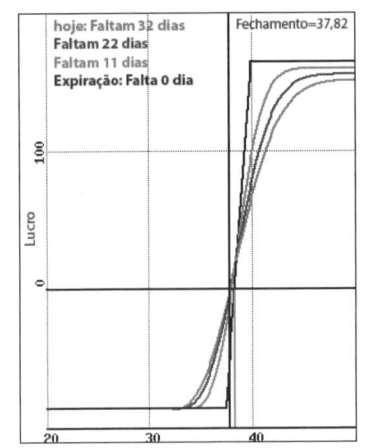

FIGURA 12-2: Gráfico de risco para uma ação ABC long com collar.

Imagem da Optionetics

Variando os Vertical Spreads

Vertical Spread ou Trava Vertical como abordamos no último capítulo, é uma posição que combina uma opção comprada e uma vendida para o mesmo subjacente e que:

» Têm o mesmo tipo (call ou put).
» Vencem no mesmo mês.
» Têm preços de exercício diferentes.

Você pode criar um vertical spread para um crédito ou débito líquido, dependendo do cenário da ação e do nível atual de volatilidade implícita nas opções. Mudando os preços de exercício, é possível mudar o perfil de risco de certo vertical spread.

> **CUIDADO**
>
> Um calendar ou diagonal spread, baseado no preço de exercício, é comprado no vencimento mais próximo da opção e vendido no vencimento mais distante, e equivale a segurar uma posição descoberta. Não são estratégias consistentes com uma boa gestão de risco devido ao potencial de grandes perdas.

Também é possível criar um spread com um tempo que varia até o vencimento para duas opções, em vez do preço de exercício. Essa posição também é conhecida como *calendar spread* e se parece com um vertical spread usando o mesmo preço de exercício, mas com meses de vencimento diferentes.

Você também pode variar o mês de vencimento e os preços de exercício para as duas opções. Isso é um *diagonal spread*, referindo-se à linha diagonal que pode ser desenhada entre os preços de exercício em uma lista de opções.

Os calendar e diagonal spreads que usam uma opção comprada para o leg posterior do mês do spread são posições com risco limitado:

» Os calendar e diagonal spreads de call têm um retorno ilimitado em potencial após o vencimento da opção vendida.

» Os calendar e diagonal spreads de put têm um retorno limitado, mas alto, em potencial após o vencimento da opção vendida.

Mudando o perfil de risco do vertical spread

Você pode mudar o perfil de risco de certo vertical spread mudando os preços de exercício usados nele e mantendo o cenário da ação. É um motivo para você explorar diferentes vertical spreads. Embora alguns possam atender seu cenário, pode haver outro mais adequado ao seu risco. Calcular a proporção entre retorno e risco para diferentes spreads é um modo de fazer uma comparação de coisas iguais para diferentes alternativas.

> **LEMBRE-SE**
>
> É possível criar vertical spreads para um débito ou um crédito. Para ajudar a manter um cenário claro de resultados do crédito/débito, considere a possibilidade de uma opção mais cara. Uma short call é baixista e coloca crédito em sua conta. A opção de short call em uma trava de baixa com call é mais cara, portanto, é um spread ou trava de crédito.

Além de identificar o vertical spread com a melhor proporção entre retorno e risco, você também pode descobrir uma assimetria da volatilidade que destaca determinada posição. *Assimetria da volatilidade* é uma condição que surge nos mercados de opções quando as opções para o mesmo subjacente têm volatilidades implícitas (VIs) muito diferentes das outras. Isso pode acontecer quando a demanda impacta os preços da opção.

Existem dois tipos de assimetria da volatilidade:

» **Assimetria do preço:** As opções que vencem no mesmo mês têm VIs que desviam das condições normais (como opções dentro do dinheiro (ITM) com VI mais alta que opções fora do dinheiro (OTM)).

» **Assimetria temporal:** As opções que vencem em meses diferentes têm VIs que desviam das condições normais (como opções vencendo mais cedo com VI mais alta que as opções vencendo mais tarde).

Você aproveita as assimetrias da volatilidade vendendo a opção com uma VI alta e atípica e/ou comprando a opção com uma VI baixa e atípica como parte da estratégia.

DICA Ao descobrir a assimetria da volatilidade, veja as notícias sobre a empresa para determinar se há um motivo específico para a condição.

Ganhando tempo com calendars

Para ganhar tempo durante um período em que o mercado está indeciso e o cenário é um pouco nebuloso, você pode criar um calendar spread combinando uma opção comprada e uma vendida para o mesmo subjacente e que:

» Têm o mesmo tipo (call ou put).
» Vencem em meses diferentes.
» Têm o mesmo preço de exercício.

A opção de prazo mais longo custa mais que uma opção de prazo menor com o mesmo preço de exercício, portanto, crie a posição para um débito líquido em sua conta.

Especificamente, você pode querer usar um calendar spread no lugar de um vertical spread se:

» O cenário de curto prazo é neutro para o baixista enquanto o cenário de longo prazo é altista (calendar spread de call).

» O cenário de curto prazo é neutro para o altista enquanto o cenário de longo prazo é baixista (calendar spread de put).

Nos dois casos, a opção vendida de curto prazo reduz o custo da opção comprada do mês posterior. A estratégia não é adequada se você é fortemente baixista ou altista, porque:

> » A opção de curto prazo será exercida.
> » A opção de longo prazo perderá muito valor.

Seu risco é limitado ao usar a opção comprada como o leg de prazo mais longo do spread para os calendar spreads de call e put.

DICA Quando uma posição de spread de débito inclui duas opções que vencem em meses diferentes, os níveis de retorno e de equilíbrio são estimativas baseadas no preço do subjacente e na volatilidade do vencimento da opção vendida.

Avaliando o risco e o retorno do calendar

Ao construir um calendar spread de call, você compra uma call de prazo mais longo e vende uma call de prazo mais curto, as duas no mesmo preço de exercício. A call de prazo mais longo é mais cara, portanto, a posição costuma ser criada para um débito líquido. Esse débito inicial é seu risco máximo possível. Lembre-se de que gerenciar essa negociação é um pouco diferente de um vertical spread, porque é preciso considerar dois horizontes temporais.

Embora seja um exemplo de calendar spread de call, ocorre um rompimento semelhante para uma posição de calendar spread de put. Há três cenários a considerar no vencimento para a opção vendida:

> » **Cenário 1:** A ação ficou bem mais alta que o preço de exercício do calendar e o short call foi exercido. Nesse caso, é preciso determinar qual é a melhor abordagem:
>   - Exercer sua opção de long call para atender o exercício de short call.
>   - Comprar ações no mercado e vender sua long call se os valores temporais continuam (veja o Capítulo 9).
>   - Criar uma trava de alta de call mantendo a long call e vendendo uma opção de call de exercício mais alto no mesmo mês.
>
> » **Cenário 2:** A ação ficou bem abaixo do preço de exercício do calendar e a short call venceu sem valor. Nesse caso, é preciso determinar qual é a melhor abordagem:
>   - Vender sua opção de long call se ela ainda tem valor.
>   - Criar outro spread com a long call, se for altista.
>
>   Como sempre, a ação no subjacente e sua análise da ação do preço são essenciais. Além de abordar as necessidades de sua posição atual

com base no impacto em sua estratégia e carteira, também considere seu cenário da ação para determinar se deve manter a posição de long call. Se você é baixista, saia da posição. Por isso é importante identificar um preço de saída descendente para a ação antes de criar um calendar spread. Sua tomada de decisão fica muito mais fácil se preparando e tendo à mão pontos de risco máximo, retorno máximo e equilíbrio, sabendo, assim, esse valor com antecedência. Se você estiver bem preparado, no vencimento poderá nem precisar decidir, caso já tenha saído nos dois legs da posição como parte de sua gestão de risco da negociação.

Opção perto do mês é a mais próxima da data de vencimento. *Opção do mês seguinte* vence no mês após a opção perto do mês.

LEMBRE-SE

» **Cenário 3:** A ação está perto do preço de exercício do calendar e a short call venceu sem valor. Nesse caso, é preciso determinar qual é a melhor abordagem:

- Vender sua long call.
- Criar outro calendar spread usando a long call existente e vendendo outra opção de prazo menor no mesmo preço de exercício.
- Criar uma trava de alta de call usando a long call existente e vender uma opção de call de exercício mais alto no mesmo mês.

Após o curto prazo vencer, você pode ficar com um retorno ilimitado (long call) ou uma posição de retorno (long put) limitado, mas alto.

Analisando o risco do calendar spread

É difícil calcular os retornos em potencial e os níveis de equilíbrio para os calendar spreads com uma opção comprada e do mês posterior devido aos meses de vencimento diferentes para os dois legs. É claro que isso não significa que você não deve tentar entendê-las. A vantagem dessas estratégias é ser possível identificar um risco máximo limitado para a posição.

Aplicativos de análise das opções podem estimar os retornos e os níveis de equilíbrio para os calendar spreads usando probabilidades com base nas volatilidades histórica e implícita. Esses dados podem ser estendidos aos gráficos de risco, que também estão disponíveis.

A Figura 12-3 mostra um gráfico de risco, junto com um gráfico de preços para um calendar spread de call.

FIGURA 12-3:
Gráfico de ações e gráfico de risco teórico para um calendar spread de call.

Imagem da Optionetics

Os lucros são exibidos no eixo x, e o preço do subjacente, no eixo y. Isso coincide com os níveis de preço do gráfico de ações.

LEMBRE-SE

Você sempre deve entender os riscos e os requisitos de margem para as posições criadas. Simular ajuda a avaliar melhor o risco. Contate seu corretor para entender bem os requisitos de margem da opção.

Definindo diagonal spreads

Diagonal spreads são uma combinação de vertical e calendar spreads, o que significa que ambos têm preços de exercício e meses de vencimento diferentes. Você pode variar os riscos e os retornos do spread mudando os preços de exercício usados para as opções. Crie um diagonal spread combinando uma opção comprada e uma vendida para o mesmo subjacente e que:

- » Têm o mesmo tipo (call ou put).
- » Vencem em meses diferentes.
- » Têm preços de exercício diferentes.

A opção de prazo mais longo pode ou não custar mais que uma opção de prazo menor, só depende dos preços de exercício e dos meses de vencimento selecionados, ou seja, os spreads de débito e crédito são possíveis usando uma estratégia de diagonal spread.

DICA

Os diagonal spreads têm variações estratégicas predefinidas em potencial além do seu plano inicial e podem se moldar a diferentes estratégias após a opção vendida vencer ou expirar.

Como são possíveis muitas combinações de diagonal spreads, é mais difícil classificar as exibições de curto prazo versus longo prazo para a ação subjacente. Não é tão ruim; é mais um comentário sobre sua flexibilidade ao usar esses spreads.

Você pode decidir usar um diagonal spread no lugar de um calendar spread se:

» O cenário de curto prazo é um pouco mais altista que neutro e o cenário de longo prazo é altista (diagonal spread de call para um débito).

» O cenário de curto prazo é um pouco mais baixista e o cenário de longo prazo é altista (diagonal spread de call para um crédito).

» O cenário de curto prazo é um pouco mais baixista que neutro e o cenário de longo prazo é baixista (diagonal spread de put para um débito).

» O cenário de curto prazo é um pouco mais altista e o cenário de longo prazo é baixista (diagonal spread de put para um crédito).

Essas combinações de diagonal spread são fornecidas como uma comparação do calendar spread para o caso de você ficar indeciso tentando encontrar um adequado ao seu cenário e objetivos. O mesmo ocorre ao considerar os vertical spreads; um diagonal spread pode ser mais atraente se você acha que a opção comprada pode aproveitar o maior tempo ou se existe uma assimetria temporal da volatilidade.

CUIDADO

Sempre considere o lado negativo ou o que poderia acontecer ao sair de uma posição cedo ou se suas opções seguirem seu curso. Se você sai ou permite que uma posição de opção comprada que cobre uma opção vendida vença, tem uma posição de opção descoberta. O risco varia desde limitado, mas alto, até ilimitado.

Você limita seu risco ao usar a opção comprada para o leg do mês posterior do spread para os diagonal spreads de call e put. Tais spreads apresentam o mesmo tipo de problema temporal dos calendar spreads ao calcular os valores de retorno e de equilíbrio. Eles devem ser considerados estimativas, não absolutos, ao usar aplicações de análise das opções.

Esse tipo de estratégia tem seus riscos. Se você considera um diagonal spread que usa a opção vendida para o vencimento no mês posterior, considere isso como segurando uma posição descoberta.

Avaliando risco e retorno dos diagonal spreads

Suponha que você seja moderadamente altista em uma ação em curto prazo e acha que, quando o mercado ganhar força em alguns meses, isso dará um belo impulso na ação. Ela é negociada atualmente a US$46,64. Você nota que há no momento uma pequena assimetria temporal entre as opções do mês seguinte e as que vencem três meses depois.

Você quer comprar uma call que está quase no dinheiro e financiar a negociação com uma short call que vence mais cedo. Para reduzir a chance de ser exercido e ter uma pequena possibilidade de valorização, caso a ação suba, você decide usar um diagonal spread, em vez de um calendar spread.

No mês seguinte, a call com preço de exercício US$50 vence em 35 dias e tem uma compra a US$1,80 (VI de 34,6). A call com preço de exercício 47,50 que vence três meses mais tarde tem um preço de oferta de US$3,10 (VI de 32,4). O risco para a posição é o débito inicial, que é de US$130. Os pontos de retorno e equilíbrio são variáveis.

A Figura 12-4 mostra o gráfico de risco para o diagonal spread de call. Se a ação fica abaixo de US$50 no vencimento de prazo mais curto e a short call vence sem valor, você tem algumas alternativas para a long call restante.

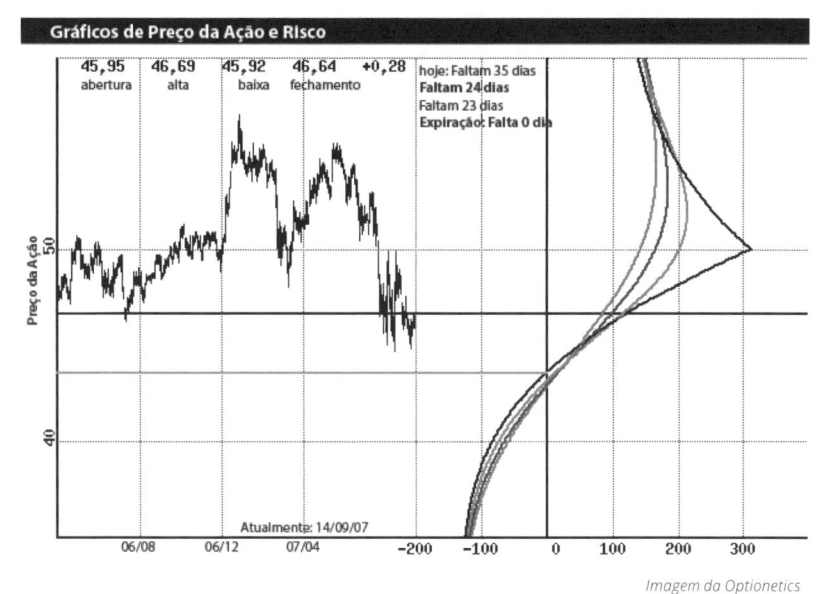

FIGURA 12-4: Gráfico de ações e gráfico de risco teórico para um diagonal spread de call.

Imagem da Optionetics

NESTE CAPÍTULO

» Entendendo ETFs

» Reduzindo a volatilidade com setores

» Implementando estratégias de ETF em sua carteira

» Negociando ETFs e opções de ETF

Capítulo **13**

ETFs, Opções e Outros Truques Úteis

Os ETFs (fundos de investimento negociados na Bolsa de Valores) fazem parte da cena de investimento e são ferramentas muitíssimo úteis para profissionais e investidores. São especialmente úteis para traders de varejo, porque, com eles, é possível negociar em uma grande variedade de mercados e setores individualmente ou com opções. São tão úteis, que fica difícil saber o que faríamos sem eles nos mercados atuais.

Com ETFs, você pode negociar certas classes de ativos, como commodities, implementando ao mesmo tempo estratégias antes disponíveis apenas para investidores maiores. Os ETFs também podem reduzir a volatilidade, embora para os traders de opções, ela faça parte do jogo e tenha espaço em muitas estratégias. Mas esse espaço pode ser mais bem explorado depois de você cuidar de seus objetivos financeiros de longo prazo.

Explorando o ETF

ETF é um fundo de investimento negociado como uma ação. Sim, ETF é diferente de fundo de investimento, mas ainda é um título que, na maioria dos casos, é composto de diferentes ações, títulos e/ou commodities do componente, em geral planejado para acompanhar um índice específico ou segmento do mercado. A única exceção é o ETF *alavancado*, composto de derivativos para atingir o objetivo definido do fundo, que em geral se move em um múltiplo da faixa de trading diária do índice que ele acompanha.

Existem ETFs que são mais parecidos com carteiras administradas, mas a maioria ainda é um veículo baseado em índice. Assim, um bom modo de entendê-los é comparando com índices do mercado. Há muitas semelhanças entre os dois, mas uma diferença importante torna os ETFs muito poderosos: é possível ter um ETF. Isso significa que você expande as estratégias de opção disponibilizadas.

Em geral, como os ETFs acompanham um grupo de títulos, a volatilidade dele tende a ser menor que suas ações, títulos ou commodities do componente. É porque uma grande queda em um título no grupo pode ser compensada por quedas menos severas ou ganhos em outros componentes. Os traders de opção não devem evitar a volatilidade, mas é possível se beneficiar reconhecendo quando é útil usar um instrumento menos volátil. E você deve entender esse conceito para saber se faz sentido negociar opções derivadas de um título que é menos volátil.

> **DICA** Os ETFs se parecem com fundos de investimento, mas são negociados como uma ação. Isso significa que você não precisa esperar até o fim do dia para sair de uma posição.

Comparando ETFs com índices

Os ETFs se parecem com índices no sentido de que ambos se baseiam em um grupo de títulos específicos e afins. *Índice* é uma medida do valor de mercado para as ações, títulos e/ou commodities do componente, ao passo que um ETF é um título que permite ter essa medida. A maioria dos ETFs de fato acompanha um índice específico (veja o Capítulo 9 para saber mais sobre índices).

Uma das melhores características que os ETFs e os índices compartilham é que ambos têm opções disponíveis para negociar. Como você tem um ETF, pode criar posições combinadas para incluir produtos do tipo índice via ETF. Você verá que isso é uma bela estratégia, dado o tamanho do universo de ETFs. Percorrer todos os produtos disponíveis deve ser mais fácil com alguns recursos identificados no final desta seção.

DICA: Verifique com seu contador para entender bem as implicações fiscais de investir e negociar ETFs.

Conectando o denominador comum

É claro que uma medição (índice) e um título (ETF) são coisas diferentes, mas, no momento, considere as semelhanças. Os ETFs compartilham as seguintes características com os índices:

- Disponíveis para várias classes de ativos, setores e regiões.
- Ambos são impactados pelo método de ponderação na construção do índice.
- Oferecidos por várias financeiras.

Uma coisa é certa: se você busca um segmento do mercado para investir ou negociar, é provável que exista um ETF ideal para seu caso.

Gestão ponderada para ETFs

DICA: Os gestores de ETF usam ponderações parecidas com o método ponderado pelo índice para conseguir resultados semelhantes.

O método ponderado usado para a construção do índice determina o impacto que um título do componente tem no valor do índice. Embora um ETF nem sempre acompanhe um índice de perto, o método ponderado afeta as mudanças no valor do ETF segundo as mudanças do componente. Veja o que você deve lembrar sobre os métodos de construção para os índices da ação:

- Um índice ponderado pelo valor de mercado é mais impactado pelas ações de maior capitalização.
- Um índice ponderado pelo preço é mais impactado pelas ações com maior preço.
- Um índice ponderado pela equiparação é igualmente impactado por todas as ações do componente.

Verificando as diferenças

Antes de acessar os ETFs, veja algumas diferenças entre ETFs e índices:

- Você pode ter um ETF, mas não um índice.
- Os componentes reais usados para criar um índice podem diferir dos títulos do componente em um ETF e incluir futuros e acordos de swap.

> Os ETFs podem ser alavancados ou ter uma relação inversa com o índice que ele acompanha.

Pode não haver uma correlação perfeita entre um ETF e o índice que ele acompanha. É porque os ETFs podem não ser compostos exatamente pela mesma cesta de títulos do índice e ter flutuações diárias moderadas conhecidas como trading de *prêmio* ou *desconto*. Alguns também têm um grau de risco extra de perdas catastróficas, caso a empresa de investimentos tenha usado instrumentos de trading mais exóticos (como swaps) e não esteja coberta devidamente.

Swap é um tipo de opção. Basicamente, é um contrato entre duas partes em relação à proposta de investimento e detalha o resultado de uma negociação. Quando são atingidos certos pontos contratuais acordados anteriormente, uma parte deve pagar a outra. Muitas vezes, os swaps adicionam muita alavancagem às transações de investimento. Os ETFs que usam a alavancagem costumam adicioná-la com swaps, ou seja, você pode comprar um ETF achando que está obtendo uma coisa, quando, na verdade, obtém outra.

LEMBRE-SE O risco da ação é alto, mas limitado ao montante total investido quando comprado em uma conta de caixa. Esse risco relacionado à opção é alavancado, mas equilibrado, porque o montante do capital de risco é menor.

ETFs e risco

Seu risco com um ETF é igual ao de ter uma ação: limitado e alto, dependendo do preço do ETF e se ele foi comprado com dinheiro ou a termo. Em geral, um ETF baseado em índice espelha muito o desempenho de seu índice associado. Mas o desempenho de alguns ETFs administrados, os que não são diretamente vinculados a um índice, mas a carteiras baseadas na análise de um gestor, é tão imprevisível quanto de qualquer carteira administrada.

Certos ETFs ficaram populares por serem singulares no mercado. Por exemplo, QID é o ETF Proshares Ultrashort QQQ, que acompanha o movimento inverso da porcentagem diária do índice Nasdaq 100 e multiplica o movimento por dois usando a alavancagem. Isso significa que você tem um segundo meio de criar uma posição baixista com risco limitado para alguns índices. É claro que as travas de baixa de put e call estão no topo dessa lista de alternativas. Tenha cuidado com as opções de ETFs alavancados, porque várias têm liquidez muito baixa. Embora dois ETFs não sejam iguais, na maioria dos casos porque as opções oferecem uma alavancagem por padrão, não faz sentido negociar opções em ETFs alavancados.

DICA Sempre saiba em que você está investindo. Muitos ETFs são gerenciados de modo passivo e com base em um índice específico, como o S&P 500. Alguns ETFs mais novos são administrados ativamente por gestores de carteira que selecionam títulos específicos. Sempre verifique o prospecto do ETF ou o folheto informativo para determinar qual índice, se houver, o ETF acompanha.

Identificando os recursos do ETF

Os ETFs são negociados nas maiores bolsas de valores dos EUA e na B3. Comprar e vender esses títulos envolve o mesmo processo de comprar e vender ações, ou seja, você entra com uma ordem via corretor usando o mesmo processo. A popularidade do ETF também aumentou a disponibilidade de ferramentas de pesquisa e varredura para esses títulos nos sites das corretoras, mas há muitas informações gratuitas sobre ETFs na web que podem ser encontradas facilmente fazendo uma busca simples.

Evitar a "paralisia da análise" pode ser difícil, dados os muitos ETFs disponíveis. Primeiro identifique seus objetivos, depois combine o ETF com o que for mais adequado. Um bom lugar para ter uma excelente orientação independente é www.etf.com (conteúdo em inglês).

A Tabela 13-1 mostra uma pequena lista de outros recursos web úteis do ETF para acessar (conteúdos em inglês).

TABELA 13-1 Recursos do ETF

Patrocinador	Site	Acesso
NASDAQ	www.nasdaq.com/etfs/	Ótimo resumo de informações sobre ETF e análise do desempenho.
ETF Database	http://etfdb.com/screener/	Ferramenta de rastreamento do ETF.
State Street Global Advisors (SSGA)	www.sectorspdr.com	Listagem de ETFs de setor específico.
Blackrock	www.ishares.com	Listagem dos produtos ETF Blackrock amplamente aceitos.

O risco pode ser reduzido com estratégias de opção do ETF porque o investimento inicial é muito reduzido.

Diferenciando opções de ETF e índice

As opções de índice e ETF fornecem um modo de usar as estratégias da opção em um grupo de títulos afins. Os dois produtos diferem em três aspectos importantes:

- » Como as opções de ETF têm um título subjacente que você pode ter, elas se destinam a estratégias combinadas.
- » As opções de índice são liquidadas em dinheiro, já as opções de ETF são liquidadas usando o instrumento subjacente.

> As opções de índice são no estilo europeu ou americano, já as opções de ETF são apenas no estilo americano.

Se você quer evitar ser exercido, exceto no dia de exercício, então uma opção de índice pode ser sua única alternativa.

CUIDADO

A alavancagem é uma faca de dois gumes. Pode aumentar suas perdas, assim como os ganhos.

DICA

Evite os ETFs de baixa liquidez mesmo que eles ofereçam opções. Você pode ser a única negociação ativa, e isso tornará difícil vender quando chegar o momento.

É claro que há semelhanças também. Se é para usar estratégias com uma opção de índice ou ETF, considere o seguinte:

> **Liquidez do contrato:** Nem todas as opções são negociadas ativamente. Verifique se os spreads não impactam muito os custos do slippage.

> **Impacto dos dividendos:** Certos grupos de ações oferecem pagamentos de dividendos mais altos. Incorpore os dividendos nas calculadoras de precificação da opção.

> **Volatilidade:** Como ambas representam conjuntos de títulos, tendem a ser menos voláteis que seus componentes. Isso pode não ser muito aplicável aos ETFs específicos de setor em alguns casos.

Verificar estratégias e novos instrumentos com a simulação é uma boa maneira de ter uma lição barata para o risco inesperado de qualquer um dos títulos.

DICA

Os valores do índice e do ETF são afetados pelos dividendos, e, como resultado, as opções para eles também. Assim que são feitos comunicados sobre dividendos, esses valores são precificados em calls e puts disponíveis atualmente. As calculadoras de opção permitem incorporar pagamentos de dividendo que ocorrem durante a vida útil da opção.

Identificando vantagens da opção de ETF

Como este livro foca o trading de opção, a principal vantagem das opções de ETF em relação às opções do índice é a oportunidade de acessar estratégias combinadas. As opções de ETF são mais flexíveis porque você pode ter o título subjacente e planejar estratégias cobertas.

As características da opção de ETF também o tornam mais simples. Você não se preocupará com diferentes dias de exercício, vencimento ou última negociação para as opções de ETF porque são do estilo americano, como as ações. Se você já negociou opções de ação, as opções de ETF são uma evolução natural.

CUIDADO Cuidado com as despesas. Os ETFs têm taxas de despesa, como os fundos de investimento. Como muitos ETFs são administrados passivamente, costumam ser mais baixos que as taxas de fundos de investimento, mas compare os ETFs para assegurar que esteja acessando um razoável. Você descobrirá que uma tendência crescente nos ETFs é para produtos gerenciados, pois eles podem cobrar taxas mais elevadas.

Usando ETFs em seu investimento, você acessa de modo rápido e barato um grupo de títulos que pode reduzir as flutuações (volatilidade) em sua carteira. Esse tópico é mais bem explicado na próxima seção, mas basicamente você consegue realizar um grande objetivo de investimento: diversificação, em geral com um custo menor do que consegue com uma carteira de ações normal. As opções de ETF oferecem isso com um custo ainda menor, diminuindo o risco.

Como nas ações, nem todos os ETFs têm opções disponíveis para negociar. Para os que têm, nem todos terão LEAPS (títulos antecipados de longo prazo) disponíveis. Os LEAPS são contratos de opção de longo prazo com vencimentos variando desde nove meses até dois anos e meio ou três anos.

Veja duas opções de ETF de riscos adicionais e a introdução do LEAPS de ETF na equação do investimento:

» Riscos temporais associados a opções em geral, porque esses títulos podem vencer sem valor.

» Perdas alavancadas em potencial na queda que podem ser muito aumentadas se você usa opções em ETFs que utilizam a alavancagem como parte de seus objetivos de investimento.

Considere suas escolhas e se pessoalmente você está bem com o aumento da perda de porcentagem em potencial quando reduz muito seu investimento inicial usando opções. É uma escolha pessoal, e você deve pesar sua própria tolerância a risco e preferências ao usar tais abordagens.

LEMBRE-SE Embora algumas corretoras, Fidelity (www.fidelity.com), E-trade (www.etrade.com — conteúdos em inglês) e outras ofereçam um trading de ETF patenteado sem comissão para os titulares da conta, você pagará comissões na maioria das outras compras e vendas de ETF, o que aumenta o custo ao usar esses produtos para investir ou negociar. Muitos fundos de investimento podem ser comprados e vendidos sem comissão (*sem cobrança*) se mantidos por um período mínimo. Há muitas variações desse ETF dinâmico "gratuito" ou "sem comissão", mas o resultado é que ler as letras miúdas ainda é a melhor estratégia.

Acessando estratégias combinadas

Os ETFs lhe dão acesso a um número maior de estratégias em potencial do que as opções de índice ou os fundos de investimento. Ao combinar ETFs com opções de ETF, você tem acesso a um título baseado em índice que pode proteger usando opções, utilizar na ordem para reduzir o custo geral da posição ou ambos. Usando ETFs, você pode incorporar essas estratégias para gerenciar o risco:

» **Posição de put de proteção:** Um ETF comprado combinado com uma long put. Limita o risco de queda do ETF para o preço de exercício de put e aumenta um pouco o custo do ETF. Um risco alto, mas limitado, se transforma em uma posição de risco limitado. Os retornos em potencial continuam ilimitados acima do preço do ETF mais a opção do ETF.

» **Posição de call coberta:** Um ETF comprado combinado com uma short call. Reduz o custo da posição, diminuindo o risco moderadamente. Como em uma posição de call coberta baseada em ações, é uma estratégia que gera receita para um cenário baixista de curto prazo em uma posição de longo prazo. Os retornos em potencial são limitados pelo preço de exercício de call, portanto, uma posição de retorno antes ilimitado se torna limitado.

» **Posição com collar:** Um ETF comprado combinado com uma long put e uma short call. Limita o risco de queda do ETF ao preço de exercício de put e aumenta o custo do ETF. Esse aumento líquido no custo é menor que uma posição de put de proteção porque o crédito trazido por call compensa um pouco o custo de put. Como resultado, o risco alto, mas limitado, se transforma em uma posição de risco limitado. Os retornos em potencial são limitados pelo preço de exercício de call, portanto, uma posição de retorno antes ilimitado se torna limitado.

LEMBRE-SE

Nem todos os ETFs têm opções disponíveis para negociar. Ao pesquisar ETFs para investir ou negociar, verifique se as opções são negociadas para o ativo-objeto e a liquidez dos contratos de fundos e da opção.

Reduzindo a Volatilidade da Carteira com ETFs

Volatilidade é uma medida do movimento do título e varia segundo o ativo. Um ETF é menos volátil que uma de suas ações. Mas se você decide usar estratégias de opções longas de ETF para investir, precisa ter certeza quando as condições de volatilidade são corretas. Se você tem acesso a um software de análise de opções, verifique os níveis relativos da volatilidade histórica (VH) e da volatilidade implícita (VI) para as opções. Se não tem acesso a gráficos VI, é possível ter uma visualização rápida das condições da volatilidade relativa para um ETF usando bandas de Bollinger em um gráfico de preços.

As bandas de Bollinger diminuem em torno dos preços quando a volatilidade diminui e expandem a partir dos preços quando ela aumenta. Você pode encontrar bandas de Bollinger na maioria dos pacotes de ferramentas de análise técnica. É possível encontrar pacotes gratuitos em www.stockcharts.com e www.bigcharts.marketwatch.com (conteúdos em inglês).

DICA

Além do papel importante que a volatilidade implícita tem na precificação da opção, não é uma boa ideia ignorar a volatilidade histórica. Analisar os níveis relativos para a VH e para a VI ajudará a escolher uma estratégia adequada para as condições do mercado.

Revisando a volatilidade

O cálculo da *volatilidade histórica* (VH) do ETF é igual para a ação: ele usa as mudanças do preço no passado em certo período de tempo para quantificar a faixa percorrida pelo ETF. Permite fazer uma comparação de coisas iguais para:

» Diferentes horizontes temporais da VH para o ETF.

» A volatilidade implícita do ETF.

» A VH de outro título.

Volatilidade implícita (VI) é a volatilidade da opção futura esperada de doze meses decorrente dos preços da opção atual. A VI quantifica as diferentes expectativas dos participantes do mercado para o ETF, junto com a demanda dessa opção em particular. VI é a *diferença entre os preços esperado e praticado da opção no mercado em determinado momento* nos modelos de precificação da opção, ou seja, é o valor necessário para precificar corretamente uma opção após todos os valores conhecidos, como preço de exercício, preço do ETF etc. serem considerados. *Vega* é a letra grega da opção que mede a mudança esperada no valor da opção a cada mudança de 1% na VI.

Ter apenas uma leitura atual da VI para um ETF não costuma ser suficiente para ter uma ideia dos níveis relativos, a menos que você esteja tão familiarizado com o movimento de preço do ETF a ponto de saber quando a leitura se alinha com os valores típicos. Usando um gráfico para comparar a VI atual com os níveis anteriores, você tem uma noção muito melhor da inclinação geral e das tendências, e se os valores representam leituras altas, baixas ou médias.

LEMBRE-SE Tendências e volatilidade são dois fatores principais que impactam as condições do mercado. Há três tendências possíveis que os mercados mostram: ascendente, descendente ou lateral. Em termos de volatilidade, os mercados podem ser calmos, percorrer uma faixa moderada durante certo período ou mais explosivos, com faixas maiores alcançadas no mesmo período.

A Figura 13-1 mostra um gráfico VI para um ETF de índice do mercado de ações. Linhas diferentes são usadas para identificar a VI para variados períodos de vencimento.

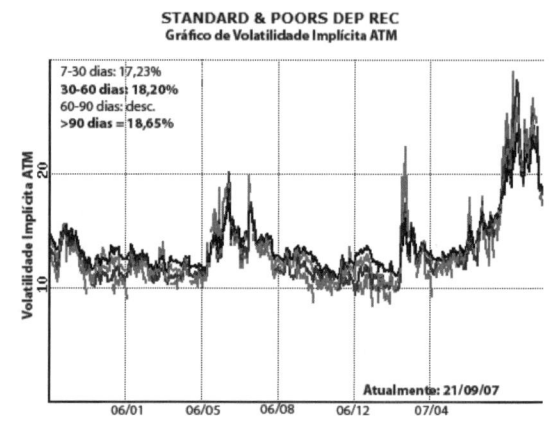

FIGURA 13-1: Gráfico da volatilidade implícita (VI) de dois anos para SPY.

STANDARD & POORS DEP REC
Gráfico de Volatilidade Implícita ATM

7-30 dias: 17,23%
30-60 dias: 18,20%
60-90 dias: desc.
>90 dias = 18,65%

Atualmente: 21/09/07

Imagem da Optionetics

Ao verificar os níveis de VI relativos, você também deve comparar os níveis da VI atuais com a VH. Isso fornece uma comparação das expectativas versus movimento anterior e o alertará sobre algo incomum que possa estar acontecendo. Um desenvolvimento "incomum" pode ser uma oportunidade de trading ou ser um buraco que você deve contornar. A Figura 13-2 mostra um gráfico VH para o mesmo ETF de índice do mercado usado na Figura 13-1.

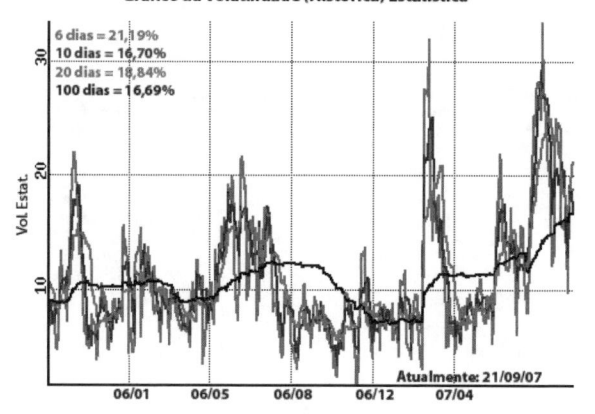

FIGURA 13-2: Gráfico da volatilidade histórica (VH) de dois anos para SPY.

STANDARD & POORS DEP REC
Gráfico da Volatilidade (Histórica) Estatística

6 dias = 21,19%
10 dias = 16,70%
20 dias = 18,84%
100 dias = 16,69%

Atualmente: 21/09/07

Imagem da Optionetics

Volatilidade e risco de preço

Volatilidade é uma medida do risco e do retorno porque os movimentos que um título faz têm impacto direto nos retornos. Quanto mais o preço oscila em um ETF, maior o potencial de risco, porque podem ocorrer quedas rapidamente. Você pode decidir aceitar esse alto risco em potencial porque o preço oscila em ambas as direções; os ganhos podem se acumular rápido também.

Ao comprar opções, você paga mais pelas baseadas em um título subjacente que é mais volátil porque seu movimento anterior (medido pela VH) é um componente maior na volatilidade implícita (VI) da opção. É muito importante entender que a VI faz parte do valor temporal de uma opção, a parte que diminui todos os dias conforme o vencimento se aproxima.

O fato é que essa medida do risco que aumenta o custo da opção torna muito mais essencial entender ambas as medidas de volatilidade (VH e VI). Não é apenas sobre um risco e um retorno maiores, mas sobre quanto você pagará pelo risco. Faça o que puder para minimizar o custo comprando a volatilidade quando os níveis da VI são relativamente baixos e vendendo quando a desvalorização do valor temporal acelera perto do vencimento.

As Figuras 13-3 (preço diário do ETF) e 13-4 (preço da opção e volatilidade implícita) mostram essa relação. Observe: a VI da opção caiu conforme o preço do ETF achatava no final de dezembro. O preço da opção caiu junto com a VI no mesmo período. A VI estabilizou em janeiro conforme o preço do ETF continuou com movimento lateral. Note a forte correlação entre o preço do ETF (13-3) e a ação do preço da opção de call relacionada e a volatilidade implícita da opção. Uma boa prática de análise nesse caso teria sido monitorar o preço do ETF e a opção simultaneamente, e esperar que a VI chegasse ao fundo. O próximo passo importante seria comprar uma opção de call no SPY quando o preço do ETF começasse a subir junto com a VI.

FIGURA 13-3: Ação do preço do ETF SPY em dezembro 2016–Fevereiro 2017.

Gráfico cortesia de StockCharts.com

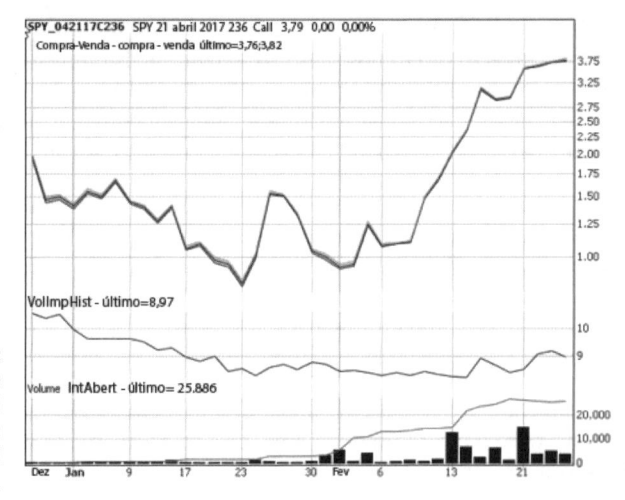

FIGURA 13-4: Opção de call ATM e VI do SPY em 21 de abril de 2017.

Investools.com

As Figuras 13-3 e 13-4 mostram cinco princípios importantes do trading de opções bem-sucedido:

» Uma aplicação simples de análise técnica é um componente importante do trading de opções.

» O preço do ativo subjacente dá o tom do preço da opção.

» Deixe o ativo subjacente guiar sua estratégia.

» Compre opções quando a VI é baixa (risco baixo).

» Venda opções quando a VI é alta (risco alto).

CUIDADO Não faça falsas suposições. A VH (também referida como volatilidade estatística ou VE) não prevê a volatilidade futura de um ativo. Ela usa os dados anteriores para quantificar o movimento do ativo e permitir uma comparação de coisas iguais com outros ativos.

Risco do título

O risco varia segundo o tipo de título e é inerente nos mercados de ação, títulos e commodities. Embora a diversificação amenize certo risco do mercado, ela não cria um investimento sem riscos. Os investidores aceitam o risco para abordar outro risco financeiro, isto é, o risco de que as suas economias não renderão mais que a inflação.

CUIDADO Você deve entender sempre os riscos associados aos títulos que escolhe para fazer investimentos e trading. Do contrário, deve continuar a usar os títulos que compreende.

Em geral, os riscos mais altos para um título individual se traduzem em maior volatilidade, significando que os retornos podem ser maiores com um investimento em uma ação individual. A Tabela 13-2 resume os níveis relativos do risco/volatilidade para ações, setores e todo o mercado.

TABELA 13-2 Níveis de Risco Relativos

	Substituto ou Título	Volatilidade
Mercado	Índice de mercado amplo ou ETF	Baixa relativa a setores e ações.
Setor	Índice de setor ou ETF	Em geral, mais alta que o mercado, porém menor que a ação individual.
Ação	Ação individual	Em geral, alta em relação a mercados ou setores.

Investindo com ETFs

Embora a maioria das explicações no livro enderecem tópicos sobre trading, é difícil focar a negociação se as coisas em sua carteira de investimentos não têm uma boa ordem. Você tem um acesso barato a um grupo diversificado de ações via ETFs de índice de mercado ou uma combinação de ETFs de setor, parecidos com fundos de investimento. O que os ETFs têm que os fundos de investimento não oferecem é uma proteção por meio de estratégias de opção e a facilidade de negociar a qualquer momento dentro do dia de negociação.

As oportunidades de investimento com ETF disponíveis para os traders de opção incluem:

- » Investimento na carteira de mercado diversificada via ETFs de setor de mercado.
- » Desenvolvimento de uma carteira de mercado diversificada via ETFs de setor.
- » Posições de put de proteção usando ETFs.
- » Posições com collar usando ETFs.
- » Carteiras LEAPS do ETF.

Como os fundos de investimento fornecem igualmente um modo barato de diversificar, a melhor coisa que os ETFs trazem para seu plano de investimento é a oportunidade de proteger a carteira com opções.

A gestão da carteira inclui a alocação de ativos entre as classes de ativos e dentro delas. Isso significa buscar posições diversificadas investindo em tipos diferentes de ativos (como ações, títulos e commodities), diversificando ao mesmo tempo nesses ativos também.

Esta seção explica uma abordagem para investir usando uma posição de put de proteção para o ETF do índice S&P 500 (SPY). Infelizmente, é preciso dizer que é apenas para exemplificar, não é uma recomendação, porque a situação é diferente para cada pessoa.

Considere seu intervalo de tempo antes de tomar decisões. Os traders que gerenciam seus investimentos devem fazer uma análise do investimento e uma análise de trading em momentos separados porque os horizontes temporais do período de investimento são diferentes para cada um. É difícil sair de uma posição de curto prazo no mercado fraco e não pensar em sair igualmente de suas retenções de prazo mais longo.

Escolhendo ETFs para investimento (apenas para exemplificar)

Embora um ETF possa acompanhar um índice maior, não significa que tal ETF em particular seja sua melhor escolha. Ao escolher um ETF, procure ver:

- » **Se ele acompanha bem o índice ou o benchmark:** O modo mais completo de determinar se um ETF passivo acompanha bem seu índice de benchmark é fazer uma análise de correlação dos retornos do benchmark e do ETF. Isso requer acessar valores de fechamento diariamente em um período de tempo estendido, no mínimo um ano.

» Há sites que permitem obter os resultados da correlação por um período de tempo limitado ou usando um número limitado de ETFs. Uma das melhores maneiras de encontrar informações atuais sobre ferramentas de correlação é fazendo uma busca na web usando "correlação do ETF". Um exemplo de site é www.ETFreplay.com (conteúdo em inglês), que tem opções gratuitas e por assinatura. Esse site permite fazer um backtest, pesquisa e análise das estratégias de ETF. Também tem um blog informativo que fornece informações sobre questões regulatórias, marketing e performance do ETF.

» **A liquidez do ETF:** Se você encontrar um ETF que atende com exclusividade a suas necessidades e pretende mantê-lo por um tempo maior, a liquidez é um problema menor. Se planeja ser mais ativo com o ETF, considere aqueles com volume de um milhão de cotas diárias como uma regra prática e rápida. O problema com ETFs sem liquidez é duplo. Um, você pode acabar pagando mais do que deveria pelas cotas. E dois, alguns ETFs falham, e seu investimento, embora não corra risco de perda total, pode ter algumas consequências tributárias ou outras questões se o ETF encerrar.

» **Se há opções disponíveis e liquidez da opção:** Para ETFs e opções, o spread de compra/venda pode ser usado como uma medida relativa da cota ou da liquidez do contrato. Os spreads grandes indicam menos liquidez, já os menores indicam questões amplamente negociadas. Use os dados da lista de opções para verificar os spreads dos contratos de posição aberta mais altos para saber melhor se os contratos da opção atenderão suas necessidades.

» **A proporção de despesas do ETF:** Os dados da proporção de despesas e os instrumentos usados pelo fundo para acompanhar um índice devem ser disponibilizados via pesquisa no site do seu corretor ou usar um prospecto e dados do folheto informativo do provedor do ETF ou outros recursos do ETF. Em geral, os ETFs sem liquidez tendem a ter taxas mais altas. Se eles não têm liquidez ou se isso é devido a despesas mais altas, não é tão importante quanto o fato de que cobram taxas maiores.

» **Quais instrumentos o fundo usa para obter seus resultados:** Alguns fundos podem usar derivativos mais exóticos para acompanhar seu índice-alvo. Leia o prospecto para determinar se os títulos adicionam um risco extra ao ETF. Saiba que os ETFs que usam alavancagem, como os que se movem a duas ou três vezes o índice do subjacente, tendem a usar swaps. Os swaps adicionam uma nova medida de risco à sua carteira. Você deve negociar isso apenas se está à vontade com oscilações rápidas de preço.

CUIDADO Embora Wall Street costume forçar uma combinação de ativos de 60% de ações e 40% de títulos, suas alocações do ativo dependem de suas necessidades individuais, limites e tolerância a risco, assim como de seu cenário em diferentes grupos. Não existe um modo geral de investir.

Avaliando as condições do mercado (ilustrativo)

Suponha que seus principais objetivos de investimento sejam obter resultados parecidos com o índice S&P 500 (SPX). Os retornos anuais reais nos últimos trinta anos desse índice são adequados à sua tolerância a risco e horizonte temporal. Usando isso como o benchmark de sua carteira, você deve escolher um ETF que atue como um bom substituto para o índice — o SPY serve. No Brasil temos o ETF BOVA11, fundo que replica a carteira do Ibovespa e que oferece uma lista de opções negociáveis e com boa liquidez.

Considere o seguinte com base em um exemplo de mercado dinâmico real no outono de 2007. Você adicionou apenas US$10 mil a uma conta de investimento e está explorando possibilidades de investimento. Você basicamente foca se deve alocar esse dinheiro para um índice de mercado amplo agora ou esperar sua próxima avaliação da carteira programada em algumas semanas.

Você planeja avaliar o seguinte para ajudar a tomar uma decisão:

- » Gráfico semanal do SPY com volume, um indicador de volume e duas médias móveis.
- » Gráfico semanal do SPY com um indicador de momentum e bandas de Bollinger.
- » Leituras do índice de Arm para o índice New York Composite (NYA) com uma sobreposição do NYA.
- » Gráfico VIX semanal com sobreposição do SPX e uma comparação da força relativa.

Mesmo que você tente não usar técnicas de marcação do tempo do mercado para seu dinheiro investido, fique atento ao criar posições no outono. Não é possível deixar de pensar nos declínios rápidos e fortes (quebras) que ocorreram no passado. Infelizmente, você sabe que belas recuperações ocorreram nessa época também. Mas as notícias são de que a vida é boa e o mercado continua subindo, e você realmente quer colocar esse dinheiro para render.

LEMBRE-SE

Tudo o que sabe é o que vê no momento. Ninguém sabe o que o mercado fará no próximo dia, semana, mês ou ano.

As Figuras 13-5 e 13-6 mostram os gráficos semanais referenciados por SPY.

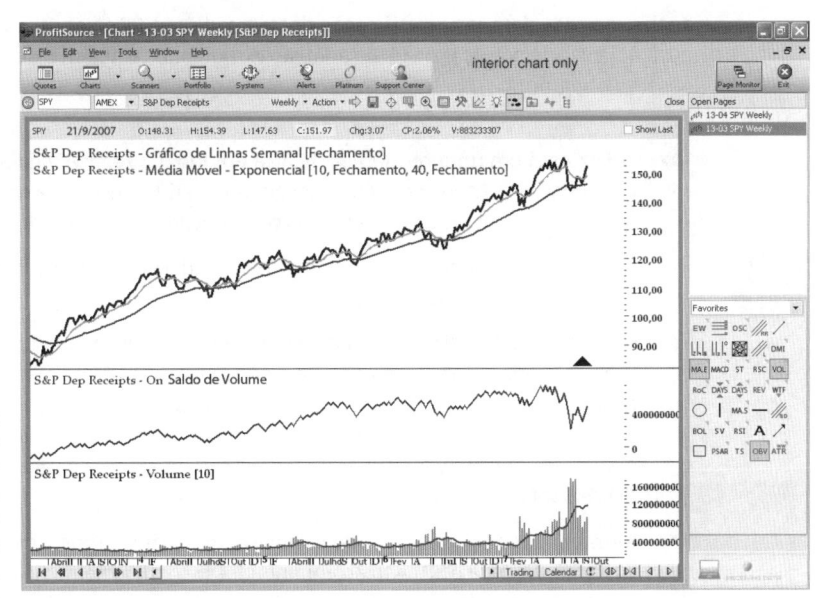

FIGURA 13-5:
Gráfico semanal do SPY com dados do volume e da média móvel.

Imagem da Optionetics

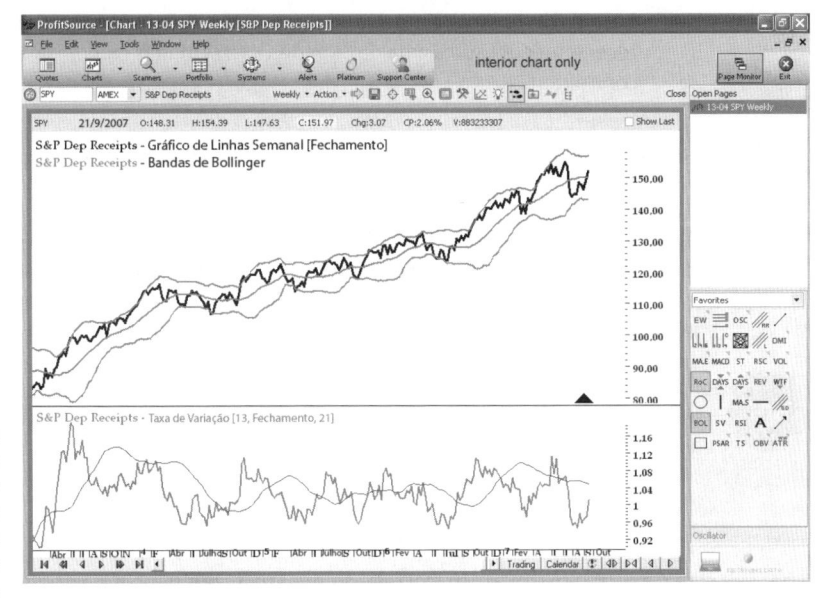

FIGURA 13-6:
Gráfico semanal do SPY com momentum e bandas de Bollinger.

Imagem da Optionetics

O que você vê é que a ação do preço do SPY se correlaciona bem com o SPLX e serve como um substituto razoável para fazer a análise do mercado. Em vez de

CAPÍTULO 13 **ETFs, Opções e Outros Truques Úteis** 263

analisar o SPX para uma verificação do mercado e o SPY para uma análise da posição, você decide usar o SPY na análise do mercado também. Usando gráficos, observe o seguinte:

- » **O SPY está em uma tendência de alta em longo prazo:** A média móvel exponencial (EMA) de dez semanas tem uma tendência de alta e é mais alta que uma EMA de quarenta semanas com uma leve tendência de alta.

  Mas não pare por aí. Verifique primeiro as tendências de prazo mais longo, pois tendem a ser mais fortes.

- » **O volume do ETF ainda precisa confirmar o movimento:** Volume é uma pequena preocupação porque a queda forte do último mês veio acompanhada de um volume forte, ao passo que a recuperação mais recente ocorreu em um volume menor. E mais, a leitura OBV (saldo de volume) atual ainda não confirmou a recuperação. É possível que possa divergir a partir desse ponto.

- » **Momentum não confirmando o movimento:** Em geral, os movimentos sustentáveis para o SPY são acompanhados pelo movimento do ROC de 13 semanas acima de sua média móvel simples (SMA) de 21 períodos. O ROC permanece abaixo da SMA, mas não sinaliza uma divergência porque está subindo.

- » **Bandas de Bollinger mostrando uma volatilidade menor:** O preço recentemente ficou acima da SMA de vinte semanas conforme as bandas se contraíram.

Ferramentas técnicas podem confirmar um movimento de preço ou divergir das ações de preço, avisando sobre a tendência atual.

É uma análise um pouco difícil. Por um lado, as condições do gráfico não mostram um panorama altista predominante. Ao mesmo tempo, não é possível ignorar a tendência de longo prazo do ETF... sobretudo porque muitos indicadores têm um preço defasado. Assim, as condições são excelentes para uma estratégia auxiliada por opções.

Muitos ETFs são realmente *fundos de investimentos unitários*, parecidos com empresas de investimento de fundos.

A Figura 13-7 mostra os gráficos semanais para VIX com uma sobreposição SPX e uma linha de comparação com força relativa.

VIX e SPX têm uma forte correlação negativa com pontos descendentes no VIX coincidindo com movimentos ascendentes no SPX. O VIX atualmente é descendente, indicando que um fundo pode ter se formado no último mês no SPX.

VIX é uma medida da volatilidade implícita para as opções SPX e também é referido como "Índice do Medo".

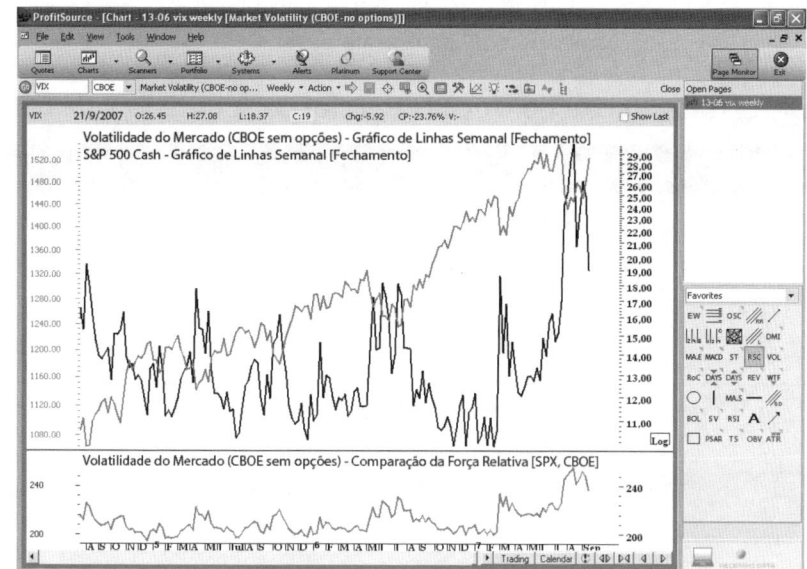

FIGURA 13-7:
Gráfico semanal para VIX com sobreposição SPX e uma linha de força relativa.

Imagem da Optionetics

Estabelecendo uma posição

Veja o resultado como um trader. Em vez de esperar para investir dinheiro por temer o que pode acontecer, você decide que precisa investir com base no que suas ferramentas técnicas e de sentimento informam. Você ainda está comprometido em proteger seu risco com a compra de puts de proteção.

O SPY é negociado a US$151,97. Você comprou 100 cotas de SPY no início de janeiro a US$141,67, que agora valorizaram, valendo US$15.197. Você pensa em comprar mais 50 cotas de SPY por cerca de US$7.600, contanto que possa comprar puts suficientes para proteger razoavelmente todas as 150 cotas.

Como está comprando opções, você considera os meses de vencimento novembro e dezembro para dar a proteção desejada, permitindo ainda algum tempo para vender os contratos antes de sua regra de 30 dias até o vencimento. Em qualquer caso, é possível reavaliar as condições de SPY quando você vende puts e estender os contratos até um mês posterior. Você escolhe não ir além de dezembro no caso de o SPY fazer um movimento ascendente grande no meio de novembro.

Após ver rapidamente as puts dos dois meses, percebe que as opções de dezembro são negociadas por cerca de US$1 por contrato, mais que os contratos de novembro. Você decide focar as opções de dezembro durante grande parte da estação antes de atingir a marca de 30 dias. A Tabela 13-3 mostra uma lista de opções parcial para as puts SPY de dezembro.

TABELA 13-3   **Lista de Opções Parcial para Puts SPY de Dezembro**

Preço Exerc.	Compra x Venda	Delta	Gama*	VI	PA
150	4,20 × 4,30	–39	2,62	19,33	88.278
152	4,80 × 5,10	–44,32	2,75	18,94	10.409
153	5,20 × 5,50	–47,08	2,82	18,60	17.689
154	5,60 × 5,90	–49,96	2,89	18,12	10.275

*A taxa de variação para gama é maior quando você se afasta do preço de exercício ATM de 152.

Verifique os valores delta da opção quando quiser proteger uma posição.

O menor spread de compra/venda é para puts do preço de exercício de 150, refletindo a posição aberta alta e o mercado forte de put. Isso deve reduzir os custos na entrada e na saída. Embora o preço de exercício 154 tenha um delta perto de –50, oferecendo um hedge quase perfeito para 150 cotas do SPY com base em três opções de put, você está considerando comprar quatro puts do preço de exercício a 150 para reduzir os custos do slippage e ganhar uma proteção delta extra por um pouco menos de dinheiro.

Calculando delta, você obtém:

SPY	150 cotas × +1 = +150 Delta
154 CallPut	3 × –49,96 = –149,9
150 CallPut	4 × –39 = –156,0

LEMBRE-SE   O delta da ação é +1 por cota.

Os deltas de put do preço de exercício em 150 excedem a posição do SPY, resultando em uma tendência levemente direcional para baixo. Calculando os prêmios, você obtém:

154 CallPut	3 × US$5,90 × 100 = US$1.770
150 CallPut	4 × US$4,30 × 100 = US$1.720

Como a posição é um investimento e tem proteção além do número de cotas mantidas, você não identifica uma saída para um nível do preço de stop loss. Nos 30 dias até a marca de vencimento, uma nova proteção será implementada.

Nesse caso, você teria implementado a estratégia certa. O mercado de ações atingiu o teto no final de outubro e no início de novembro de 2007. Com base em sua análise completa, você comprou um excelente pacote de proteção para a posição do SPY. Escolhendo dezembro como seu ponto de decisão, você também teve tempo suficiente para decidir seu próximo passo.

Tendendo a Carteira com ETFs de Setor

Tender a carteira (portfolio tilt) é uma abordagem de investimento que tenta superar um benchmark do mercado alocando uma parte dos fundos para um ativo altamente correlacionado a esse benchmark e adicionando alocações menores em setores que superam o benchmark. Como alternativa, os setores com desempenho ruim podem ter um peso menor.

As opções de índice do setor e do ETF podem ser usadas para implementar a parte da carteira com tendência. Usando a posição SPY protegida criada na última seção como uma carteira de base, ETFs de setor podem ser adicionados para tender a carteira. Suponha que haja US$5 mil disponíveis para as alocações de setor ETF.

Adicionando ETFs de setor para tender sua carteira

O objetivo de tender a carteira é adicionar um investimento moderado em setores com alto desempenho e/ou criar uma posição baixista nos setores de baixo desempenho. Você pode fazer isso usando ETFs de setor a partir de uma família específica de ETFs e comparando a força relativa de cada um. A próxima seção descreve uma abordagem básica para selecionar ETFs de setor com alto desempenho durante os períodos altistas.

Usando SPY como um ETF substituto para o índice de benchmark (S&P 500), os ETFs de setor na mesma família são usados para tender. O método usado para criar a tendência é uma abordagem comprada apenas, com uma ferramenta de tempo do mercado com média móvel e muito básica para identificar os períodos altistas. As posições compradas são as únicas consideradas para minimizar o risco, e a abordagem permanece fora do mercado durante os períodos baixistas porque todos os ETFs SPDR Sector têm uma forte correlação positiva com SPY.

Sempre esteja preparado para estar errado. O desempenho anterior não garante retornos futuros.

Selecionando setores fortes

Construa linhas de comparação da força relativa dividindo o preço de um título (A) pelo preço de outro (B). Uma linha ascendente indica que A está superando B, ao passo que uma linha descendente indica que A tem um desempenho pior que B. Essa linha não dá informações sobre a tendência de A ou B, pois ambas podem subir ou descer. Ao plotar o resultado da relação de preços de A e B em um gráfico ao longo do tempo, uma linha de força relativa fornece uma boa informação imparcial para comparar os dois títulos. Uma linha de força relativa ascendente permite saber que A é melhor. Uma linha descendente informa que A é mais fraco. Uma linha ascendente indica que demorar é a melhor alternativa, e uma linha descendente informa que ser rápido faz sentido.

> **DICA**
> Use a linha de força relativa junto com outros indicadores, por exemplo, gráficos de preços tradicionais e indicadores técnicos como Saldo de Volume (OBV) e Taxa de Variação (ROC). Os Capítulos 6 e 7 cobrem os indicadores técnicos.

Compare coisas iguais ao implementar essa abordagem. Usando um índice de tecnologia e índice utilitário, e comparando cada um com um índice de benchmark, você obterá valores de razão não relacionados, porque os dois índices de setor são negociados em níveis sem relação. Para comparar o desempenho da tecnologia com utilitários, é preciso fazer o seguinte:

» Plotar uma comparação de força relativa para os dois índices usando a abordagem A e B descrita anteriormente.

» Calcular a mudança de valor de setor versus benchmark.

Usando as mudanças nas razões relativas, em vez da razão absoluta, você tem um valor que pode ser comparado. Isso permite classificar um grupo de índices. Uma alternativa é apenas calcular a mudança nos valores de cada índice em certo período de tempo. De novo, não é possível usar valores do índice para classificar os setores, mas você pode classificar a mudança de percentagem ao longo de semanas no valor (taxa de variação).

> **DICA**
> As opções de put fornecem uma alternativa de risco limitado para a ação vendida.

Identificando uma abordagem

Usando SPY e dez ETFs Select Sector SPDR maiores, um investimento em um ETF de alto desempenho será feito para tender uma carteira de ETFs. Os dez ETFs são incluídos na Tabela 13-4. No site da B3 é possível verificar todos os ETFs de setor disponibilizados em `www.b3.com.br/pt_br/produtos-e-servicos/negociacao/renda-variavel/etf/renda-variavel/etfs-listados/` (conteúdo em português).

TABELA 13-4 Lista de ETFs Select Sector SPDR

Setor	Símbolo
Materiais	XLB
Energia	XLE
Financeiro	XLF
Indústria	XLI
Tecnologia	XLK
Produtos Essenciais	XLP
Setor imobiliário	XLRE
Serviço público	XLU
Assistência médica	XLV
Consumo não essencial	XLY

Os setores com alto desempenho são identificados nos períodos altistas como:

1. **Toda semana, classifique os ETFs usando retornos trimestrais. O ETF com classificação mais alta tem os melhores retornos em um período de três meses.**

2. **Invista no ETF com maior classificação.**

3. **Mantenha o investimento no ETF até ficar abaixo da terceira classificação (classificações 4-9) por duas semanas consecutivas.**

4. **Identifique o novo ETF para investimento repetindo as Etapas de 1 a 3.**

Requerendo uma queda de duas semanas nas classificações, há menos chances de tender, mantendo o mínimo de custos.

DICA

Muitas ferramentas técnicas, como médias móveis e osciladores, podem fornecer regras imparciais a serem seguidas. Veja os Capítulos 6 e 7 para saber mais sobre análise técnica. Os livros *Trading Futures For Dummies* e *Market Timing For Dummies* (sem publicação no Brasil) são excelentes e descrevem o uso da análise técnica na negociação ativa.

Acompanhando os períodos altista e baixista

Setores diferentes têm um bom desempenho no mercado em momentos diferentes, mas quando um mercado baixista forte entrar em cena, você verá alguns setores saindo ilesos, pelo menos em curto prazo. Para minimizar o risco nesse modelo de tendência básico, nenhum investimento de setor é feito nos períodos baixistas.

PAPO DE ESPECIALISTA

Existem muitos outros títulos, como ETF, disponíveis atualmente para negociar. Eles incluem os vetores VanEck amplamente aceitos e o ETN (Exchange-Traded Notes) menos negociado da Barclays e iShares. Os participantes mais novos no vasto leque incluem ofertas da PowerShares, Vanguard, Proshares, Blackrock iShares, Direxion, Cambria e muitas outras. Talvez os participantes mais interessantes na área sejam aqueles por meio dos quais você pode negociar a volatilidade com base no índice de volatilidade da CBOE. Detalhes podem ser obtidos em `www.proshares.com/faqs/vix_and_vix_futures_indexes_faqs.html` (conteúdo em inglês).

Quando se sentir à vontade com a mecânica e os riscos associados a uma abordagem de tendência, considere usar uma combinação de ETF comprado mais long put para os ETFs com alta classificação nos períodos baixistas ou long puts nos ETFs com classificação mais baixa.

Usando gráficos diários para um SPY com cinquenta dias e médias móveis simples (SMAs) de duzentos dias plotadas junto com preços, os períodos altistas são identificados como períodos em que a SMA de cinquenta dias está acima da SMA de duzentos dias, um cruzamento altista. Os períodos baixistas são identificados como períodos em que a SMA de cinquenta dias fica abaixo da SMA de duzentos dias, um *cruzamento baixista*. Portanto, quando a SMA de cinquenta dias cruza abaixo da SMA de duzentos dias, um período baixista é identificado. Em termos de tendência da carteira, isso significa que a posição ETF de setor sai.

A vantagem de usar SMAs para identificar períodos altista e baixista é que isso representa uma medida imparcial que sinaliza a mudança. A desvantagem desse método é que há uma defasagem bem longa nos sinais porque as SMAs usam preços históricos. É uma troca, e a validade é uma decisão sua. Se deseja diminuir seu risco de curto prazo, pode usar um par menor de médias móveis para seu indicador de cruzamento acima. Os pares mais usados incluem SMAs de quinze e trinta dias ou SMAs de vinte e cinquenta dias. Faz sentido fazer um backtest de alguns pares e ver qual funciona melhor. Em geral, quanto menor o número de dias no par, mais frequentes serão suas trocas.

Usando o sinal para identificar períodos altista e baixista, supõe-se que US$5 mil são o investimento inicial no ETF de alto desempenho quando um novo período altista é sinalizado. O único reequilíbrio que ocorre com a tendência é após a ocorrência do próximo ciclo baixista/altista.

Medindo os resultados

Usando dados de 3/1/2000 a 21/9/2007, houve dois períodos altistas nos quais ocorreu a tendência:

» 3/1/2000 a 3/11/2000.

» 8/8/2003 a 21/9/2007.

A Tabela 13-5 mostra outras estatísticas da abordagem. As colunas SPY fornecem retornos de comparação de *buy and hold* para os dois períodos altistas.

TABELA 13-5   Resultados de Tender a Carteira Select Sector SPDR

	Período 1	Período 2	SPY 1	SPY 2
Valor Inicial	US$5 mil	US$5 mil	US$5 mil	US$5 mil
Valor Final	US$5.135	US$14.080	US$4.855	US$7.599
Nº de Negociações	4	16	1	1
Nº de Ganhos	3	11	--	--
Nº de Perdas	1	5	--	--
Maior Ganho	5,28%	41,65%	--	--
Maior Perda	(4,62%)	(4,39%)	--	--
Ganhos Consecutivos	3	6	--	--
Perdas Consecutivas	1	2	--	--

A última posição inserida produziu ganhos grandes e atípicos. Adicionar cálculos da média, mediana e desvio-padrão aos identificados na Tabela 13-4 ajudará a avaliar a consistência dos resultados. Considera-se que, após remover essa última negociação, os resultados ainda são aceitáveis. O maior ganho novo é agora de 27,09%, e o fim do valor do período, US$9.940.

CUIDADO

Sempre faça sua própria avaliação para qualquer abordagem sistemática que você pensa em implementar para determinar a adequação.

Escolhendo a estratégia certa

Investir em qualquer mercado requer um plano bem-feito e razoável adequado à sua tolerância a risco e preferências. Do ponto de vista financeiro, você pode conseguir suportar uma queda no mercado de 10%, mas não significa que seja adequado a seus objetivos de longo prazo. Alguns modos menos científicos de identificar se você está arriscando mais do que é prudente é avaliando como dorme à noite ou sua irritabilidade durante as quedas do mercado. Essas medidas, embora subjetivas, são importantes e devem fazer parte de como você avalia seu plano de trading. Certa vez, encontrei uma call de margem na minha conta de opções por US$400, e mesmo que fosse fácil de cobrir, perdi o sono. Resolvi o problema na manhã seguinte e dormi bem à noite. Acontece.

Descobrir uma abordagem que funciona para você requer tempo. Não espere mapear um plano perfeito na primeira rodada. Identificando uma estratégia razoável e táticas que lidam com seu risco primeiro, então testando, simulando e/ou iniciando pequenas posições para começar, você desenvolverá um plano adequado ao seu caso. E tenha paciência. Será necessário algum esforço para entrar em forma.

Usar uma abordagem de setor com parte de seus investimentos tem vantagens e desvantagens. Considerar as duas é importante ao montar seu plano.

Vantagens do investimento no setor com ETFs

A principal vantagem da negociação no setor é que ela permite aproveitar os ganhos ao ter um bom desempenho nos setores e suprir de modo ideal retornos um pouco melhores que uma simples abordagem do tipo "buy and hold" usando um fundo passivo. Outras vantagens para o investimento no setor incluem:

- » Produz um resultado menos volátil que as posições da ação individual.
- » Reduz o estresse da negociação minimizando a tomada de decisão da carteira.
- » Permite uma abordagem flexível com várias escolhas de ETF.

Desvantagens do investimento no setor com ETFs

A principal desvantagem da negociação no setor é que as fortes quedas nos mercados costumam ser generalizadas. Normalmente, todos os setores caem juntos. Isso significa que você não deve contar com os lucros por semanas e meses seguidos. O investimento no setor pode ter um bom desempenho moderado apenas em um mercado em queda, se tanto. Outras desvantagens incluem:

- » Os custos do trading incluem slippage, impostos e comissões.
- » Representa um risco que não é coberto.
- » O custo da proteção para o principal pode compensar ou exceder os ganhos da abordagem de setor.
- » Em geral, as abordagens se baseiam em dados do passado, que não têm garantias no futuro.
- » Requer identificar substitutos adequados do setor para um grupo de ETFs.

4 Estratégias Avançadas para Traders de Opções

NESTA PARTE...

Ganhe dinheiro sem se preocupar com a direção do mercado.

Deixe a volatilidade apontar o caminho para as oportunidades de trading.

Negocie com lucro quando os mercados fazem movimentos laterais.

> **NESTE CAPÍTULO**
> » Ganhando na alta ou na baixa
> » Identificando as abordagens neutras
> » Monitorando as letras gregas
> » Ajustando as negociações

Capítulo **14**

Ganhando Dinheiro sem Se Preocupar com a Direção do Mercado

P ode apostar, em um dia, o mercado pode se mover de três modos: para cima, para baixo ou nas laterais. Na verdade, ninguém sabe qual será o próximo movimento de preço em dado momento. Portanto, para sobreviver como trader, a regra número um é *gerenciar seu risco*.

O bom é que as opções são as melhores ferramentas de gestão de risco nos mercados financeiros. As estratégias vistas até agora apenas tocaram na superfície dos benefícios das opções, e embora as estratégias também diminuam o risco, estamos só começando. Este capítulo apresenta uma abordagem de trading única para as opções: lucrar sem um cenário direcional para a ação subjacente. Incorporando as análises de delta e gama na abordagem, é possível aplicar estratégias lucrativas se o mercado sobe ou desce. Parte dessa estratégia inclui ajustar as negociações para lucrar e, ao mesmo tempo, se preparar para o próximo movimento direcional, não importando qual.

Limitando o Risco Direcional

Como você poderia antecipar um grande movimento, estar errado sobre a direção esperada do movimento e ainda lucrar? Em vez da *direção*, as duas estratégias vistas nesta seção contam com a *volatilidade crescente*. Antecipar esse tipo de atividade é mais simples do que antecipar a direção, porque as mudanças da volatilidade muitas vezes ocorrem quando são divulgados relatórios programados e outras notícias.

> **DICA**
>
> Em geral, é mais fácil antecipar uma mudança na volatilidade de uma ação do que uma mudança no preço.

Veja duas estratégias básicas que permitem lucrar em tais condições:

» Straddle.

» Strangle.

As duas posições combinam uma long call e uma long put. A estratégia funciona melhor quando a ação faz um movimento suficiente para a call ou a put ter ganhos que cobrem o custo de ambas as opções com lucros de sobra. Isso costuma requerer que o preço da opção perdedora fique quase em zero, enquanto o lado vencedor sobe em disparada.

Aproveitando um grande movimento

Straddle é uma posição combinada que você cria comprando call e put para a mesma ação subjacente. Use a estratégia quando espera um grande movimento na ação, mas não tem certeza da direção. Você constrói um straddle com:

» Long Call e long put.

» Mesmo mês de vencimento.

» Mesmo preço de exercício.

O motivo de a forma básica dessa estratégia requerer um grande movimento direcional é porque todos os lucros são esperados a partir de um leg da posição, enquanto o outro leg vence quase sem valor. Na prática, há várias maneiras de ter lucro com essa estratégia, mesmo com movimentos moderados.

Oportunidades com straddle

Em termos de encontrar oportunidades de straddle, há poucos momentos diferentes para conseguir antecipar os grandes movimentos:

> » Ao observar padrões de consolidação com tendência lateral em um gráfico de preços, você verá que é comum o preço fugir do padrão e fazer um grande movimento.
>
> » Antes de eventos programados, como relatórios de lucros e comunicados da empresa, serem divulgados.
>
> » Antes de eventos programados, como relatórios econômicos. As maiores oscilações geralmente ocorrem quando as notícias são contrárias às expectativas do mercado.

A vantagem de um straddle é que ele não se importa com como o preço se move, contanto que se mova. Usar straddles ajuda a negociar com probabilidades porque, em vez de apostar em uma direção, há duas direções possíveis nas quais a ação se mover.

DICA Para um straddle ser lucrativo, a ação não precisa se mover acima nem abaixo do equilíbrio da posição. Há vezes em que um movimento melhor é lucrativo porque a opção fora do dinheiro (OTM) provavelmente não diminuirá tão rápido quanto a opção dentro do dinheiro (ITM) aumenta. Ao negociar um straddle, um grande movimento em uma direção é o melhor modo de ter grandes ganhos. A volatilidade implícita (VI) para as duas opções costuma aumentar também.

Mercados com straddle

Existem três situações diferentes para a ação subjacente que podem tornar um straddle lucrativo:

> » Quando o movimento resulta em um aumento no valor de call ou put em um montante que excede o custo de ambas as opções.
>
> » Quando um movimento menor aumenta da opção ITM mais rápido que a opção OTM diminui.
>
> » Quando o movimento permite vender uma opção para ter lucro, depois muda de direção, permitindo-o vender a outra opção para ter um ganho modesto ou uma perda.

Você deve comprar um straddle quando a VI é relativamente baixa e espera-se que aumente. Como sempre, o tempo importa. Assim, como há duas opções compradas na posição, você também precisa incluir tempo suficiente para a ação reagir sem abrir mão de muito valor para a desvalorização temporal.

O tamanho (do movimento) é importante em um straddle. Como um straddle é composto de duas opções compradas, seu risco máximo é o débito líquido pago para entrar na posição. A ação pode subir ou descer para você ter ganho; só precisa acontecer com certa amplitude. Existem duas direções nas quais a ação pode se mover e ainda ter lucro, portanto, existem dois pontos de equilíbrio associados à posição.

Para você lucrar com um movimento descendente, a ação deve descer mais que o preço de exercício menos o custo líquido da opção. Abaixo desse nível, seus ganhos são limitados, mas altos. Para lucrar com um movimento ascendente, a ação deve subir além do preço de exercício mais o custo líquido da opção. Acima desse nível, seus ganhos são ilimitados.

A Figura 14-1 mostra uma visão genérica do gráfico de risco de straddle, desenhado sobrepondo um gráfico de risco de long call (linha mais grossa com linha pontilhada) em um gráfico de risco de long put (linha mais fina com linha tracejada).

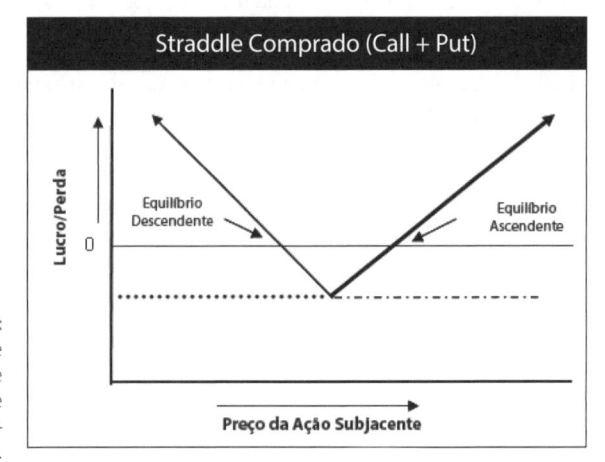

FIGURA 14-1: Gráfico de risco de straddle (long call + long put).

Imagem da Optionetics

DICA

O ideal é comprar um straddle comprado com VI relativamente baixa e vender quando a VI é relativamente alta.

Aproveitando um grande movimento

Sempre que Wall Street se preocupa, a volatilidade do mercado sobe.

LEMBRE-SE

Veja um exemplo de negociação. Monitorando uma ação do banco de investimento na qual gostaria de negociar opções (Goldman Sachs), você nota uma calmaria alguns dias antes de um fim de semana prolongado. Recentemente, a ação fez um movimento depois de algumas notícias sobre fundos de hedge, mas em geral ela se sai bem. A apresentação de resultados da empresa ocorre dois dias após uma reunião do FED. Depois de observar níveis de VI relativamente baixos, você decide dar uma olhada no straddle, antecipando uma volatilidade maior quando notícias forem divulgadas em um futuro próximo.

A Figura 14-2 mostra um gráfico de barras diário de GS com volume, bandas de Bollinger e duas linhas horizontais. As linhas indicam uma área superior de resistência e um nível inferior extremo atingido algumas semanas depois.

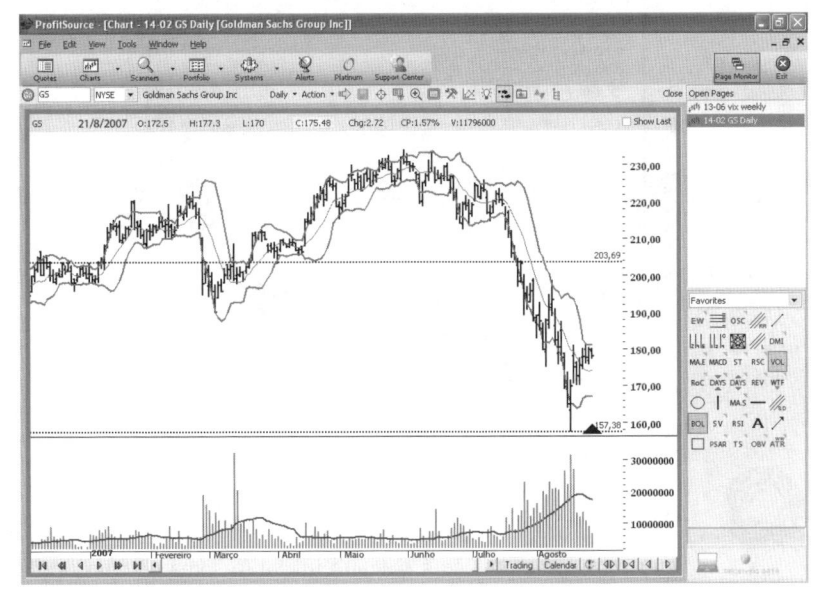

FIGURA 14-2: Gráfico de barras diário de GS com volume e bandas de Bollinger.

Imagem da Optionetics

As linhas pontilhadas representam os possíveis movimentos da ação.

LEMBRE-SE

O tempo é muito importante com os straddles porque a desvalorização temporal acelera nos últimos 30 a 45 dias para uma opção comprada, ou seja, um straddle é impactado duas vezes porque a posição inclui duas opções compradas. Ao comprar um straddle, deixe tempo suficiente para o evento ocorrer e ainda ficar fora da janela da desvalorização temporal acelerada.

A Figura 14-3 mostra o gráfico VI de seis meses para opções no dinheiro (ATM).

As duas notícias que você espera causar volatilidade acontecerão 30 dias antes do vencimento em outubro. Como a ação fechou em US$178, você verifica calls e puts no preço de exercício Out 180, obtendo:

Out 180 Call Compra: US$9,20 com Venda: US$9,50

Out 180 Put Compra: US$10,50 com Venda: US$10,80

As cotações refletem níveis VI de aproximadamente 37%. Você entra em uma negociação colocando uma ordem limitada para comprar o straddle com desconto:

Comprar para Abrir 2 GS Out 180 Calls e Comprar Simultaneamente para Abrir 2 GS Out 180 Puts, para um Débito Líquido de US$20,10

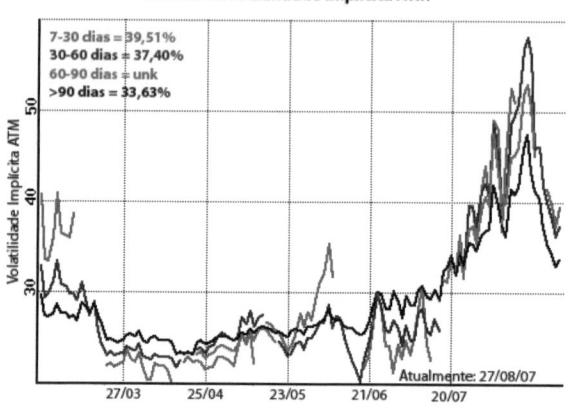

FIGURA 14-3: Gráfico VI de seis meses para opções GS ATM.

Imagem da Optionetics

DICA

A volatilidade no mercado e as ações individuais tendem a ser cíclicas.

Seu risco para a posição é o débito inicial (a soma de duas opções compradas vezes o multiplicador e o número de contratos).

[(Preço de Put + Preço de Call) × Multiplicador × Nº de Contratos] = Risco Máximo

[(US$9,40 + 10,70) × 100 × 2] = US$20,10 × 100 × 2 = US$4.020

Seu retorno em potencial para a posição é limitado, mas alto, na parte descendente (long puts) e ilimitado na parte ascendente (long calls).

Existem dois níveis de equilíbrio para essa posição: um na parte descendente e outro na ascendente. O equilíbrio descendente é igual ao preço de exercício do straddle menos a soma dos preços das opções de call e put. O equilíbrio ascendente é igual ao preço de exercício do straddle mais a soma dos preços das opções de call e put:

Equilíbrio Descendente: Preço de Exercício − (Preço de Put + Preço de Call)

US$180 − (US$9,40 + 10,70) = US$180 − 20,10 = US$159,90

Equilíbrio Ascendente: Preço de Exercício + (Preço de Put + Preço de Call)

US$180 + (US$9,40 + 10,70) = US$180 + 20,10 = US$200,10

A reunião do FED (na terça-feira) e o relatório de lucros (na quinta-feira) ocorrem na semana de vencimento da opção em setembro. Você planeja sair na metade do leg ITM, caso o preço faça um movimento de 80% para a região-alvo. No dia em que os lucros são divulgados, você planeja fechar as opções restantes. É um mês inteiro antes do vencimento.

DICA

Se você compra um número igual de contratos para as posições de straddle, tem uma oportunidade de lucrar reduzindo 50% da posição enquanto permite ganhos maiores na outra metade da negociação.

Examinando o perfil de risco de straddle

Seu risco com um straddle comprado é limitado ao débito inicial pago porque a posição combina uma long call e uma long put. Um movimento ascendente ou descendente forte no ativo-objeto trará lucros.

A Figura 14-4 mostra o gráfico de risco de straddle com um gráfico de preços ao lado.

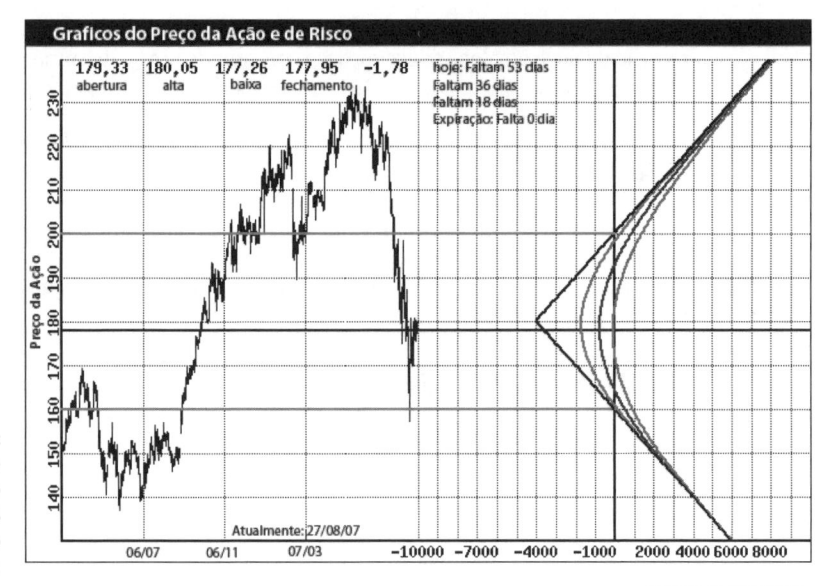

FIGURA 14-4: Gráfico de risco para o straddle GS com gráfico de preços.

Imagem da Optionetics

O gráfico de risco inclui três linhas curvas que estimam o valor da posição, dados vários dias até o vencimento. A linha curva mais próxima das linhas retas (vencimento) usa 18 dias até vencer; note o gap grande entre essa curva e o valor no vencimento. É a desvalorização temporal.

Usando áreas-alvo identificadas no gráfico de barras diário para GS, você planeja sair na metade do leg ITM, caso a ação suba para 198,50 (80%) ou desça para 161,50 (80%). No dia da reunião do FED, a ação fechou em 200,50, e uma call saiu no preço de US$22,80 (VI = 40%). Dois dias depois, quando foram divulgados os lucros, a call restante e duas puts foram vendidas por US$30,10 e US$0,70, respectivamente. O ganho líquido da posição é:

[(US$22,80 + 30,10 + 0,70 + 0,70) × 100] − 4.020 = US$5.430 − 4.020 = US$1.410

LEMBRE-SE

A finalidade do trading de opções é gerenciar o risco. Deixando a parte de long put da posição onde está até decidir fechar a posição, você se dá uma posição protegida, caso os ganhos das opções de call tenham uma reversão e você decida esperar um pouco antes de fechar a posição. O segredo é assegurar que os ganhos no lado vencedor do straddle sejam grandes o bastante para a negociação continuar lucrativa no rastro do lado que perde em preço.

Reduzindo o risco e o retorno do straddle

Strangle é muito parecido com straddle, mas reduz o risco e, geralmente, o retorno da posição. Você consegue isso comprando uma call e uma put com diferentes preços de exercício que são OTM e vencem no mesmo mês.

Como as opções OTM são menos caras, o débito inicial é menor, e você tem menos dinheiro em risco. Reduzir o risco tem seu custo. Em geral, significa abrir mão de algo, e esse algo normalmente são os ganhos. O movimento precisa ser maior para um strangle porque ambas as opções começam OTM.

LEMBRE-SE

Um strangle requer um movimento maior que um straddle porque há um spread entre os preços de exercício.

Definindo strangle

Um strangle é criado comprando-se uma call e uma put:

» Para a mesma ação subjacente.
» Usando o mesmo mês de vencimento.
» Preços de exercício diferentes que geralmente são OTM.

O cenário ideal é para um movimento no ativo ser suficiente para vender um leg do strangle, ao mesmo tempo cobrindo os custos (e mais um pouco) dos dois legs. Quando isso acontece, é comum que a opção OTM restante vença sem ou com pouco valor. Só depende das condições.

LEMBRE-SE

Strangle é um straddle que reduz o potencial de risco diminuindo o custo da posição.

Usando uma configuração de straddle, você decide que quer arriscar menos na posição colocando um strangle, em vez de um straddle. Você ainda acredita que o movimento pode ser grande o bastante para ter lucro. Com a ação fechando em US$178, você verifica a call do preço de exercício Out 185 e a put do preço de exercício 170, obtendo:

Out 185 Call Compra: US$6,90 com Venda: US$7,20 (VI = 36)

Out 170 Put Compra: US$6,50 com Venda: US$6,70 (VI = 40)

Você entra na negociação colocando uma ordem limitada para comprar o strangle com desconto:

Comprar para Abrir 2 GS Out 185 Calls e Comprar Simultaneamente para Abrir 2 GS Out 170 Puts, para um Débito Líquido de US$13,90

CUIDADO

O strangle vendido é uma posição muitíssimo arriscada porque combina um risco limitado, mas alto, caso a ação desça (short put), e um risco ilimitado se a ação sobe (short call).

Seu risco para a posição é o débito inicial, ou seja, a soma das duas opções compradas multiplicada pelo multiplicador e pelo número de contratos:

[(Preço de Put + Preço de Call) × Multiplicador × N° de Contratos] = Risco Máximo

[(US$7,20 + 6,70) × 100 × 2] = US$13,90 × 100 × 2 = US$2.780

Seu retorno em potencial para a posição é limitado, mas alto, ao movimento descendente (long puts) e ilimitado ao ascendente (long calls).

Existem dois níveis de equilíbrio nessa posição. O equilíbrio descendente é igual ao preço de exercício de put menos a soma dos preços das opções de call e put. O equilíbrio ascendente é igual ao preço de exercício de call mais a soma dos preços das opções de call e put.

Equilíbrio Descendente: Preço de Exercício de Put − (Preço de Put + Preço de Call)

US$170 − (US$7,20 + 6,70) = US$170 − 13,90 = US$156,10

Equilíbrio Ascendente: Preço de Exercício de Call + (Preço de Put + Preço de Call)

US$185 + (US$7,20 + 6,70) = US$185 + 13,90 = US$198,90

A saída de strangle GS é parecida com a de straddle, que inclui uma saída de todas as posições da opção no fechamento nos lucros do dia.

LEMBRE-SE

O termo *leg* é usado para descrever os diferentes títulos em uma posição combinada.

Examinando o perfil de risco de strangle

Separando os preços de exercício e usando duas opções OTM, há vários preços nos quais ambas as opções vencem sem valor, resultando na perda máxima. Em vez de um fundo em forma de V, o gráfico de risco de strangle tem uma região de perda plana que sobe em direção aos lucros, parecida com straddle.

A Figura 14-5 mostra do gráfico de risco para o strangle de call GS 185–put 170 com um gráfico de preços ao lado.

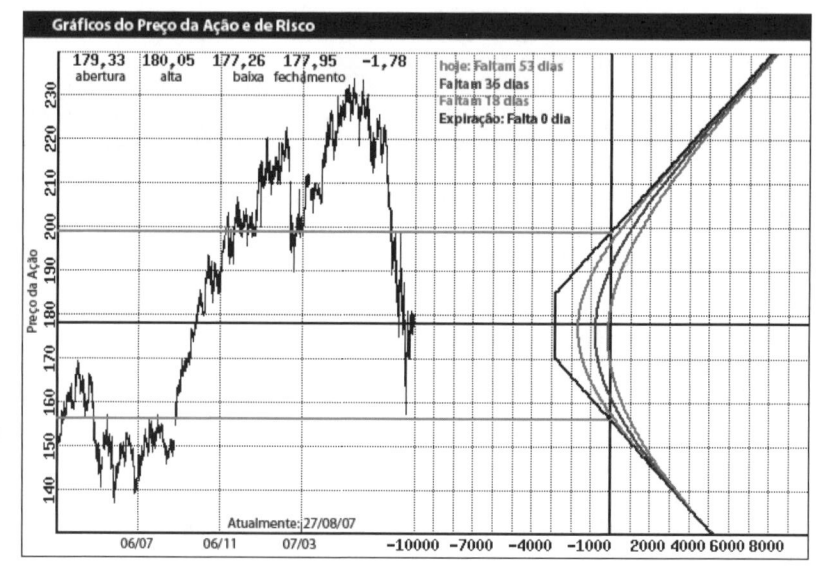

FIGURA 14-5: Gráfico de risco para o strangle GS com gráfico de preços.

Imagem da Optionetics

Sair da posição no mesmo dia do straddle resulta no seguinte:

[(US$18,80 + 25,5 + 0,30+ 0,30) × 100] – 2.780 = US$4.490 – 2.780 = US$1.710

LEMBRE-SE

Sempre tenha uma estratégia de saída antes de sair de uma posição. Incluir níveis de preço específicos onde você aciona um stop loss ou stop gain é uma ótima ferramenta de gestão de risco para usar sempre que possível.

Visão Neutra versus Posição Neutra

O termo *neutro(a)* pode ter dois significados no mercado, e é importante esclarecê-los aqui. Um analista pode dizer que tem uma *visão neutra* sobre uma ação, sugerindo que não compra e nem vende, e que provavelmente ela se moverá com o mercado. O outro uso se refere a uma *estratégia neutra*, que pode aproveitar um movimento ascendente ou descendente, e nesse caso, não há uma tendência direcional, apenas um método planejado para ter lucro em qualquer situação.

As opções ajudam a implementar estratégias neutras. Straddles e strangles são exemplos de tais estratégias, mas há mais coisa nessas posições do que você pode ver. Otimizar uma negociação neutra significa ver novamente o delta.

LEMBRE-SE Proteger uma posição significa que você investe em títulos que aumentam de valor quando o título original cai.

Uma *abordagem neutra* é uma combinação de ação e opções ou apenas opções que limitam a tendência direcional, sobretudo em um mercado particularmente incerto ou em uma situação na qual o mercado responderá se recuperando ou falhando, mas não há meios de prever a direção. Como resultado, negociar com uma abordagem neutra permite ter ganhos se o mercado sobe ou desce, porque você cobriu todas as bases e tem um plano que o permitirá responder à situação conforme ela se desenvolve. Quando os movimentos do mercado são acompanhados por um aumento da volatilidade, as estratégias neutras podem se beneficiar muito.

Você implementa com sucesso estratégias longas e neutras do delta focando o delta e o gama durante os períodos de VI baixa. Usar essas medidas permite que as condições do mercado ditem as posições estabelecidas, em vez de tentar forçar uma estratégia ou visão em particular no mercado.

Mas não fique muito à vontade. É importante observar que a negociação neutra do delta não é o "Santo Graal" das abordagens da opção. Você ainda precisa considerar o perfil de risco da posição para saber se a negociação tem uma razão entre risco e retorno razoável e é adequada à sua tolerância a risco e situação financeira. As ações que negociam na lateral podem continuar assim por longos períodos, portanto, não há garantias de que a posição terá lucro.

CUIDADO A negociação neutra do delta não garante lucro nem é uma desculpa para ser negligente. Você ainda deve avaliar os riscos e os retornos em potencial para uma posição e identificar os tamanhos e as saídas razoáveis das posições para minimizar as perdas.

Identificando as posições neutras

As abordagens neutras foram apresentadas com as posições de hedge no Capítulo 10. Usando puts para a ação subjacente, você protege uma posição porque um movimento descendente no preço da ação resulta em um movimento ascendente no preço de put. Quando tal movimento é de um para um, ou seja, put sobe US$1 para cada queda de US$1 na ação, a ação é dita como um *hedge perfeito*. Isso ocorre quando a put é ITM profundamente e tem um delta −1,0. A posição combinada se comporta de modo neutro em relação às mudanças de preço.

A relação entre o movimento da ação e de put pode variar dependendo da(s) put(s) usada(s) na estratégia. Quando o movimento entre as duas é menor que um para um, a posição é referida como *hedge parcial*. Isso ocorre quando o delta cumulativo da posição de put é menor que −1,0 em termos absolutos.

Um problema encontrado ao usar opções para proteger uma ação é que o delta muda quando o preço do ativo muda. Assim, o que talvez seja inicialmente um hedge perfeito pode se tornar um hedge parcial para uma opção comprada que ficou OTM ou uma cobertura excessiva para as opções compradas que ficaram ITM. A mudança esperada em delta é medida usando-se gama e varia dependendo do moneyness da opção.

A posição da ação/put não é a única disponível para finalidades de hedge. Combinando outra ação e opções, ou apenas opções, é possível conseguir posições de hedge perfeitos e parciais que são neutros.

DICA O trading neutro do delta é mais adequado para intervalos de tempo maiores (no fim de trinta a noventa dias). Isso dá tempo para a posição ter lucro.

Calculando delta para posições combinadas

A ação tem +1 delta por cota, ao passo que os deltas da opção variam. Você calcula o delta da posição somando os deltas de todos os legs individuais.

Suponha que você cubra uma posição de put de proteção com duas puts e 100 ações. Se cada put tem um delta −45 (−90 líquidos), calcule o delta da posição combinada assim:

(Cotas da Ação × Delta da Ação) + (Contratos × Delta da Opção)

Juntas, as puts sobem US$0,90 para cada queda de US$1 na ação. É um hedge parcial com uma perda menor na posição quando a ação desce. Sua posição tem um ganho modesto quando a ação sobe. Como resultado, tem uma tendência direcional leve para cima.

DICA Os valores de delta podem ser usados para identificar a tendência direcional de uma posição. Os valores de delta combinados inferiores a zero têm uma tendência direcional descendente, ao passo que aqueles com deltas acima de cem têm uma tendência ascendente. A tendência indica a direção do ativo para mover para a posição e ter ganhos.

Veja um exemplo real de como essa estratégia pode dar certo: em maio de 2016, quando eu escrevia para o site www.investingdaily.com, recomendei comprar ações da McKesson (NYSE: MCK), a líder em assistência médica, a US$180. A ação se recuperou inicialmente, mas começou a perder força nas semanas seguintes. No dia 19 de setembro, com a ação sendo negociada a US$166, recomendei comprar a opção de put Novembro 18 160. O delta na época ficava em torno de 0,32 com quase 60 dias até vencer e relatórios de resultados em 27 de outubro. A negociação inicial para 100 ações da MCK era de US$18 mil. Para tornar neutro o delta da negociação, ou o mais próximo possível, foram compradas três puts a US$4,70.

Quando os resultados foram divulgados após o fechamento do mercado, as ações da McKesson despencaram após a empresa desapontar os investidores em uma ampla margem. A ação abriu na manhã seguinte a US$129 e caiu para US$114 após o fechamento em US$159,89 em 27/10/16. A faixa de negociação da opção de put em 28/10 era de US$29,70 a US$45,24, dando um lucro na opção de 550% a 865%. O preço de venda oficial publicado no investingdaily.com era de US$35,53, um ganho de 657% pela opção.

Com o custo inicial da ação sendo de US$18 mil e o custo das três opções de put sendo de US$1.410, vendendo a ação a US$129,80 e as três puts a US$35,53, a negociação rendeu US$4.229, um ganho de 22,1%. Sem proteger a posição com uma estratégia de delta neutro, a ação teria apresentado US$5.020 por perda de 100 cotas, −27,9%.

Negociando com Delta

Delta é o valor da letra grega que informa a mudança esperada em uma opção para cada mudança em dólar na ação subjacente. É possível acessar os valores de delta usando uma calculadora de opções com base em um dos vários modelos diferentes de precificação da opção. Os sistemas de trading de opções e algumas cotações da opção também fornecem dados de letras gregas. Isso é importante para entender que cada modelo de precificação tem suposições de que você precisa lembrar.

Você pode desenvolver sua intuição sobre os valores de delta considerando uma opção de call ATM. Suponha que ABC seja negociada a US$50. Espera-se que uma opção de call no preço de exercício 50 tenha um delta 50, portanto, se ABC subir para US$51, a opção de call aumentará em US$0,50. Por que 50? Uma suposição do modelo é que uma ação tem 50% de chance de subir e 50% de cair. Portanto, a opção de call tem 50% de chance de ser ITM.

Surge um problema assim que a ação sobe e o preço da opção muda. Usando uma calculadora de opções, de novo você descobrirá que delta subiu. Negociar de modo neutro com esse movimento-alvo tem um desafio. Por sorte, a mudança em delta não é aleatória. Vendo o gama de uma opção, você terá uma ideia do movimento esperado em delta.

LEMBRE-SE

Gama é como delta. Representa a mudança esperada em delta para cada mudança de US$1 no preço da ação subjacente.

Monitorando duas letras gregas principais

Negociar estratégias neutras significa monitorar o delta e o gama da posição, junto com o movimento de preço da ação e da opção. E no caso de ter esquecido, o principal objetivo do trading de opções é gerenciar seu risco. Os valores de delta e gama são acessíveis via calculadora de opções (veja o Capítulo 3 para saber mais sobre seu impacto nos preços da opção). O software de análise das opções também pode oferecer uma visão gráfica de ambos os valores.

Entendendo as mudanças em delta

Delta é basicamente afetado pelo preço de exercício da opção em relação ao preço do ativo, mas existem outros fatores também. Volatilidade e tempo restante até o vencimento impactam os valores de delta.

- » Conforme a volatilidade aumenta, todos os deltas da opção vão para 0,50 (+0,50 para calls e –0,50 para puts).
- » Conforme o tempo até o vencimento diminui, os deltas das opções OTM vão para 0, e as opções ITM vão para 1.

Essas tendências costumam descrever as mudanças gerais para delta. Um aumento de 10% na volatilidade não faz com que uma opção de call com um delta +0,80 pule para +0,50.

Avaliando as mudanças de gama no delta

Entender as mudanças em delta também significa entender a letra grega gama da opção. Gama é melhor para as opções ATM e diminui assim que a opção fica mais ITM ou OTM. Como resultado, você verá que os movimentos maiores em delta ocorrem para suas opções ATM.

DICA — Gama é melhor para as opções ATM, portanto, o delta muda mais ao manter uma opção ATM.

Como delta, gama é um alvo móvel, mas em menor escala. Veja algumas características gerais que você deve observar sobre gama:

- » O gama é sempre positivo.
- » O gama é mais alto para as opções ATM.
- » O gama aumenta conforme o vencimento se aproxima.

Como gama é sempre positivo, quando o preço de uma ação sobe US$1, o delta de uma call aumenta segundo o gama. O delta de put também aumenta, mas isso se traduz em uma redução na amplitude do delta de put porque tal delta é negativo.

Criando um straddle neutro no delta

Como mencionado, criar um straddle permite lucrar se uma ação sobe ou desce intensamente. Às vezes nem é necessário que o movimento seja grande, a ação só tem que continuar se movendo. Você estabelece uma posição de straddle comprando uma long call e uma long put, com o mesmo mês de vencimento e preço de exercício. Esse exercício é no dinheiro ou quase, portanto, é importante prestar atenção no gama e no delta ao iniciar uma posição neutra.

A natureza móvel da precificação da opção também torna necessário monitorar o delta e o gama durante a vida da posição e ajustar a posição à medida que os preços mudam. E como a mudança nos preços pode acontecer muito rápido, vale a pena ficar de olho na posição e ter pontos de contingência. Uma posição já neutra pode se tornar tendenciosa quanto à direção na negociação do dia. Em termos de straddle, não é ruim, pois metade da posição será lucrativa. O resultado é que retornar o delta à neutralidade pode significar adicionar à posição ou lucrar.

CUIDADO — Faça uma análise e um planejamento completos antes de negociar. Ao comprar straddles no dinheiro ou quase, você está comprando principalmente valor temporal. Você deve gerenciar seu risco minimizando o efeito de acelerar a desvalorização temporal em tal posição fechando-a pelo menos trinta dias antes do vencimento.

Verificando o status de delta

Voltando ao exemplo anterior do straddle GS neste capítulo, o delta da posição é obtido usando-se a calculadora de opções da Optionetics Platinum ou outro sistema de trading premium parecido que oferece uma análise técnica de ponta e ferramentas de opção:

GS Out 180 Call Negociando em US$9,40: (Delta de Call = +51,191)

GS Out 180 Put Negociando em US$10,70: (Delta de Put = –48,688)

Delta da Posição: [(2 × +51,191) + (2 × -48,688)] = +102,382 – 97,376 = +5,006

Assim, essa posição ficou parecida com uma que era comprada, com cinco cotas de ação.

Que tal alguns dias na posição? Há uma tendência direcional? Na verdade, não levou muito tempo para a tendência ser introduzida. No dia seguinte de negociação, GS caiu sete pontos, diminuindo a amplitude dos deltas de call e aumentando a amplitude dos deltas de put. Em uma semana, a tendência foi positiva mais uma vez.

> **DICA**
> Um aumento na volatilidade do ativo faz com que todos os deltas da opção, positivos e negativos, se movam *para* 50. Essa volatilidade maior aumenta a incerteza e o potencial de uma opção ITM mais profunda para vencer OTM. O delta diminui para 50. Mas essa incerteza maior também aumenta a chance de que uma opção OTM vencerá ITM, aumentando o delta para 50.

A Tabela 14-1 mostra os preços da ação e da opção, os valores de delta e gama, e o delta da posição em dias diferentes durante a vida útil de 24 dias civis do straddle. A tabela pressupõe que todas as opções foram mantidas por 24 dias. T é o 1º dia 1, e T+16 significa o 16º dia da negociação. Observe como os valores de delta individuais se ajustam ao preço da ação subjacente e como as mudanças nas letras gregas afetam o delta da posição geral.

TABELA 14-1   Delta da Posição

	T	T+1	T+8	T+16	T+24
Preço de GS	177,95	170,95	178,98	188,47	207,55
Preço de Call	9,40	6,80	11,10	14,9	30,10
Delta	+51,191	+40,762	+52,976	+67,179	+86,906
Gama	1,613	1,539	1,425	1,459	0,741
Preço de Put	10,70	15,20	11,10	5,4	0,70
Delta	–48,688	–58,667	–47,061	–32,363	–7,106
Gama	1,569	1,485	1,439	1,509	0,637
Delta da Posição	+5,006	–35,810	+11,830	+69,632	+159,600

Mantendo uma posição neutra no delta

O método de usar áreas primárias de suporte e resistência como locais onde você faz ajustes da posição, como abordar o delta da posição, é razoável e lhe dá algumas metas, mas não há garantias de que o preço atingirá esses pontos principais do gráfico. Isso pode ser um problema no straddle. Aplicar essa ferramenta de análise técnica basicamente para o risco (e realização de lucros) é bom para identificar os pontos extremos.

DICA

Os deltas da ação são considerados fixos: 1 cota comprada da ação sempre representa +1 ação. Já os deltas da opção são variáveis, cobrindo um intervalo de valores determinado basicamente pelo moneyness da opção.

Com o benefício da retrospectiva, não seria ótimo retornar o straddle para a neutralidade do delta tendo uma posição comprada em outra call em T+1 (delta da posição de −35,810 a 4,952)? E se duas calls saíssem em T+16 quando restasse apenas uma semana para a posição (delta da posição de +136,81 a 2,453)?

Portanto, até que ponto você precisa observar o passado para agir em T+1 e T+16? Para este exemplo ser acessível, foram escolhidos e examinados dias de negociação aleatórios com o objetivo de encontrar o modo mais fácil de retornar à posição para a neutralidade do delta. Em tempo real, com dinheiro de verdade, é certo que questões temporais entram em cena ao considerar adicionar ou reduzir uma posição, mas esperamos que esse exemplo rápido seja um incentivo para incorporar a negociação do delta neutro em sua abordagem geral dos mercados.

Examinando as mudanças no perfil de risco

Você está imaginando como adicionar uma call à posição impacta o perfil de risco da negociação? Primeiro, o dinheiro em risco é o débito total da posição, que agora inclui outra call. Supondo que a call foi comprada a US$7, o risco líquido da posição foi de US$4.720. A tendência direcional com esse acréscimo foi reduzida na maioria dos dias acompanhados.

DICA

Ao adicionar ou reduzir uma posição, é bom examinar o gráfico de risco atual para ver com mais facilidade o impacto que a mudança tem na estratégia.

A call original saiu em T+22 no preço mais favorável de US$22,80. Como resultado, as duas abordagens na negociação produziram um ganho de US$1.410, mas a abordagem com delta neutro contou menos com os preços-alvo potencialmente subjetivos e teve menos risco direcional.

A Figura 14-6 mostra um gráfico de risco atualizado para a posição de straddle ajustada na data T+1. Nesse caso, a área de risco diminuiu um pouco porque o straddle agiu como deveria, ou seja, a maior volatilidade resultou no valor de put aumentando em uma taxa mais rápida do que a de diminuição da call. Quando a terceira call foi comprada, já havia lucros na posição, reduzindo o impacto do débito adicional.

DICA

Os preços da ação que ocorrem entre os preços de exercício do straddle identificam o intervalo de risco máximo. Nesses preços, ambas as opções venceram sem valor.

A "área de risco" se refere à distância entre os dois equilíbrios da negociação. No straddle direto, os equilíbrios foram 159,90 e 200,10 (40,20), ao passo que os equilíbrios do straddle ajustado foram 156,40 e 195,73 (39,33).

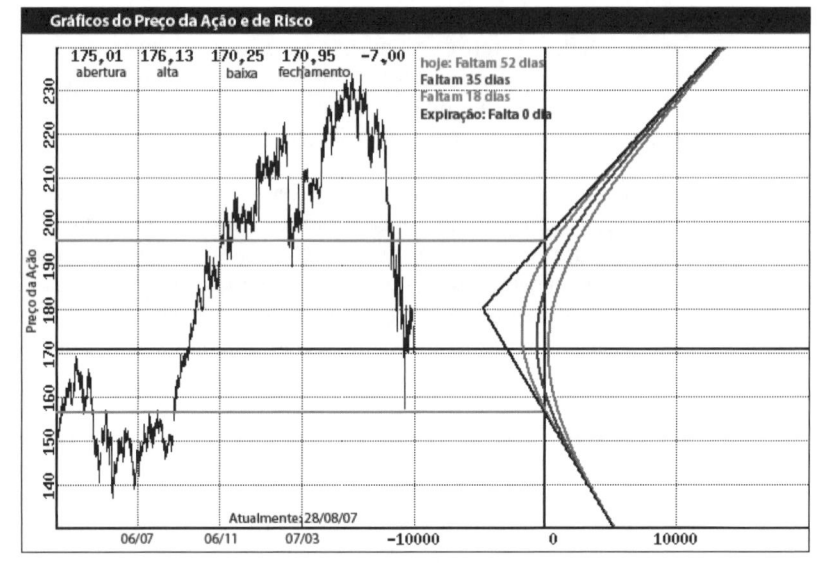

FIGURA 14-6: Gráfico de risco para straddle GS ajustado.

Imagem da Optionetics

Entendendo os Ajustes da Negociação

Ajustar uma negociação é algo que você faz para manter a neutralidade do delta, não para evitar perdas quando uma posição o desfavorece. No exemplo do straddle GS, foi feito um acréscimo a um leg que tinha perdido valor, mas a posição inteira aumentou de valor. O straddle basicamente funcionou como deveria, com o leg ITM aumentando em uma taxa mais rápida do que aquela de diminuição do leg OTM. Um aumento na volatilidade também ajudou.

LEMBRE-SE

Ajustar não é *evitar*. Se uma posição está contra e você não age devidamente, deve sair dela e ter suas perdas.

A finalidade de ajustar a negociação é manter a tendência posicional no mínimo. Isso é feito mantendo-se a neutralidade do delta, mas não a todo custo. Em algum momento, você precisa simplesmente sair da posição. Os fatores que impactam suas decisões incluem:

- Tempo até o vencimento e se o ajuste compra ou vende valor temporal.
- Níveis de VI relativos.
- Custos da negociação.

Um breve comentário sobre o último item: as posições do straddle podem ser protegidas com uma ação, que pode ser uma abordagem mais econômica ao fazer ajustes na posição.

Decidindo quando ajustar uma negociação

Focando a posição do straddle, os ajustes da negociação devem ser feitos assim que a posição fica excessivamente dependente do movimento da ação em uma direção. É quando um leg realmente começa a perder valor. Se você comprou o straddle em um ambiente de alta VI e essa VI cai, então o leg ITM não está ganhando em uma taxa mais rápida que o leg OTM, e provavelmente é hora de cortar as perdas.

DICA — Diferentes aspectos da negociação são referidos como "arte, não ciência". Embora você possa identificar especificamente algumas regras de trading e etapas mecânicas, outras partes da negociação requerem uma avaliação experiente das condições e uma melhor suposição sobre como proceder.

Até o momento, comentários sobre "quando" têm sido um pouco confusos. Infelizmente, é a natureza da situação, e, analisando uma posição, é possível encontrar um momento de ajuste mais ideal ou método. Os pontos a seguir devem ajudá-lo a implementar com mais êxito as estratégias de delta neutro:

- Experiência com uma estratégia específica; nesse caso, os straddles.
- Entender a natureza cíclica da VI para certa ação.
- Analisar como uma ação se comporta após diferentes eventos.

Alguns traders fazem ajustes em todos os dias de negociação para iniciarem o mais próximo possível do delta neutro. Outros podem usar valores delta específicos, acima ou abaixo de zero, para iniciar ajustes. Depende apenas do estilo.

É bom considerar um horário definido para fazer ajustes ou basear os ajustes em diferentes datas de eventos. Só é preciso entender as implicações do delta da posição que você mantém e como ele pode se afastar de uma abordagem de delta neutro.

DICA É possível ganhar dinheiro nos mercados de várias formas. Encontre abordagens adequadas ao seu temperamento, momento e estilo.

Decidindo como ajustar uma negociação

Os straddles podem ser ajustados das seguintes formas:

- » Comprando mais calls (+delta) ou puts (–delta).
- » Vendendo calls (–delta) ou puts (+delta).
- » Comprando ação (+delta).
- » Vendendo ação (–delta).

Decidir qual abordagem é melhor depende do custo da negociação (comissão e slippage) e de quantos contratos você usa para criar as posições. Mesmo que você tenha direitos com os dois tipos de opção, pode decidir que a ação vendida não é como deseja reduzir o delta. Isso significa que a quarta alternativa só é possível se você segura uma posição que é uma ação comprada.

Outro fator a considerar é quanto tempo resta até o vencimento. Você pode estar em um ponto em que é melhor ter lucro fechando uma ou mais posições se a marca de trinta dias até o vencimento se aproxima.

Se há muito tempo até o vencimento, e a VI é relativamente baixa, você pode comprar mais opções originais no preço de exercício ou melhorar a neutralidade do delta escolhendo opções com preços de exercício que ajustam melhor a posição a um delta líquido com valor zero.

> **NESTE CAPÍTULO**
>
> » Monitorando a volatilidade da opção para ter oportunidades
>
> » Assimetrias do preço da volatilidade implícitas na negociação
>
> » Identificando as melhores estratégias para as condições atuais

Capítulo **15**

Volatilidade Mostrando Oportunidades de Trading

Adotar a volatilidade faz parte do processo de reprogramação do cérebro necessário para ser um trader de opções bem-sucedido. Embora os preços da ação mostrem propriedades cíclicas, a natureza cíclica da volatilidade é muito mais confiável para certas ações. Até o mercado inteiro pode mostrar tais tendências, como visto no índice de volatilidade da CBOE (VIX), uma medida da volatilidade implícita das opções do índice S&P 500 (veja o Capítulo 5). E mesmo que alguns traders de ações odeiem uma volatilidade excessiva, os traders de opções sabem como aproveitá-la ao máximo e procuram isso, o que é válido sobretudo quando os ciclos são confiáveis, oferecendo certa previsibilidade para as oportunidades de trading. Assim, é possível aumentar as chances de fazer negociações lucrativas monitorando regularmente a volatilidade e usando estratégias específicas para aproveitar as mudanças relativas nos níveis da volatilidade.

Vendas e compras de volatilidade são estratégias que também aproveitam as mudanças na volatilidade. Incorporar conceitos de delta neutro pode ajudar a melhorar o sucesso da estratégia. À medida que sua experiência aumentar, você desenvolverá mais habilidade para implementar abordagens que são bem adequadas às condições existentes do mercado.

Analisando os Níveis da VI

A volatilidade implícita (VI) sofre impacto de alguns fatores:

- Movimento do preço anterior (volatilidade histórica ou VH).
- Tempo até o vencimento.
- Movimento futuro esperado, dados os eventos programados antes do vencimento.
- Demanda para a opção específica.

A VI determina o valor temporal de uma opção. Quanto maior o valor dos fatores registrados, maior o valor extrínseco da opção. Como todos esses fatores variam, é muito importante comprar e vender opções nas devidas condições da VI.

Tudo é relativo, mas não muito científico

Você não precisa ser Einstein para usar a volatilidade a seu favor, basta desenvolver um conhecimento prático de seu uso. Há dois tipos de volatilidade a considerar na análise de uma negociação de opções:

- VH do título subjacente.
- VI da opção.

Como você paga pela VI, focar essa medida é crucial. Mas não significa que você pode ignorar a volatilidade histórica, longe disso. A VH lhe dá um ponto de partida, permitindo dar o primeiro passo ao determinar se a VI é razoável. E mais, a VI é a melhor entre as duas. E se há uma discrepância entre VH e VI, é melhor confiar na VI. Todavia, é bom avaliar o nível da VI de uma opção para ver os dois tipos de volatilidade.

LEMBRE-SE

O valor intrínseco de uma opção é seu fator "moneyness". Para uma opção de call (compra), *valor intrínseco* é o preço da ação acima do preço de exercício de call, e para uma opção de put (venda), é o preço da ação abaixo do preço de exercício de put. O valor intrínseco é definido para zero para qualquer opção que seja fora do dinheiro.

Avaliando o movimento anterior

Veja onde as coisas ficam relativas. A VH fornece informações sobre o movimento anterior da ação e pode ser calculada usando-se vários dias de negociação, mas a medida em si lhe dá informações sobre o movimento anual. Os dados são extrapolados, significando que o que acontece durante um prazo menor é estendido em um período de um ano usando técnicas estatísticas.

Os períodos da VH incluem seis, dez, vinte e cem dias. Mas você deve levar em consideração alguns componentes principais ao analisar essa métrica importante. É porque o movimento que ocorre durante um período medido varia, dependendo do que acontece nos mercados e com o título naquele momento. Portanto, embora uma medida anual criada usando dez dias de negociação possa sugerir muito mais volatilidade que uma usando cem dias, isso depende muito dos eventos que ocorrem nos dez e cem dias de negociação durante os quais a medida foi feita. Por exemplo, se você negocia opções no verão, em especial nos dias mais quentes, e Wall Street está de férias no balneário Hamptons, a medida de dez dias pode subestimar a volatilidade.

O melhor modo de ter uma boa ideia da volatilidade anterior em uma ação é vendo os gráficos da VH. Eles lhe dão uma visão rápida das condições da VH e podem filtrar a relatividade ou o fator "quando" da dinâmica inteira.

LEMBRE-SE

Valor extrínseco é o valor temporal do preço da opção. É o que resta após o valor intrínseco ser determinado.

A Figura 15-1 mostra um gráfico da VH de doze meses da Akamai Technologies, Inc. (AKAM), uma empresa de serviços de computação. O gráfico inclui as medidas da VH de seis, dez, vinte e cem dias e é uma cortesia da Optionetics Platinum.

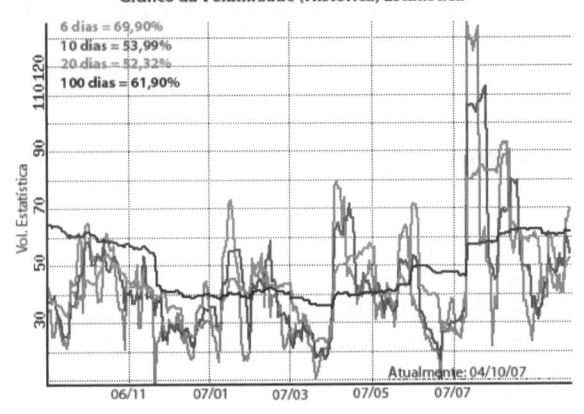

FIGURA 15-1: Gráfico da VH de doze meses para AKAM.

Imagem da Optionetics

> **DICA** Em geral, um ano de negociação consiste em 252 dias de negociação.

Ao analisar os gráficos VH, ajuda considerar sistematicamente cada período plotado de modo isolado e compará-lo com outros períodos. Nesse gráfico, é possível ver que a medida de 6 dias (69,90%) reflete uma volatilidade maior durante os últimos dias. As medidas de 10 dias (53,99%) e 20 dias (52,32%) incluem essa volatilidade recente, junto com dias de negociação mais calmos, que diminuem seus valores respectivos.

Parece que esses períodos "mais calmos" podem ser menos típicos para a ação, dada uma VH de 100 dias em 61,90%. Essa medida de 100 dias informa que, se a ação se mover de modo parecido com os últimos 100 dias de negociação nos próximos 252 dias, sua volatilidade para o período será de 61,90%.

Note os diferentes picos na volatilidade, que recentemente atingiram altas de dois anos. Espere que as opções para essa ação tenham níveis de VI que incorporem tais picos de VH em seu valor.

> **DICA** Nem todos os níveis de VH significam a mesma coisa. Os níveis de VH típicos para um título podem ser altos para outro título. Exibir o gráfico da VH de uma ação lhe dá uma ideia mais rápida da volatilidade recente de uma ação e, o mais importante, de como esse movimento se relaciona com o que aconteceu no passado. Você também pode confirmar a volatilidade geral de uma ação vendo o gráfico de preços. As tendências gerais das oscilações de preço melhorarão as informações no gráfico da VH.

Exibindo a volatilidade implícita

Os níveis da VI mudam com o tempo, semelhante aos níveis da VH. Ao usar uma calculadora de opções para determinar a VI atual de certa opção, você desejará também exibir um gráfico da VI que mostra os valores da VI no dinheiro (ATM) para determinar se as condições:

» Refletem níveis razoáveis, dados os valores da VI anteriores.

» São relativamente baixas, tornando a opção barata.

» São relativamente altas, tornando a opção cara.

LEMBRE-SE As coisas podem não ser o que parecem à primeira vista. Uma opção barata em termos de níveis da VI relativa pode permanecer barata durante a vida da opção. Tente se aprofundar nessa medida para determinar o que orienta os níveis da VI relativos.

Antes de examinar a VI ATM de doze meses da AKAM, veja o gráfico de preços para ter informações sobre o que acontece com a ação durante os últimos doze meses. A Figura 15-2 mostra o gráfico de preços para AKAM. Em geral, esses gráficos também estão disponíveis com gráficos da volatilidade ao acessar um pacote de análise de opções.

LEMBRE-SE O tipo da opção se refere a call (compra) ou put (venda).

FIGURA 15-2: Gráfico de preços diário de doze meses para AKAM.

Imagem da Optionetics

Veja de novo a relatividade. Examinando o gráfico, você percebe que AKAM teve duas quedas importantes bem antes e depois de março de 2007; são aproximadamente 10% em alguns dias, que é uma ação de preço muito importante. Depois de perguntar e responder "Por que isso aconteceu?", não se esqueça de verificar de novo as notícias nesse período. Examine as mudanças de gestão, perdas de receita e de clientes ou notícias relacionadas a erros de gestão. Considere ainda qualquer evento externo, como novidades e eventos do mercado em geral.

Veja também o cenário geral no mercado. Uma olhada no S&P 500 durante o período de março de 2007 mostrou que o mercado estava começando a tropeçar. O primeiro gap de preço coincidiu com uma queda do mercado que ocorreu no final de fevereiro com receio de que uma bolha do mercado de ações estava estourando na China. O preço se recuperou um pouco, então teve um gap de baixa no final de julho, possivelmente apoiando o mercado em declínio dos EUA, que lidava com problemas do subprime. Também é importante notar que o mercado se recuperou após a queda rápida da primavera, enquanto as ações da AKAM continuaram defasadas, destacando o fato de que o tipo de estratégia adequado às cotas da AKAM pode ser diferente das estratégias que funcionam para ações mais sintonizadas com o mercado. Ficou claro que era necessário investigar mais.

> **DICA**
>
> Um valor da VI ATM reflete um intervalo de dias, o valor é composto de valores da VI de call e put vencendo nesse período.

A AKAM foi apenas uma vítima de um mercado turbulento ou aconteceu algo mais? Após verificar as notícias sobre a AKAM, o seguinte ficou claro:

» No final de fevereiro, a AKAM fez uma teleconferência e aumentou as expectativas de ganhos em 2007. Nenhuma outra notícia importante foi encontrada na pesquisa, portanto, parece que a AKAM caiu com o mercado.

» Em meados de março, notícias de uma importante venda com informação privilegiada durante um período de seis meses ganharam as manchetes; isso pode ter aumentado as perdas da AKAM conforme outras ações de tecnologia também caíam.

» No final de julho, a AKAM tinha um relatório de lucros que desapontou investidores e analistas, mesmo alinhados com as expectativas.

> **LEMBRE-SE**
>
> Uma posição da opção com delta neutro, significando uma cujo valor permanece inalterado com pequenos movimentos na ação subjacente, quando criada, terá uma tendência direcional conforme o preço do ativo-objeto muda e/ou os níveis da VI mudam. Veja o Capítulo 14 para saber mais sobre as estratégias da opção de delta neutro.

A Figura 15-3 mostra o gráfico da VI ATM de doze meses da AKAM, com picos de VH correspondentes. O gráfico inclui VIs compostas para calls e puts com vencimentos de sete a trinta dias, trinta a sessenta dias e mais de noventa dias, cortesia da Optionetics Platinum.

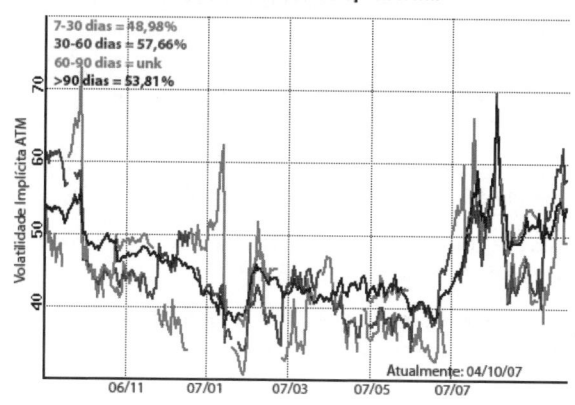

FIGURA 15-3:
Gráfico da VI ATM de doze meses para AKAM.

Imagem da Optionetics

Os picos na VI correspondem aos picos na VH para AKAM, com os picos da VH sendo um pouco mais extremos. Se você comparar as duas escalas da volatilidade no eixo y, poderá ver que o intervalo para a VH é maior.

LEMBRE-SE

A VH é o único fator com impacto nos valores da VI.

Suponha que você esteja considerando uma opção comprada que vence de 30 a 60 dias com uma VI de 57,9%. Note o seguinte nos dois gráficos de volatilidade:

» O valor composto da VI atual para as opções que vencem em 30 a 60 dias é 57,7%, portanto, a VI da opção analisada está um pouquinho acima da média.

» A VH recente da ação foi de aproximadamente 54% (10 dias) e 52,3% (20 dias), portanto, a VI em sua opção está acima do movimento de curto prazo.

» A VH de prazo mais longo para a ação é de 53,8%, portanto, a VI em sua opção é cerca de 8% maior (como uma medida dos ganhos da porcentagem) que o movimento de prazo mais longo.

» Os níveis atuais da VI para as opções que vencem de 30 a 60 tiveram apenas um pico recente em 57,7%, acima de 40%, duas semanas e meia antes.

» Embora tenha havido momentos em que a VI permaneceu em níveis altos, parece que quase sempre voltava para os valores da VI de prazo mais longo (>90 dias).

DICA

Um valor da VI atual e relativamente baixo pode permanecer baixo.

Após comparar os níveis atuais da VI com níveis anteriores, assim como os níveis atuais e anteriores da VH, este parece ser o momento ideal de comprar a opção? Embora não seja possível prever a VI, seu comportamento nesse caso parece favorecer a venda da opção, não a compra. Como isso pode não ser consistente com sua visão direcional para a ação, considere o seguinte:

» Monitorar a ação e a opção para ver o que acontece com o preço e a VI nos próximos dias.

» Avaliar as posições combinadas consistentes com sua visão e permitir que você seja um vendedor efetivo de VI elevada.

» Comprar a opção e esperar que, ao acordar no dia seguinte, a VI tenha aumentado de novo ou a ação tenha continuado seu caminho.

Claro, a terceira opção leva à perda de dinheiro. Escrevi apenas para você ficar esperto. Dito isso, é algo que todos nós vivenciamos mais vezes do que queremos admitir em nossa carreira de trading. Sempre que você usa o verbo *esperar* em referência a uma posição de trading, sinais de alarme devem disparar em sua cabeça, pois é uma negociação que você precisa evitar (ou da qual considerar seriamente sair). A esperança é eterna e pode ser uma ferramenta muito positiva na vida, mas não na negociação. As perdas só param quando você perde tudo.

LEMBRE-SE *Requisito de margem* é o montante necessário para estabelecer uma posição, ao passo que *requisitos de manutenção* são necessários para segurar a posição na conta.

Reconhecendo as mudanças em potencial na volatilidade

Ao ver os gráficos da VI, você pode notar tendências sazonais. O motivo mais comum para tais mudanças periódicas nos níveis da volatilidade é a divulgação de um relatório de lucros trimestral.

A Figura 15-4 mostra um gráfico da VI de dois anos para a Cisco Systems, Inc. (CSCO). É um ótimo exemplo de tendências sazonais para a volatilidade.

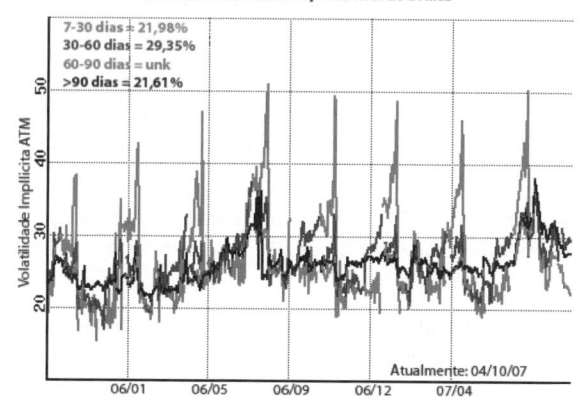

FIGURA 15-4:
Gráfico da VI de dois anos para CSCO.

Imagem da Optionetics

LEMBRE-SE

As opções vendidas descobertas ou cobertas por outra opção costumam ter requisitos de margem e manutenção.

Observe o gráfico de dois anos que incluí para mostrar como foi consistente o aumento na VI para CSCO durante o período destacado, em particular nas opções de prazo menor. Os oito picos no gráfico coincidem com a apresentação de resultados da empresa. Essa sazonalidade persistiu por anos. E mesmo que você nunca possa prever a VI, é uma boa ideia encontrar um grupo de ações em que esse padrão fica evidente, porque é possível aproveitá-lo, caso se repita.

Na verdade, você pode achar que negocia certas ações e opções com mais frequência que outras. Familiarizando-se com os gráficos da VI e a possível sazonalidade nesse componente de precificação, você pode adaptar melhor as estratégias que atendem às atuais condições do mercado para o ativo e também antecipar as futuras condições. Embora não haja garantias de que a VI continuará a exibir um padrão sazonal específico, tal abordagem é consistente com as probabilidades a seu favor. No mínimo, você deve estar ciente de que essas condições existem. É igualmente importante notar quando as coisas mudam e descobrir o motivo.

DICA

VI smile é o termo usado para descrever o padrão de VI típico para opções de patrimônio e índice, com níveis de VI mais baixos para as opções do preço de exercício ATM e subindo moderadamente conforme você se afasta dessa área central.

Quando as opções são assimétricas

O Modelo de Precificação de Opções Black-Scholes ganhou o Prêmio Nobel e foi criado para precificar as opções no estilo europeu, servindo como base para muitos outros modelos que se seguiram. Uma suposição importante do modelo é que a VI é constante nos preços de exercícios e meses de vencimento. A realidade é que a VI pode variar em ambos, às vezes bastante. É importante entender isso para escolher as melhores estratégias e opções, dadas as condições atuais.

Assimetria é o termo usado para descrever os níveis da VI da opção que variam em relação às condições normais. Os dois tipos de assimetria incluem:

» **Assimetria de preço:** Condição na qual certas opções têm uma VI alta e atípica comparada com outras que vencem no mesmo mês. A assimetria costuma seguir um padrão.

» **Assimetria temporal:** Condição na qual as opções que vencem nos meses posteriores têm uma VI alta e atípica comparada com as que vencem antes.

Assimetrias podem existir quando a demanda por contratos específicos aumenta o preço. Os calendar e diagonal spreads são ideais quando existe uma assimetria temporal certa (veja o Capítulo 12 para saber mais). Nesta seção são explicadas as estratégias de maior sucesso quando existe uma assimetria de preço. Existem dois tipos:

» **Assimetria de preço para a frente:** Condição na qual as opções com preço de exercício mais alto do mesmo tipo têm VI maior comparada com as que vencem no mesmo mês.

» **Assimetria de preço para trás:** Condição na qual as opções com preço de exercício mais baixo do mesmo tipo têm VI maior comparada com as que vencem no mesmo mês.

Ao negociar spreads da opção, as assimetrias ajudam a aumentar as chances de lucrar quando você vende opções da VI relativamente altas e compra opções da VI normais ou relativamente baixas. O Capítulo 12 tem um exemplo de assimetria da volatilidade focando o impacto no preço.

Uma assimetria da volatilidade de preço para a frente existe quando opções de exercício mais altas têm VI maior que as opções de exercício mais baixas.

Identificando as assimetrias da volatilidade

Gráfico de assimetria é uma visualização da VI da opção versus o preço de exercício de cada tipo de opção por mês. A Figura 15-5 mostra condições típicas da VI com opções ATM com a VI mais baixa, aumentando moderadamente conforme você se afasta do preço de exercício. Note o smile resultante quando uma linha curva é desenhada nos pontos de dados.

LEMBRE-SE

Uma assimetria da volatilidade de preço para trás existe quando as opções de exercício mais baixas têm VI maior que as opções de exercício mais altas.

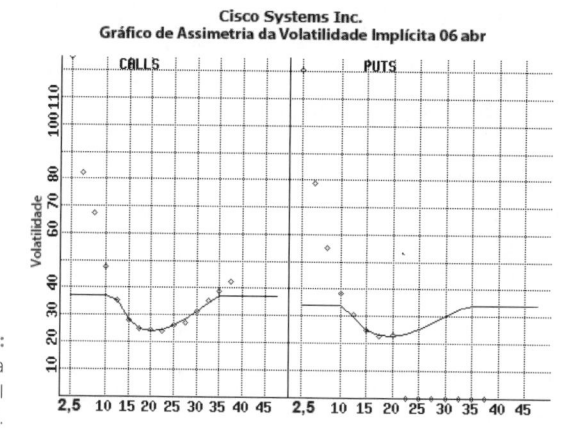

FIGURA 15-5: Assimetria típica da VI para CSCO.

Imagem da Optionetics

A Figura 15-6 mostra as assimetrias de preço para a frente e para trás. Elas podem permanecer por longos períodos de tempo e não revertem necessariamente para o padrão de assimetria típico. Contudo, condições variadas podem melhorar os lucros ao usar estratégias que vendem opções da VI relativamente altas e compram opções relativamente baixas.

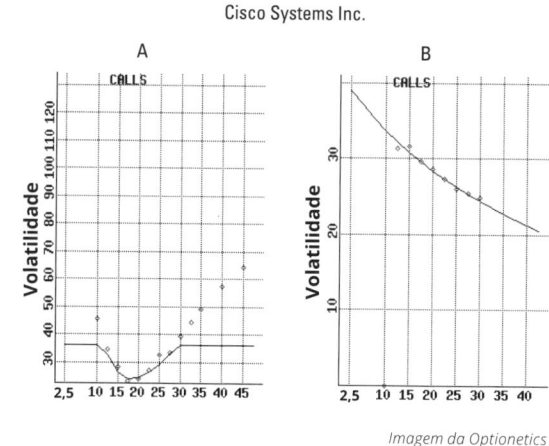

FIGURA 15-6: Assimetria de preço para a frente (esquerda) e assimetria de preço para trás (direita) para CSCO.

Imagem da Optionetics

CAPÍTULO 15 **Volatilidade Mostrando Oportunidades de Trading** 305

DICA

Aplicações de análise de opções podem economizar muito do tempo que você levaria pesquisando condições de mercado ideais para uma estratégia específica.

Além de examinar um gráfico de assimetrias, você pode localizar as assimetrias da volatilidade usando uma aplicação de análise de opções que rastreia o mercado para obtê-las. A Figura 15-7 mostra uma tabela de uma varredura básica da VI buscando assimetrias de preço. Os valores positivos nos resultados refletem uma assimetria de preço para o par de opções listado.

FIGURA 15-7: Tabela de varredura de assimetrias.

Rank Close	Stock News	Strategy	Strike	Expire	Price (bid/ask)	Volume	Open Interest	Diff (Days)	Days to Expiration	IV (%)	Skew (%)	Ext Ratio
1 156,33	SPY news	Call Spread	Sell 155,00 Buy 163,00	Nov 2007 Nov 2007	4,35 0,65	998 66	39214 12823	0	35 35	18 14	30,74	4,65
2 156,33	SPY news	Call Spread	Sell 155,00 Buy 162,00	Nov 2007 Nov 2007	4,35 0,90	998 853	39214 15176	0	35 35	18 14	26,93	3,36
3 156,33	SPY news	Call Spread	Sell 155,00 Buy 161,00	Nov 2007 Nov 2007	4,35 1,22	998 2531	39214 9896	0	35 35	18 15	22,54	2,48
4 156,33	SPY news	Call Spread	Sell 155,00 Buy 160,00	Nov 2007 Nov 2007	4,35 1,59	998 1604	39214 42720	0	35 35	18 15	18,79	1,90
5 141,12	DIA news	Call Spread	Sell 140,00 Buy 146,00	Nov 2007 Nov 2007	3,35 0,65	1008 641	3506 3875	0	35 35	15 12	17,74	3,43
6 141,12	DIA news	Call Spread	Sell 140,00 Buy 142,00	Oct 2007 Oct 2007	1,77 0,58	4109 1470	14362 7435	0	7 7	14 12	16,20	1,12
7 165,90	MDY news	Call Spread	Sell 165,00 Buy 175,00	Nov 2007 Nov 2007	4,60 0,75	1 0	1107 148	0	35 35	19 17	14,43	4,93
8 156,33	SPY news	Call Spread	Sell 155,00 Buy 159,00	Nov 2007 Nov 2007	4,35 2,04	998 3475	39214 14101	0	35 35	18 16	14,38	1,48
9 141,12	DIA news	Call Spread	Sell 140,00 Buy 145,00	Nov 2007 Nov 2007	3,35 0,94	1008 610	3506 5665	0	35 35	15 13	13,83	2,37
10 165,90	MDY news	Call Spread	Sell 165,00 Buy 174,00	Nov 2007 Nov 2007	4,60 0,95	1 0	1107 117	0	35 35	19 17	13,01	3,89
11 97,22	HIG news	Call Spread	Sell 95,00 Buy 105,00	Nov 2007 Nov 2007	4,50 0,60	20 152	261 226	0	35 35	27 24	12,23	3,80
12 156,33	SPY news	Call Spread	Sell 155,00 Buy 158,00	Oct 2007 Oct 2007	2,17 0,59	11902 10020	58968 78933	0	7 7	16 14	11,79	1,42
13 101,09	PRU news	Call Spread	Sell 100,00 Buy 110,00	Nov 2007 Nov 2007	4,50 0,80	42 151	6041 1449	0	35 35	30 27	11,16	4,26
14 165,90	MDY news	Call Spread	Sell 165,00 Buy 173,00	Nov 2007 Nov 2007	4,60 1,20	1 0	1107 324	0	35 35	19 17	11,02	3,08

Imagem da Optionetics

Aproveitando as assimetrias

Oportunidades de trading surgem quando existe uma grande assimetria da VI, permitindo criar posições combinadas para um débito menor ou um crédito maior em relação a quando existem condições normais. As assimetrias podem persistir durante a vida da opção em qualquer mês de vencimento, portanto, não há garantias de que o nível da VI voltará ao normal.

Se você usar essa análise para desenvolver estratégias e posições, prepare-se para agir rápido. O cenário ideal de assimetria da VI ocorre quando a VI atípica é resultado de uma demanda temporária por contrato; a demanda pode simplesmente refletir a cobertura institucional para uma grande posição da ação. Nesse caso, é provável que a assimetria seja temporária, permitindo capitalizar quando as condições voltarem ao normal.

LEMBRE-SE Combine suas estratégias com as condições existentes do mercado.

Entendendo as Vendas de Volatilidade

As vendas de volatilidade (ratio spreads) são parecidas com os vertical spreads, mas com um número desigual de contratos comprados e vendidos. Em geral, são criadas para um crédito líquido vendendo mais contratos do que são comprados. Diferente dos vertical spreads com risco limitado, os contratos vendidos a mais em uma venda de volatilidade criam um risco ilimitado (ratio call spread) ou limitado, mas alto (ratio put spread). Dado o risco de alto a ilimitado de uma venda de volatilidade, você deve conhecer e executar seu ponto de stop loss antes de entrar na negociação. Nesse caso, quase sempre a gestão da negociação é essencial para a execução da gestão de risco.

Como parte da troca entre risco e retorno, o ganho máximo possível ao criar uma ratio call spread pode realmente exceder o crédito inicial recebido ao estabelecer a posição. As compras de volatilidade (ratio backspreads), explicadas na próxima seção, são uma alternativa com risco limitado às vendas de volatilidade.

CUIDADO As vendas de volatilidade têm uma quantidade desigual de opções vendidas e compradas do mesmo tipo, com o número de opções vendidas maior que o de opções compradas. Como resultado, a posição incorpora opções descobertas e tem um risco ilimitado (ratio call spread) ou um risco limitado, mas alto (ratio put spread).

Examinando os perfis de risco da venda de volatilidade

Como se pode esperar a esta altura, existem dois tipos de vendas de volatilidade que você pode criar: um para cada tipo de opção. Eles incluem:

» Ratio call spread.
» Ratio put spread.

A seguir é feita uma análise dessas vendas de volatilidade, junto com perfis de risco e diretrizes básicas a considerar em sua utilização.

LEMBRE-SE

Uma venda de volatilidade tem um retorno limitado com risco que é alto ou ilimitado. Os gráficos de risco fornecem uma ótima visão de seu potencial de risco e retornos com uma estratégia. Combine-os com gráficos de preços para ter o máximo de informação sobre os futuros movimentos de preço em potencial e otimizar as estratégias.

Uma ratio call spread tem as seguintes características:

» Inclui uma opção comprada mais um número maior de opções vendidas que vencem no mesmo mês, com as opções vendidas tendo um preço de exercício mais alto.

» É mais bem usada quando sua visão de mercado é neutra para o ativo.

» Deve ser implementada para um crédito inicial.

» Geralmente usa uma razão de 1:2 ou 2:3 nas opções de long call a short.

» É melhor quando existe uma assimetria de preço para a frente da VI, porque as opções do preço de exercício mais alto estão sendo vendidas.

» É uma posição de risco ilimitado com altas margens requeridas devido a uma ou mais short calls descobertas.

O crédito líquido da posição é o crédito recebido com a venda da short call e com exercício mais alto menos o débito requerido para comprar a long call com exercício mais baixo. Embora a VI possa ser alta para as opções vendidas quando a posição é iniciada, lucros máximos são obtidos quando a ação vai para o preço de exercício da opção vendida no vencimento.

Suponha que XYZ seja negociada a US$115,70 e você avaliou essa venda de ratio call spread, que vence em aproximadamente 43 dias:

> Comprar 1 XYZ 110.00 Call @ US$7,70 e Vender Simultaneamente 2 XYZ 115 Calls @ US$4,20 Cada

PAPO DE ESPECIALISTA

Os valores de delta podem ser medidos em uma escala de −100 a +100, −10 ou +1.0, ambos são aceitos.

CUIDADO

Como uma ratio call spread inclui uma short call desprotegida, é preciso decidir como e quando você sairá dessa posição antes de estabelecê-la. Seu risco maior ocorre quando a ação subjacente sobe de preço, em um montante expressivo acima do exercício de call da opção vendida ou mais que a diferença entre os exercícios das calls comprada e vendida.

A posição combinada rende um crédito de US$70 e tem uma tendência direcional baixista (delta −38). Tem um risco ilimitado, mas um retorno limitado. Você calcula o retorno potencial máximo dividindo a posição em um spread de débito vertical (110–115) mais uma short call (115):

Spread: [(115 − 100) − (7,70 − 4,20)] × 100 = US$150

Short Call: (4,20 × 100) = US$420

Ratio Call Spread: US$150 + 420 = US$570

Veja o Capítulo 11 para obter detalhes sobre como calcular os riscos do vertical spread, retornos e níveis de equilíbrio. As perdas se acumulam após XYZ ficar acima do equilíbrio ascendente, calculado como:

Equilíbrio: Exercício de Call Mais Alto + [(Diferença nos Exercícios + Crédito Líquido) ÷ (Nº de Short Calls − Nº de Long Calls)] − Preços Líquidos da Opção*

Equilíbrio: 115 + 5 + 8,40 − 7,70 ÷ 2 − 1 + 0,70 = 115 + 5 + 0,70 = 120,70

*É um valor negativo se há um crédito.

O pior cenário para a posição é quando XYZ fica acima de US$120,70. Embora suas perdas tenham fixado um teto para uma das short calls, elas se acumularão conforme os preços subirem devido à short call descoberta que resta na posição.

O melhor cenário para a posição é quando XYZ fecha em US$115 no vencimento, permitindo-o manter o crédito para as short calls e ao mesmo tempo maximizando o valor da long call.

LEMBRE-SE

O valor intrínseco de uma opção é o valor associado ao moneyness da opção, ao passo que o valor extrínseco é a parte associada ao tempo.

A Figura 15-8 mostra o gráfico de risco para a ratio call spread de XYZ.

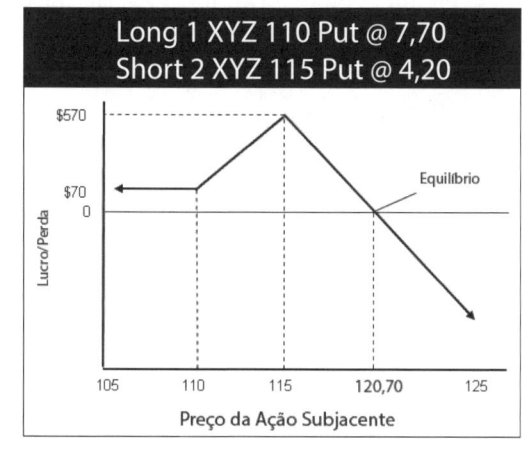

FIGURA 15-8: Gráfico de risco para ratio call spread 110–115.

Imagem da Optionetics

Implementar essa estratégia de ratio call spread fornece uma boa faixa de preços para os lucros, dado o tempo até o vencimento. O fato de que os lucros podem ir além do crédito inicial também é bom. Não obstante, o que deve chamar sua atenção é a seta para baixo mostrando as perdas ilimitadas conforme os preços sobem. É claramente uma estratégia avançada, e não recomendo como sua primeira negociação. Mas vale a pena fazer um exercício de simulação para ver por conta própria.

LEMBRE-SE Sempre contate seu corretor para conhecer os requisitos específicos de margem e manutenção para as posições combinadas da opção.

Uma *ratio put spread* tem as seguintes características:

» Inclui uma opção comprada mais um número maior de opções vendidas que vencem no mesmo mês, com as opções vendidas tendo um preço de exercício mais baixo.

» Deve ser implementada para um crédito inicial.

» Geralmente usa uma razão de 1:2 ou 2:3 nas opções de long put a short.

» É melhor quando existe uma assimetria de preço para trás da VI, porque as opções do preço de exercício mais baixo estão sendo vendidas.

» É uma posição de risco ilimitado com margens altas requeridas devido a uma ou mais short puts descobertas.

O crédito líquido para a posição é o crédito recebido com a venda de short puts de exercício mais baixos menos o débito requerido para comprar a long put de exercício maior. Embora a VI possa ser alta para as opções vendidas quando a posição é iniciada, os lucros máximos são conseguidos quando a ação vai para o preço de exercício da opção vendida no vencimento.

CUIDADO Como uma ratio put spread inclui uma opção de short put desprotegida, você deve planejar e se preparar para executar um critério de saída antes de estabelecer a posição para minimizar seu risco, caso a ação subjacente caia de preço em um montante expressivo abaixo do preço de exercício de put da opção vendida ou mais que a diferença entre os exercícios da put comprada e vendida.

CUIDADO Antes de colocar um gatilho em uma negociação, sempre faça esta pergunta: "E se eu estiver errado em minha visão?" Conheça seu risco.

Os cálculos do risco, do retorno e dos equilíbrios da posição são parecidos com o ratio call spread, com ajustes menores. Uma ratio put spread é um risco limitado, mas alto, como mostrado pelo gráfico de risco na Figura 15-9.

DICA Em geral, as vendas de volatilidade contam com um movimento moderado assim que estabelecidas.

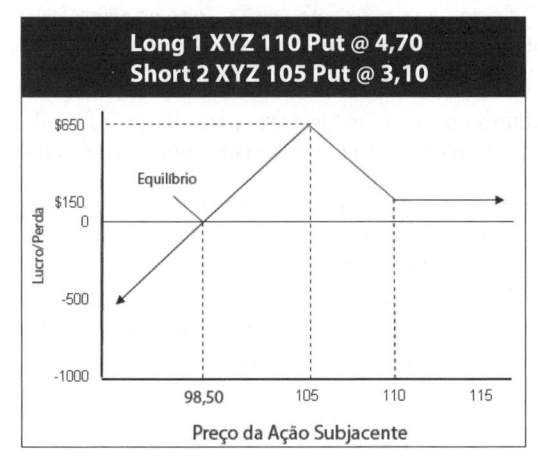

FIGURA 15-9: Gráfico de risco para ratio put spread 110-105.

[Gráfico: Long 1 XYZ 110 Put @ 4,70 / Short 2 XYZ 105 Put @ 3,10. Eixo Y: Lucro/Perda de -1000 a $650. Eixo X: Preço da Ação Subjacente com marcos em 98,50, 105, 110, 115. Ponto de equilíbrio indicado.]

Imagem da Optionetics

O retorno para uma ratio put spread atinge o máximo quando a ação é negociada no preço de exercício mais baixo em direção ao vencimento. Mesmo que a ação possa ser negociada acima do preço de exercício mais baixo para ter lucro, permanece o fato de que um risco importante é assumido por um retorno limitado em potencial.

Identificando as melhores condições para as vendas de volatilidade

Como você está vendendo a VI em uma posição líquida ao usar uma venda de volatilidade, as condições ideais do mercado para qualquer estratégia ocorrem quando a VI é relativamente alta para as opções vendidas. Isso significa:

» Aproveitar uma assimetria de preço para a frente ao criar uma ratio call spread.

» Aproveitar uma assimetria de preço para trás ao criar uma ratio put spread.

Outras condições a procurar nas vendas de volatilidade incluem:

» **Ratio call spread:** Ao implementar essa estratégia, você também deve ter um cenário neutro na ação, porque essas condições dão lucros ou produzem um risco limitado. Um movimento altista forte no ativo é extremamente prejudicial para a posição, com possíveis perdas ilimitadas.

» **Ratio put spread:** Ao implementar essa estratégia, você também deve ter um cenário neutro na ação, porque essas condições dão lucros ou produzem um risco limitado. Um movimento baixista forte no ativo é extremamente prejudicial para a posição, com possíveis perdas limitadas, mas altas.

DICA

Quando resta muito pouco valor temporal para as opções vendidas (digamos, menos de US$0,20), sua chance de ser exercido aumenta de modo significativo.

Procure algo para tranquilizá-lo antes de implementar a estratégia. A faixa de lucratividade para uma venda de volatilidade é ditada pelos preços de exercício das opções comprada e vendida, mas costuma ser estreita quando implementada para um crédito. Como resultado, as melhores condições para implementar uma venda de volatilidade ocorrem quando houve uma volatilidade recente no preço do ativo e se espera que essa volatilidade diminua.

Decidindo sobre sua estratégia

Ao decidir sobre qual estratégia usar, é preciso considerar as condições do mercado atuais e o cenário futuro para essas condições. Veja duas áreas a considerar no trading de opções:

- » **Tendência direcional:** Altista, baixista ou lateral (neutro).
- » **Tendência da volatilidade:** Volatilidade implícita e volatilidade da ação.

Você pode identificar a tendência direcional e da volatilidade atual com gráficos de preço e volatilidade. Como a volatilidade mostra tendências sazonais mais fortes e costuma ser orientada por relatórios programados, normalmente você pode identificar um cenário de VI mais confiável para o preço futuro.

Martin Zweig, um grande previsor de mercado nos anos 1970 e 1980, sempre dizia: "Não lute com o momento do mercado." Nada mais verdadeiro que isso. O resultado é que você não deve ir contra a tendência de preço predominante. Ao contrário, use estratégias consistentes com as condições atuais do mercado e tire proveito, caso o cenário acabe. Com isso em mente, agora é um bom momento para identificar as estratégias que podem ser usadas no lugar da ratio call spread com risco ilimitado ou ratio put spread com risco limitado, mas alto.

DICA

Sempre proteja seus ativos e gerencie o risco antes de decidir sobre sua próxima negociação. Ao avaliar estratégias de risco alto ou ilimitado, pergunte-se se há outras que você pode aproveitar nas mesmas condições do mercado.

Considerando alternativas baixistas

Uma ratio call spread é mais bem utilizada sob condições de assimetria da volatilidade para a frente (as opções com preço de exercício mais alto têm VI maior) quando você tem um cenário direcional de neutro a moderadamente baixista para a ação.

As estratégias analisadas que também podem lucrar em tais circunstâncias incluem:

- » Trava de baixa com call com risco limitado.
- » Trava de baixa com put com risco limitado.
- » Posição de call coberta com risco limitado, mas alto.
- » Posição collar com risco limitado.

Embora geralmente seja necessário mais capital para iniciar uma posição combinada que inclui uma ação (call coberta ou collar), lembre-se de que uma posição de opção vendida tem requisitos de margem que podem aumentar os custos associados a uma negociação. Em vez de uma ratio call spread com risco ilimitado, faz sentido considerar estratégias alternativas que possam reduzir o risco.

DICA Liste as condições ideais para cada estratégia usada em sua negociação.

Procurando ganhar com outras opções altistas

Uma ratio put spread é mais bem utilizada sob condições de assimetria da volatilidade para trás (as opções com preço de exercício mais baixo têm VI maior) quando você tem um cenário direcional de neutro a moderadamente altista para a ação.

As estratégias analisadas que também podem lucrar sob tais circunstâncias incluem:

- » Trava de alta com put com risco limitado.
- » Trava de alta com call com risco limitado.
- » Posição de put coberta com risco limitado, mas alto.

Mais uma vez, embora seja necessário mais capital para iniciar uma posição combinada que inclui uma ação (put coberta), os requisitos de margem para uma ratio put spread também devem ser considerados como parte dos custos gerais da negociação. Em vez de uma ratio put spread de risco limitado, mas alto, faz sentido considerar outras estratégias menos arriscadas.

A próxima seção identifica duas estratégias que utilizam as assimetrias de preço quando seu cenário direcional é mais forte: as compras de volatilidade.

DICA — Os ETFs (fundos de investimento negociados na Bolsa de Valores) também podem ser usados no lugar de ações para as vendas e as compras de volatilidade usando puts ou calls; verifique as características da VI e a liquidez do ETF específico.

Usando Compras de Volatilidade

As compras de volatilidade são parecidas com as vendas de volatilidade porque há uma quantidade desigual de opções compradas e vendidas do mesmo tipo. Mas essa estratégia tem um risco limitado, porque você compra mais contratos de opção do que vende. As compras de volatilidade são estratégias úteis porque o risco é limitado, ao passo que o retorno é potencialmente ilimitado. Adicione a isso o fato de que é possível criar essas posições para um crédito, o que coloca dinheiro em seu bolso no início da negociação, e sempre será um bom ponto de partida.

Esta seção explica os dois tipos de compras de volatilidade (call e put), junto com perfis de risco e condições ideais para seu uso.

LEMBRE-SE — As compras de volatilidade têm um número desigual de opções compradas e vendidas, com as opções compradas excedendo as vendidas. Como resultado, a posição é como um vertical spread mais opção comprada adicional.

Definindo compras de volatilidade

É possível criar compras de volatilidade usando calls ou puts, para um débito ou um crédito. Criar spreads de crédito faz mais sentido porque os ganhos podem realmente ser maiores que a quantidade de crédito. Esta seção detalha os dois tipos de compras.

Uma *ratio call backspread* tem as seguintes características:

» Inclui uma opção vendida mais um número maior de opções compradas que vencem no mesmo mês, com as opções compradas tendo um preço de exercício maior.

» Deve ser estabelecida quando existe uma assimetria de preço para trás da VI porque opções com preço de exercício menor estão sendo vendidas.

» É usada quando o cenário do mercado é fortemente altista.

» Tem perdas maiores quando o ativo fecha no preço de exercício da long call no vencimento.

» É mais lucrativa quando ocorre um movimento ascendente explosivo (aumentando os valores intrínseco e extrínseco da long call).

> É melhor quando implementada para um crédito inicial, o que permite à posição ter lucros quando o ativo tem uma queda modesta.

> É uma posição com risco limitado e um possível retorno ilimitado.

LEMBRE-SE As compras de volatilidade têm um risco limitado, ao passo que o retorno é possivelmente ilimitado (ratio call backspread) ou limitado, mas alto (ratio put backspread).

Uma *ratio put backspread* tem as seguintes características:

> Inclui uma opção vendida mais um número maior de opções compradas que vencem no mesmo mês, com as opções compradas tendo um preço de exercício menor.

> Deve ser estabelecida quando existe uma assimetria de preço para a frente da VI, porque opções com preço de exercício maior estão sendo vendidas.

> É usada quando o cenário do mercado é fortemente baixista.

> Tem perdas maiores quando o ativo fecha no preço de exercício da long put no vencimento.

> É mais lucrativa quando ocorre um forte movimento baixista (aumentando os valores intrínseco e extrínseco da long call).

> É melhor quando implementada para um crédito inicial, permitindo à posição ter lucros quando o ativo tem uma alta modesta.

> É uma posição com risco limitado, porém tem um possível retorno limitado, mas alto.

Ambas as posições podem ser estabelecidas para um crédito ou um débito. Ao pagar um débito para entrar na posição, tente ficar o mais próximo possível de US$0. Em qualquer caso, é melhor manter um múltiplo da razão short/long 1:2 ou 2:3 para essas posições.

DICA O mais importante a saber ao entrar com uma compra de volatilidade é que há mais contratos de opção comprada do que de opção vendida. Isso resulta em uma posição com opções vendidas cobertas.

Analisando o risco da ratio call backspread

Ao implementar corretamente uma ratio call backspread, você utiliza uma assimetria do preço para trás na volatilidade para melhorar as chances de negociar e compensar os custos da long call. Isso é feito quando você vende um número menor de calls com VI alta.

Suas perdas são maiores com uma ratio call backspread quando um movimento altista moderado ocorre e a ação subjacente fecha no preço de exercício da long call no vencimento. Nesse nível, as long calls vencem sem valor, ao passo que as short calls têm sua perda máxima.

DICA

Você pode ter mais sucesso encontrando compras de volatilidade para um crédito quando foca as ações negociadas entre US$25 e US$75 por cota.

A negociação é melhor quando ocorre um movimento ascendente explosivo, aumentando o moneyness da long call e a VI. Como as long calls têm um potencial de lucro ilimitado, uma ratio call backspread também tem um possível lucro ilimitado.

Veja o crédito inicial para uma ratio call backspread:

[(Nº de Short Calls × Preço da Short Call) – (Nº de Long Calls × Preço da Long Call)] × 100

A combinação pode resultar em um débito líquido, em vez de um crédito.

Seu risco máximo ocorre quando o ativo vence no preço de exercício da long call, e é calculado assim:

[(Nº de Short Calls × Diferença nos Preços de Exercício) × 100] – Crédito Inicial (ou + Débito Inicial)

Seu retorno máximo é ilimitado, acima do nível de equilíbrio da posição.

Existem dois equilíbrios para essa posição quando ela é estabelecida para um crédito. O equilíbrio ascendente é calculado como:

Preço de Exercício Maior + [(Diferença nos Exercícios × Nº de Short Calls) ÷ (Nº de Long Calls – Nº de Short Calls)] + Preços Líquidos da Opção*

*É um valor negativo se há um crédito.

Não há equilíbrio descendente se a negociação é estabelecida para um débito. No caso de a posição ser criada para um crédito, o equilíbrio descendente é calculado assim:

Preço de Exercício Menor + (Preços Líquidos da Opção* ÷ Nº de Short Calls)

*É um valor negativo se há um crédito.

Os requisitos de margem são ditados pela corretora e devem ser incluídos em sua avaliação de risco e situação financeira.

Exemplo de ratio call backspread

Ao terminar o rastreamento da volatilidade, você encontra uma assimetria para trás para as opções em uma empresa de consumo não essencial que vencem em 67 dias. O gráfico de prazo mais longo parece altista, mas como você está abordando um período baixista tradicional para o mercado, decide avaliar uma ratio call backspread OTM (fora do dinheiro). Suponha que ABC seja negociada a US$69,90 quando você nota uma assimetria do preço para trás. Analise a seguinte negociação:

> Comprar 3 ABC 75 Calls @ US$0,60 e Vender Simultaneamente 2 ABC 70 Calls @ US$2,45

O crédito líquido para a posição é US$310, [(2×2,45) − (3×0,60)]×100. O melhor movimento para a ação é fortemente altista, mas se a ação seguir a queda do mercado, a posição ainda será lucrativa.

DICA: Usar a abordagem de delta neutro para as posições de compra de volatilidade pode aumentar o sucesso da estratégia.

A Figura 15-10 mostra o gráfico de assimetrias para as opções ABC que vencem em 67 dias.

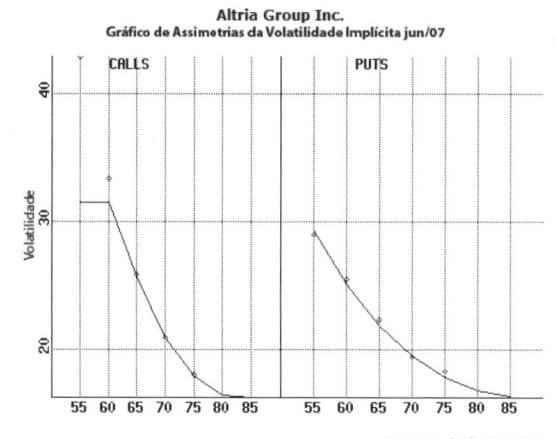

FIGURA 15-10: Gráfico de assimetrias para trás da negociação de compra de call em potencial.

Imagem da Optionetics

Identifique seu risco, o retorno e os equilíbrios quando avaliar uma negociação em potencial.

Calculando outros valores importantes da negociação, você obtém:

» **Risco máximo:** O risco máximo ocorre quando o ativo vence no preço de exercício da long call ou 75:

[(N° de Short Calls × Diferença nos Preços de Exercício) × 100] − Crédito Inicial (ou + Débito Inicial).

[(2 × 5) × 100] − US$310 = US$690.

» **Retorno máximo:** Ilimitado acima do nível de equilíbrio da posição.

» **Equilíbrio ascendente:** Há dois equilíbrios nessa posição porque ela é estabelecida para um crédito:

Preço de Exercício Maior + [(Diferença nos Exercícios × N° de Short Calls) ÷ (N° de Long Calls − N° de Short Calls)] + Preços Líquidos da Opção.*

75 + [(5 × 2) ÷ (3 − 2)] − 3,10 = 81,90.

*É um valor negativo se há um crédito.

» **Equilíbrio descendente:**

Preço de Exercício Menor + (Crédito Líquido / N° de Short Calls).

70 + 3,10 = 73,10.

> **DICA:** Em geral, os montantes iniciais de crédito e débito se referem ao montante total recebido como um crédito ou pago como um débito. Ao calcular os valores de equilíbrio, o cálculo se refere aos preços da opção em si, sem o multiplicador do contrato de opção.

A Figura 15-11 mostra o gráfico de risco da ratio call backspread da ABC.

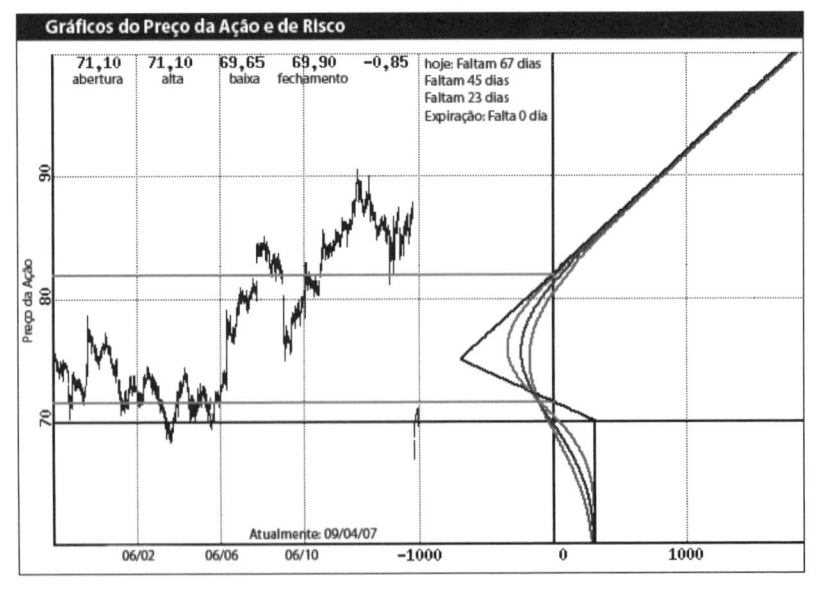

FIGURA 15-11: Gráfico de risco para ratio call backspread 70-75.

Imagem da Optionetics

A gestão do risco é um aspecto importante de todas as negociações, inclusive aquelas com risco limitado. Sempre tenha um plano de saída. Nesse caso, ele deve incluir comprar de volta o leg vendido de uma compra de volatilidade quando você quer evitar ser exercido.

Então, como tudo aconteceu? Desde o momento em que a posição foi estabelecida até o último dia de negociação antes do vencimento, a ação pouco se moveu, ou seja, ela fechou em US$70,65. As opções vendidas estavam US$0,65 dentro do dinheiro (ITM) e foram compradas de volta por US$0,65 (US$130), para evitar ser exercido no fim de semana. Essas condições estão longe de ser ideais para a estratégia, mas você acaba ficando com US$180 [US$310 – US$130]. Sempre que uma estratégia da opção o faz ganhar dinheiro, você se saiu bem.

Essa negociação é um exemplo perfeito de como o trading de opções requer uma mudança de percepção, uma reprogramação do cérebro. Nessa situação, a negociação não foi perfeita, mas boa o bastante para ganhar dinheiro. Foi melhor ver uma negociação em que as condições não eram ideais, as coisas não saíram como o esperado, mas você ainda teve ganhos. É incrível não estar certo e ainda ganhar dinheiro devido a uma negociação bem planejada que era, em primeiro lugar, sobre uma gestão de risco e, em segundo, o tamanho dos lucros (veja o final deste capítulo para ter sugestões sobre como criar ratio call backspreads com as melhores chances de sucesso).

Analisando o risco da ratio put backspread

Ao avaliar uma ratio put backspread, procure uma assimetria de preço para a frente na VI, para que a put com preço de exercício maior (sendo vendida) tenha a VI mais alta. Você compra uma maior quantidade de preços de exercício mais baixo, puts com VI menor, sendo ideal para um crédito.

Suas perdas são maiores com uma ratio put backspread quando um movimento moderadamente baixista ocorre e a ação subjacente fecha no preço de exercício da long put no vencimento. Nesse nível, as long puts vencem sem valor, ao passo que as short têm uma perda máxima.

CUIDADO

Diga exatamente o que você quer ao colocar suas ordens. Se colocar uma ordem de compra de volatilidade na corretora, mantenha a ordem o mais simples possível especificando as opções compradas e vendidas junto com o número de contratos para cada uma. Evite muitos atalhos de terminologia que poderiam resultar em colocar o tipo errado de venda de volatilidade.

DICA

Ao usar um home broker, leia a ordem com cuidado antes de pressionar o botão Executar.

A negociação é melhor quando ocorre um movimento descendente explosivo, aumentando o moneyness da long put e a VI. Como as long puts têm um potencial de lucro limitado, mas alto, uma ratio put backspread também tem um possível lucro limitado, mas alto.

O crédito inicial para uma ratio put backspread é:

[(Nº de Short Puts × Preço da Short Put) − (Nº de Long Puts × Preço da Long Put)] × 100

A combinação pode resultar em um débito líquido, em vez de um crédito.

Seu risco máximo ocorre quando o ativo vence no preço de exercício da long put e é calculado assim:

[(Nº de Short Puts × Diferença nos Preços de Exercício) × 100] − Crédito Inicial (ou + Débito Inicial)

Seu retorno máximo é limitado, mas alto, ao movimento descendente, porque a ação subjacente pode cair apenas até zero.

As compras de volatilidade têm valores de equilíbrio superior e inferior.

PAPO DE ESPECIALISTA

Não há nenhum equilíbrio ascendente se a negociação é estabelecida para um débito e dois equilíbrios quando criada para um crédito. O equilíbrio ascendente é calculado como:

Preço de Exercício Maior + (Preços Líquidos da Opção* ÷ Nº de Short Puts)

É um valor negativo se há um crédito.

No caso de a posição ser criada para um crédito, o equilíbrio descendente é calculado como:

Preço de Exercício Menor − [(Diferença nos Exercícios × Nº de Short Puts) ÷ (Nº de Long Puts − Nº de Short Puts)] − Preços Líquidos da Opção*

É um valor negativo se há um crédito.

Os requisitos de margem são colocados por sua corretora; entre em contato para saber sobre as particularidades *antes de fazer qualquer negociação!*

Desta vez, ao rastrear a VI, você encontra uma assimetria menor de preço para a frente para uma ação com notícias aguardadas que poderiam ser baixistas. A ação é de uma empresa que está no negócio de corretagem e negocia em US$73,85. Há uma assimetria moderada entre as puts do preço de exercício 75 e 65. Como a ação é volátil, você vê a ratio put backspread de prazo menor no caso de a ação ficar mais alta. Considere a seguinte negociação:

Comprar 2 XYZ 65 Puts @ US$2,75 e Vender 1 Put XYZ 75 Puts @ US$7,20 cada

A posição combinada traz um crédito de US$170, [(1 × 7,20) − (2 × 2,75)] × 100.

PAPO DE ESPECIALISTA

Quando você encontrar assimetrias da volatilidade, identifique as estratégias que podem ser implementadas para aproveitar essa assimetria.

Seu risco máximo ocorre quando a ação vence em 65. Esse risco máximo é:

[(N° de Short Puts × Diferença nos Preços de Exercício) × 100] − Crédito Inicial (ou + Débito Inicial)

[(1 × 10) × 100] − US$170 = US$830

Seu retorno máximo ocorre se ação chega a zero. Você pode calcular esse retorno máximo dividindo a posição em um spread de crédito put e uma long put, supondo que a ação chega a zero:

Spread: [(7,20 − 2,75)] − [(75 − 65)] × 100 = (US$555)

Put: [(65 − 0) − 2,75] × 100 = US$6.225

Ganho de Put − Perda do Spread = US$6.225 − 555 = US$5.670

Existem dois equilíbrios quando criados para um crédito. O equilíbrio ascendente é calculado assim:

Preço de Exercício Maior + (Preços Líquidos da Opção* ÷ N° de Short Puts)

75 − (1,70/1) = 73,30

É um valor negativo se há um crédito.

Cálculo do equilíbrio descendente:

Preço de Exercício Menor − [(Diferença nos Exercícios × N° de Short Puts) ÷ (N° de Long Puts − N° de Short Puts)] − Preços Líquidos da Opção*

65 − [(10 × 1) ÷ (2 − 1)] + 1,70 = 56,70

É um valor negativo se há um crédito.

LEMBRE-SE

Sempre considere os requisitos de margem necessários para implementar uma negociação.

Como a ação já é negociada acima do equilíbrio ascendente e o retorno para o risco é razoável, uma posição é estabelecida. Você permitirá que a negociação vença se a ação continuar a subir e sairá um mês antes do vencimento se ocorreu um movimento descendente.

A Figura 15-12 mostra o gráfico de risco da ratio put backspread da XYZ.

CAPÍTULO 15 Volatilidade Mostrando Oportunidades de Trading

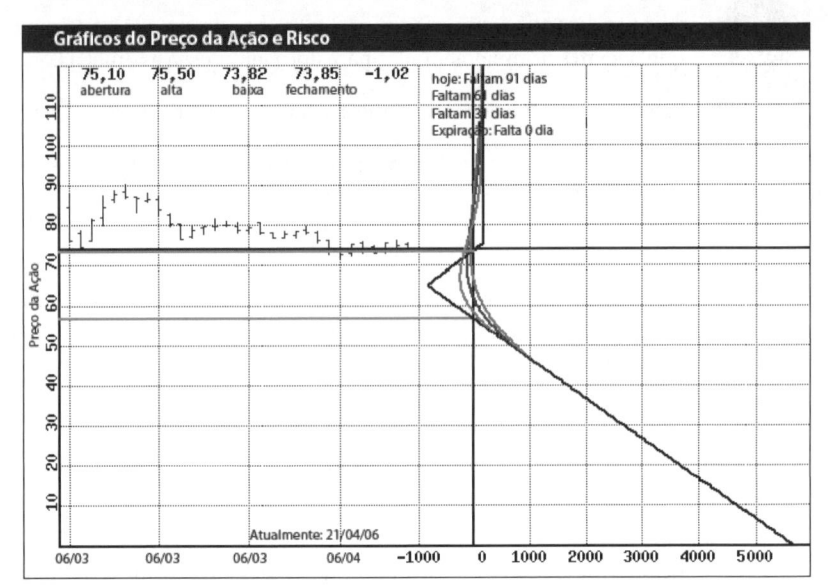

FIGURA 15-12:
Gráfico de risco da ratio put backspread 75-65.

Imagem da Optionetics

DICA

Não se torture. Prepare-se para quando as coisas derem errado. Reconheça que todas as negociações não se desenrolam como manda o figurino; gerencie seu risco para ganhar experiência e lidar com as diferentes negociações de modo mais eficiente.

A ação estava quase no pico quando a negociação foi colocada. Cerca de três semanas antes da data de saída, a ação cai e sobe de volta. Em sua data de saída planejada, a ação atingiu uma baixa de novo e está subindo. É possível que tenha se formado um fundo duplo. Não importa, essa é sua data de saída planejada.

A ação foi negociada a US$55,08 quando você saiu da ratio put backspread. As duas opções estavam dentro do dinheiro, as opções vendidas foram compradas de volta a US$20,20 (US$2.020), e as opções compradas foram vendidas por US$10,70 (US$2.140), com um lucro extra de US$120. O ganho da posição foi de US$290, porque ela foi estabelecida inicialmente para um crédito.

Pode ser difícil encontrar compras de volatilidade para um crédito, mas entendendo as condições da VI que são ideais para esses tipos de negociações, você tem muito mais chance de localizar os créditos. Se você estabelecer a posição para um débito, tente mantê-lo o mais baixo possível.

CUIDADO

A opção mais difícil de gerenciar no vencimento é um leg de opção vendida um pouco fora do dinheiro, coberto por outra opção que vence. Se a opção vendida for ATM ou mesmo um pouco OTM enquanto sua opção comprada é OTM, você pode ter a opção vendida exercida após a opção comprada ter vencido. Sempre gerencie seu risco lidando ativamente com o exercício o máximo possível.

Identificando as melhores condições para as compras de volatilidade

As vendas e as compras de volatilidade contam com as assimetrias do preço da volatilidade para ter os melhores resultados. Embora as compras de volatilidade sejam claramente a estratégia preferida, pois você tem retornos ilimitados a altos versus risco ilimitado a alto para a venda da volatilidade, o cenário da ação subjacente basicamente determina qual estratégia é razoável.

LEMBRE-SE As assimetrias de preço oferecem oportunidades de compra de volatilidade, ao passo que as assimetrias temporais fornecem oportunidades de calendar spread.

Ratio call backspread ao trabalho

Uma ratio call backspread combina uma short call e exercício menor com um número maior de long calls e exercício maior que vencem no mesmo mês. O risco da posição é limitado, mas o ganho em potencial é ilimitado.

Ao buscar uma posição da ratio call backspread, procure as seguintes condições do mercado:

» Uma assimetria de preço para trás na VI para que as short calls com exercício menor tenham uma VI maior que as long calls de exercício maior.

» Condições altistas para a ação subjacente, com o potencial de um movimento ascendente explosivo (como o que acontece na divulgação de um relatório muito favorável).

» Um possível aumento na VI para ambas as posições.

Veja algumas outras dicas para ajudar a implementar com sucesso uma ratio call backspread ao notar a existência das condições anteriormente citadas:

» Mesmo que a negociação possa ser criada para um crédito, ocorrem perdas quando há um movimento limitado na ação. Para não se prejudicar muito, seja disciplinado e se prepare para o pior. Identifique uma quantidade máxima de stop loss para a posição combinada e saia da posição se ela for atingida, custe o que custar.

» Mantenha as razões usadas em múltiplos de 1:2 ou 2:3, no máximo. Calcule o delta líquido para determinar qual razão minimiza melhor a tendência direcional da posição.

> » Procure um crédito inicial. Se você cria a negociação para um débito, mantenha esse débito o mais baixo possível.
>
> » Consiga tempo. Quando possível, use opções com noventa dias até o vencimento, para permitir tempo para a ação continuar o movimento ascendente.
>
> » Foque as ações com valor entre US$25 e US$75 por cota, porque provavelmente elas terão opções líquidas e serão mais fáceis de negociar.
>
> » Sempre pense em como você se pagará. Considere sair de um número igual de calls compradas e vendidas quando a posição tem 50% de lucro acima do equilíbrio superior. Isso permite ter lucro, deixando uma ou mais long calls para lucros adicionais.
>
> » Sempre deixe a porta aberta. Saia da posição com trinta dias até o vencimento quando a desvalorização temporal impacta negativamente as long calls; seja muito cuidadoso quando a ação é negociada entre dois preços de exercício de call, a área de preço que representa a área de risco máximo.
>
> » Evite ser exercido. Nunca mantenha uma opção vendida ITM, ATM ou ligeiramente OTM no fim de semana de vencimento. Gerencie o risco de exercício comprando de volta a opção vendida para cobrir a posição.

A paciência compensa. Implementar com sucesso uma estratégia de ratio call backspread requer tempo para encontrar as devidas condições do mercado e identificar as opções que funcionam melhor, sendo perfeitamente adequado fazer uma simulação, aprimorando suas habilidades. Você verá que o tempo investido vale muito a pena.

LEMBRE-SE Sempre resolva os problemas de qualquer estratégia antes de arriscar em tempo real. A simulação é uma ótima maneira de experimentar diferentes dinâmicas da estratégia.

Tirando o máximo do ratio put backspread

Uma ratio put backspread combina uma short put de exercício mais alto com um número maior de long puts e exercício menor que vencem no mesmo mês. O risco da posição é limitado, ao passo que o ganho em potencial é limitado, mas alto.

Ao buscar uma posição de ratio put backspread, procure as seguintes condições do mercado:

> » Uma assimetria de preço para a frente na VI para que as short puts de exercício maior tenham uma VI maior que as long puts de exercício menor; em geral, as condições de VI baixa ajudarão.

- Condições baixistas para a ação subjacente, com o potencial de um movimento descendente explosivo (como pode acontecer na divulgação de um relatório desfavorável).
- Um possível aumento na VI para ambas as posições.

> **CUIDADO** Espere o inesperado. Nunca pressuponha que uma opção OTM vendida vencerá sem valor. Sempre monitore as condições durante o fim de semana de vencimento para confirmar se você não foi exercido em uma opção vendida.

Ao notar a existência das condições anteriores, veja algumas outras dicas para ajudar a implementar com êxito uma ratio put backspread:

- Mesmo que a negociação possa ser criada para um crédito, ocorrem perdas quando há um movimento limitado na ação. Identifique uma quantidade máxima de stop e saia da posição se ela foi atingida.
- Mantenha as razões usadas em múltiplos de 1:2 ou 2:3, no máximo. Calcule o delta líquido para determinar qual razão minimiza melhor a tendência direcional da posição.
- Busque um crédito inicial. Se você cria a negociação para um débito, mantenha-o o menor possível.
- Quando possível, use opções com noventa dias até o vencimento, para ter tempo de a ação continuar o movimento descendente.
- Simule a estratégia para aprimorar suas habilidades de seleção da negociação e entenda como as mudanças no ativo impactam o valor da posição durante sua vida.
- Considere sair de um número igual de puts compradas e vendidas quando a posição tem 50% de lucro abaixo do equilíbrio inferior. Isso permite ter lucro, deixando uma ou mais long puts para lucros adicionais.
- Saia da posição com trinta dias até o vencimento quando a desvalorização temporal impacta negativamente as long puts; seja muito cuidadoso quando a ação é negociada entre os dois preços de exercício de put, a área de preço que representa a área de risco máximo.
- Nunca mantenha uma opção vendida ITM, ATM ou ligeiramente OTM no fim de semana de vencimento. Gerencie o risco de ser exercido comprando de volta a opção vendida para cobrir a posição.

De novo, implementar com sucesso uma estratégia de ratio put backspread requer tempo e prática. Se não fosse necessário algum esforço, todos estariam fazendo isso.

NESTE CAPÍTULO

» Aumentando os retornos atuais

» Negociando em mercados laterais

» Entendendo o impacto do spread

Capítulo **16**

Lucrando nos Mercados Laterais

Qualquer pessoa que tenha observado os mercados, mesmo sem compromisso, sabe que as médias maiores, os setores e títulos individuais exibem graus variáveis de condições com tendência (ascendente ou descendente) e sem tendência (lateral). Para o trader convencional de ação ou ETF, esses períodos do mercado sem tendência são difíceis de lidar, sobretudo se você usa tais mercados como parte de sua receita geral. Este capítulo é sobre reprogramar seu cérebro com conhecimento para ganhar dinheiro mesmo quando o mercado não sai do lugar.

As estratégias de opção são diferentes das ações diretas ou da negociação do ETF, pois permitem ter lucro quando os mercados são laterais. Usando opções, você pode ter retornos adicionais nas posições existentes ou negociar nos mercados com risco limitado. Borboleta e Condor comprados são duas estratégias apresentadas aqui. Embora sejam complexas, são ideais para os mercados laterais, porque podem produzir receita ou ganhos moderados quando você gerencia a posição, limitando, ainda, o risco. Assim, como trader, você deve responder a duas perguntas durante os mercados laterais: quero ter chances limitadas, na maioria dos casos, para ter retornos limitados que podem ser melhores do que consigo apenas aguardando? Ou minha melhor estratégia é sentar e esperar que o mercado escolha uma direção, então usar estratégias de tendência? Se sua resposta é "sim" para a primeira pergunta, essas estratégias são a sua cara. Se você prefere a segunda pergunta, recomendo ler este capítulo, pois ele pode mudar sua opinião e lhe dar algo para usar nas estratégias de trading em geral.

Posições Vencedoras nos Mercados Laterais

Quando os mercados ficam laterais, há três escolhas:

» Lidar com retornos estagnados nas posições existentes.
» Achar ganhos com novas posições.
» Ficar longe de toda negociação — boa sorte neste ponto.

Um mercado sem tendência pode ser como um antigo método de tortura lenta, em que cada momento seguinte é pior que o anterior. Quando o movimento lateral persiste, você acaba imaginando se deve fechar as posições atuais e se perderá ganhos ou terá perdas quando as coisas se movimentarem de novo (para cima ou para baixo). Mas não é preciso passar por essa tortura. A verdade é que, mesmo que o mercado passe um tempo nesse modo lateral, ainda é possível negociar opções com lucro usando as estratégias certas das opções. Na verdade, um mercado lateral é uma tendência facultativa, ou seja, outro desafio, embora requeira um conjunto especial de técnicas de negociação. Com isso em mente, vejamos primeiro o gerenciamento da posição quando o mercado fica na faixa de negociação lateral.

Gerenciando as posições existentes

Você já sabe que long calls permitem ter ganhos com movimentos altistas, ao passo que long puts permitem ter ganhos com os baixistas. O que muitos não percebem é que, quando os mercados têm movimentos laterais, é possível ter ganho combinando as posições. Por sorte, agora você está à vontade com as posições combinadas, porque há muitas diferentes disponíveis. Como ponto de partida, você pode adicionar opções à ação existente ou aos ETFs para aumentar os retornos quando os mercados parecem estar sem direção. Talvez o principal a considerar seja que essas estratégias servem para ter a melhor chance de sucesso nos mercados laterais. Assim, parte de sua estratégia de gerenciamento deve ser procurar mudanças em potencial para cima ou para baixo nas tendências laterais e gerenciar a posição de acordo.

LEMBRE-SE: Como regra geral para iniciar novas posições, você deve vender o prêmio quando a volatilidade implícita (VI) é relativamente alta e comprá-lo quando é relativamente baixa.

Ganhos laterais: Estudo de caso XYZ e comparação com um exemplo histórico real usando a Dell

Este exemplo apresenta a empresa imaginária XYZ Technology e é documentado com um exemplo histórico usando ações da Dell durante seu período negociado publicamente. Suponha que estamos no final de 2016 e você compra ações da XYZ Technology por US$24 porque o rally da tecnologia está começando a aumentar. Essa recuperação no setor aconteceu após uma longa queda, e sua análise mostrou que a XYZ era líder em sua área. Você identifica US$22 como seu ponto de saída stop loss, representando uma queda de 8,3%.

Após um movimento ascendente no preço, a XYZ parou um pouco. Você reavalia alguns indicadores técnicos preferidos sob tais condições e decide que o cenário de prazo mais longo da XYZ permanece altista. Em vez de deixar o ativo-objeto parado, você avalia uma estratégia de call coberta para aumentar seus retornos.

Em março de 2017, a XYZ é negociada a US$26,50, cerca de 10% a mais em relação ao ponto onde a comprou. Você nota que a volatilidade histórica (VH) e a volatilidade implícita (VI) são relativamente baixas para a ação, comparando com os últimos doze meses, portanto, monitora as condições para ver se a VI ganha força. Também observa que o próximo relatório de lucros trimestral da XYZ é previsto para meados de maio.

PAPO DE ESPECIALISTA: *Leg* é o termo usado para descrever cada título individual em uma posição combinada.

LEMBRE-SE: Vender uma call em oposição a uma posição de ação comprada não a protege; diminui moderadamente o risco reduzindo seus custos líquidos.

Como prefere manter as ações de XYZ, você recompra duas calls ITM (dentro do dinheiro) com um preço de exercício 25. Também nota que o relatório de lucros de maio é previsto para um dia antes do vencimento no mesmo mês e decide aguardar até chegar mais perto dessa data e capturar um aumento da VI para as opções que vencem em maio. Em vez das opções em maio, você foca as calls no preço de exercício Abr 27,50 e 30, que vencem em 19 de abril.

Após capturar o movimento de preço lateral desenhando um canal de regressão linear da data de compra da ação até a data atual, você estende as linhas do canal para a direita para monitorar as mudanças de preço (veja o Capítulo 6 para obter mais informações sobre movimentos de preço e projeções usando essa ferramenta técnica).

Vender Abr 30 mal cobrirá os custos após a comissão, portanto, você vende a call Abr 27,50 por US$0,70. Observe que há 39% de chance de que as ações serão compradas usando as suposições do modelo de precificação (delta = 39,1). Note também que a tendência direcional ascendente para a posição foi reduzida de +100 para +60,9.

PAPO DE ESPECIALISTA

Os níveis do volume dão dicas sobre a direção de um rompimento em relação a um padrão de consolidação, assim como sua chance de sucesso. O volume deve aumentar com o rompimento. Adicionar uma linha de média móvel aos dados do volume ajuda na abordagem.

A XYZ foi negociada em um intervalo de US$27,13 a US$27,70 na sexta-feira antes do vencimento, fechando em US$27,34. Você manteve as ações. Após o vencimento em abril, observe o seguinte:

- Seus indicadores continuam altistas de longo prazo para XYZ, ao passo que a visualização de curto prazo continua plana.

- Os níveis da VI são relativamente baixos e provavelmente aumentarão conforme você se aproxima do relatório de lucros trimestral.

- Como o relatório de lucros está próximo do vencimento, você venderá a call de maio quando a VI aumentar e rolará essa opção para junho após os lucros serem divulgados. Isso pressupõe que XYZ permanece em seu canal lateral e você continua altista de longo prazo na ação.

LEMBRE-SE

Use essa ferramenta se for um investidor visual ou verifique sua análise da VI. Bandas de Bollinger são criadas acima e abaixo da média móvel simples usando um cálculo de desvio-padrão. Como resultado, a expansão e a contração das bandas coincidem com a expansão e a contração da volatilidade. Veja o Capítulo 6 para saber mais sobre essas bandas. Se estiver realmente interessado, verifique o livro *Market Timing For Dummies* (sem publicação no Brasil), no qual as bandas de Bollinger são muito usadas como uma ferramenta de negociação para indicar os períodos de mudanças em potencial na tendência.

A XYZ desce para sua banda de Bollinger inferior perto do final de abril, mas permanece bem dentro do canal lateral. Então, volta para sua média móvel simples (SMA) de 20 dias com um aumento na VI alguns dias depois. Mais uma vez, é negociada perto de US$26,50, e você avalia as calls de exercício Mai 27,50 e 30.

LEMBRE-SE

Mesmo que seja possível ter lucros adicionais vendendo calls em oposição a uma posição de ação existente, isso não significa que você deve continuar nessa posição. Considere seu cenário de curto e longo prazos maiores para o título antes de decidir compensar o custo da posição vendendo calls em oposição a ele.

A base de custo para XYZ agora é US$23,30, pois as calls cobertas que foram vendidas por US$0,70 venceram sem valor. Embora a VI tenha aumentado para a call Abr 27,50, a desvalorização temporal teve um impacto maior nos prêmios da opção. Você decide vender a call de exercício Mai 27,50 por US$0,55.

CUIDADO

Não venda calls contra uma posição da qual você não deseja repartir. Embora uma ação pareça passar longos períodos na lateral, ela pode disparar para cima a qualquer momento.

Quatro dias depois de a call ser vendida, XYZ cai rápido em uma linha do canal de regressão inferior, mas permanece acima de seu preço de saída stop loss. A ação mais uma vez se recupera, mas você percebe que existem bandas de Bollinger maiores e barras de preço diárias mais longas, indicando que as condições estão ficando mais voláteis.

As expectativas são altistas sobre os lucros do dia que serão divulgados (após o fechamento) e XYZ sobe para US$27,85. O relatório é bom, e a ação abre US$0,42 adicionais, com o movimento continuando dentro das linhas do canal. Você rola a call de maio até junho e também a aumenta de 27,50 para 30, para minimizar o risco de ser exercido em uma posição com probabilidade de alta em prazo mais longo.

A VI para a call Mai 27,50 subiu em disparada com um dia faltando para vencer, resultando em uma perda de US$0,30 para a call Abr 27,50. A base de custo da posição sobe para US$23,60. As opções de junho não fazem o mesmo pico na VI. Você registra isso em sua mente para a próxima vez. Como resultado de vender a call de junho, sua base de custo cai para US$22,90.

As condições pioram, e XYZ fecha a 23,98 na sexta-feira do fim de semana de vencimento em junho. Você permite que a opção de call no preço de exercício Jun 30 vence sem valor e decide reavaliar a posição da ação durante o fim de semana. A tendência de curto prazo é descendente, e em um prazo mais longo, parece que surgiu um cenário mais baixista. Você escolhe vender a ação na abertura da segunda-feira, em vez de proteger a posição com collar (long put, short call).

A Figura 16-1 mostra o gráfico de barras diário para Dell, Inc., um exemplo de negociação que combina bem com o exemplo de negociação teórico de XYZ que acabamos de descrever. O gráfico mostra um canal de regressão com base em quase cinco meses de negociação. As linhas verticais indicam os dias de entrada e saída da ação, além dos dias de transação da short call. São incluídos dados do volume com uma média móvel de vinte dias e o indicador de movimento direcional.

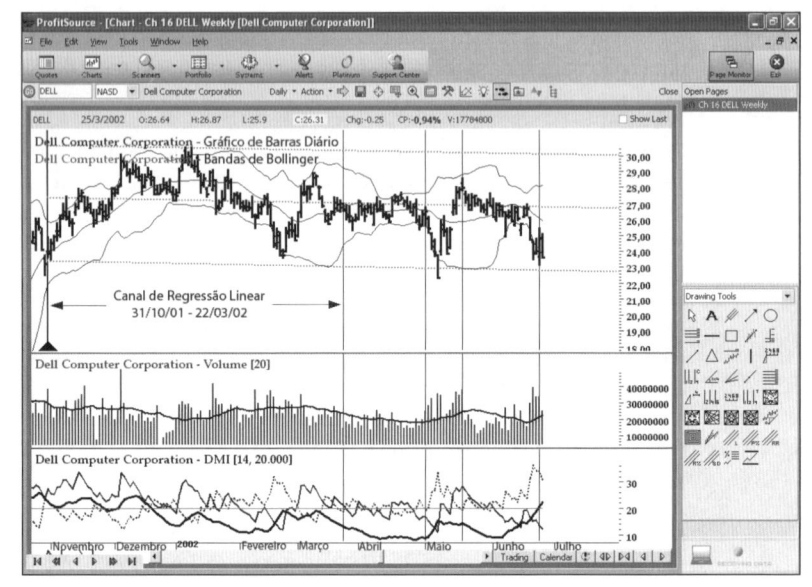

FIGURA 16-1: Gráfico de preços diário para Dell com canal de regressão.

Imagem da Optionetics

A XYZ foi vendida por US$23,68, para um ganho líquido de US$0,78 por cota, quando as posições de short call foram incluídas. Esses resultados não incluem as comissões, que teriam adicionado cerca de US$0,60 para um trader ativo (comissões de opção e ação). Embora certamente seja importante, compare isso com uma perda líquida, inclusive das comissões da ação (aproximadamente US$0,52 por ação), caso a ação tenha se mantido até este momento. Esses valores se traduzem em um ganho de 0,8% para a abordagem de call coberta versus uma perda de 2,2% ao buy and hold.

DICA Quando uma ação se consolida e sua volatilidade diminui, a VI das opções da ação provavelmente também diminui. Isso cria um ambiente não ideal para as estratégias de call coberta, porque os prêmios diminuem. Não importa, a estratégia ainda pode ser implementada com lucro.

Comentários sobre a estratégia

Pressupondo, para ilustrar, que XYZ espelhou a ação na Dell como mostra o gráfico, ela teria tido mais um fechamento diário abaixo da linha do canal de regressão inferior e alguns fechamentos acima do canal de regressão superior posteriormente em seu histórico de trading, antes de finalmente romper acima do padrão de consolidação lateral em maio. O preço permaneceu em toda a faixa do canal, exceto em alguns dias nos dezoito meses.

Consultando o gráfico da Dell na Figura 16-1, a estratégia de call coberta poderia ter continuado para ter lucros nesse período. Se a ação fosse exercida durante o rompimento de maio, poderia ser comprada de novo mais tarde no mês, quando a Dell retornou para testar a linha do canal superior, que agora serve como suporte.

CUIDADO: Não coloque uma ordem de stop loss permanente para a ação subjacente usada em uma estratégia de call coberta. No caso de a stop ser disparada, você ficará com uma call vendida e descoberta, que é uma posição de risco ilimitado.

Ao examinar esse estudo de caso, considere os seguintes pontos importantes:

» A short call é uma estratégia de rendimento. Ela não protege a posição da ação; em geral, reduzirá apenas a base de custo, diminuindo moderadamente o risco.

» Você ainda precisa gerenciar seu risco identificando o nível de saída de stop loss, mesmo que isso signifique comprar de volta uma opção de short call para sair da ação.

» Em geral, a VH e a VI diminuem quando uma ação está em uma faixa de negociação e a largura entre as bandas de Bollinger superior e inferior estreitam.

» Os relatórios de lucros e outras notícias relacionadas à empresa e à economia podem impactar muito a VI, mesmo quando o preço basicamente se move na lateral.

» Você deve considerar sua visão de prazo mais longo para a posição da ação comprada porque há uma possibilidade de perdas limitadas, mas altas, em tal estratégia (short call).

» Uma abordagem alternativa é comprar uma put de longo prazo enquanto calls são vendidas todos os meses para proteger a queda.

» As short calls que fecham ITM podem ser estendidas em um mês e até um preço de exercício maior para ter um ganho modesto quando a ação sobe.

» As comissões podem impactar muito os resultados da negociação.

» Outros custos da negociação, como impostos, precisam ser considerados ao implementar essa ou qualquer estratégia de negociação.

» As regras de negociação baseadas nas saídas de stop loss e rompimentos do canal de regressão ajudam a implementar com sucesso uma estratégia ao gerenciar o risco.

» A simulação mostra os problemas que surgem ao implementar uma nova estratégia, como o impacto do preço da VI versus tempo.

» Quando ocorre um rompimento a partir de uma consolidação de prazo mais longo, é comum que a ação retorne para testar o padrão.

Não abandone uma estratégia sem mantê-la na tela de radar por um tempo. Se você sai ou uma posição foi exercida ao implementar uma estratégia de call coberta durante uma consolidação, uma volta ao mesmo padrão de trading pelo ativo-objeto pode fornecer outra oportunidade para estabelecer uma nova posição direcional na ação.

LEMBRE-SE

Um contrato LEAPS (título antecipado de longo prazo) é uma opção de longo prazo disponível para certos índices subjacentes, ETFs e ações. Em geral, os contratos LEAPS têm mais de nove meses a dois anos e meio até o vencimento e se tornam opções normais após esse tempo diminuir.

Ao vender calls em uma ação comprada ou posição ETF, você aumenta os modos como a ação pode se mover, permitindo ainda ter ganhos. Você também limita seus potenciais de ganho se ocorre um movimento ascendente explosivo. É apenas uma troca de estratégia que precisa ser pensada ao considerar diferentes abordagens de negociação.

Estratégias da opção para movimentos laterais

A estratégia de call coberta é apenas uma que pode gerar ganhos durante os períodos de negociação laterais. Como mencionado na seção anterior, é possível proteger a posição da ação com uma opção de put de prazo mais longo, então vender calls todo mês até ocorrer um rompimento ou o vencimento da long put nos próximos meses.

Além das posições combinadas da ação e da opção, você pode estender o mesmo conceito às posições combinadas da opção usando um contrato LEAPS, em vez do leg da ação. Essa abordagem costuma reduzir o risco diminuindo o custo geral da posição, pois não é preciso comprar cem cotas da ação.

LEMBRE-SE: Defina bem suas prioridades. A gestão do risco ocorre antes do rendimento. Se sua análise sugere que o movimento lateral prolongado para um título que você mantém pode estabelecer um cenário mais baixista para a ação, saia da posição ou proteja-a com puts.

O que considerar nas combinações de opções

Uma vantagem que as opções costumam ter em comparação com as ações individuais e os ETFs que servem como o ativo subjacente é que elas normalmente requerem um montante menor de dinheiro como investimento, comparando com 50-100 ações do lote padrão. O resultado final é a redução do risco de perda. A compensação é que o ativo inteiro pode vencer sem valor. Ocorre o mesmo na negociação, ou seja, há uma série de coisas a considerar para cada tipo de ativo que você decide usar. É por isso que gerenciar seu risco deve ser a maior prioridade. O único título considerado sem risco é um título do governo, que é mais conceitual do que era no passado, dados os altos *deficits* e a volatilidade política que provavelmente permaneceram nos anos seguintes (nos EUA).

DICA: Quando uma ação tem movimento lateral por um período de tempo, é referida como estando em uma fase de *consolidação*. Quanto maior a consolidação, maior a chance de um forte movimento direcional se afastar dessa consolidação. A direção do movimento em potencial costuma ser a única questão aberta.

Em vez de uma carteira de ações individuais ou ETFs, você pode manter contratos LEAPS para diferentes setores ou ações. Uma estratégia de call coberta também pode ser implementada usando-se a opção LEAPS como o ativo de movimento lateral a partir do qual sua receita aumenta. É preciso considerar algumas coisas ao seguir essa rota:

» Usar um contrato LEAPS como um ativo o sujeitará aos requisitos de margem, porque a posição representa tecnicamente um spread, não uma posição de call coberta pura.

» As estratégias de spread requerem um nível diferente de aprovação da opção por parte do seu corretor; você pode ou não conseguir acessar essas estratégias dependendo do tipo de conta (por exemplo, contas de aposentadoria individual nos EUA).

» Como os LEAPS também estão sujeitos aos mesmos fatores de precificação de um contrato de opção normal, as condições da VI que são boas para vender calls não são necessariamente ideais para comprar LEAPS. A estratégia pode funcionar melhor em uma posição existente.

» A VI é uma faca de dois gumes e pode resultar em condições em que é melhor vender seu contrato LEAPS, que pode ter caído menos que o ativo subjacente em si.

Além de uma estratégia LEAPS, uma receita adicional pode ser gerada a partir de uma estratégia calendar usando apenas uma long call existente. Nesse caso, as calls de prazo menor são vendidas em oposição a uma long call para o mesmo subjacente. O risco é um pouco reduzido, diminuindo seu investimento líquido na posição, e as mesmas considerações se aplicam para as listadas em uma abordagem LEAPS de short call.

O termo da opção *rolagem* (roll out) se refere ao processo em que uma posição da opção existente é fechada com uma transação de compensação e uma nova posição parecida é criada para um mês de vencimento posterior.

Pequena lista de estratégias

Algumas estratégias explicadas neste livro podem fornecer ganhos durante os mercados laterais, reduzir moderadamente o risco ou ambos. Considere:

- Ação comprada — call coberta (posição com risco limitado, mas alto).
- Trava de crédito call (um pouco fora do dinheiro ou OTM).
- Trava de crédito put (um pouco OTM).
- Calendar de call.
- Calendar de put.
- Ratio call spread (posição de risco ilimitado).
- Ratio put spread (posição de risco limitado, mas alto).

Veja a seguir duas estratégias de risco limitado planejadas especificamente para aproveitar a ação do mercado lateral: borboleta e condor. Veja também o Capítulo 12 para comparar essas estratégias com a estratégia neutra mais básica: o calendar spread.

Entendendo as Posições Borboleta

Comprar uma *borboleta (butterfly)* é uma estratégia especificamente planejada para ganhar quando uma ação ou um ETF é negociado lateralmente. Algumas características da estratégia incluem:

- Risco e retorno limitados.
- Pode ser criada usando-se exclusivamente calls ou puts.
- Combina dois vertical spreads.
- Tem um prazo menor por padrão.

> Costuma ser criada para um débito quando você compra uma borboleta comprada.

> Maximiza os ganhos quando o título subjacente fica dentro de uma faixa de negociação ditada pelos preços de exercício da opção.

Uma variação da borboleta básica é a *borboleta de ferro*, que combina calls e puts. Vendendo uma variação da borboleta, o condor de ferro geralmente cria um crédito com a desvalorização temporal sendo a seu favor.

PAPO DE ESPECIALISTA

Um mercado de movimento lateral também pode ser referido como *sem tendência* ou *sem direção*. Uma terminologia mais antiga creditada ao analista técnico veterano Stan Weinstein chamava um mercado lateral de Mercado Estágio 1, com o Estágio 2 sendo um mercado em alta, o Estágio 3 sendo um mercado no topo, e o Estágio 4 sendo um mercado em queda.

Definindo a borboleta

Como a maioria das estratégias neste livro, a borboleta, parecida com óculos de sol baratos e pedrinhas falsas, tem duas variedades:

> Borboleta comprada call.

> Borboleta comprada put.

As duas estratégias combinam spreads (travas) de crédito e débito verticais para aproveitar os movimentos laterais nos mercados. O nome da estratégia (borboleta), vem das três opções usadas para criar a posição:

> **Corpo:** Duas opções vendidas do mesmo tipo.

> **Asa 1:** Uma opção comprada com preço de exercício menor.

> **Asa 2:** Uma opção comprada com preço de exercício maior.

Em geral, os preços de exercício da opção vendida são ATM (no dinheiro) ou quase no dinheiro, com lucros maximizados quando o ativo fecha no vencimento, no preço de exercício da opção vendida. Isso pode variar quando as borboletas são criadas OTM para apostas direcionais.

DICA

Sempre considere mais de uma estratégia como sendo possivelmente adequada para as condições atuais do mercado. Você pode decidir que uma estratégia alternativa é melhor ao reduzir seu risco.

Borboleta call

Uma borboleta comprada call combina uma trava de alta e de baixa com call, usando o mesmo preço de exercício do short leg de cada um. É uma posição de risco e retorno limitados lucrativa durante a negociação de canal lateral para a ação subjacente ou o ETF.

A borboleta é construída criando-se dois spreads:

» Uma trava de alta com call com um preço de exercício da opção vendida quase no dinheiro ou ATM.

» Uma trava de baixa com call com o mesmo preço de exercício da opção vendida da trava de alta.

O risco máximo da posição é o débito inicial, determinado subtraindo-se o crédito da trava de baixa do débito da trava de alta (veja o Capítulo 11 para ter mais informações sobre os vertical spreads).

DICA O melhor modo de pensar em riscos e retornos para uma borboleta é lembrar que ela combina dois vertical spreads.

Os preços de exercício da borboleta comprada call se comparam aos exercícios do spread nos seguintes pontos:

» A long call com preço de exercício menor na trava de alta é a call com o menor preço de exercício na posição borboleta e serve como a primeira asa.

» As duas opções vendidas representam o próximo preço de exercício mais alto e o corpo.

» A última call é o preço de exercício mais alto no grupo e vem da long call na posição da trava de baixa.

Quando as opções vendidas são aproximadamente ATM, os lucros são mais altos se a ação se move muito pouco e fecha no preço de exercício da opção vendida no último dia de negociação antes do vencimento. Nesse nível, três das quatro opções vencem sem valor. A long call com preço menor será ITM em quantidade igual ao butterfly spread.

À medida que o preço se afasta do preço de exercício da opção vendida, os lucros diminuem até os níveis de equilíbrio da posição, onde são iguais a zero. Além desses níveis de preço, o débito inicial é o risco máximo.

LEMBRE-SE

Como uma borboleta combina três opções diferentes, você deve considerar os custos da negociação ao avaliar uma posição específica.

Suponha que seja final de julho e está claro que o mercado finalmente se organizou nas calmarias de férias em Wall Street e Washington D.C. após uma volatilidade inicial na estação. Você está observando o Dow Jones Industrials e nota que o índice Average Directional (ADX) está ficando abaixo de vinte, e as médias móveis simples (SMAs) de vinte e trinta dias são relativamente estáveis. ADX é uma medida da força de uma tendência, não a direção. Na Figura 16-2, é um sinal de aviso de que a tendência de alta está perdendo certa força.

O ETF Diamonds (DIA), baseado no Dow Jones Industrials, é negociado a US$106,48, e você avalia algumas alternativas de borboleta comprada call com calls Agosto 106 servindo como o preço de exercício das opções vendidas (corpo).

A Figura 16-2 mostra o gráfico de preço diário para DIA com ADX e SMAs.

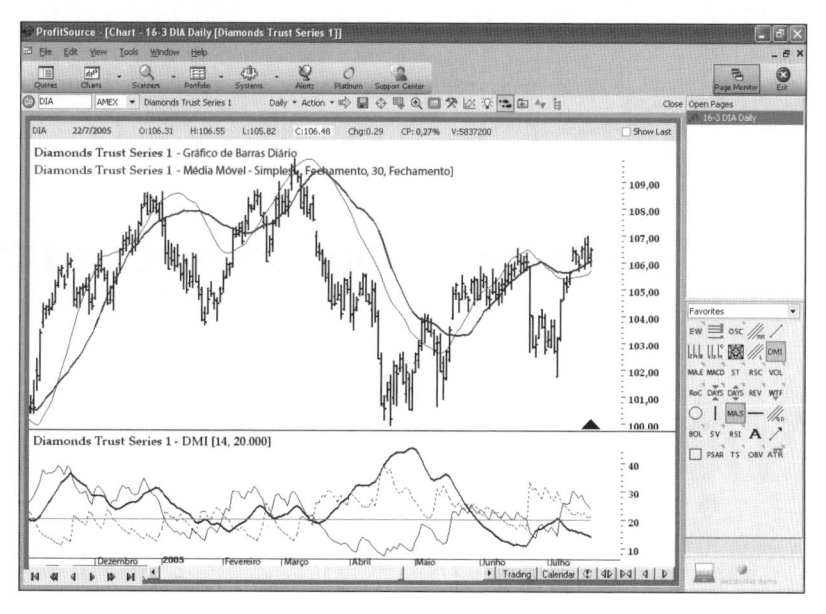

FIGURA 16-2: Gráfico de preço diário para DIA.

Imagem da Optionetics

LEMBRE-SE

Como as borboletas combinam dois vertical spreads, há requisitos de margem para a posição.

Diferentes spreads borboleta DIA são explicados na próxima seção, mas por enquanto, suponha que o call butterfly spread Ago 103-106-109 tenha sido estabelecido. Esse atalho de negociação se traduz em:

- » Long 1 Ago 103 Call @ US$4.
- » Short 2 Ago 106 Calls @ US$1,45.
- » Long 1 Ago 109 Call @ US$0,30.

Calculando o débito líquido dessas opções, obtém-se:

[(Preço da Opção da Asa 1 + Preço da Opção da Asa 2) − (2 × Preço da Opção do Corpo)] × 100

[(4 + 0,30) − (2 × 1,45)] × 100 = US$140

Para lembrar quais opções são compradas e vendidas na estratégia borboleta, imagine uma borboleta com um corpo curto e asas longas.

A Figura 16-3 mostra o gráfico de risco dessa posição borboleta.

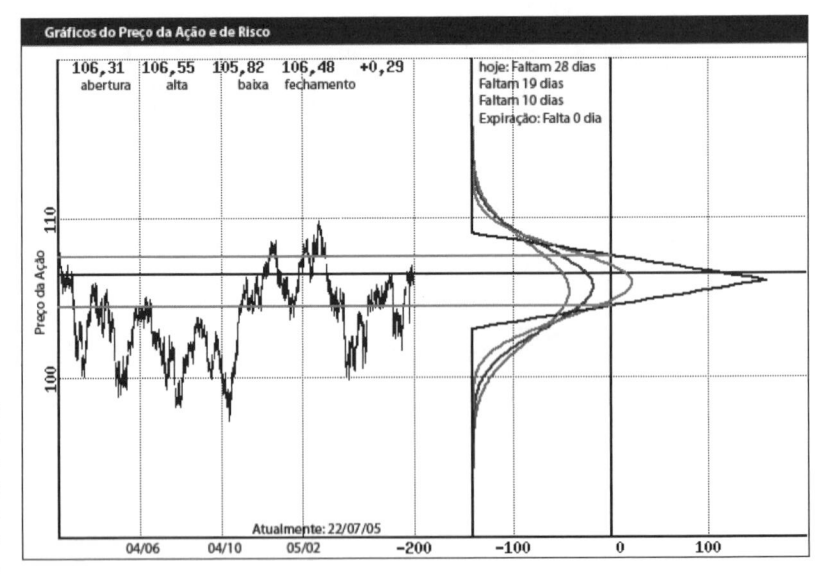

FIGURA 16-3: Gráfico de risco para borboleta call DIA Ago 103-106-109.

Imagem da Optionetics

CUIDADO

Quando o risco máximo é identificado para uma posição com opções vendidas, supõe-se que o risco de exercício será devidamente gerenciado atendendo qualquer obrigação de exercício com as cotas existentes, exercendo uma long call ou fechando qualquer opção vendida que poderia possivelmente ser exercida durante o fim de semana de vencimento.

Como sempre, é preciso conhecer o risco, o retorno e os equilíbrios da posição:

» **Risco máximo:** O débito inicial de US$140 é o risco máximo para a posição borboleta call DIA Ago 103-106-109.

» **Retorno máximo:** Há algumas maneiras de calcular o retorno máximo da posição. Você pode calcular cada spread separadamente (como mostrado) ou usar uma fórmula de borboleta simples (exemplo de borboleta put).

» **Trava de alta com call:**

- [(Diferença Entre Exercícios) – (Preço da Opção Comprada – Preço da Opção Vendida)] × 100.
- [(106 – 103) – (4– 1,45) × 100] = [3 – 2,55 × 100] = US$45.

» **Trava de baixa com call:** Crédito Inicial.

- (US$1,45 – 0,30) × 100 = US$115.

» **Borboleta call:**

- Retorno Máximo da Trava de Alta + Retorno Máximo da Trava de Baixa.
- US$45 + US$115 = US$160.

» **Equilíbrio superior:**

- Preço de Exercício Maior – Débito Inicial.
- 109– 1,40 = US$107,60.

» **Equilíbrio inferior:**

- Preço de Exercício Menor + Débito Inicial.
- 103 + 1,40 = US$104,40.

DICA

As opções que são ligeiramente OTM no último dia de negociação antes do vencimento quase sempre terão algum preço de oferta disponível, permitindo-o comprar de volta a US$0,05 ou menos, mais as comissões para eliminar o risco de exercício.

Conforme o vencimento se aproxima, existem quatro áreas distintas onde a ação pode ser negociada. Se você escolhe vender qualquer leg de opção comprada para ter ganhos ou minimizar as perdas, também compre de volta a opção vendida correspondente. As quatro áreas a considerar são:

» **Ativo abaixo do exercício mais baixo:** Todas as opções vencerão sem valor, tendo perda máxima.

» **Ativo desde o equilíbrio inferior até o preço de exercício vendido:** Feche a trava de alta com call para ter lucros e permita que a trava de baixa com call vença sem valor.

» **Ativo entre o preço de exercício vendido e o equilíbrio superior:** Feche a trava de alta com call mais a short call adicional para ter lucro.

» **Ativo acima do preço de exercício mais alto:** Feche ambos os spreads e tenha perda máxima.

Se uma opção vendida for exercida cedo, use a opção comprada correspondente ou avalie os custos de comprar ações no mercado para cumprir a obrigação (veja a seção "Exercer ou não exercer, eis a questão" no Capítulo 9).

CUIDADO

Não permita que as opções compradas vençam sem valor enquanto você ainda tem risco de exercício da opção vendida. Gerencie devidamente uma posição borboleta no fim de semana de vencimento focando o risco em potencial.

No exemplo DIA dado, o ETF foi negociado a 105,73 no fechamento na sexta-feira antes do vencimento. A trava de alta com call foi fechada por US$255, concluindo as seguintes transações:

> Comprar para Fechar 1 Ago 106 Call @ US$0,05 e Vender Simultaneamente para Fechar 1 Ago 103 Call @ US$2,60

As duas opções que compõem a trava de baixa com call venceram sem valor. Como o débito inicial era de US$140, o ganho da posição foi de US$115 (US$255 – 140).

DICA

Se você tem um cenário levemente altista e neutro, é possível comprar uma borboleta call usando OTM, em vez de um corpo ATM.

Borboleta put

Uma borboleta comprada put combina uma trava de alta e de baixa com put, usando o mesmo preço de exercício do short leg de cada spread. É uma posição com risco e retorno limitados, lucrativa durante a negociação de canal lateral para a ação subjacente ou o ETF.

A borboleta é construída criando-se dois spreads:

» Uma trava de alta com put com um preço de exercício da opção vendida quase no dinheiro ou ATM.

» Uma trava de baixa com put com o mesmo preço de exercício da opção vendida da trava de alta.

O risco máximo da posição é o débito inicial determinado subtraindo-se o crédito da trava de alta com put do débito da trava de baixa com put (veja o Capítulo 11 para ter mais informações sobre os vertical spreads).

LEMBRE-SE

Calcule o delta líquido da borboleta para identificar a tendência direcional da posição.

Como as duas posições focam mercados laterais, o que aconteceria se uma borboleta put fosse usada no lugar de uma borboleta call para o exemplo DIA? Antes de verificar uma borboleta put Ago 103-106-109 para DIA, considere primeiro algumas questões. Lembre-se de que DIA foi negociada a US$106,48 quando a posição foi iniciada e fechou em US$105,73 no vencimento:

» Você esperaria o put butterfly spread ser maior ou menor que o call butterfly spread, supondo os mesmos preços de exercício usados?

» Usando sua primeira resposta, a faixa de lucratividade da borboleta put seria maior ou menor que a borboleta call?

» Você esperaria que os ganhos da borboleta put fossem maiores ou menores?

Borboleta comprada put

Veja um possível cenário. É final de julho... calmaria das férias... mercado estável. DIA é negociada a US$106,48, e você está avaliando uma long put butterfly spread com puts Agosto 106 servindo como preço de exercício da opção vendida (corpo). Supondo que você compra o put butterfly spread Ago 103-106-109, a seguinte posição é criada:

» Long 1 Ago 109 Put @ US$2,85.

» Short 2 Ago 106 Puts @ US$0,85.

» Long 1 Ago 103 Put @ US$0,30.

CUIDADO Procure opções líquidas para evitar custos adicionais da negociação na forma de *slippage*, que é a diferença entre o spread de compra/venda. Esses custos podem ser significativos, dado o número de legs usados para criar as borboletas.

Calculando o débito líquido dessas posições, obtém-se:

[(Preço da Opção da Asa 1 + Preço da Opção da Asa 2) – (2 × Preço da Opção do Corpo)] × 100

[(2,85 + 0,30) – (2 × 0,85)] × 100 = US$145

A Figura 16-4 mostra o gráfico de risco dessa posição borboleta.

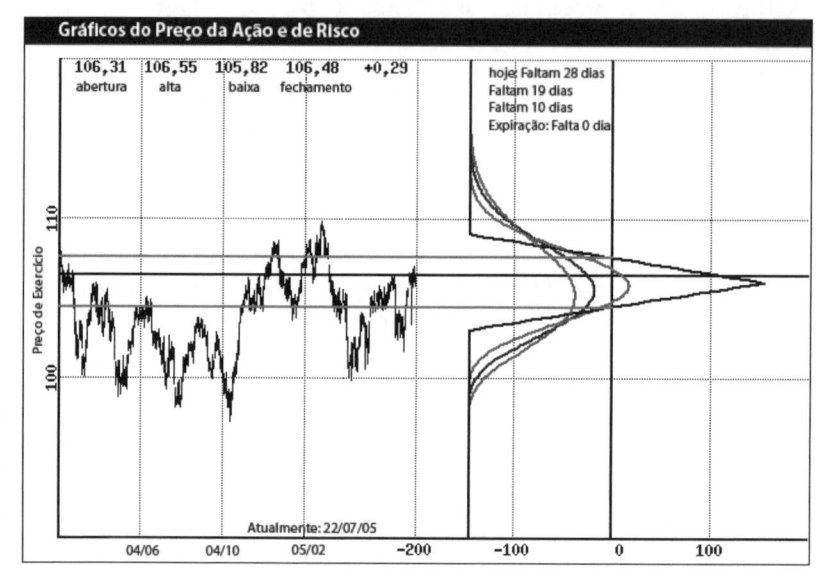

FIGURA 16-4: Gráfico de risco para borboleta put DIA Ago 103-106-109.

Imagem da Optionetics

Se você consultar rápido a Figura 16-3, dificilmente conseguirá dizer a diferença entre as duas borboletas. Calculando o risco, o retorno e os equilíbrios da posição, temos:

» **Risco máximo:** O débito inicial de US$145 é o risco máximo da posição borboleta put DIA Ago 103-106-109.

» **Retorno máximo:** O retorno máximo para uma posição borboleta comprada é um valor do spread menos o débito inicial.

[(Diferença Entre Exercícios da Trava de Alta × 100)] – (Débito Inicial).

[(106 – 103) × 100] – US$145 = US$155.

> **Equilíbrio superior:** Preço de Exercício Maior – Débito Inicial.
>
> 109– 1,45 = US$107,55.
>
> **Equilíbrio inferior:** Preço de Exercício Menor + Débito Inicial.
>
> 103 + 1,45 = US$104,45.
>
> A faixa de equilíbrio é igual, mas subiu para US$0,05, refletindo o débito adicional requerido para criar o spread.

DICA

Muitos ETFs têm aumentos no preço de exercício em dólar, dando muita flexibilidade ao escolher as opções borboleta. Variando os preços de exercício das opções comprada e vendida, você varia seu perfil de risco. A desvantagem é que algumas opções ETF mal são negociadas, tornando-as inúteis como veículos para estratégias da opção. Sempre verifique a liquidez do ETF e das opções da ação antes de comprometer seu dinheiro, e não negocie opções em ativos subjacentes sem liquidez, não importa o quanto esteja convencido da direção da negociação.

DICA

ETFs com volume baixo são conhecidos como *zumbis*.

Ao se aproximar do vencimento, existem quatro áreas distintas nas quais a ação poderia ser negociada. Se você escolhe vender qualquer leg da opção comprada para ter ganhos ou minimizar perdas, também compre de volta a opção vendida correspondente. Veja suas posições e opções:

> **Ativo abaixo do exercício mais baixo:** Feche ambos os spreads e tenha uma perda máxima.
>
> **Ativo entre o equilíbrio inferior e o preço de exercício vendido:** Feche a trava de alta mais a short put adicional para ter lucro.
>
> **Ativo no preço de exercício vendido até os equilíbrios superiores:** Feche a trava de alta para ter lucro e permita que a trava de baixa vença sem valor.
>
> **Ativo acima do preço de exercício mais alto:** Todas as opções vencerão sem valor, tendo uma perda máxima.

LEMBRE-SE

Como os vertical spreads criam uma posição naturalmente protegida para o trader da Bolsa, eles são ordens desejadas. Tente executar a ordem abaixo do preço de mercado cortando um pouco o montante do limite de débito de sua ordem.

Com DIA sendo negociada a 105,73 no fechamento da sexta-feira antes do vencimento, a trava de baixa com put foi fechada por US$295, completando as seguintes transações:

> Comprar para Fechar Ago 2 106 Puts @ US$0,35 e Vender Simultaneamente para Fechar Ago 103 Put @ US$3,30

A opção comprada para a trava de alta com put venceu sem valor. Como o débito inicial era de US$145, o ganho da posição foi de US$150 (US$295 – 145). Esse retorno mais alto deve ser esperado, dado o movimento moderadamente baixista para o ETF.

CUIDADO

Prepare-se para possíveis contratempos e se dê tempo ao executar essas negociações. As ordens combinadas podem precisar de um tempo extra para serem executadas, portanto, lembre-se disso se quiser cancelar e substituir o montante limite da negociação; o mercado pode ter se movido quando a ordem for atualizada.

Neste exemplo, as opções vendidas eram aproximadamente ATM, portanto, os lucros são maximizados quando a ação fecha no preço de exercício da opção vendida no último dia de negociação antes do vencimento. Nesse nível, três das quatro opções vencem sem valor. A long put com maior preço será ITM no montante igual ao butterfly spread.

À medida que o preço se afasta do preço de exercício da opção vendida, os lucros diminuem até os níveis de equilíbrio da posição, onde são iguais a zero. Além desses níveis de preço, o débito inicial é o risco máximo.

Investigando mais o risco borboleta

Ao escolher um butterfly spread, você deve fazer algumas trocas em termos de risco e retorno, junto com a faixa de lucratividade da posição e sua tendência direcional. Isso se aplica às borboletas call e put compradas. Em geral, o seguinte se aplica:

» Usar uma opção OTM para o corpo aumenta a tendência direcional.

» Aumentar a distância do spread aumenta a faixa de lucratividade, mas aumenta seus custos.

» Aumentar a distância do spread diminui a razão entre retorno/risco.

DICA

Se você tem um cenário levemente baixista a neutro, pode comprar uma borboleta put usando um OTM, em vez do corpo ATM.

A simulação ajuda a ver como essas trocas impactam o sucesso da sua negociação sem arriscar dinheiro durante o aprendizado. Essa simulação é muito útil ao implementar estratégias mais complexas.

Asas estreitas — Risco menor

Quando você diminui a distância do spread para as borboletas compradas, também diminui o risco e a probabilidade de lucro. Isso ocorre também com os vertical spreads. Usando o exemplo do long call butterfly spread DIA e reduzindo o spread, a Tabela 16-1 mostra o impacto da posição.

TABELA 16-1 Diminuindo o Spread para Borboletas Ago DIA

Exercícios da Borboleta	Risco da Borboleta	Retorno Máximo	Retorno/Risco	Faixa de Equilíbrio	Delta da Borboleta
105-106-107	30	70	2,33	1,3%	−3,7
104-106-108	75	125	1,67	2,4%	−10,1
103-106-109	140	160	1,14	3%	−16,6

Na tabela, o débito inicial é o Risco da Borboleta, e a Faixa de Equilíbrio é a diferença nos equilíbrios dividida pelo preço de exercício da opção vendida 106.

DICA

Calcule a faixa de lucratividade para uma borboleta obtendo a diferença nos equilíbrios e dividindo-a pelo preço do título para ter uma ideia sobre se a faixa é razoável, dado o movimento anterior no título subjacente.

Veja algumas observações que você deve fazer conforme diminui a distância do butterfly spread:

» O risco diminui e o retorno/risco aumentam.
» A faixa de equilíbrio diminui.
» Em geral, a tendência direcional fica mais neutra.

Esse processo é arte e ciência. Sobretudo, gerencie primeiro o risco, mas também seja realista sobre a faixa que o ativo percorrerá.

Asas mais largas — Risco maior

Ao negociar em um mercado lateral, pode ser uma tentação forçar a barra e maximizar os ganhos em potencial a partir de uma posição. A desvantagem é que, se você aumenta a distância do spread para as borboletas compradas, também aumenta o risco da posição. Usando mais uma vez o exemplo da call DIA como ponto de partida, a Tabela 16-2 mostra dados parecidos com a Tabela 16-1, criando spreads maiores para a borboleta.

TABELA 16-2   Aumentando o Spread para Borboletas Ago DIA

Exercícios da Borboleta	Risco da Borboleta	Retorno Máximo	Retorno/Risco	Faixa de Equilíbrio	Delta da Borboleta
103-106-109	140	160	1,14	3%	-16,6
102-106-110	215	185	0,86	3,5%	-20,7
101-106-111	305	195	0,64	3,7%	-25,3

Algumas observações que você deve fazer conforme aumenta a distância do spread:

» O risco aumenta e o retorno/risco diminuem.

» A faixa de equilíbrio aumenta.

» Em geral, a tendência direcional fica mais baixista para uma borboleta call e altista para uma borboleta put.

No caso da borboleta comprada call, à medida que a tendência direcional baixista aumenta, acontece o seguinte:

» A posição tem mais perdas para os movimentos altistas no ativo, até certo ponto (equilíbrio superior).

» A posição tem mais ganhos para os movimentos baixistas no ativo, até certo ponto (equilíbrio inferior).

Se você negocia títulos subjacentes diferentes, explore spreads com tamanhos diferentes para ter uma ideia do que é adequado para o título e suas preferências de risco. Por sorte, a natureza de risco limitado da estratégia fornece o tempo necessário para desenvolver suas habilidades com a estratégia borboleta.

LEMBRE-SE   Sempre verifique as notícias ao ver quedas ou altas grandes na ação de uma empresa. Você deve ficar atento às opções ajustadas resultantes de uma possível ação corporativa. Também é importante ficar por dentro de notícias importantes que impactam o ativo das opções negociadas. Preste muita atenção se as notícias possivelmente têm um impacto de curto ou longo prazo nas ações.

Criando uma borboleta de ferro

A borboleta de ferro comprada é uma variação das borboletas call e put que permitem criar a posição para um crédito. Você cria essa posição usando uma trava de baixa com call e uma trava de alta com put, ambos para um crédito. A posição permanece com risco e retorno limitados. Também conta com um movimento lateral para maximizar os ganhos. Na categoria "nada é de graça", esses spreads requerem uma margem adicional, porque os dois vertical spreads são posições de crédito.

Borboleta call e put

A borboleta de ferro combina duas travas de crédito verticais para aproveitar o movimento lateral em uma ação, como a seguir:

> » Uma trava de baixa com call com um preço de exercício da opção vendida que está quase no dinheiro ou ATM.
>
> » Uma trava de alta com put com um preço de exercício da opção vendida que está quase no dinheiro ou ATM, e o mesmo preço de exercício da short call.

CUIDADO: Verifique com seu corretor para conhecer os requisitos específicos antes de criar uma posição. Não negocie essas estratégias sem conhecer os custos da margem. Isso faz parte da sua gestão de risco.

As diferenças do vertical spread são iguais para as duas travas de crédito; o risco máximo da posição é a diferença nos preços de exercício para um vertical spread menos o crédito inicial. A borboleta de ferro comprada tem preços de exercício que se alinham assim:

> » O preço de exercício menor é uma long put.
>
> » O próximo preço de exercício menor é uma short put.
>
> » O mesmo preço de exercício é usado para uma short call.
>
> » O preço de exercício maior é uma long call.

Ao criar uma borboleta de ferro, use o mesmo preço de exercício da opção vendida. O crédito inicial recebido ao estabelecer a posição é seu retorno máximo.

Risco da borboleta de ferro

Usar uma borboleta de ferro com um spread maior reduz a razão entre retorno/risco para a posição. O próximo exemplo usa uma ação que normalmente se move mais calmamente (HV de 100 dias, 12%), com níveis de VI um pouco baixos em relação aos últimos 12 meses.

LEMBRE-SE Atitudes corporativas podem levar a ajustes nos contratos de opções existentes. Verifique as particularidades das opções usadas, em especial quando os preços parecem estranhos. Desdobramentos da ação e dividendos são as atitudes corporativas mais comuns que podem afetar suas opções.

Exemplo de borboleta de ferro comprada

Em meados de junho e após uma grande queda na ação três meses antes, a MO voltou a uma faixa de negociação mais típica. Acaba que houve um spinoff (empresa derivada) que mudou a avaliação da empresa (veja o Capítulo 10 para ter informações sobre ajustes nas opções existentes devido a atitudes corporativas). A MO é negociada em torno de US$70, e após decidir que o spinoff não deveria impactar o movimento ascendente da ação, você avalia a seguinte borboleta de ferro:

» Long 1 Jul 60 Put @ US$0,05.
» Short 1 Jul 70 Put @ US$1,20.
» Short 1 Jul 70 Call @ US$1,30.
» Long 1 Jul 80 Call @ US$0,05.

Portanto, agora, em vez de um spread de US$3 na ação baseada em índice sendo negociada em torno de US$106, você aumentou o spread para US$10 em uma ação de US$70.

LEMBRE-SE Uma borboleta de ferro combina quatro opções diferentes; lembre-se de considerar os custos da negociação, inclusive qualquer margem aplicável, antes de entrar na posição.

Calculando o crédito líquido dessas opções, você obtém o seguinte crédito, que é seu retorno máximo:

Crédito da Trava de baixa com call + Crédito da Trava de alta com put

[(1,30 − 0,05) + (1,20 − 0,05)] × 100 = US$240

Como as duas travas têm a mesma distância, o risco máximo é a diferença entre os dois preços de exercício menos o crédito inicial:

[(Diferença nos Preços de Exercício × 100)] – Crédito Inicial

[(80 – 70) – US$240] = US$760

A Figura 16-5 mostra o gráfico de risco para a posição da borboleta de ferro MO.

O cálculo do equilíbrio é centrado no preço de exercício da opção vendida:

» **Equilíbrio superior:**
- Preço de Exercício da Short Call + Crédito Inicial.
- 70 + 2,40 = US$72,40.

» **Equilíbrio inferior:**
- Preço de Exercício da Short Put – Crédito Inicial.
- 70 – 2,40 = US$67,60.

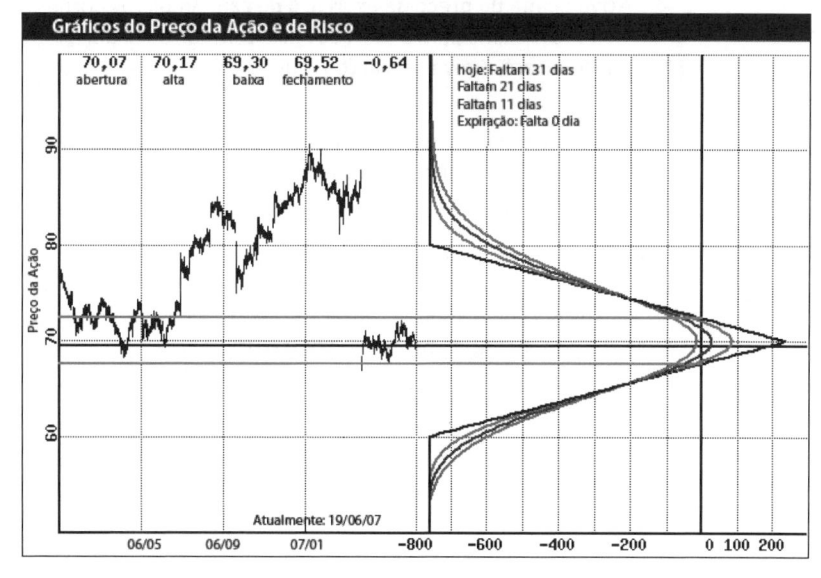

FIGURA 16-5: Gráfico de risco para borboleta de ferro MO Jul 60-70-80.

Imagem da Optionetics

As travas podem ser complicadas. Sempre gerencie o risco de ser exercido no fim de semana de vencimento. Não pressuponha que uma opção vendida vencerá sem valor quando o ativo é negociado perto do preço de exercício da opção vendida.

Conforme o vencimento se aproxima, há quatro áreas distintas nas quais a opção pode ser negociada. Se você escolhe vender qualquer leg da opção comprada para ter ganhos ou minimizar as perdas, também compre de volta a opção vendida correspondente. Veja suas opções:

» **Ativo abaixo do exercício da long put:** Ambas as opções put são ITM, e o risco máximo da trava de alta com put é conseguido. O retorno máximo é obtido para a trava de baixa com call.

» **Ativo desde o equilíbrio inferior até o preço de exercício vendido:** Há lucros parciais para a trava de alta com put. O retorno máximo é obtido para a trava de baixa com call.

» **Ativo desde o preço de exercício vendido até o equilíbrio superior:** Há lucros parciais para a trava de baixa com call. O retorno máximo é conseguido para a trava de alta com put.

» **Ativo acima do preço de exercício de call:** Ambas as opções call são ITM, e o risco máximo para a trava de baixa com call é obtido. Existe um retorno máximo para a trava de alta com put.

Se houve um exercício precoce em uma opção vendida, use a opção comprada correspondente ou avalie os custos para comprar cotas no mercado para cumprir a obrigação vendida (veja o Capítulo 9).

No exemplo da MO, a ação foi negociada a US$69,80 no fechamento na sexta-feira antes do vencimento. A posição short put foi comprada de volta por US$20, e as opções restantes venceram sem valor. Como o crédito inicial foi de US$240, o ganho líquido ficou em US$220 (US$240 − 20).

DICA

O impacto dos dividendos já declarados é precificado com o valor das opções de call e put existentes, caso vençam após o dividendo ser emitido. São as novas declarações do dividendo que podem afetar o valor das opções mantidas.

Entendendo as Posições do Condor

Condor se relaciona com uma borboleta do mesmo modo que um strangle se relaciona com um straddle: ele divide o preço de exercício central (veja o Capítulo 14). Então o condor combina duas travas verticais para o mesmo tipo de opção (call ou put) usando quatro preços de exercício diferentes. Os condors fazem o seguinte:

- » Aumentam a faixa de lucratividade versus uma borboleta parecida.
- » Diminuem o retorno máximo versus uma borboleta parecida.

Os condors são posições com risco e retorno limitados que contam com a ação de negociação lateral no ativo para maximizar os lucros.

LEMBRE-SE Avalie as posições com risco limitado antes das posições com risco alto a ilimitado para conseguir comparar as estratégias antes de estabelecer uma nova posição.

Definindo um condor spread

Na verdade, existem três tipos de condors comprados disponíveis para a negociação:

- » Condor call comprado.
- » Condor put comprado.
- » Condor de ferro comprado.

O condor de ferro combina uma trava de baixa com call e uma trava de alta com put ambos para um crédito, com os legs da opção vendida pelo menos um preço de exercício à parte.

Condors simples

Os condors call e put comprados permitem mais movimento na ação subjacente durante a vida da negociação do que uma posição borboleta call e put parecida. A compensação é que você tem uma chance melhor de ter lucro, mas esse lucro será menor.

LEMBRE-SE

A VH não prevê os futuros preços, e a VI pode incorporar fatores além da VH. Não importa, usar dados anteriores de VH e VI fornece informações valiosas ao avaliar as estratégias, porque estrutura a possibilidade de futuros movimentos e permite fazer suposições mais embasadas sobre as posições em potencial.

Suponha uma ação negociada a US$134,45. Você pode criar as seguintes posições que vencem em 60 dias e incluem vertical spreads de cinco pontos:

» Uma borboleta call ou put usando um preço de exercício US$135 (130-135-140)

» Um condor call ou put usando preços de exercício US$130 e US$140 para as opções vendidas (130-135-140-145)

Ao avaliar as estratégias, decida se o ganho com maior probabilidade usando um condor vale a pena o risco adicional. Nesse exemplo em particular de um condor spread de 5 pontos, seu risco de 2,45 usando o condor é quase de 1-1 com seu possível retorno de 2,55. Já seu risco de 1,25 usando o butterfly spread de cinco pontos é apenas um terço do possível retorno de 3,75. Mas um retorno maior em potencial significa uma probabilidade menor de lucro. A borboleta tem apenas uma faixa de equilíbrio de 7,5 pontos entre 131,25 (130 + 1,25) e 138,75 (140 − 1,25), o que constitui uma faixa igual a apenas 5,6% do preço da ação atual de US$134,45. Por outro lado, o condor tem uma faixa de equilíbrio de 10,1 pontos entre 132,45 (130 + 2,45) e 142,55 (145 − 2,45), o que constitui uma faixa igual a 7,5% do preço da ação atual de US$134.45.

Percebo que a explicação anterior pode parecer difícil de entender, e este é um livro para iniciantes. Com certeza não recomendo negociar condors e borboletas no início de sua carreira com opções. Sim, esse nível de complexidade é necessário para tomar a decisão certa. O principal é que, como trader de opções, ao usar essas estratégias, você deve decidir se a maior probabilidade de lucro usando um condor vale a maior perda em potencial, ganhando, ao mesmo tempo, um possível retorno menor.

LEMBRE-SE

Estratégias parecidas trarão vantagens e desvantagens em termos de risco, retorno e equilíbrio, dependendo de vários fatores. Avalie algumas alternativas.

A comparação real entre as diferentes estatísticas da estratégia é impactada pela ação subjacente específica, pelos preços de exercício da opção e pelas travas usadas. A escolha entre as alternativas de risco/retorno versus faixa de lucratividade nem sempre será clara. Se a ação fosse negociada em um ponto intermediário entre dois preços de exercício, todas as estatísticas para ambas as estratégias seriam mais próximas. O principal a lembrar é que, quando selecionar uma negociação que busca aproveitar o movimento lateral, explore diferentes estratégias e alternativas de travas.

> **DICA**
> As borboletas e os condors de ferro combinam travas verticais de call e put, em vez de combinar travas verticais para apenas call ou puts.

Condors de ferro

Jogando um condor de ferro na mistura para comparar borboleta e condor, uma tabela parecida pode ser criada usando-se uma borboleta de ferro versus um condor de ferro. Usando uma ação negociada a US$134,45, as seguintes posições vencem em 31 dias:

» Uma borboleta de ferro usando um preço de exercício vendido de US$135 (125-135-145)

» Um condor de ferro usando preços de exercício de US$130 e US$140 para opções vendidas (120-130-140-150)

De novo, o condor de ferro aumenta a faixa de lucratividade, mas sacrifica os ganhos em potencial, tendo um risco adicional. Ambas as posições combinam duas travas de crédito vertical (call mais put), portanto, o requisito de margem pode ser significativo.

> **LEMBRE-SE**
> Sempre contate seu corretor antes de implementar novas estratégias para determinar os cálculos do requisito de margem e níveis de aprovação para a estratégia. As estratégias condor e borboleta não são para iniciantes, são estratégias que você pode simular conforme progride com o trading de opções.

Reconhecendo os riscos do condor

À medida que você ganhar experiência e trabalhar com essas estratégias no papel, reconhecerá suas possibilidades e seus limites. É claro que essas posições podem ser gerenciadas dependendo das mudanças no mercado, do ativo e de como cada parte da negociação se desenvolve e responde às condições do mercado.

Assim, borboletas e condors não são posições do tipo "tudo ou nada"; você pode fechar qualquer um ou ambos os spreads para a posição e reduzir o nível de risco máximo, caso escolha fazer isso. Apenas se lembre de que, após criar uma posição com risco limitado, você deve mantê-la assim. Não remova os legs que o exporão a um risco ilimitado.

Perfis de risco do condor

Conforme o vencimento se aproxima, há quatro áreas distintas nas quais a ação pode ser negociada em relação aos preços de exercício do condor. Se você escolhe vender qualquer leg de opção comprada para ter lucros ou minimizar as perdas, compre de volta também a opção vendida correspondente.

Se houve um exercício precoce em uma opção vendida, use a opção comprada correspondente ou avalie os custos para comprar cotas no mercado e cumprir a obrigação vendida (veja o Capítulo 9).

LEMBRE-SE

Mesmo que você não tenha acesso a um pacote de software de análise de opções, entenda o gráfico de risco das estratégias sendo avaliadas.

Perfil de risco do condor de ferro

O exemplo original usado neste capítulo foi para uma negociação ETF a 106,48 com aumentos no preço de exercício de US$1. Usando a mesma configuração de negociação, é possível criar um condor de ferro com opções vendidas levemente OTM para explorar o perfil de risco do condor de ferro.

Criando um condor de ferro do spread de US$3 para negociar DIA a US$106,48, você tem o seguinte:

- » Long 1 Ago 103 Put @ US$0,30
- » Short 1 Ago 106 Put @ US$0,85
- » Short 1 Ago 107 Call @ US$0,85
- » Long 1 Ago 110 Put @ US$0,15

O retorno máximo é o crédito inicial, e o risco máximo é a diferença de um spread menos esse crédito. Calculando esses valores, você tem:

- » **Retorno máximo:**
  - [(0,85 − 0,15) + (0,85 − 0,30)] × 100 = US$125
- » **Risco máximo:**
  - (3 × 100) − US$125 = US$175

DICA

É fácil esquecer que as opções são basicamente derivativos do ativo. Portanto, após calcular os níveis de equilíbrio, pergunte a si mesmo se a ação será negociada de modo realista na(s) área(s) de lucratividade durante a vida da negociação.

Calculando os equilíbrios usando os preços de exercício da opção vendida e o crédito inicial:

- » **Equilíbrio inferior:**
  - Preço de Exercício da Short Put − Crédito Inicial = 106 − 1,25 = 104,75.

> **Equilíbrio superior:**
>
> - Preço de Exercício da Short Call + Crédito Inicial = 107 + 1,25 = 108,25.

A Figura 16-6 mostra o gráfico de risco para a posição do condor de ferro DIA.

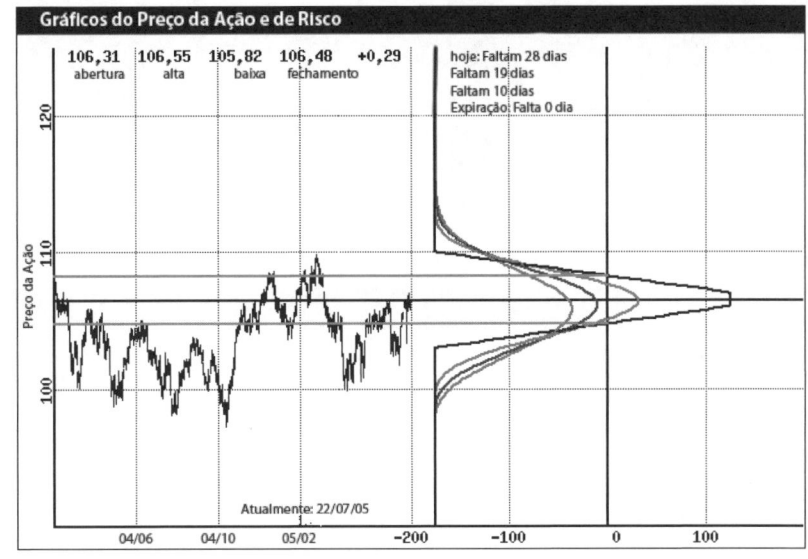

FIGURA 16-6:
Gráfico de risco para condor de ferro DIA Jul 103-106-107-110.

Imagem da Optionetics

Aumentando a trava de baixa com call em um ponto e combinando puts e calls para criar a posição, o risco máximo aumentou US$35 (25%), o retorno máximo reduziu US$35 (22%), e a faixa de equilíbrio aumentou 0,30 (9%). Isso reflete uma boa melhoria quando você pode dividir melhor o preço do ativo entre as duas opções vendidas.

LEMBRE-SE

Não se apresse. Treine antes de arriscar dinheiro de verdade. A simulação realmente faz diferença porque permite entender a mecânica da estratégia sem arriscar capital.

Como o ativo fechou em 105,73 entrando no final de semana de vencimento, a short put 106 teria sido comprada de volta a US$0,35 para um lucro líquido da posição de US$90 versus US$115 para a borboleta comprada call e US$150 para a borboleta comprada put. O ponto ideal do condor foi um valor de fechamento entre US$106 e 107.

5

A Parte dos Dez

NESTA PARTE. . .

Vá ao que interessa com as dez principais estratégias da opção.

Descubra dez coisas a fazer, ou não, ao negociar opções.

> **NESTE CAPÍTULO**
>
> » Desenvolvendo uma lista de estratégias da opção
>
> » Negociando com foco no risco

Capítulo 17
Dez Principais Estratégias da Opção

Trading é em parte arte, ciência e adaptação aos mercados, em parte experiência. Às vezes você precisa contar com seus instintos, embora seja melhor se tais instintos têm experiência em dizer o que fazer, um bom histórico de acertos quando você precisa mostrar resultados e uma boa evidência estratégica para apoiar sua decisão.

Mas não pegaremos o caminho Zen aqui. Você pode examinar os livros *Meditação Para Leigos* e *Stress Management For Dummies* (sem publicação no Brasil), se quiser. O trading e este livro são sobre o desenvolvimento de regras específicas e passos confiáveis a serem seguidos como parte de um processo para você começar a trabalhar em uma negociação hábil: uma gestão de risco que leva a lucros consistentes. Também são sobre implementar essas regras e etapas para ter o tempo necessário para desenvolver sua destreza algo com o qual seus instintos trabalharem.

Um grande primeiro passo na ciência é criar uma lista de estratégias. Essa lista permite abordar metodicamente um novo tipo de negociação para que tenha o máximo possível de conhecimento e experiência.

Para começar, este capítulo descreve dez ótimas estratégias da opção. O ponto em comum aqui é que elas têm um risco limitado e são alternativas para você considerar. As estratégias de risco ilimitado ou limitado, mas alto, que elas poderiam possivelmente substituir são fornecidas com o resumo da estratégia.

Cada uma das dez estratégias principais inclui:

- Nome e componentes.
- Riscos e retornos.
- Condições ideais do mercado (tendências, volatilidade).
- Vantagens e desvantagens.
- Perfis de risco básicos.
- Outras informações por estratégia.

LEMBRE-SE Algumas estratégias da opção requerem margem. Peça detalhes ao seu corretor antes de trabalhar com qualquer técnica de trading.

De qualquer forma, considere adicionar notas para adaptá-las a você. Quanto mais estudar cada estratégia individual, mais rápido encontrará as que funcionam melhor em seu caso.

DICA O tempo é essencial. Cada estratégia listada tem uma referência relacionada ao tempo ideal de implantação. Torne um hábito estudar o mercado e procurar condições específicas mais adequadas a cada estratégia.

Married Put

Uma *married put (venda)* combina uma ação comprada com uma long put para ter proteção. A posição é criada comprando-se a ação e a put ao mesmo tempo, mas o segredo é criar uma proteção de put e gerenciar o risco da propriedade da ação. Comprar uma put para a ação existente ou estender uma opção até um mês de vencimento posterior é válido para o objetivo da estratégia. As opções compradas OTM (fora do dinheiro) devem ser vendidas de 30 a 45 dias antes do vencimento. Essa estratégia é mais bem usada quando não há 100% de certeza sobre a ação em curto prazo, como antes de uma apresentação de resultados ou quando o mercado parece arriscado, mas você gostaria de manter a ação em um prazo maior. A Tabela 17-1 mostra algumas ideias sobre a estratégia, e a Figura 17-1 mostra o perfil de risco de uma married put.

TABELA 17-1 Resumo da Married Put

Estratégia	Resultado
Componentes	Ação Comprada + Put Comprada.
Risco/Retorno	Risco limitado, retorno ilimitado.
Substitui	Ação comprada com risco limitado, mas alto.
Risco Máximo	[(Preço da Ação + Preço da Put) – Preço de Exercício da Put] × 100.
Retorno Máximo	Ilimitado.
Equilíbrio	Preço da Ação + Preço da Put.
Condições	Altistas, VI baixa.
Margem	Geralmente não requerida; verifique com o corretor.
Vantagens	Muda um risco limitado, mas alto, para um risco limitado.
Desvantagens	Aumenta o custo da posição com o prêmio da opção.

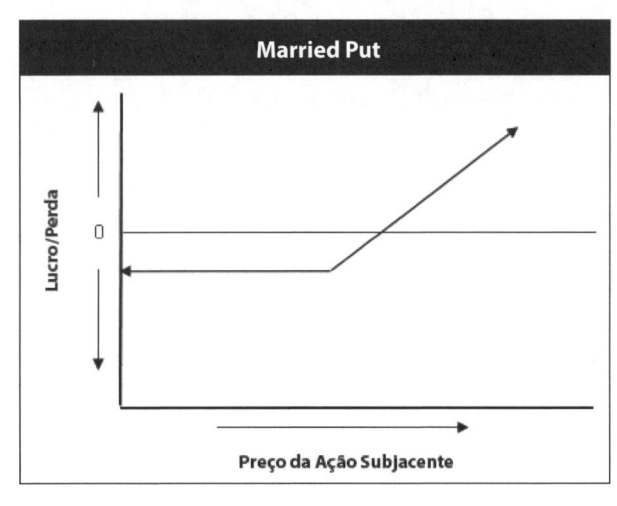

FIGURA 17-1: Perfil de risco da married put.

Imagem da Optionetics

Collar

Collar combina uma ação comprada com uma proteção de long put e uma short call que reduz o custo da proteção. O prêmio de call é um crédito que compensa, pelo menos parcialmente o custo da put. Vale a pena marcar o tempo da execução dessa estratégia. Um cenário ideal ocorre quando você compra a ação e a long put durante condições de baixa volatilidade, permitindo-o comprar uma proteção de prazo mais longo. As calls são vendidas conforme a volatilidade aumenta, e há de 30 a 34 dias até o vencimento, de modo que a desvalorização temporal acelera os ganhos da short call. Essa estratégia reduz o risco de perda devido a uma queda no preço da ação, produzindo receita via venda da call, mas em troca perde um movimento ascendente em potencial. Verifique o resumo na Tabela 17-2 e o perfil na Figura 17-2.

TABELA 17-2   Resumo de Collar

Estratégia	Resultado
Componentes	Ação Comprada + Long Put + Short Call.
Risco/Retorno	Risco limitado, retorno limitado.
Substitui	Ação comprada com risco limitado, mas alto.
Risco Máximo	[Preço da Ação + (Débito da Opção) − Preço de Exercício da Put] × 100.
Retorno Máximo	[(Preço de Exercício da Call − Preço da Ação) + (Débito da Opção)] × 100.
Equilíbrio	Preço da Ação + (Débito da Opção).
Condições	Altistas, VI baixa que aumenta.
Margem	Geralmente não requerida; verifique com o corretor.
Vantagens	Muda o risco limitado, mas alto, para um risco limitado.
Desvantagens	Substitui o retorno ilimitado pelo limitado.

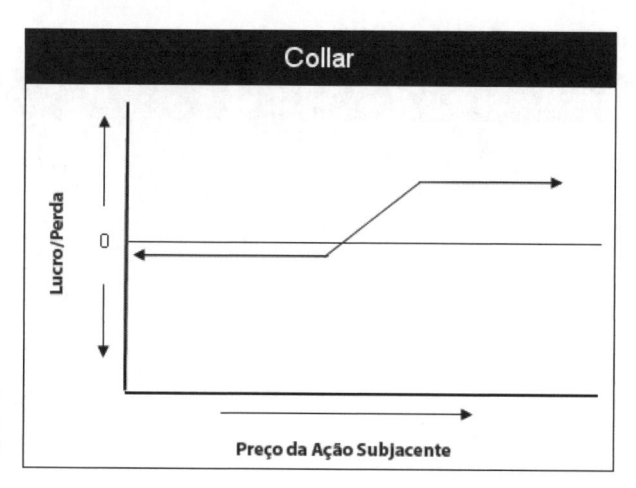

FIGURA 17-2: Perfil de risco de collar.

Imagem da Optionetics

Trader de Long Put

Long put é uma posição baixista e de risco limitado que ganha quando o ativo cai. É muito melhor do que uma posição de ação vendida e risco ilimitado que requer mais capital para se estabelecer. O movimento baixista deve ocorrer no vencimento da opção, e as puts OTM (fora do dinheiro) devem ser vendidas de 30 a 45 dias antes do vencimento. Use essa estratégia quando esperar que uma ação caia, mas você está interessado em reduzir o risco ascendente de uma venda a descoberto tradicional da ação. Veja a Tabela 17-3 para ter um resumo das estratégias e a Figura 17-3 para ter um exemplo do perfil.

TABELA 17-3   **Resumo da Long Put**

Estratégia	Resultado
Componentes	Long Put.
Risco/Retorno	Risco limitado, retorno limitado, mas alto.
Substitui	Ação vendida com risco ilimitado.
Risco Máximo	Prêmio da Put: (Preço da Put × 100).
Retorno Máximo	(Preço de Exercício da Put – Preço da Put) × 100.
Equilíbrio	Preço de Exercício da Put – Preço da Put.
Condições	Baixistas, VI baixa que aumenta.
Margem	Não requerida.
Vantagens	Muda o risco ilimitado para um limitado.
Desvantagens	Os limites de tempo para o movimento ocorrem devido ao vencimento.

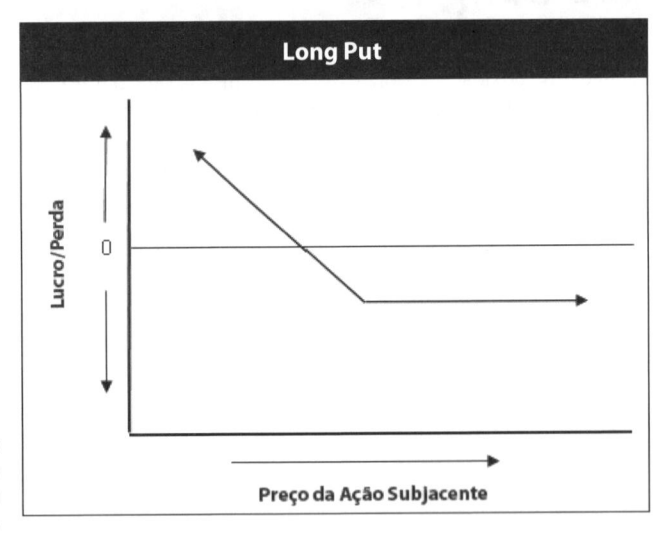

FIGURA 17-3: Perfil de risco da long put.

Imagem da Optionetics

Investidor de Call LEAPS

Uma opção de call LEAPS (títulos antecipados de longo prazo) reduz o custo e o risco associados a uma posição de ação comprada. A posição é mais bem estabelecida quando a volatilidade implícita (VI) é relativamente baixa. Uma desvantagem é que o detentor do LEAPS não participa das distribuições do dividendo, o que reduz o valor da ação. Ao mesmo tempo, o montante arriscado na posição será menor do que ter a ação completamente. É uma ótima estratégia quando você tem tempo para deixar uma ação encontrar seu ritmo, mas não quer arriscar o capital todo requerido para comprar cotas. Em troca, você deseja piorar o preço de equilíbrio segundo o montante do valor temporal da opção de call. Veja a Tabela 17-4 para ter um resumo das estratégias de investimento e a Figura 17-4 para ter um exemplo do perfil.

TABELA 17-4 Resumo do Investidor de Call LEAPS

Estratégia	Resultado
Componentes	Long call com vencimento maior que nove meses.
Risco/Retorno	Risco limitado, retorno ilimitado.
Substitui	Ação comprada com risco limitado, mas alto.
Risco Máximo	Prêmio da Call: (Preço da Call × 100).
Retorno Máximo	Ilimitado.
Equilíbrio	Preço de Exercício – Preço de LEAPS.
Condições	Altistas, VI baixa que aumenta.
Margem	Não requerida.
Vantagens	Muda o risco limitado, mas alto, para um risco limitado.
Desvantagens	Compensa o valor temporal que desmorona e perde dividendos.

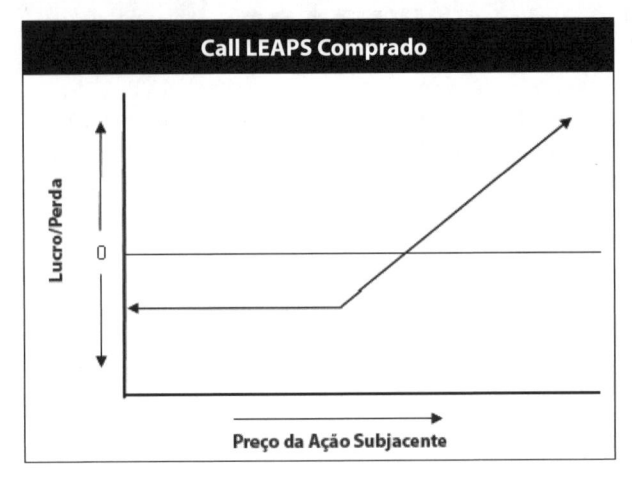

FIGURA 17-4: Perfil de risco de call LEAPS.

Imagem da Optionetics

Diagonal Spread

Um *diagonal spread* combina uma opção vendida com vencimento mais próximo com uma opção comprada com vencimento no mês posterior, puts ou calls, para a mesma ação subjacente. Ao passo que os diagonal spreads são compostos de diferentes vencimentos e preços de exercício, um calendar spread é composto de duas opções do mesmo tipo, puts ou calls, para a mesma ação subjacente com o mesmo preço de exercício, mas diferentes datas de vencimento. Na verdade, os calendar spreads são incorporados em um diagonal spread, mas não são diagonal spreads em si. A finalidade dessa estratégia é uma opção cobrir o risco da outra. Quando a opção vendida vence no dinheiro, você mantém o prêmio ganho quando vendeu a opção. Se a volatilidade aumentar, quanto mais a call se aproximar do vencimento, mais aumentará o valor intrínseco da long call, elevando o lucro da negociação. Use essa estratégia quando espera que o título subjacente faça um movimento rápido na direção do exercício vendido perto do mês do spread, porém não mais. Fazendo isso, você tem espaço para permitir uma boa base de crédito de rolagem no diferencial do valor temporal quando comprar para fechar a opção vendida perto do mês e vender para abrir uma opção vendida posterior no mês. Em geral, os spreads são mais bem usados quando você quer participar da tendência dominante do ativo com menos capital do que a propriedade direta do ativo. Uma call diagonal é descrita aqui, mas uma put diagonal funciona igualmente bem quando você é baixista em um prazo mais longo. Veja a Tabela 17-5 para ter um resumo das estratégias de investimento e a Figura 17-5 para ter um exemplo do perfil.

> **DICA**
> Um diagonal spread é mais agressivo que um vertical spread direto, mas oferece um retorno muito mais alto, comparando com vender um valor temporal extra com créditos de rolagem.

TABELA 17-5 Resumo do Diagonal Spread de Call

Estratégia	Resultado
Componentes	Call de Exercício Comprada e Inferior + Short Call Perto do Mês.
Risco/Retorno	Risco limitado, possível retorno ilimitado.*
Substitui	Long Call.
Risco Máximo	(Preço da Long Call – Preço da Short Call) × 100.
Retorno Máximo	* Ilimitado quando a short call vence sem valor.
Equilíbrio	Detalhado.
Condições	Neutras com assimetria temporal da VI, tendendo.
Margem	Requerida.
Vantagens	Reduz o custo da opção comprada.
Desvantagens	Um grande movimento altista além do exercício da short call de pequeno prazo resulta em um retorno limitado.

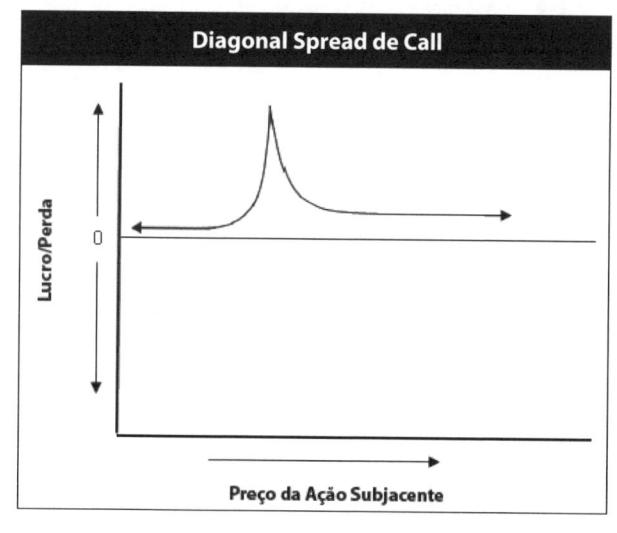

FIGURA 17-5: Perfil de risco do diagonal spread de call.

Imagem da Optionetics

CAPÍTULO 17 Dez Principais Estratégias da Opção

Trava de Baixa com Call

Uma *Bear Call Spread* combina uma short call com preço de exercício menor e uma long call com preço de exercício maior vencendo no mesmo mês. Ele cria um crédito e substitui uma short call com risco ilimitado. De novo, o tempo é importante na implantação dessa estratégia, que é de risco administrado com o objetivo de gerar receita. É mais bem aplicada quando a VI é alta e há menos de 45 dias até o vencimento. Veja a Tabela 17-6 para ter um resumo das estratégias de investimento e a Figura 17-6 para ter um exemplo do perfil.

TABELA 17-6   **Resumo da Trava de Baixa com Call**

Estratégia	Resultado
Componentes	Short Call com Preço de Exercício Menor + Long Call com Preço de Exercício Maior (mesmo mês).
Risco/Retorno	Risco limitado, retorno limitado.
Substitui	Opção Vendida.
Risco Máximo	(Diferença entre Preços de Exercício − Crédito Inicial) × 100.
Retorno Máximo	Crédito Inicial.
Equilíbrio	Preço de Exercício Curto + Crédito Líquido.
Condições	Baixistas, VI alta.
Margem	Requerida.
Vantagens	Reduz o risco de ilimitado para limitado.
Desvantagens	Reduz o retorno de limitado, mas alto, para limitado.

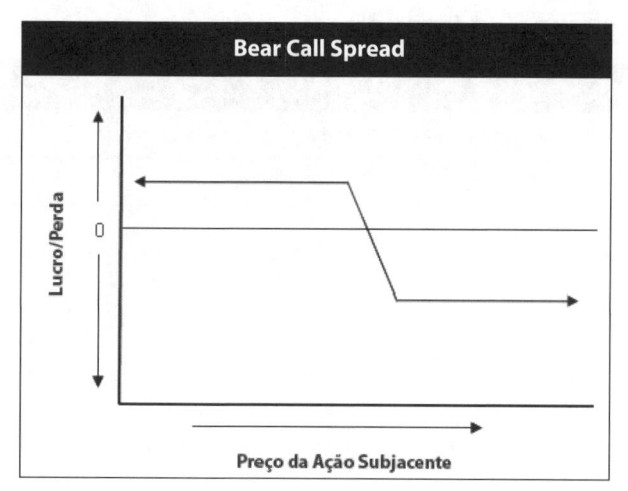

FIGURA 17-6: Perfil de risco da bear call spread.

Imagem da Optionetics

Straddle

Um *straddle* combina uma long call com uma long put usando o mesmo preço de exercício e vencimento. É criado quando a volatilidade é baixa, e espera-se que aumente e tenha ganhos quando os preços sobem ou descem com força. É uma estratégia útil a se definir antes de um comunicado importante, como divulgação do relatório de lucros ou de um importante relatório econômico. Pode ser útil com uma ação subjacente no primeiro cenário e com um ETF no último. Como há duas opções compradas, saia da posição com trinta dias até o vencimento, para evitar a desvalorização temporal. A desvantagem do straddle é a possibilidade de um leg da negociação se mover enquanto o outro fica onde está. Para a estratégia funcionar, é melhor usar um ativo que seja conhecido por ser muito volátil em resposta a eventos. Veja a Tabela 17-7 para ter um resumo das estratégias de investimento e a Figura 17-7 para ter um exemplo do perfil.

TABELA 17-7 Resumo do Straddle

Estratégia	Resultado
Componentes	Long Call + Long Put (mesmo preço de exercício, mês).
Risco/Retorno	Risco limitado, retorno alto a ilimitado.
Substitui	Uma opção com tendência direcional (call ou put).
Risco Máximo	Débito Líquido: (Preço da Call + Preço da Put) × 100.
Retorno Máximo	Ascendente: Ilimitado, Descendente: (Preço de Exercício – Débito Líquido) × 100.
Equilíbrio 1	Preço de Exercício + Preços Líquidos da Opção.
Equilíbrio 2	Preço de Exercício – Preços Líquidos da Opção.
Condições	Neutras, VI baixa com movimentos fortes esperados em ambas.
Margem	Não requerida.
Vantagens	Reduz o risco direcional de uma posição da opção.
Desvantagens	Aumenta o custo de uma posição da opção.

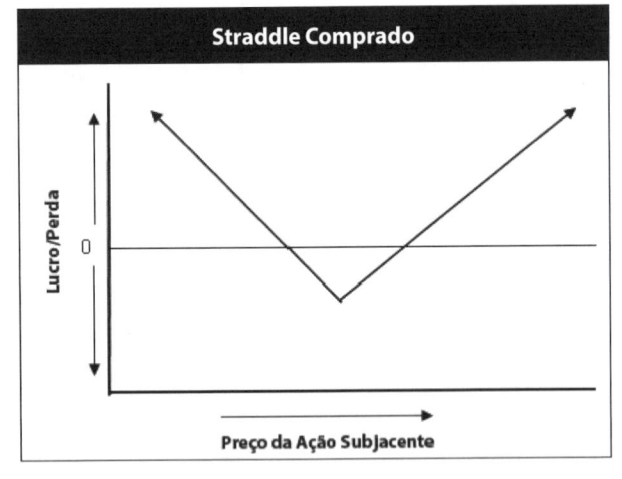

FIGURA 17-7: Perfil de risco do straddle.

Imagem da Optionetics

Ratio Call Backspread

Uma *ratio call backspread* combina long calls com preço de exercício maior com um número menor de short calls com exercício menor vencendo no mesmo mês. É mais bem implementada para um crédito e é uma posição de risco limitado, possivelmente de retorno ilimitado, que é mais lucrativa quando ocorre um forte movimento altista bem acima e além do exercício da short call. É menos lucrativa quando ocorre um pequeno movimento altista para o exercício da long call, não mais que isso. É uma estratégia avançada que deve ser simulada e analisada com cuidado muitas vezes antes de utilizada em tempo real. Veja a Tabela 17-8 para ter um resumo das estratégias de investimento e a Figura 17-8 para ter um exemplo do perfil.

TABELA 17-8 Resumo da Ratio Call Backspread

Estratégia	Resultado
Componentes	Long Calls + Menos Short Calls de Exercício Menor (mesmo mês).
Risco/Retorno	Risco limitado, possível retorno ilimitado.
Substitui	Trava de Baixa com Call.
Risco Máximo	Limitado: Detalhado, veja o Capítulo 15.
Retorno Máximo	Ascendente: Ilimitado; Descendente: Crédito Inicial.
Equilíbrios	Detalhados, veja explicação da estratégia no Capítulo 15.
Condições	Altistas, assimetria da VI com forte aumento no preço e na VI.
Margem	Requerida.
Vantagens	Muda o retorno limitado para um ilimitado.
Desvantagens	Menos crédito inicial, cálculos complexos.

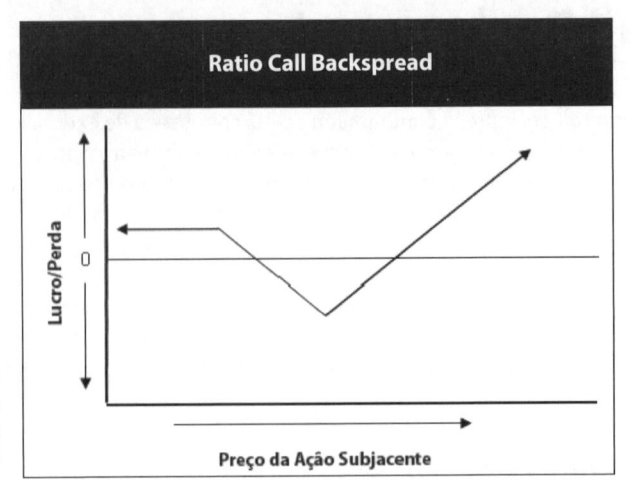

FIGURA 17-8: Perfil de risco da ratio call backspread.

Imagem da Optionetics

Ratio Put Backspread

Uma *ratio put backspread* combina long puts com preço de exercício menor com um número menor de short puts de exercício maior vencendo no mesmo mês. É mais bem implementada para um crédito e é uma posição de risco limitado, e retorno limitado, mas possivelmente alto. É mais lucrativa quando ocorre um forte movimento baixista bem abaixo e além do exercício da long put. É menos lucrativa quando ocorre um pequeno movimento baixista no exercício da long put, não mais que isso. Como na call correspondente, estude essa estratégia com cuidado antes de implantá-la. Veja a Tabela 17-9 para ter um resumo das estratégias de investimento e a Figura 17-9 para ter um exemplo do perfil.

TABELA 17-9 Resumo da Ratio Put Backspread

Estratégia	Resultado
Componentes	Long Puts + Menos Short Puts com Exercício Maior (mesmo mês).
Risco/Retorno	Risco limitado, retorno limitado, mas possivelmente alta.
Substitui	Trava de alta com put.
Risco Máximo	Limitado: Detalhado, veja o Capítulo 15.
Retorno Máximo	Ascendente: Crédito Inicial, Descendente: (Preço de Exercício Longo + Crédito Inicial) × 100.
Equilíbrios	Detalhados, veja a explicação da estratégia no Capítulo 15.
Condições	Baixistas, assimetria da VI com forte queda e VI aumentada.
Margem	Requerida.
Vantagens	Muda o retorno limitado para um retorno limitado, mas alto.
Desvantagens	Menos crédito inicial, cálculos complexos.

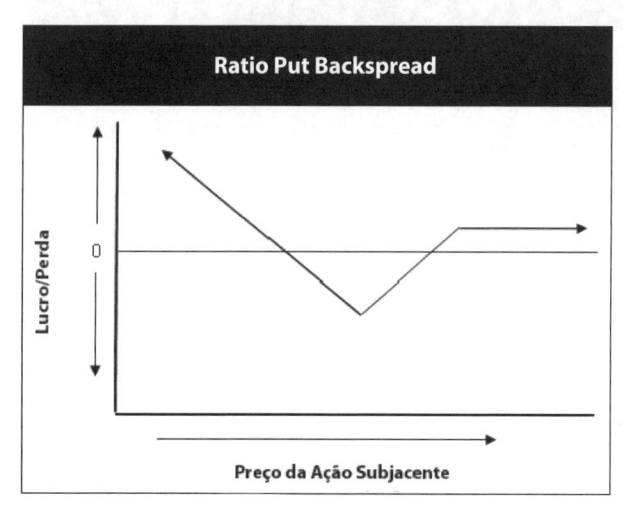

FIGURA 17-9: Perfil de risco da ratio put backspread.

Imagem da Optionetics

CAPÍTULO 17 **Dez Principais Estratégias da Opção**

Borboleta Comprada Put

Uma *borboleta comprada put* combina travas de alta e de baixa com put vencendo no mesmo mês para um débito. As duas short puts têm o mesmo preço de exercício e formam o corpo. As duas long puts têm preços de exercício diferentes (acima e abaixo do corpo) e formam as asas. A desvalorização temporal ajuda na negociação. Veja a Tabela 17-10 para ter um resumo das estratégias de investimento e a Figura 17-10 para ter um exemplo do perfil.

DICA Considere organizar essas estratégias em categorias que permitam combinar as principais características compartilhadas. Um modo de fazer isso seria listar todas as estratégias que requerem margem versus as que não a requerem. Isso facilitaria sua tolerância a risco e situação financeira ao longo do tempo usando um tipo de estratégia ou outro.

DICA A simulação é o melhor modo de evitar grandes problemas em uma estratégia de trading.

TABELA 17-10 Resumo da Borboleta Comprada Put

Estratégia	Resultado
Componentes	Trava de Baixa com Put + Trava de Alta com Put (mesmo mês).
Risco/Retorno	Risco limitado, retorno limitado.
Substitui	Straddle vendido.
Risco Máximo	Débito Líquido: [(Menor Preço de Exercício da Put + Maior Preço de Exercício da Put) – (2 × Preço de Exercício Médio da Put)] × 100.
Retorno Máximo	[(Maior Preço de Exercício – Preço de Exercício Médio) × 100] – Débito Líquido.
Equilíbrio 1	Maior Preço de Exercício – Preço Líquido do Débito.
Equilíbrio 2	Menor Preço de Exercício + Preço Líquido do Débito.
Condições	Baixista lateral a moderado, assimetria da VI.
Margem	Requerida.
Vantagens	Muda o risco ilimitado para limitado.
Desvantagens	Custos da negociação associados a três posições

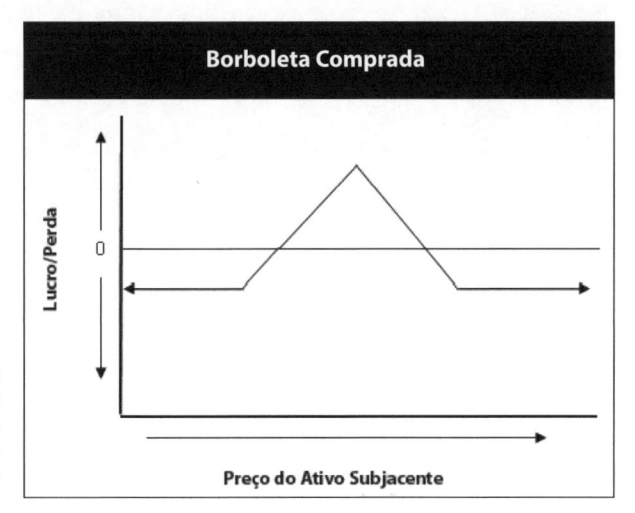

FIGURA 17-10: Perfil de risco da borboleta comprada put.

Borboleta Comprada

Lucro/Perda

Preço do Ativo Subjacente

Imagem da Optionetics

> **NESTE CAPÍTULO**
> » Entendendo o que faz um trader ser bem-sucedido
> » Construindo seu sucesso

Capítulo **18**

Dez Coisas a Fazer ou Não no Trading de Opções

O trading de opção é complexo porque tem muitas partes e leva tempo para ser entendido. Mas pode ser dominado porque cada parte do todo pode ser feita por qualquer pessoa que dedica tempo para aprender o necessário para fazer do jeito certo. No fim, trading significa preparação e atenção ao detalhe, com a compreensão de que as coisas podem se voltar contra você e a gestão do risco é seu primeiro objetivo. Os mercados não se importam com quem você é ou o que você representa. Tudo o que sabem é que você obteve o dinheiro que eles queriam tirar de você. Para se tornar trader, é preciso entender isso muito bem, a ponto de se tornar parte do seu DNA, ou você perderá muito dinheiro depressa. É por isso que o desenvolvimento como trader requer um plano de trading (uma fórmula) para orientar sua abordagem dos mercados, para que você possa adaptar diferentes estratégias quando solicitadas pelas condições do mercado. Aplicar com habilidade seu plano de trading como um profissional experiente requer prática, paciência e vivência. É uma jornada que você deve acolher, aprimorar e implementar como parte de sua vida.

Por sorte, neste livro você encontrará muitas regras, etapas e métodos concretos para seguir seu caminho. Este livro serve para lhe fornecer algumas importantes sutilezas do trading... coisas que não podem ser aplicadas mecanicamente. É o foco do capítulo.

Foque a Gestão de Risco

Gestão do risco é o nome do jogo e sua grande prioridade. Quanto menos dinheiro você perde, melhor fica. Na verdade, quando as pessoas perguntarem sobre sua negociação e o que você faz, responda que é gerente de risco. "Seja um gerente de risco, Daniel." Isso é que é sutileza e conhecimento de filmes do fim da década de 1970.

Explorando apenas as estratégias da opção, você lida ativamente com outros riscos financeiros em sua vida, que incluem risco de inflação, da receita e até do mercado, associados ao investimento do tipo buy and hold. O estudo do trading de opções, que é sobre gestão de risco, atenção ao detalhe e planejamento de sua saída antes de tomar uma decisão de negociar em tempo real, provavelmente está ligado de modo subconsciente a como seu cérebro vê os mercados, e talvez a vida.

Quando sua negociação é baseada na gestão de risco, você se treina a:

» Entender bem os riscos e os retornos associados aos mercados onde negocia.

» Aprender e testar as estratégias antes de arriscar dinheiro.

» Criar um plano que identifica os tamanhos da negociação, as abordagens de entrada e saída e a perda máxima permitida.

» Identificar como o plano será implementado para respeitar seus parâmetros de risco.

» Entender como estabelecer posições e gerenciar uma negociação, inclusive falar com o corretor sobre qualquer requisito de margem para estratégias de opções complexas.

» Ter um plano para lucrar.

» Perguntar a si mesmo: "E se eu estiver errado?"

Outras considerações de risco mais gerais incluem diversificar os setores e as estratégias negociadas. Você pode alocar devidamente os tamanhos da negociação, mas se entrar em cinco negociações de tendência usando a mesma estratégia nas ações no mesmo setor, bem, violou a regra do tamanho do mercado. Isso é sutileza. Estendendo essas diretrizes a uma carteira, você age mais como um gerente de risco eficaz.

Não Evite as Perdas

Existe um antigo provérbio na negociação: *Mantenha suas perdas pequenas e deixe os vencedores passarem.* Isso significa que, de um modo ou de outro, você terá perdas na negociação. Não é uma característica do iniciante; é apenas o custo de fazer negócios. O que estou dizendo é que todo trader tem perdas nas negociações, e você deve tornar essa realidade uma vantagem. Na verdade, aceitar pequenas perdas é uma habilidade desenvolvida pelos traders experientes. Tente chegar nesse nível o quanto antes.

Evitar perdas é um modo certo de torná-las maiores. Você pode seguir suas regras, ver resultados positivos com uma série de pequenos ganhos e perdas, e começar do zero (e mais um pouco) com uma grande perda. É desencorajador, e isso acontecerá não importa o que é feito, pois você não controla os mercados.

Às vezes é possível ganhar perdendo. O segredo é mudar o modo de pensar sobre a negociação. Mudando sua visão sobre em que consiste uma negociação bem-sucedida de uma que é lucrativa para uma que segue suas regras, você terá um sucesso real. É tão ilógico que chega a ser difícil. De fato, você pode dizer a si mesmo para fazer isso, mas com frequência só acreditará realmente com a experiência. Quando acontece, você fica mais comprometido com uma abordagem baseada em regras, e é quando acontece a mudança.

Veja um exemplo: certa vez, perdi 30% em uma ação biotec especulativa quando um estudo clínico teve uma queda. Dói. E me custou muito dinheiro. Mas essa perda me fez investigar tão a fundo a empresa e o design do estudo clínico errado, que tive mais que uma valiosa lição de trading. Aprendi como identificar uma gestão ruim na empresa e como diferenciar se a razão entre risco/benefício compensa antes de investir nesse tipo de ação quando o resultado final da negociação depende de um único evento. Essa perda de 30% se tornou uma vantagem imensurável.

Negocie com Disciplina

Negociar com disciplina significa seguir as regras detalhadas em seu plano de trading em cada negociação. Faça isso não em um momento ou na maioria das vezes, mas sempre. Você terá um histórico perfeito sobre a disciplina? Provavelmente não... em algum ponto ao longo do caminho, suas emoções levarão a melhor. *Vai* acontecer. Mas não se preocupe. Leva tempo. E às vezes você pode ter sorte. Mas não fique convencido. Felizmente, nesse caso, não é melhor. Na verdade, se você não tem disciplina no começo e tem sorte suficiente para continuar no jogo da negociação, pode ter mais problemas do que pensa. O fato é que sua sorte finalmente acabará e você se arrependerá. É melhor trabalhar nisso para que sua disciplina melhore continuamente. Do contrário, é só uma questão de tempo antes de ficar sem sorte, e sem dinheiro.

Infelizmente, as pessoas que têm um sucesso inicial podem demorar para valorizar e se comprometer com uma negociação disciplinada. O sucesso inicial pode lhe dar uma falsa sensação de *estar certo*, e a negociação não funciona assim. Nunca se esqueça disso. Negociar significa ganhar dinheiro.

As ações de um trading com disciplina em cada negociação incluem:

» Alocar um montante razoável para uma negociação.
» Identificar o risco máximo da negociação.
» Identificar os sinais de entrada e saída.
» Executar uma ordem quando o plano requerer uma.

São itens de uma checklist, mas negociar com disciplina vai além. Fazer seu dever de casa, examinar suas negociações, avaliar seu plano... uma lista completa precisaria do restante deste capítulo. O resultado é que o processo envolve aprender o que é preciso fazer para negociar com sucesso, mapear como será feito e, então, colocar em prática.

Não Espere Excluir Suas Emoções

Alguns traders pressupõem que negociar com sucesso significa dominar totalmente sua ganância e seu medo. Esqueça. Quando chega o dia, significa que você não terá emoções... definitivamente, não é algo bom. Excluir as emoções ao negociar não é razoável, mas *gerenciá-las* é.

Coisas que podem aumentar as emoções incluem:

» Negociar usando uma abordagem arbitrária.
» Tomar decisões de trading logo na abertura dos mercados.
» Usar uma ação subjacente ou setor que "deve" a você em uma negociação por causa de perdas anteriores.
» Negociar quando você tem problemas pessoais ou está com a saúde comprometida.

Modos de lidar com esses itens específicos:

- » Foque as abordagens mais sistemáticas.
- » Identifique um momento após o expediente para examinar e gerenciar a negociação.
- » Fique longe de uma ação ou setor específico, mesmo que normalmente negocie com ele tendo sucesso.
- » Evite negociar se sua vida não está em ordem.

DICA Respire fundo de vez em quando. Dê um tempo se as coisas não saem como gostaria. Há vezes em que se afastar de uma negociação por um período de tempo é o melhor modo de ajustar sua atitude e suas abordagens. Negociar não é uma terapia. Se você não está bem hoje, volte amanhã. Ainda estará no mesmo lugar.

Monitorar suas emoções é o primeiro passo para gerenciá-las. Considere adicionar uma nota em suas folhas de gestão para controlar as emoções. Observe também suas emoções fora do mercado... se você acorda irritado ou, pior, não consegue dormir à noite, suas emoções estão no controle.

Tenha um Plano

Muitos ditados de Wall Street circulam ano após ano simplesmente porque são verdadeiros. Outros provérbios também, inclusive um que se encaixa perfeitamente aqui: "Quando você fracassa em planejar, planeja fracassar."

Criar um plano de base deve ser considerado um processo, não um evento isolado. Pense em um *rascunho* e comece a escrever um esquema. Completá-lo com um documento do Word fácil de editar ou planilha pode ser ótimo, mas se você acha que fica muito tempo no computador, a boa e velha folha de papel e caneta servem. A antiga abordagem permite fazer anotações ao longo do caminho sem procrastinar porque o computador está desligado. O resultado é criar algo e colocar no papel.

DICA Alguns estudos mostraram que o cérebro retém melhor o material quando você coloca no papel. Prefiro a velha caneta tinteiro. Experimente.

Ao trabalhar em seu primeiro plano de trading, defina um intervalo de tempo para completá-lo e reveja-o três meses depois. Isso lhe dará uma oportunidade para começar, identificando o que parece funcionar ou não. Também destaque quais elementos faltam. Antecipe uma segunda análise cerca de seis meses depois, então use um cronograma que faça sentido.

Além dos elementos básicos da gestão de risco, comece incorporando itens como regras gerais (por exemplo, comprar opções de volatilidade implícita (VI) baixa e vender opções de VI alta quando viável) e etapas que você realizará para cumpri-las (como examinar gráficos de VH e VI e verificar os níveis da VI com uma calculadora de opções).

Identificar outros aspectos do seu trabalho de trading também ajuda (como analisar as condições do mercado para investimentos de longo prazo separadamente do trading de curto prazo). E mais uma vez, identifique como fará isso (por exemplo, uma análise mensal aos sábados para investimentos, uma análise semanal aos domingos para negociações).

Como os mercados e sua situação pessoal mudam com o tempo, espere que seu plano de trading mude também. Melhor, planeje com base nele.

Tenha Paciência

Como muita ênfase é colocada na gestão de risco e na criação de um plano, você pode sentir muita pressão para criar o plano "certo". Tente entender que quase sempre há mais em jogo quando não há nenhum plano, em comparação com um plano que precisa de ajustes.

Parte do processo do plano de trading inclui fazer ajustes nas regras. Definitivamente é algo que você faz fora do mercado. Fazer ajustes como resultado de avaliar o desempenho da estratégia funciona para melhorar seu plano de trading em geral. Pode significar aumentar as alocações da negociação, suas porcentagens de stop loss ou negociar menos estratégias de uma só vez.

Seu plano pode ser agressivo ou conservador demais, mas pelo menos ele serve como base para fazer ajustes. Seu segundo rascunho será melhor? É provável, mas as condições variáveis do mercado podem impactar a eficiência de seus ajustes. Tudo bem; em algum ponto você terá negociado em várias condições e terá aprendido técnicas para aproveitá-las. Isso se chama experiência e requer tempo.

Paciência não é apenas para os planos de trading. Às vezes o melhor que um trader pode fazer é nada... esperar pela negociação ou para ter lucro é uma habilidade útil que pode ter um grande impacto na lucratividade da negociação.

> **DICA**
>
> Considere ler livros de ótimos traders como guia para seu próprio plano. Um livro de trading inovador se chama *Reminiscências de um Especulador Financeiro*, de Edwin Lefevre. É possível encontrar versões atualizadas online, mas se puder encontrar uma cópia da edição original, vale a pena, pois lhe dá uma visão profunda da mente de um trader mestre, Jesse Livermore, um dos poucos sortudos que venderam antes do colapso de 1929.

Não Sofra com a Paralisa da Análise

Se você gosta de lidar com números, os mercados econômicos e financeiros oferecem uma fonte infinita deles. É provável que você passe anos procurando relações entre diferentes medidas, tentando obter sinais de marcação do tempo do mercado. Então pode fazer um backtest e um forward test em cada indicador existente para ver quais lhe dão os sinais ideais de trading. A verdade é que às vezes eles funcionarão, outras não. É porque, mesmo que os dados possam ser sólidos, o mercado é, por natureza, previsivelmente imprevisível.

Estar vivo muda tudo. Assim como os cantores podem colar notas na passagem de som, mas por vezes esquecem durante a performance real, simular o tempo todo não o aproximará necessariamente de uma negociação bem-sucedida. Em algum momento é preciso experimentar os mercados, onde você, o trader humano, responderá de modo diferente em uma negociação ao vivo.

Como mencionado, parte do trading bem-sucedido significa gerenciar suas emoções, não as excluir. Há um outro lado, porque você também coloca grandes emoções e traços pessoais na negociação. A confiança ganha importância quando o mercado começa a ficar confuso; é isso que o mantém seguindo as regras testadas razoavelmente.

Existe um ponto de equilíbrio. Assim como o mercado, com todos os seus dados, pode fornecer algumas digressões interessantes, também pode distraí-lo da tarefa em mãos. Após seu aprendizado, exame, teste, prática e análise serem feitos para uma estratégia, fazer ao vivo lhe fornece uma experiência que consolida sua compreensão. Se for sua primeira vez ao negociar opções, use estratégias de risco limitado e os devidos tamanhos da negociação para ganhar tal experiência. Se tudo correr bem, você também ganhará dinheiro no processo.

Assuma a Responsabilidade por Seus Resultados

Está nas suas mãos. Em seu livro *Trader Vic: Methods of a Wall Street Master* (sem publicação no Brasil), o trader veterano Vic Sperandeo explica como ele perdeu muito dinheiro em um dia de negociação porque sua esposa ligou e lhe disse que o secador de cabelo estava com defeito. Ele admite que deveria ter dito a ela para ligar mais tarde. Ao contrário, ele a ouviu com simpatia e perdeu as calças na negociação. Talvez ele devesse ter fechado a negociação ou ter uma regra de não anteder o telefone durante uma negociação ativa. No fim do dia, a culpa foi dele, não dela, por ter perdido dinheiro. Nunca, jamais, em momento algum coloque a responsabilidade dos resultados da negociação em alguém ou outra coisa, apenas em você. Por que colocar seu sucesso nas mãos de outra pessoa? Isso torna tudo muito evasivo.

Em sua carreira de trading, é certo que situações ou problemas diferentes surgirão e impactarão a lucratividade da negociação. Se há um problema com execuções, considere como você coloca as ordens e discuta isso com seu corretor. Se os problemas persistirem, resolva-os mudando parte de seus ativos para outro corretor e meça os resultados.

Quando você não tem tempo suficiente para sua análise padrão devido a restrições no trabalho, compromissos pessoais ou qualquer outra coisa, mude para estratégias para as quais você *realmente* tem tempo para fazer do jeito certo. Se ainda não há bastante tempo, se afastar da negociação é sua única escolha responsável. Não se preocupe. Os mercados ainda estarão lá se movendo quando você conseguir voltar. E quando voltar, terá preservado alguns ativos para negociar.

Reconhecendo sempre o fato de que você é responsável por seus resultados, você busca soluções mais rápido e assume o controle. Não tem que esperar que outra pessoa tome uma ação ou que ocorra algum evento. Aceitar a responsabilidade no início do jogo ajuda a exercer um comando muito maior em sua curva de aprendizagem e acelera uma negociação de sucesso.

Não Pare de Aprender

Nenhuma estratégia isolada ou técnica de análise funciona sempre. Se houvesse uma estratégia certa, todos a estariam usando. A natureza instável dos mercados torna quase impossível evitar esse fato. Como os eventos externos — por exemplo, eleições, guerras, pandemias, condições econômicas e fases altistas e baixistas — nos mercados nunca se repetem com exatidão, sempre existe uma oportunidade para aprender.

Há muitas abordagens de análise para o trading, cada uma com técnicas e ferramentas a explorar. Acrescente a isso novos produtos, como ETFs e Bitcoin, que são introduzidos periodicamente, e terá seu trabalho dificultado.

Meu objetivo não é confundir, mas compartimentar, ou seja, dividir e conquistar informações, e deixar você organizado. Quando se está começando, é importante dominar uma ou duas estratégias por vez antes de prosseguir. Mas conforme ganha experiência, acrescente um número gerenciável de novas estratégias para considerar e explorar. As condições do mercado ditam isso.

É útil ter um plano em relação a uma educação formal continuada... sobretudo se você quer se dar bem com amigos, família e colegas de trabalho. É preciso equilíbrio na vida. Veja algumas reflexões rápidas para ajudá-lo ao criar seu plano de educação continuada:

> » Ao dominar as estratégias, você encontrará tópicos que deseja entender melhor. Lide com eles de modo focado sendo autodidata (inclusive com livros, audiolivros e periódicos).
>
> » Avance para outras formas de análise e estratégia por meio de uma educação mais formal, se necessário (cursos ao vivo online e/ou offline, ou um estudo independente).
>
> » Comece o ano com metas de tópicos gerais (por exemplo, *aprender duas estratégias ou mais sobre análise técnica*), junto com metas mais específicas (como *descobrir estratégias que aproveitam os mercados com tendência lateral, entender melhor a análise intermarket*).

A maioria dos traders continua a aprender naturalmente porque gravitam em torno de livros, artigos, noticiários e conversas sobre mercados. É uma preparação perfeita para nosso conselho final, que será essencial para seu sucesso ao negociar.

Ame Negociar

Os traders bem-sucedidos amam o que fazem. Eles amam ler sobre trading, aprender novas estratégias e ouvir as aventuras de outros traders. Você aprende e melhora participando o máximo possível de muitos aspectos de seu ofício. Acredite e faça.

A motivação básica dos traders de sucesso inclui realmente gostar do desafio de entender os mercados, aplicar a abordagem certa e ser disciplinado. Para eles, não é conseguir mais ou ganhar dinheiro. Em parte, é porque você precisa amar algo que requer um trabalho tão intenso, não necessariamente longas horas, mas com certeza algumas horas de foco. Simplesmente ganhar dinheiro, como uma motivação singular, levará a grandes perdas para a maioria dos traders.

Qualquer veterano em Wall Street ou qualquer outro profissional lhe dirá: seja apaixonado pela área escolhida e aceite seus desafios. Não é diferente no trading. Você deve ter um entusiasmo saudável pela incessante busca escolhida.

Índice

SÍMBOLOS
%b, 110

A
Abordagem neutra, 285
Ação
    Ação Comprada, 186
    Ação subjacente, 12
    Ação Vendida, 193
    Ações de proteção, 187
    Desdobramento, 203
Ações
    Número de cotas disponíveis, 31
        Float, 31
    Termo, 178
Alavancagem, 15, 46, 55
Ambiente de alta volatilidade, 127
Análise de Setores
    Análise Fundamentalista, 118
    Análise Técnica, 93, 269
Análise eletrônica, 156
Assimetria, 304
    Gráfico, 304
    Preço para frente, 304
    Preço para trás, 304
Ativo
    Alavancagem, 208
Ativo-objeto, 12
ATM, 125
ATR, 105

B
Baixa volatilidade implícita (VI), 108
Bandas de Bollinger, 109–110
Benchmark, 260, 262, 267
Bollinger, bandas, 255
Bolsa de Valores, 9, 18
    Balcão, 22
    Bolsa de Valores de Nova York, 71
Bolsas
    principais nos EUA, 36
        BATS Options, 36
        Chicago Board Options Exchange, 36
        International Securities Exchange, 36
        Nasdaq Options Market, 36
        NYSE ARCA Options, 36
        Philadelphia Stock Exchange, 36
Brexit, 72, 106

C
Call
    Long call, 193, 234
    Short call, 234
Call descoberta, 32
Canais, 115
Cancelamento mútuo, 151
Cap, 165
Carteira
    Proteção, 201
    tender, 267
Carteira ETF, 139
Coisas a Fazer ou Não no Trading de Opções, 379
    Assumir o controle, 386
    Educação formal, 387
    Evitar perdas, 381
    Gerenciar emoções, 382
    Gestão de risco, 380
    Negociar com disciplina, 381
    Ter paciência, 384
    Ter um plano, 383
Collar, 313
Comissão de Valores Mobiliários (SEC), 33
Comparações de força relativa, 100
Compras de volatilidade, 314
    Ratio call backspread, 314
    Ratio put backspread, 315
Consolidação, 335
Contrato
    Exercer, 39
    Instruções de exercício, 39
Contrato de opção, 170
Correlação, 197
Crise do subprime, 72
Cruzamento
    abaixo, 270
    acima, 270

Custos do trade, 145
    Custos da análise, 145
    Custos da negociação, 145
    Educação formal, 145

D

Day traders (operadores), 96
Default values, 105
Derivativo, 24
    Ações,
    Commodities, 24
    Contratos futuros, 24
    Títulos de renda fixa, 24
Desvio-padrão, 50
Dicas importantes
    Conseguir aprovação, 33
    Controlar a data de vencimento, 34
    Praticar, 34
    Ser disciplinado, 34
Direção
    prever, 213
Divergência de baixa, 74

E

E/Q%, 41
Estabilidade, 131
Estratégia
    Collar, 231–232, 236
        Peg, 237
    domínio, 137
Estratégia neutra, 285
Estratégias contrárias, 76
Estratégias de Negociação
    Borboleta, 336
        Call, 338, 342
        de ferro, 349
    Borboleta de ferro, 337
    Buy and hold, 9
    Condor, 353
        de ferro, 356
Estratégias de opções, 11
Estratégias de Trading. *Consulte também* Estratégias de Negociação
ETF, 9, 24, 248
    Alavancagem, 248
    Fundos de investimento, 24
        Powershares QQQ Trust, 24
        S&P 500 SPDR, 24
    Ponderação, 249
    Zumbis, 345
Execução
    qualidade, 155
Exercício
    Exercício short call, 178
    Exercício short put, 178
    Valor de exercício, 199
Exercício automático, 180
Extensões, 119

F

Faca de dois gumes, 55
Fibonacci, razões, 118
Float, 148
Fôlego do mercado, 74
Força relativa
    linha, 268
Forward test, 134
Fundo de investimento, 248
    Fundos de investimentos unitários, 264

G

Gap
    de alta, 57
    de baixa, 53
Gap de preço, 94
Gestão de risco, 22, 135
    gerenciar, 275
    Perda nas negociações, 23
    Vida útil limitada de contratos, 23
Gráfico
    Análise gráfica, 94
    Barras OHLC, 95
    Canal de negociação, 98
    Gráfico de sobreposição, 99
    Linhas, 94
    Preço, 94
    Resistência, 97
    Suporte, 97
    Velas ou candlestick, 95
Gráfico de risco, 61, 64

H

Hedge, 196
    Hedge perfeito, 196, 286
    Parcial, 286
Home broker, 319

I

Imposto de renda, 144
Inclinação direcional, 18
Indicador
    A-D, linha, 74
    Indicadores defasados, 98
    Momentum, 105
    ROC, 77
    RSI, 77
Indicador do volume de put (PVI), 84–85
Índice, 24, 164, 248
    Average Directional (ADX), 339
    construir, 165
    Dow Jones Industrial Average, 164
    Financial Times Stock Exchange100, 167
    Índice Composto, 74
    Índice de volatilidade da CBOE, 295
    Nasdaq 100, 24
    PHLX Semiconductor Sector, 165
    popular, 164
    Russell 2000, 165
    (S&P) 500 Standard & Poor's, 24
    S&P Midcap 400, 166
    Thomson Reuters CRB, 167
Intervalo de tempo, 96
Intraday, 129
Investir, 9
ISEE, 83
ITM, 125

L

Largura de banda, 110
LEAPS, 29, 210, 253, 334
    códigos, 211
Leg, 284, 329
Legging
    in, 153
    out, 158
Letras gregas, 35, 48, 52, 124, 290
    Delta, 49, 125, 287
        fixo, 201
        variável, 201
    Gama, 49, 125, 199, 288
    Gregas opções, 48
    Teta, 125, 189
    Teta, medida, 43
    Vega, 255

Linha
    de regressão, 116
    divisória, 116
Linha do melhor ajuste, 116
Liquidação
    códigos, 176
Liquidez, 261
Lista de opções, 28
    Cotações de mercado, 28
    Posição aberta, 28
Longevidade, 139

M

Margem. *Consulte também* Termo
Médias móveis, 98
    Exponenciais (EMA), 98
    Simples (SMA), 98
Melhores câmbios, 41
Mercado
    Lateral, 328
    Mercado atual, 148
    Mercado de ações, 37
    Mercado de opções, 37
        Participantes, 37
    Mercado lateral, 18
    Mercado rápido, 155
    Movimento altista, 11
    Movimento baixista, 11
Método ponderado, 249
Mindset
    Metas realistas, 11
    Reprogramação, 9, 21, 35
    Trading
        Emocional, 19
Modelo de Precificação de Opções Black-Scholes, 303
Moneyness, 45, 60, 169, 175–176, 198, 291
    ATM, 45
    ITM, 45, 60
        Dentro do dinheiro, 60
    OTM, 45, 60
        Fora do dinheiro, 60
Movimento ascendente, 210
Movimento lateral, 213, 233, 328

N

National Best Bid-Offer (NBBO), 152
Negociação

Ajustar, 292
Retorno, 58
Risco, 53
Nível de equilíbrio (breakeven), 60
Normalizar, 104

O

OBV, 264
Opção, 11
   Abaixar (roll down), 159
   ajustada, 185, 202
   Call, 22, 57, 60
   Códigos, 28
   Componentes, 168
   Contrato, 23
   Custo das opções
      Liquidez, 43
      Tempo, 43
      Volatilidade, 43
   Desvalorização temporal, 189
   Estender (roll out), 159
   Estilos, 169
      Estilo americano, 169
      Estilo europeu, 169
   Exercer, 174
   Financeira, 22
   listada, 12
   mês seguinte, 194, 242
   Opção de call (compra), 13
   Opção de put (venda), 13
   Ordem
      Comprar para Abrir, 38
      Comprar para Fechar, 38
      Vender para Abrir, 38
      Vender para Fechar, 38
   perto do mês, 194, 242
   posições, 152
   Put, 22, 58, 61
   Recuar (roll up), 159
   Risco das opções, 42
      Alavancagem, 42
      Duração, 42
      Valor temporal, 42
   Rolar, 158
   Tipo de Opção, 181
      Long: ATM, 181
      Long: OTM, 181
      Short: ATM, 181
      Short: ITM, 181
      Short: OTM, 181
Optionetics Platinum, 289
Optionetics Platinum, software, 219, 221, 225, 227
Options Clearing Corporation (OCC), 1
Ordem
   Abertura, 148
   Cancelamento mútuo, 151
   Condicional, 157
   Execução, 147
   Fechamento, 148
   Limitada, 149
   Ordem a mercado, 149
   Reservada, 156
   Stop, 151
   Stop limit, 149
   Tipos, 149
   Tíquete, 151
Ordem de cancelamento mútuo (OCO), 158
OTM, 37, 125

P

Pacote de opções, 170
Paralisia da análise, 251
PCR, razão, 82
Perspectiva de ganhos futuros, 57
Pior cenário, 68
Plano de trading, 146, 271
   Diretrizes úteis
      Anotar, 144
      Calcular o tamanho da negociação, 146
      Definir metas realistas, 144
      Determinar as alocações, 146
      Evoluir plano e metas, 144
      Focar regras de entrada e saída, 147
      Identificar perdas aceitáveis, 146
      Manter registros, 144
      Usar a meta, 144
Ponto ideal, 127
Posição, 31
   Aberta, 188
   Ação
      Comprada, 55, 59
      Vendida, 59
   Coberta, 232
   Descoberta, 239
   Entrar, 31

Parcialmente coberta, 196
Sair, 31
Posição aberta, 31, 32
Posição coberta
    Calls cobertas, 232
    Puts cobertas, 233
Posição combinada, 66
Posição de risco limitado, 227
Posições em aberto, 43
Preço de exercício, 13
Principais Estratégias da Opção, 361
    Bear Call Spread, 370
    Borboleta comprada put, 376
    Collar, 364
    Diagonal spread, 368
    LEAPS, 367
    Long put, 365
    Married put, 362
    Ratio call backspread, 373
    Ratio put backspread, 374
    Straddle, 371
Processo de suavização, 114
Produtos gerenciados, 253
Put
    Long put, 186
    Married put, 186
    Proteção, 186
    Short Put, 188

R
Razão
    de Fibonacci, 118–119
        Retrações de Fibonacci, 119
    de Gann, 118
    Relativa, 99
    Retração, 118
Referências importantes
    Chicago Board Options Exchange, 27
    Ibovespa, 28
    International Securities Exchange, 82
    Investing.com, 76
    Martin Zweig, 82
    Options Clearing Corporation, 36
    Options Industry Council, 190
    Stockcharts.com, 75
    Yahoo! Finance, 27
Requisito
    Manutenção, 302

Margem, 302
Risco e retorno
    equilibrar, 191
ROC, 102, 264
Rotação de setores, 101
Roteamento automático, 36

S
Saída em potencial, 112
SEC, 41
Sentimento, 80
SET, 169, 172
Simular, 128
    Paper trading, 129
Slippage, 145, 252, 344
SMA, 84
Spread, 12, 43, 335
    Bear call, 224
    Bear put, 218
    Bull call, 217
    Bull put, 224
    Calendar, 231, 240
    Calendar spreads, 17
    Crédito, 224
    Débito, 218
    Diagonal, 231, 243
    Diagonal spreads, 17
    Slippage, 43
    Vertical, 217, 238
    Vertical spreads, 17
Spread do mercado, 145
Spread efetivo cotado, 41
Stop gain, 111
Stop loss, 53
Straddle, 276
Strangle, 282
Swap, 25, 250

T
Taxa de exercício, 177
Taxa de variação. Veja ROC, 102
Taxas de juros, 72
Tendência
    Ascendente, 97
    Descendente, 98
Tendências econômicas, 72
Termo, 55
Termos principais, 26

Análise Fundamentalista, 11
Análise Técnica, 11
Característica da Opção, 26
Data de vencimento, 26
Day trade, 19
Demanda, 96
Momentum, 77
Multiplicador, 27
Oferta, 96
Perfil de risco, 10
Preço de exercício, 26
Preço de mercado, 27
Prêmio, 27
Situação financeira, 10
Título subjacente, 26
Trading de Opções, 10
Testagem, 15
Traders de alta frequência (HFTs), 54
Trading, 10, 379
    Curva de aprendizagem, 145
    Despesas, 145
    Perdas, 146
    Plano, 144
    Regras, 39
        Condições do mercado, 40
        Preço do contrato, 39
        Prêmio da transação, 39
        Qualidade da execução, 40
    Simulado, 11, 123
    Sistema, 130
        Backtest, 131
        Drawdown, 131
        Filtro, 130
        Forward test, 132
        Parâmetros, 130
    Sistema de trading, 159
Transação coberta, 32
Transações liquidadas em dinheiro, 167
Travas, 154
    Trava de Alta com Call, 153

V
VAC, 150
Valor
    Extrínseco, 45, 297
    intrínseco, 127
    Intrínseco, 45, 297
    Temporal, 45

Valor atípico, 90
Valor temporal, 60
Valuation, 24
Vencimento, 29
    Ciclos de vencimento, 29
Vendas de volatilidade, 307
    Ratio call spread, 308
    Ratio put spread, 310
Vender a descoberto, 56–57
VI smile, 303
VI. Veja volatilidade, 126
VIX, 264
VIX. Veja volatilidade, índice, 87
Volatilidade, 86, 104, 254
    Assimetria da volatilidade, tipos, 240
        Assimetria do preço, 240
        Assimetria temporal, 240
    crescente, 276
    Estatística, 50, 105
    História, 86
    histórica, 126
    Histórica, 50, 255
    implícita, 126
    Implícita, 50–51, 86, 210, 255, 296
    Índice, 87
    Rô, medida, 125
    Vega, medida, 125
    Volatilidade histórica (VH), 104
    Volatilidade implícita
        VI crush, 127
    Volatilidade implícita (VI), 126
Volatilidade histórica (VH), 254
Volatilidade implícita (VI), 255

W
Writes, 12

Projetos corporativos e edições personalizadas
dentro da sua estratégia de negócio. Já pensou nisso?

Coordenação de Eventos
Viviane Paiva
viviane@altabooks.com.br

Assistente Comercial
Fillipe Amorim
vendas.corporativas@altabooks.com.br

A Alta Books tem criado experiências incríveis no meio corporativo. Com a crescente implementação da educação corporativa nas empresas, o livro entra como uma importante fonte de conhecimento. Com atendimento personalizado, conseguimos identificar as principais necessidades, e criar uma seleção de livros que podem ser utilizados de diversas maneiras, como por exemplo, para fortalecer relacionamento com suas equipes/ seus clientes. Você já utilizou o livro para alguma ação estratégica na sua empresa?

Entre em contato com nosso time para entender melhor as possibilidades de personalização e incentivo ao desenvolvimento pessoal e profissional.

PUBLIQUE SEU LIVRO

Publique seu livro com a Alta Books. Para mais informações envie um e-mail para: autoria@altabooks.com.br

/altabooks   /alta-books   /altabooks   /altabooks

CONHEÇA OUTROS LIVROS DA **PARA LEIGOS**

Todas as imagens são meramente ilustrativas.

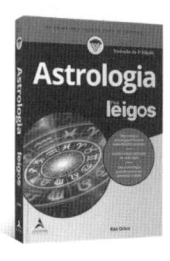

- Mineração de Criptomoedas para leigos
- Programando Excel VBA para leigos
- DevOps para leigos
- Design Thinking para leigos
- Astrologia para leigos
- Feng Shui para leigos
- Excel Fórmulas & Funções para leigos
- Criando Games em 3D

ALTA LIFE   ALTA NOVEL   ALTA/CULT EDITORA
ALTA BOOKS EDITORA   alta club

Este livro foi impresso nas oficinas gráficas da Editora Vozes Ltda.,
Rua Frei Luís, 100 – Petrópolis, RJ.